当代
新闻传播学
系列教程

DANGDAI XINWEN
CHUANBOXUE
XILIE
JIAOCHENG

主　编
芮必峰
副主编
王诗文
吕　萌
王中义

当代新闻写作教程（修订版）

戴振雯
编著

合肥工業大學出版社

图书在版编目(CIP)数据

当代新闻写作教程/戴振雯编著. —合肥:合肥工业大学出版社,2004.12(2019.10 重印)
ISBN 978-7-81093-198-4

Ⅰ.当… Ⅱ.戴… Ⅲ.新闻写作—教材 Ⅳ.G212.2

中国版本图书馆 CIP 数据核字(2004)第 132428 号

当代新闻写作教程(修订版)

戴振雯 编著　　　　责任编辑 朱移山

出 版	合肥工业大学出版社	版 次	2004 年 12 月第 1 版
地 址	合肥市屯溪路 193 号	印 次	2019 年 10 月第 7 次印刷
邮 编	230009	开 本	710 毫米×1000 毫米 1/16
电 话	总 编 室:0551-62903038	印 张	30.75
	市场营销部:0551-62903198	字 数	458 千字
网 址	www.hfutpress.com.cn	发 行	全国新华书店
E-mail	hfutpress@163.com	印 刷	安徽联众印刷有限公司

ISBN 978-7-81093-198-4　　　　定价:48.00 元

《当代新闻传播学系列教程》总序

芮必峰

20世纪初，中国新闻学奠基人徐宝璜在其“‘破天荒’之作”（蔡元培语）《新闻学》中为这门学科定义：“新闻学者，以养成良好新闻记者，并导新闻事业于正轨为职志者也。”并感喟：“斯学昌明，则人类受新闻事业之福愈增其量，是斯学之重要可知矣。”

在后现代浪潮的冲击下，“真理”日益下降为“意见”，“思想”越来越演变为“观点”。当下中国，企图“建构”体系的“宏大叙事”似乎已不时髦，相反的是一把把“解构”的手术刀则寒光夺目。与“建构”体系相比，“解构”自然要省力得多，因为它自身无须证明。但是，“解构”首先要面对成型的“结构”，当下中国的新闻学与新闻教育真的已建立起自身的理论和学科体系了吗？

近一个世纪里，新闻学由最初的侧身其他学科之中，发展到建立起自身的独立地位，再到今日之益趋向“显学”的热闹兴盛。种种新闻学丛书不断面市，300多个新闻学位授予点在全国遍地开花。当前中国的新闻学研究与新闻学教育，与数十年前相比，确有天壤之别，就是比之数年前也有很大进步。徐宝璜先生若泉下有知，当感欣慰。但是，与其他学科相比，新闻学研究的低水平重复、泡沫化现象还很严重；新闻教育理念的混乱、目标的不确定性也令人担忧。新闻学科（包括新闻学研究和教学）发展之最终目的，仍不外乎徐先生所说的“养成良好新闻记者”与“导新闻事业于正轨”。反躬自问，我们做到了吗？在新闻学研究方面，研究者大多出于实用性和功利性的考虑，热衷于如何解决问题的“制度设计”“政策应付”“行动指南”等研究，但真正发掘专业理念、洞察职业精神的研究不多，“导新闻事业于正轨”的功效并不显著。低层次重复的研究不在少数，有分量有创见的研究屈指可数。新闻学作为一门应用学科，固然需要联系实际，解决问题，而且实践也的确在不断贡献着丰富的问题，但若无批判实践的“眼光”、观照问题的“思想”，我们的研究就会被实践和问题牵着鼻子跑，不仅很难真正解决问题，还会沦为问题或实践的奴隶。在新闻教育方面，那种急功近利的“操作”“技巧”“技术”训练，也断难达到“养成良好新闻记者”的目标，而更容易养成“新闻匠人”。任何学科都有它赖以立足的“道”，“道”之不存，“术”将焉附?

有鉴于此，从新闻学研究的根基处“立学”，从新闻教育的根基处“立人”，是我们编撰这套丛书的宗旨。

昔孔子云：“诗人疾之不能默，丘疾之不能伏。”这套丛书的作者皆为安徽新闻教育和研究领域的资深从业者。他们有的执教多年，积累颇丰；有的思想锐利，才气逼人；有的是新闻传播学专业的教授、副教授；也有的是在新闻传播实践界浸淫数十年的主任记者和编辑。他们秉着“诗人疾之不能默”的精神，奋战寒暑，拿出了这套丛书，唯愿挤去新闻学研究之泡沫，让新闻教育立足于大地，为安徽乃至中国新闻学和新闻教育尽绵薄之力。

按照美国传播者彼得斯（John Durham Peters）的“奇思异想”，书写是一种不分对象的随意撒播，永远不可能达到适合接受者的境地。在大众传播已进入分众化传播的今天，作为“撒播者”，我们努力寻求与接受者对话的可能性。我们的“期待读者”或“目标受众”是已成为、将成为和希望成为新闻传播研究者的人们，也是对新闻传播业和新闻传播学充满探究兴趣的人们。

本丛书既冠名为“当代新闻传播学”，自然要面对这个纷繁复杂但又充满生机活力的大时代，面对这个时代正处于艰难转型和改革中的中国新闻事业，所以本丛书所持观点力求吸收学界研究之最新成果，所述内容力求反映当代新闻学研究之最高水准，所引例证皆为近年来最新及最有代表性案例，以体现“当代”之特色。当今社会，“新闻”功效的最大发挥离不开“传播”，从这个意义上说，新闻事业也是一种传播事业。我们既不赞成传播学取代新闻学，也不赞成用新闻学排斥传播学。我们所说的“新闻传播学”是新闻学与传播学的合称，目的是想把传统新闻学难以容纳的一些内容也包括进来。

所谓“为学当如金字塔，既能博大也能高”（胡适语），虽不能至，心向往之。由于时间的仓促，也由于编写者学力水平之不逮，本丛书错漏失当之处在所难免。希望读者细心挑刺，大胆“解构”。我们相信解构与建构如车之两轮、鸟之两翼，相辅相成。

最后，感谢合肥工业大学出版社，感谢本丛书的责任编辑朱移山先生。他们出版这套丛书本身就是对中国——尤其是对安徽新闻学与新闻教育的最大支持。

是为序。

2004 年 4 月 28 日于安徽大学

（芮必峰，安徽大学新闻传播学院院长、教授，中国新闻教育学会理事，教育部新闻学教学指导委员会委员）

前　言

新闻写作课是一门专业技能训练课，通过本课程的学习和训练，培养学习者新闻写作的能力。而能力的培养，是要靠不断地动手练习，仅仅口头上、书面上知道如何去写是没有意义的。所以，学习新闻写作，有三件事情要做好。一是掌握新闻写作的基本理论，这部分内容是对现有新闻写作规律、格式、经验的归纳，依靠这部分内容，初学者可以尽快入门，有一定经验者可用以更好地指导实践。二是阅读一定量的新闻作品，通过作品阅读，可以真正理解那些在作品基础上总结提炼出的写作理论，也可以提高鉴别新闻作品优劣的水平，为写作实践找到好的样本。没有阅读，谈不上对新闻写作理论的理解，谈不上动笔写作。三是尽可能多地动手练习，每一种形式都应有数次反复的练习过程，写的能力最终要通过写来提高。

我们理想中的新闻写作课是学生和老师一起走入社会，拟出选题，写出稿件，然后评析交流。在这个过程中，去理解新闻写作的规律和格式，去总结已有作品的经验，独立地思考怎样写出真正好的新闻作品。我们在教学中感到困惑的是，各种教材中没有足够的典型的作品，让学习者完成对理论的深入理解并积累起必要的感性认识。在这本新编写的教材中，加进了比较多的新闻报道作品，并兼顾了不同体裁的、不同类型的、优秀的、有特点的、有缺陷的、可供对比的各种样本，尽量满足教学中对新闻报道作品分析的各种需要；而且既作阅读分析材料，又作训练材料，希望会给教学带来方便。

在编写本教材的过程中，我们广泛地阅读了其他各种版本的新闻写作学著作，并从中汲取了有益的营养，有关书目列于书后，并致以谢意。

限于水平，难免有疏漏和偏颇之处，欢迎批评指正。

戴振雯

目　录

上编　新闻写作基本理论

中编　新闻报道分类写作

下编　新闻作品阅读

上编

新闻写作基本理论

第一章

新闻与新闻写作

【本章内容提要】

新闻是经过媒体报道传播的新近发生或发现的包含新鲜信息的事实。既不同于客观事实，也不同于新闻报道。

新闻报道是对新闻进行选择、加工、传播的社会活动及其表达形式。

新闻价值是事实所包含的足以构成新闻的种种特殊素质的总和，是新闻工作者发现和处理新闻的重要标准。

第一节　新闻是新闻写作的永恒主题

新闻写作就是写新闻，记者首先面临的问题就是：什么是新闻？只有解决了这个问题，新闻写作才能开始，而且在整个新闻写作过程中，这个问题始终是关键之点。四川大学张惠仁教授在《现代新闻写作学》中这样说："新闻传播研究中争论最大的命题是，什么是新闻？什么是新闻规律？新闻实践中最大的难点仍然是：什么是新闻，什么是新闻规律。一个记者在写作中遇到的最大的问题，便是：是否抓住了新闻？是否抓准了新闻？是否成功地表现了新闻？从稚嫩的习作到成熟的记者，其物化标志是：其新闻作品在准确、深刻把握与表现新闻时所显现的素养与造诣。于是，究竟什么是新闻，成了新闻写作中的一个永恒主题。"学习新闻写作首先必须清楚的观念是：什么是新闻？

一、什么是新闻

（一）新闻词语含义

在汉语中，古代甲骨文和金文中就有"闻"字，画一个人竖耳静听之状。据专家考证，新闻作为一个词组，最早出现在唐代。《新唐书》中记载一个叫孙处玄的人说："尝恨天下无书以广新闻。"唐朝人尉迟枢把他听来的关于楚地的传说和故事写成书，取名《南楚新闻》。新闻的最初含义，就是"新听说的事"或"新的传闻"。

在西方，新闻叫"news"，是从"new"引申过来的，"new"的意思是新鲜事，"news"的意思就是很多新鲜事。据西方新闻学者研究，苏格兰的詹姆斯一世在1423年首次使用"news"："我把可喜的新闻带给你"。

新闻现代含义主要有两种：（1）泛指社会上的新鲜事。平日人们口头上说有什么新闻，就是指有什么新鲜事。（2）特指新闻报道体裁。可以单指消息体裁，也可包括消息通讯、特写等所有新闻报道体裁。

（二）新闻定义

新闻定义不同于新闻词义，指学术上的含义。对这个问题，实际上整个新闻界并没有一致的看法。有一位外国记者说过这样的话：有多少个新闻记者，就有多少个新闻定义。似乎极言之，但也有一定的道理。据不完全统计，新闻定义有200多种。

新闻的定义虽然多，但概括起来大致有四种类型：

1. 活动说。即将新闻视为一种报道或传播的活动。如：

——“新闻是已经发生或正在发生的事情的报道。”（美国 约斯特）

——“新闻是新近发生的事实的报道。”（陆定一）

——“新闻是新近变动的事实的传布。”（王中，1978年《辞海》）

2. 事实说。即将新闻看作是一种事实。如：

——“新闻就是新近发生的，能引人兴味的事实。能引起最大多数读者的最大兴趣的新闻就是最好的新闻。”（布莱尔，美国威斯康星新闻学院教授）

——“新闻者，乃多数阅者所注意之最近事实也。”（徐宝璜《新闻学》）

——“新闻就是最多数人所注意而感到兴趣的最新事实。”（黄天鹏《新闻学概要》）

——“新闻就是广大群众欲知、应知而未知的事实。”（范长江《记者工作随想》）

3. 信息说。即认为新闻是一种信息。如：

——“新闻是经报道的新近事实的信息。”（宁树藩）

——“新闻是新近传播的受众欲知未知变动的事实信息。”（徐培汀）

4. 手段说。即把新闻归结为一种手段。如：

——“新闻是报道或评述最新的重要事实以影响舆论的特殊手段。”（甘惜分）

上述四类定义，就我国而言，事实说的历史最为悠久；信息说则是在信息作为一个科学概念被普遍使用以后，以事实的信息取代过去笼统的“事实”的产物；手段说侧重于肯定新闻的意识形态性质；活动说的影响最为广泛。

长期以来，我们新闻界普遍习用的是陆定一的定义，即“新闻是新近发生的事实的报道”。这个定义是陆定一在1943年发表的《我们对于新闻学的基本观点》一文中提出来的，强调了新近、事实、传播三个要素，比较科学地归纳了关于新闻的基本内涵，因而被人们广泛接受。不过，随着新闻实践和新闻学研究的发展，人们日益看到这个定义在表述上的缺陷：它模糊了新闻与新闻报道这两个不同概念的区别。

那么，什么是新闻呢？新闻学上讲的“新闻”不同于我们平时口语中的“新闻”，我们平时口语中的新闻就是一件新鲜的事，不强调它的社会意义和传播价值；新闻学上讲的“新闻”是经过媒体报道传播的新鲜事实，强调它的社会意义和传播价值。所以我们比较赞成类似宁树藩、徐培汀的表述：新闻是经过媒介传播的新近发生或发现的包含新鲜信息的事实。这样，既把新闻与客观事实区分开来，又把新闻和新闻报道区分开来。

二、什么是新闻报道

新闻报道这个概念有两方面的含义：

一是指新闻机构发布新闻的社会活动，包括策划、采访、写作、编辑、排印等一系列运作环节。

二是指表现新闻的物质形式，一种以符号组合的方式来传递新闻信息的新闻载体，如消息与通讯。

第二节　新闻价值规律是新闻写作的基本准绳

新闻价值既是新闻基本规律之一，也是新闻写作的基本准绳。在新闻写作中，无论是材料的选择，还是报道意图的确立，或是结构的安排，都要从新闻价值规律出发，力图在报道中最大限度地把最具有新闻价值因素的事实信息凸显出来，引起受众的关注，获得理想的传播效果。

第十届中国新闻奖获奖消息《中国地铁今天穿过天安门广场》因为有效地突出了新闻事实中具有新闻价值的信息，获得了显著的传播效果。它的导语是这样设计的：

5分钟前，一列银灰色的地铁列车，在仅距地面2.8米的地下，首次穿过世界上最大的广场——天安门广场。

这是首都向它的共和国母亲50大寿献上的一份最珍贵的礼物。

这条导语的显著特色就是强调事实中具有新闻价值的信息，而且是多方面的强调。强调了时效性——5分钟前——刚刚发生的；强调了事实的特点——仅距地面2.8米的地下——没有过的；强调了事实的显著性和接近性——世界上最大的广场天安门广场——中国人熟知并感到亲切的；强调了事实的重要性——是首都向它的共和国母亲50大寿献上的一份最珍贵的礼物——地铁通车在共和国50周年大庆前夕。

这条消息对背景的处理也出奇制胜。全篇一共12个段落，前5个段落报道新闻事实，后7个段落都是背景材料，陈述了中国地铁的发展以及世界地铁的发展。这些背景材料主要有两个作用：一是增加相关信息，使报道具有知识性和趣味性；二是揭示新闻的意义，突出新闻的主题，通过这些背景说明中国地铁的快速发展，如果没有这些背景材料，这条新闻就是比较单纯的动态消息，添加了这些背景材料后，消息的内涵增加，深度也增加，成为思想性较强的成就报道。从新闻价值角度讲，也是在突出新闻的重要性。

这条新闻的写作很说明问题。我们设想这篇消息，导语如果不这样处理，又没有这些背景材料，它在报纸上是不会有多少人关注的。因为注意突出具有新闻价值的信息，使得这条本来看上去一般的新闻变得非常瞩目。所以在新闻写作中突出不突出新闻价值，效果是大不相同的。这就要求我们对新闻价值规律有真正的理解和掌握，并能自如地运用到新闻实践中去。

一、新闻价值的提出

新闻价值理论是为了满足新闻工作者新闻选择的需要而产生的，新发生或新发现的事实构成了新闻的绝对标准，但由于传播容量的有限性以及新闻说话的必然性，新闻传播必须进行选择，选择必须有一定尺度，而这个尺度就是受众对新闻的社会需要。根据受众对新闻的社会需要，形成了新闻价值的概念和理论。

新闻价值的概念是19世纪30年代大众化报纸兴起以后提出来的。

到了 20 世纪初，新闻价值概念及其相关理论成为新闻工作者的共同认识，成为指导新闻实践的基本指导原则之一。

新闻价值的概念及理论引入中国，是在五四运动之际。1918 年徐宝璜在《东方杂志》上发表《新闻学大意》，把新闻价值的观念介绍到中国，逐渐为中国新闻工作者所接受并成为他们的自觉实践。中国新闻工作者的实践又丰富了它的内涵。我们国内对新闻价值的提法和解释都和国外有所不同，有自己的特点。

二、新闻价值的含义

新闻价值指新闻事实所具有的某种特殊素质对受众新闻需要的满足及满足程度，本质上反映了受众对新闻的社会需要，新闻价值要素也就是受众对新闻的社会需要的具体指标，是新闻工作者在实践中用以选择和处理新闻的重要标准。特定时代受众对新闻的社会需要是有变化的，因而新闻价值的内涵并不是恒定的。

理解新闻价值我们认为有以下几点需要把握：

第一，新闻事实所具有的特殊素质是新闻价值的客观基础和前提，这种特殊素质反映了人们对新闻本质的认识。新闻是经过媒介传播的新近发生或发现的包含新鲜信息的事实，新闻事实即构成新闻的事实必须是新近发生或发现的、包含新鲜信息的、真实存在的各种社会情况，以新闻事实客观性而言，新闻事实的特殊素质主要表现在时新性（新近发生）和真实性（真实存在）两个方面。换一句话说，只有新鲜的与真实的事实才有可能构成新闻，这是新闻事实的绝对内涵和标准，是新闻事实的客观属性所在。

第二，受众对新闻的社会需要最终决定了新闻之所以为新闻，是新闻价值的决定性因素。我们生活的世界处在不断变动中，每天都有无以计数的新鲜的与真实的事实产生与形成，但能进入新闻范畴的为数甚少。是什么决定了新闻最终成为新闻呢？新闻是经过传播的新鲜与真实的事实，经过传者的选择和加工。传者对新闻事实的选择和加工，受制于新闻传播的规律，必须以受众对新闻的社会需要为依归。这种受众对新闻的社会需要，构成了新闻价值主观性因素。

第三，新闻价值是新闻工作者发现和处理新闻的重要标准。新闻价值的理论，虽然产生于新闻选择中，但却不仅仅运用于新闻选择中，而是贯穿于新闻采、写、编、排的整个制作过程。

三、新闻价值要素

新闻价值要素是受众对新闻的社会需要的具体指标，国内总结新闻价值要素主要在五个方面：

（一）新鲜性

新鲜性指事实在时间上是新近发生的，在内容上是人们所未知的新鲜事。事情在发生的时间上越是最近发生的，新闻价值越高；在内容上越是前所未有的，新闻价值也越高。

新鲜性作为新闻价值构成的基本要素，通常包含两层意思：一是时间新，二是内容新。内容新是新鲜性的内核所在，是新鲜性这个价值要素甚至是整个价值要素中具有本质意义的东西。

（二）重要性

重要性指新闻事实所具有的那种事关大局、影响普遍的特质。它是新闻价值的主要因素。因为与天下兴亡、国计民生有关的大事一般来说与读者的切身利益息息相关，通常格外受到关注。另外，现代社会的快节奏生活，使人们的闲暇很少，受众的注意力也比较多地集中在重要的新闻上。在具有新鲜性的前提条件下，重要性对事实新闻价值的高低可以说起着决定作用。

（三）显著性

显著性指新闻中所包含的显著名字所带来的新闻价值，这个显著名字可以是人名，可以是地名，也可以是机构的名字，当然更为常见的是人名。美国明尼苏达大学教授福德曾说："名字制造新闻。"

为人们熟知的人名、地名，比起不为人们熟知的人名、地名，更加受到人们的关注，带来更大的新闻价值。报道为人们所熟知的人名和地方，是因为在这些人身上、在这些地方发生了不同寻常的事情，而报道不为人们所熟知的人和地方，即使是细微小事，也为人们关注。

（四）接近性

也叫关联性，指事实与受众在地理上和心理上相关联的程度。换句话说，就是指事实因在地理上或心理上与接受者十分接近，而引起受众的特别关注。

（五）趣味性

趣味性指新闻事实具有引人喜闻乐见的特质。这种喜闻乐见的特质具体体现在三个方面：

一是异常性。具有异常性的新闻事实常能引人喜闻乐见。有些论著把它作为单独的价值因素。异常就是不同寻常、打破常规。异常的事物一般都能构成新闻，并且范围广泛，几乎每件有新闻价值的事情都包含着不同寻常的因素。

二是知识性。具有知识性的新闻事实也能引人喜闻乐见。传播知识是新闻媒介的职责之一。当代许多最新的知识，电子、宇宙航行、核能、人造卫星、纳米技术、生物工程、信息技术、互联网络、移动电话等方面的研究成果、发明创造，都是首先由新闻媒介传播出去的。知识也包括古代文明、山川名胜、自然资源、风俗习惯、典章制度、社会现象等。有些新闻的价值就在于传播新知。

三是人情味。人情味指事实能激发读者的情感、引发读者喜怒哀乐的情感共鸣。

在新闻价值的五个要素中，对于一个新闻事实来说，新鲜性是必备的，其他要素可多可少；所具备的要素越多，要素的程度越高，新闻价值就越大。

四、新闻价值内涵的演变

对新闻之所以为新闻的各种特殊素质即新闻价值要素的归纳，学界的主要观点是趋于一致的，不论是“五要素”说，还是“七要素”说，或其他各种纷纭的意见，实际上大同小异，它们都被称为“新闻价值的传统标准”。

新闻价值的内涵并不是一成不变的。随着时代的发展，传播手段进步了，传播信息量增大了，因而使得新闻的内容得以扩展，出现了很多以前未有的报道领域，如服务性新闻、解释性新闻、调查性新闻；而人类的知识面也扩大了，趣味也提高了，不能满足于以前价值标准既定的内容。

随着新闻实践的发展，一些新闻学者对新闻价值的传统标准进行反思，他们认为，按照传统的新闻价值标准选择新闻，会导致一些不利的情形：

1. 过分的消极性。传统的新闻价值标准出于满足一般人的要求与偏好，因而特别强调事物发展过程中的反常、奇异与骇人听闻的现象，而对事物发展过程中的正常、健康、积极的现象，关注热情较低。这就难免使天灾、人祸、凶杀、暴力、色情、丑闻等消极现象充斥新闻媒介，使人们看到的是一个不完整、不真实的世界，是一个支离破碎的世界。

2. 狭隘的地域性。传统的新闻价值标准强调，新闻事件发生的地理位置与指向的受众愈接近就愈有新闻价值。这在一定意义上是对的，但过分强调了，就造成狭隘的地域性。这种片面的价值标准，限制了媒介和受众的眼界。

3. 极端的时效性。传统的新闻价值标准十分强调新闻报道的时效性。强调新闻报道的时效性对于事件性新闻是必要的。但是，如果把这一标准作为普遍原则运用，就有可能走向极端。一味强调争分夺秒的新闻报道，有时会使记者们光顾着在报道新闻事件时争先恐后，顾不上对事件进行深入的调查，因而使新闻报道比较浮浅，或者只满足于别人提供的现成的材料和数据，不去核实，因而成为别人的传声筒或导致新闻失实。

随着新闻实践的发展，新闻价值的内涵在不断拓展，现代新闻价值标准正在趋向多元化。著名新闻学者杜骏飞在论及网络新闻实践的理论意义时，甚至提出了“统合型新闻价值观”。他认为传统新闻的若干属性在网络时代具有如下发展趋势：有关“异常性”的价值观正在向“异常——寻常性”的价值观方向发展；有关“影响性”的价值观止在向“影响——交响性”的价值观方向发展；有关“及时性”的价值观正在向“及时——全时性”的价值观方向发展；有关“冲突性”的价值观正在向“冲突——冲击性”的价值观方向发展；有关“显要性”的价值观正在向“显要——需要性”方向发展；有关“人情味”的价值观正在向“人情——人群性”的价值观方向发展等。（杜骏飞《网络新闻学》第121~151页）

传统价值标准的变化，说到底，就是要把新闻报道的注意力从片面追求新闻事件表面冲突性、奇异性、爆炸性转移到注重新闻事件的内在社会影响和接近性上来，更全面、更深入、更真实地反映客观世界。

传统新闻价值标准虽然在变化，但它的核心内容没有变，也不会变，它的核心内容是新鲜的信息和大众普遍关注。实际上我们把握住这个核心，也就把握住了新闻价值标准的实质。

【思考与训练】

1. 为什么说新闻是新闻写作永恒的主题？
2. 你认为新闻的定义应该是什么？请说明理由。
3. 为什么说新闻价值是新闻写作的基本准绳？
4. 你所理解的新闻价值的实质是什么？
5. 新闻价值理论在新时代有什么发展？

第二章

新闻写作特点、基本方法及要求

【本章内容提要】

新闻写作具有不同于一般写作的特殊规律，主要表现在以新闻事实为表述中心和以采访为获取写作材料的主要手段、注重时效、受一定限制和为大众写作等方面。

“用事实说话”是新闻写作的基本方法和基本规律。它既肯定新闻报道的中心任务和根本目的是为了表述新闻事实，同时也肯定新闻的倾向性，但它要求新闻说话要遵循新闻传播的基本规律，也就是作者对事实的看法必须隐含在事实的叙述中。

新闻的特性决定了新闻写作要新鲜及时、真实准确、清晰明了、具体实在、通俗易懂、简短凝练。

第一节　新闻写作特点

新闻写作，说到底，也是一种写作。应该说，它和一般写作的基本规律是一样的。首先，本质相同，都是人类运用语言形式表达对世界看法的精神产品。其次，过程相同，都要经过观察、思考、运笔三个步骤。再者，既然同是语言形式的精神产品，表现手段也基本相同。

但新闻写作不仅遵从一般文章写作的基本规律，也有自己的特殊规律。新闻写作是一种专业写作，要求按照新闻传播的规律进行写作。

新闻写作的特殊规律主要表现在以下五个方面：

一、新闻写作的中心内容和根本目的是表述新闻事实

任何文章都会涉及叙事，但一般文章的叙事，目的不在叙事本身，而在于表意。新闻作品的叙事，目的在于叙事，在于告诉人们当今世界发生了什么新鲜的事情，所以表述新闻事实是新闻作品的中心内容。这是新闻作品与一般文章的最根本的区别。

看下面两篇例文：

安全帽上的遗言

本报记者　吴湘韩　《今日女报》记者　邓　飞

“骨肉亲情难分舍，欠我娘200元，我欠邓曙华100元……”念着，念着，湖南省娄底市委书记蔡力峰不禁潸然泪下。

这是一个叫聂清文的矿工的遗言。

4月16日下午5时许，聂清文所在的涟源市七一煤矿在井下水仓扩容掘进时发生突水事故，他和16个同伴井下被困。6天后，救护队员终于打通救援通道找到他们中的16个人，但人已经死了，1人至今下落不明。在聂的遗体附近，救护队员还发现了一顶用粉笔写有遗言的

安全帽。

整个会场哽咽声一片。

“听着听着，我们几位同志忍不住泪流满面，”5月22日，娄底市委常委、政法委书记胡旭曦回忆起4月26日下午召开的那场令人难忘的市委常委会时说，“那就是我们一些老百姓的生活，你无法不流泪。”

在七一煤矿，记者找到了这顶特殊的安全帽。只见帽子的里外写着如下文字：“骨肉亲情难分舍，欠我娘200元，我欠邓曙华100元，龚泽民欠我50元，我在信用社给周吉生借1000元，王小文欠我1000元，矿里押金1650元，其他还有工资。”聂还在帽子上对妻子莲香说要认真带好他们的孩子，孝顺父母，“一定会有好报的”，还叮嘱妻子一定要将他火葬。

“多好的人啊！临死之前还记得要还他人的钱。”原涟源市斗笠山镇党委书记、现任市煤炭局局长李志雄不无感叹地说。

“4·16”事故发生后，刚上任不久的蔡力峰书记在出事的矿里守候了6天6夜。他亲耳听到了被堵在矿井里的人拼命地敲击井壁的声音，由强到弱，最后归于沉寂。

在那天的常委会上，蔡力峰书记把聂清文的遗言打印了出来，每个常委人手一份。他对与会的10多位常委说：“你们可以想象那17个人在黑洞子里的绝望和痛苦。”

“假如被困在矿里的是我们的兄弟，是我们的儿子，我们怎么想？”蔡说娄底矿难不治，还会有更多的聂清文这样悲惨地死去。

聂清文的弟弟聂斌文是唯一一个看到遗言的亲属。他说，当时有人不准他看，在他强烈要求下泪眼模糊地看了一下。

聂斌文告诉记者，这次矿里补偿每名遇难者家属4万元，欠别人的钱由村支书从中拿出一部分还了，但别人欠的还没有还给他们。

在七一煤矿工友中，流传着许多聂清文舍己救人的故事。

今年38岁的聂清文是矿里的一名安监员。有一次他在井下进行安全检查时，发现瓦斯突出便跑到作业面，把工友转移到安全的地方。

有一次，井下一辆运煤的矿车的车轮卡在轨道上不能动弹，他停下手中的活，去帮助运煤矿工，突然从身后驶来的一辆矿车把他的左腿撞伤。他住了一个多月的医院。

“这一次，我去认尸，就是凭这个伤疤认出来的。”聂斌文说，这件事是哥哥教育他要时刻注意帮助别人时给他讲的。

聂斌文说，有人证明，这次聂清文是救人死的，他是先到井下检查瓦斯，出来以后发现冒水，跑到里面去喊人困在里面死的。

聂的家属正在奔波，请求政府批准聂清文为烈士。

（2003 年 5 月 24 日《中国青年报》）

有一种光亮穿透了愤怒和悲哀

李　方

我的手还有点哆嗦。我得让自己平静下来，敲出下面的文字。

聂清文，这个农民矿工已经不在人世，但他最后留下的东西，照亮了降临在我身边的这个阴霾的夜晚。

“骨肉亲情难分舍，欠我娘 200 元，我欠邓曙华 100 元……”

那时候他快要死了，但是他想清清白白地死，交代得明明白白地死。他嘱托妻子要带好孩子孝敬父母，要把他的遗体火化，这样可以给家里省点钱。

我似乎听见，写完这些话，他长出了一口气，然后把自己彻底交给地底下那无边的黑暗。

这就是“4·16”湖南娄底矿难中，一个农民矿工留给世界的最后的东西。

它穿透了矿难带给人们的愤怒和悲哀，照亮到更远的地方。

当矿难频频发生，似乎连愤怒都已经廉价了。难道相同的愤怒重复一千遍就可以成为更大的愤怒？难道相同的反思重复一千遍就可以成为真正的反思？我怀疑，如果那些遇难者永远只是一个个苍白的名字，永远只是一组组冰冷的数字，我实在很怀疑他们是不是真的能够唤醒什么。

上午看到这个消息的时候，不知道是一种什么力量，促使我发了疯似地奔走在编辑部的每一间办公室，向遇见的每一位同事几乎带着哭腔地说：看看，看看，他们杀死了一个什么样的人啊！

我不愿意用任何语言把话题扯远，比如信用啦、责任啦、善良啦、亲情啦，等等等等。我完全没有兴趣说这些，尽管它们似乎正在成为越来越稀缺的品质。我只是难过，我失去了一个多么好的同胞。在某个瞬间，我甚至想到，如果我遇到什么危难，如果他看见了，我相信他一定会帮我的。这是一种特别温暖的感觉，但是现在，他能够给我的这个可能性永远地失去了。

如果我们每个人都能够给对方这样的感觉，我们的国家该有多么美好！

这就是我刚才说的能够穿透愤怒的东西、照亮我身边的黑夜的东西。它的名字叫作责任。这就是一个人，在他快要死去的时候，留给我们的东西。

（2003 年 5 月 24 日《中国青年报》）

第一篇是新闻报道，第二篇是杂谈。两种文体，内容核心不同。新闻报道陈述事实，事实的有关信息不可缺少；杂谈从事实生发开，重心是个人感受，事实信息不完备无关紧要。

在一般文章中，事实的记叙，是作为感受的寓体而存在的，没有独立的价值。新闻写作不同，新闻文体对事实的叙述，有独立的价值。新闻作品的写事，主要不是为了告诉读者通过这件事作者的感受如何、想法如何，而是告诉读者在我们的世界上新近发生了什么样的和我们密切相关的各种各样的事，表述事实本身就是目的。在叙事时，作者有特定的立场和观念，会影响到他对事实的选择和表述，但作者在新闻作品中表述的中心内容仍是事实。虽然有时作者也表达对所陈述事实的感受，有时也对所陈述的事实进行分析和评论，但都紧紧围绕所陈述的事实，目的是引导读者认识事实。

复旦大学教授王中说："高尔基说，文学是人学；那么我说，新闻就是事学。"新闻文体就是为了表述新闻事实而产生的。

二、新闻写作通过扎扎实实的采访获取材料

新闻写作不是有感而发，想到就写；也不是坐在书斋中研读材料，利用已有的材料进行写作。新闻写作必须通过扎扎实实的采访获取材料。

任何文章的写作都要获取材料，但采访是新闻写作获取材料的独特方式。采访就是记者深入现实生活中去获取有关新闻事实的新鲜的原始的可靠的材料。没有新闻采访，就没有新闻写作。

新闻采访对于新闻写作的意义在于：

1. 新闻写作的对象是新近发生的新鲜的事实，这些事实不见于经籍，也不是我们想象出来的，必须要到现实生活中采集。采访有新鲜采集的意思。

2. 新闻写作的对象是确凿有据的事实，要准确地表述事实，必须深入扎实地进行采访，每一个细节、每一个数据，都应该有根有据。

3. 新闻写作的质量取决于新闻采访的质量。新闻写作的质量主要体现在真实性、生动性、深刻性等方面，而这些方面质量的保证是由采访的质量决定的。

所以，新闻写作不是想到了就写，而是采访充分了再写。资深的记者用“七分采，三分写”概括采访和写作两个过程中所花的时间与精力，是符合新闻写作规律的。

三、新闻写作是注重时效的写作

新闻写作在时间上有严格限制。时间上如果没有限制的话，新闻就会变质。因为新闻之所以为新闻，就在于时间近、内容新。这是新闻的本质属性。要保证新闻的本质属性，必须注重新闻报道的时效性。

时效性包含两方面的含义：一是时差，指事件发生到报道之间的距离，这个距离越短越好。新闻报道要迅速，这是时效性的核心内容、主要方面。二是时宜，即合适的时机，新闻报道不能一味讲求速度，还必须选择合适的时机，以求好的报道效果。新闻报道要适时，是基本原则基础上的变通手段。

新闻的时效有一个发展过程。随着传播手段的改善，人们对新闻传播速度的要求也越来越高。《纽约时报》前主编罗伯特·赖斯特说：“如果说第二次世界大战之前，新闻界普遍认为，最没有生命的事物莫过于昨天的报纸的话，那么，今天的看法就是：最没有生命的事物莫过于几小时以前发生的新闻。”

新闻报道要迅速，这是由新闻的本质属性决定的，其必要性体现在以下几个方面：

1. 新闻的时效性是为了准确地报道客观事物。一个发展中的事件，今天的状态和昨天的不一样，明天又有新的变化。新闻报道只有迅速，才能准确反映事实变化，而新闻报道只有准确反映事实变化时才有价值。如果新闻传播跟不上事态变化，它的价值就会受到贬损，甚至完全消失。所以人们说新闻是“易碎品”。

2. 新闻的时效性也是为了在新闻竞争中获胜。众多的新闻媒介之间存在着激烈的竞争，最先发布的新闻最有意义，因为它最先满足了人们对新闻信息的需求。

3. 新闻的时效性是为了满足受众需要。新闻报道传递的新闻信息，对受众生活工作有指导作用，越是及时越是有用。受众需要迅速的报道。

美国哥伦比亚大学教授麦尔文·曼切尔在谈到新闻报道的时间性时说：“在各个通讯社之间，在不是只有一家报纸和一家电台的城市中间，争着首先获得和发表最新消息的竞争是很激烈的。报纸、广播、电视等这些传播工具，是获利的事业。他们是在这样的基础上出售时间和版面的，即必须非常迅速地把极容易腐烂的商品卖给顾客。市场要酬劳最迅速的新闻传送者。”并且他认为：“时间性对一个民主国家是重要的。人民需要尽快知道他的官员的行动，这样，人们才能对地方的和国家的官员所做的工作进行评价。当人们知道他们正在被引向哪里的时候，才有可能。在这行动尚未成为不可逆转之前，有一个反应的机会。在一个极端的情况下，公众也可以使自己摆脱无能和腐败的官员。从官员方面说，他们同样需要迅速得到情况，以便从公众那里得到教育或启示。这种相互作用，是宪法保护报刊的理由之一。没有思想市场上的这种交往，民主是得不到实施的。”

四、新闻写作是一种受限制的写作

从某种意义上说，新闻作品不是个人的独立的产品，是一种集体的合作的产品。它的写作不完全由记者自由自主控制，必须有集体的合作的意识。

首先，新闻作品不是记者个人的劳动所能完成的，新闻作品的生产，由一系列环节构成，从选题策划、采访写作到编辑加工、主编审定，记者个人的劳动只是新闻作品生产的全过程的一个重要环节。甚至相当多的报道文本由于时效性的要求或由于事件本身的复杂性常常是由多人合作完成的。

其次，即便是记者相当独立的报道，记者也是作为媒体的代表去写作的，立场视角仍然是媒体的立场视角，报道反映的声音仍然是媒体的声音。传播与接受的关系，是传播机构和受众的关系，不是记者个人和受众的关系。

再次，新闻作品在写作时是单个成篇的，但发表时都是在特定的版面内，以组合的形式出现，是一种组合产品。新闻作品写作受着特定版面的限制，记者的写作必须考虑版面的需求。

所以我们说，新闻写作是一种受限制的写作。这种限制要求记者处理好个人和媒体的关系，领会所在媒体的报道方针和报道意图，把自己的工作自觉地纳入媒体的工作系统中，自觉地考虑版面的需求，有针对性地写稿。在此前提下，发挥主观能动性，创造性地写稿。

五、新闻写作是面向社会大众的写作

新闻作品有着最为广泛的受众群体。虽然从个别媒体来说，各自有其独特的读者群，但从整体来看，新闻媒体的受众面是非常广泛的。这个受众群体包括不同阶层、不同性别、不同年龄的各色人等，也就是我们通常说的“社会大众”。新闻写作面对这样的受众群体，必须考虑这样一些问题：

1. 什么是社会大众最需要的信息？
2. 他们最关注的是什么样的问题？
3. 怎样的表述能使他们清晰明了？
4. 怎样的表述是他们乐意接受的？

新闻作品并非写出来就成功了，新闻作品的功能在于传播，只有经

由媒介传播出去，并为受众接受，才可能发生作用。西方新闻学说：“报纸是作为社会舆论的纸币而流通的。”也就是说，新闻报道是写给读者看的。因而在新闻写作中，必须树立读者观念，考虑读者的种种需求，写出读者喜闻乐见的作品。日本富士电视台的一位记者说：“从新闻的原点——读者那里获得信息，获得我们需要报道什么以及怎样报道。”

第二节　新闻写作基本方法

“新闻报道要用事实说话”是我国新闻界广为流传的一句话，这个说法是什么人在什么时候提出来的，已无从考证。但由于它精辟地概括了新闻报道的基本规律，已经成为新闻报道的重要原则。

一、新闻报道为什么要用事实说话

一般教材和论著通常从两个方面回答这个问题：（1）事实是新闻的本源。事实是第一性的，新闻是第二性的，事实是客观存在的，新闻是客观存在的反映，有了事实才有新闻。（2）事实最有说服力。用事实说出的意见是最有力量的意见，因为“事实胜于雄辩”。

但这样的回答并不是对新闻作品特殊规律的思考，从认识论上说，不仅新闻以事实为源泉，其他科学，不论是自然科学，还是社会科学，认识世界、反映世界，都要以事实为依据。俄国生理学家巴甫洛夫在《给青年的一封信》中说过一段著名的话：“鸟的翅膀无论怎样完善，但若不凭借空气的支持，是不能使鸟体上升的。事实是科学家的空气，没有事实，你们永远也飞腾不起来。”至于事实的说服力，在政论文、科学论文等文体中，都一样体现出来。所以，我们认为，新闻用事实说话的根本理由有以下两点：

第一，新闻传播的本质属性和基本功能规定了新闻写作的中心任务和根本目的就是表述新闻事实。

第二，新闻是一种精神产品，必然要“说话”，具有倾向性。

新闻报道，说到底，是社会中的一定阶级的人对客观事实的认识和表述。它不是客观事物本身，是经过了人的大脑思索加工了的精神产品。在具体写作过程中，这种认识体现为一种报道意图。这种报道意图是新闻报道中的客观存在，不可避免，而且对新闻写作的选材、构思和遣词造句都起着重要作用。

另外，在阶级社会中，新闻媒介，始终是代表一定阶级利益的社会集团的舆论工具，一定的社会集团必然要利用新闻传播来进行阶级或集团意识的宣传，影响受众。

这样，在新闻写作中就构成了一对不可避免的矛盾，即“事”和“意”的矛盾。这对矛盾本质上是新闻传播的规律和精神产品生产的规律之间的矛盾。受众对新闻的需求是事实本身，精神产品提供的是作者的某种看法。新闻写作必须处理好这一对矛盾。“用事实说话”，是新闻报道中正确处理这一矛盾的基本原则和方法。西方社会提出“客观报道”，实际上也是处理这一对矛盾的原则和方法，和“用事实说话”相近，又不同。“客观报道”强调记者只提供材料，不表达意见，也就是所谓客观叙述事实。“用事实说话”则既肯定新闻报道的中心任务和根本目的是表述新闻事实，同时也肯定新闻报道的倾向性。新闻是要说话的，但它要求新闻说话遵循新闻的基本规律，用事实说话，也就是作者对事实的看法必须附着于事实的表述之中，新闻报道以事实陈述为主。

二、新闻用事实说话的含义

用事实说话有两层含义：

一层是较为严格的含义：新闻报道仅仅通过叙事，运用事实本身的逻辑，反映主体的意见，这种意见是无形的意见，是所谓“寓论断于叙事之中”。

新闻界的老前辈胡乔木曾说：“我们人人都会发表有形意见，新闻却是一种无形的意见。从文字上看去，说话的人，只要客观地、踏实地、朴素地叙述他所见所闻的事实。但因为每个叙述总是根据着一定的观点，接受事实的读者也就会接受叙述中的观点。”（转引自高宁远等著：《现代新闻采访写作教程》，第 112 页，新华出版社，1998）

另一层是较为宽泛的含义：新闻报道表意有各种不同的手段，但由于新闻报道特殊规律决定，新闻报道表意主要用叙述事实的手段，运用事实本身的逻辑，而以其他手段为辅，以保证新闻报道以新闻事实为主体内容而有充分的新闻信息量。

三、怎样用事实说话

新闻报道中“用事实说话”主要通过精心选择事实、巧妙组织事实来实现。常见的有这样几种方式：

（一）选择典型事实说话

典型的事实指在同类中具有代表性的人或事物，具有鲜明个性又能反映某类事物的特质。缺少个性，不能吸引受众；缺少代表性，就没有普遍意义。选择典型事实是用事实说话经常采用的方法，用典型的事实才有说服力。

《经济日报》的述评消息《本溪知何去？茫茫烟尘蔽！》，报道辽宁本溪地区污染严重，在报道污染带来的后果时，记者用了两个材料。一个材料说在沈阳一家医院，当医生将一个患者的胸部切开后便断言，“他是本溪人”，再一看病历，果然言中。还有一个材料，说本溪有个乡，几年以来，没有一个青年体检合格，查询原因，大部分都与环境污染有关。这两个材料非常典型，使污染情况触目惊心，用事实说话效果非常之好。

（二）通过描述事实的过程和场景说话

有时事实的内涵就存在于事实的过程和场景中，只要把事实的来龙去脉写清楚，事实的因果关系自然呈现出来，只要把事实的现场场景写清楚，事实的意义也就出来了，所以，通过描述事实过程和再现现场情景可以让读者了解记者的报道意图。

看下面这篇消息：

“周易应用研究所”值得研究

本报讯（记者李利民）　武昌都府堤一爿不到10平方米的门面打出“周易应用研究所”的招牌。6日中午，记者目睹了这里的“研究人员”的工作情形：为几名青年人“科学预测”吉凶祸福。

令人惊讶的是，“研究所”墙上，端端正正挂着一份铝合金镶框的“营业执照”，“经营范围”是“周易应用研究、生命科学开发”。执照注明为个体工商户，注册资金9000元，发照时间是1994年10月，有效期4年。

记者看到，一长须老者铺张白纸，为欲到广东谋职的某房地产公司职工蒋小姐预测前途。“预测”的结果是，她不能与属蛇的人交往，否则会“折财”。老者还建议她改姓名，因为她的名字“水”太多。蒋小姐付出“咨询费”80元。

另一位工厂女业务员花30元算了八卦后还不满意，又花200元做了包括生老病死、婚姻家庭、未来运气等内容的“全息”预测。

记者随即采访发照单位，一位负责人特地去“研究所”察看，证实他们的所作所为确有与执照经营范围不相符之处。他说，当初发照请示过上级，答复是：周易应用研究属技术咨询服务，可以搞。

这位负责人表示，将对这家研究所违规行为进行纠正和制止，加强管理，对类似经营单位的审批也将加以限制。

（1995年2月《长江日报》）

这篇消息对打着科学招牌从事迷信活动的行为的批评，主要是通过描述现场情景实现的。记者对老者所为不以为然，但记者并没有批评的言辞，只是写当时老者怎样为人预测前程，读者自然会看出其中的荒唐；记者对这样明显的迷信活动却打着“生命科学”的招牌也是不以为然的，但也没有批评的言辞，只是如实地细致地描述了“研究所”墙上的“营业执照”的内容，和老者所为对比，使其活动虚伪的性质自行呈现出来；另外，记者对管理部门颇有微词，也没有明言，只是叙述事实并让管理部门负责人自己评说，一切尽在不言中。

（三）通过组织相关的事实说话

1. 集中同类事实，显示事实的普遍性。

如新华社消息《我国农民的生活半径迅速扩大》（233 页）就是把农民在新时期走出家门打工、经商、旅游的各种事实集中在一起，说明农民生活空间的拓展。

2. 把不同的事实放在一起，形成对比，也能使记者的意图突现出来。

看下面的消息：

雷州教师工资长期拖欠　建庙修楼却渐成风气

据新华社广州 1 月 10 日电　记者近日在粤西雷州市采访时发现一件荒唐事：当地不少退休教师因工资长期拖欠，竟到附近的神庙里替人算卦聊以糊口。而与此形成鲜明对照的是，农村大兴庙宇祠堂，机关竞相建楼修宅，地方财政愈加吃紧。

在雷城区一个名为“南陈宫”的庙堂里，不少香客击鼓三下后，就到一位会讲普通话的老先生处摇签。老先生叫王增明，是雷城中学的退休老师，在这里“坐堂”一年多，每月有 100 到 200 元的收入。

门口卖香火的小贩介绍，其他庙祠也有老师算卦，他们会讲普通话，求卦的大多是外地人。

老师们反映说，1999 年全市的教师只领到 7 个月工资，另外 5 个月工资至今没有着落，去年至今教师的月工资标准则减少了 100 ~ 200 元。一些老师生活陷入贫困，甚至不得不帮家属摆摊卖菜、卖饭。相当一部分年轻教师情绪波动，想办法另谋高就。

雷州市市长孙亚帝介绍，由于经济不景气，全市每年财政缺口达六七千万元，到 1999 年底累计拖欠行政事业单位职工工资超过 1 亿元，其中拖欠教师工资高达 7000 多万元。虽然经济落后，但雷州各地农村大兴庙宇祠堂，城区机关竞相建楼修宅。

记者绕着离市区不远的白沙村转了一圈，一座座装修考究的祠堂格外引人注目。全村人集资合建的“五海庙”，富丽堂皇，耗资在 60 万元以上。记者在采访中了解到，雷州仅雷城区就有各种祠堂和土庙 200

多个，全市建有祠堂2000多个，估计耗资达数亿元。

被群众反映“效益”一直不错、本来就不缺住房的财政局、广电局，分别在新城大道、雷州大道斥巨资修建住宅楼，每户住宅的面积一般在120平方米以上。学校也在大肆举债建楼。大部分债务是欠包工头或银行的，学校领导疲于应债，无心教学。

由于教师流失现象严重，雷州市不少学校的领导反映，原先五六十名学生一个班，现在大都合并成100多人的大班，教师的代课负担过重。雷州市教育局的一位负责人说，雷州教育系统共欠18亿元，估计以后教师的福利和奖金发放更加困难。

（2001年1月11日《成都晚报》）

这篇消息的报道中心是“拖欠教师工资”，但消息不是孤立地写这件事，而是把拖欠教师工资和修庙盖楼放在一起写，形成一种对比。通过对比，揭示所报道的事实的社会联系。没有这部分对比的材料，报道的仅仅是表面事实，有了这部分对比材料，事实的内涵、记者的报道意图都比较清楚。

3. 添加背景材料，显示事实的意义。

背景是关于新闻事实历史和环境的材料，是关于新闻事实新鲜知识的材料，作用是对新闻事实进行解释。适当地交代背景，可以使新闻事实的意义得以突出。

获奖消息《中国地铁列车今天穿过天安门广场》，报道北京新建了一段地铁，从复兴门到八王坟，全长13.5公里。前面5个自然段对新闻事实进行了报道，然后添了7个自然段的背景材料：

30年前的国庆节，北京建成了从苹果园到北京站全长23.6公里的地铁一号线，结束了中国无地铁的历史。

15年前的国庆节前夕，北京又开通运营了16.1公里的地铁第二期环线。

早在5年前，北京地铁的年客运量就已突破5亿，而现在，平均每天乘坐地铁的旅客已达140万。

北京地铁虽然在当今世界43个国家的117个有地铁的城市中，开通年代和运营里程均排在30位以后，但却创下了满载率和单车运营公里两项“世界之最”。

投资75.7亿元人民币的地铁“复八段”的今日开通，使北京地铁通车总里程由原来的41.6公里增加到55.1公里，超过了香港的43.2公里，成为中国六个城市地铁之最，同时也使中国城市地铁的总里程逼近150公里。

目前，中国除北京、天津、香港、台北、上海、广州已开通地铁外，青岛、南京、重庆、深圳、高雄等城市也正在或计划建设地铁。

自1863年伦敦建成世界上第一条地铁到136年后的今天，全世界的地铁长度已接近6 000公里。

这段背景，占全文的一半篇幅。通过背景，揭示出北京地铁建设成绩可观、贡献独特，和前面导语中“这是首都向它的共和国母亲50大寿献上的一份最珍贵的礼物”相呼应，凸显报道意图，事实的意义也得以昭显。

（四）借助“直接引语”说话

这种方法就是借他人之口，说作者想说的话。表现形式为引述，所以又叫引述法。引述法有两种情况，一是假托，二是实引。所谓假托，“他人”是记者虚拟的，记者假托他人之言，实际上是记者自己之言。比如西方记者常用“此间观察家认为”“分析家认为”等，这个观察家、分析家，常常就是记者自己。所谓实引，就是实实在在地引述别人的话。虽然是别人的话，但经过记者的选择，别人的观点也是记者想要表达的观点。

第三节　新闻写作基本要求

一、新鲜及时

新闻的性质决定了新闻报道的内容要新鲜及时。新闻及时，指报道的内容必须是新近发生的或发现的、大众尚不知晓的、有新鲜信息的事实。这里不单是报道速度问题，报道速度是手段，目的是为了让报道的事实新鲜，为大众所需要。

要保证新闻的新鲜及时，通常要在以下几个方面注意：

（一）要有时效意识

写任何新闻都要快速及时，有时效意识。写事件性新闻，要尽量缩短事件发生时间与报道时间之间的距离。距离越近，新闻报道内容与事实之间的距离越近，是准确报道的必要条件。写非事件性新闻，也尽量抓紧时间与时机。非事件性新闻，通常针对社会问题，一定的时间距离通常不会导致新闻报道与事实之间的断裂，因为社会现象和社会问题具有相对稳定性，不会短时间内变化，所以时效性不像非事件性新闻要求那么高，但也要求要尽量迅速及时。如中青报关于高教体制改革的报道《倾斜的金字塔》，写了三个月，问题只要存在，它就不会失去报道价值。但也要抓住当时高教改革的大背景，这样才更有针对性，失去了这样时机，也就会失去价值，至少会减少价值。

（二）内容上突出新鲜性

一是写新鲜的内容，二是突出新鲜的内容。要做到这一点，可以从以下几方面考虑：

1. 加强独家新闻的采写

严格意义上的独家新闻指内容非常新鲜、新闻价值比较高、在受众中影响较大。这里讲的独家新闻主要指内容新鲜独有，是较为宽泛的意思。我们今天是个信息社会，信息渠道特别畅通，传播的手段也非常发达，各种政府机构和社会团体每时每刻都在以各种途径各种方式传播各种公共信息，处理这些公共信息是我们每个记者必须面对的。如果完全依赖这些公共信息，新闻报道就会缺乏独特性，各家报道基本雷同，而且只有一种声音。所以说，在公共信息铺天盖地的今天，提倡写独家新闻更具有现实意义。写独家新闻，一方面要求记者深入生活、主动出击、善于发现新闻。另一方面要求记者在面对公共信息时，善于用独特的视点写出独特的内容。

2. 突出新闻中最新鲜的内容

一个新闻事实最有价值的和最有光彩的是事实所包含的最新鲜的信

息，这是人们常说的“新闻眼”。在表述新闻事实时，一定要经过思考，找到“新闻眼”，从此切入，以最新鲜的内容调动读者的阅读兴趣。

2002年6月10日《新安晚报》的头版头条登载了一条消息：

救人者横遭看客唾骂

本报讯　6月3日，合肥市紫蓬山假日酒店副总经理朱正杰找到了他的救命恩人，一桩“见义勇为遭遇看客唾骂”的怪事随之在肥西县成为众人议论的焦点。

4月25日早晨，阴雨绵绵，空气中透着几丝寒意，朱正杰像往常一样，驾驶着一辆白色面包车从省城市区赶往紫蓬山上班。行至森林大道与紫蓬山交叉口约1公里处，一名上学的小女孩突然横穿马路，躲闪不及的朱正杰猛地将方向盘向左一转。由于路滑，面包车顺着路旁的斜坡一头栽进了一口水塘里。

危急关头，朱正杰打开车门，爬到了还露在水面上的车顶上。

不会游泳的朱正杰站在车顶上，向路过的车辆拼命挥手，大声呼救。然而，一辆接一辆的车子从他面前驶过，没有一辆停下来，有的司机朝他看看，反而加大油门。这时，路上的行人和附近的群众陆陆续续赶来，朱正杰大声向他们呼救，但近百名围观者没有一个跳下水塘或想办法去救他，只是站在岸边指指点点。有人竟说，救可以，但至少要付几千元钱，如果拉起面包车，还得按人头每人再付50元。

此时，面包车一点点地向泥塘深处滑去，情形愈来愈危急，苦苦支撑了3个多小时的朱正杰又冷又累，他趴在车顶上向“隔岸观火”的围观群众投去绝望的眼神。

正在有人不断地抬高救人价码时，一辆标有“稽查”的车辆刚好路过。车上的三名小伙子一见朱正杰身处险境，立即奋不顾身地投入了救人行动中。一些看客见有人要断他们的“生意”，纷纷唾骂和指责，大声地骂这几个人是“傻子”。三名小伙子没有理会这些，他们将朱正杰救了上来，又把他安置到自己的车子里，打开了暖气空调。惊魂未定的朱正杰断断续续地叙述了事情的经过后，一名小伙子又掏出手机拨打了几个电话。不久，一辆吊车到达事故现场，将滑进泥塘里的面包车吊上来。三名小伙子又开车将朱正杰送回家中，说什么也不肯留下单位、姓名。

此后的一个多月中，凭着对车上“稽查”两个字的印象，朱正杰在肥西县工商、税务、质量技术监督等部门四处寻找那三个救命恩人。6月2日，他终于找到了那辆“稽查”车，经过进一步打听，他才得知那天救他的是肥西县烟草专卖局小庙烟草管理所的队员卫先敏、罗旭、吕春风。第二天一大早，朱正杰购买了一挂长长的鞭炮在肥西县烟草专卖局的大门前燃放起来，并将写有“英勇救人，风格高尚”的锦旗送到该局局长阮宏伟手中。

朱正杰的遭遇随即在肥西县城传开，引起人们的关注。

肥西县烟草专卖局局长阮宏伟说，我们不能苛求每一个人的生命价值在于奉献，但我们的队员在奋不顾身地救人时却遭遇到那么多看客的指责，值得人们深思。

这篇报道的事实有三个焦点可写：（1）见义勇为；（2）见死不救；（3）唾骂救人者。“见义勇为”是最常见的叙事框架，但记者突出的是“唾骂救人者”，可以说抓住了事实中最新鲜也是最有新闻价值的内容，因而引人注目。

而下面这篇2002年9月2日合肥某报的报道因为没有提炼出最新鲜的内容而平淡乏味：

背起书包上学堂

70万中小学生今进校园

结束了炎热的暑假，今天上午我市各中小学校园再次欢腾，近70万名中小学生到学校上学。

新面孔　新笑容

今晨7：20，六安路小学的锣鼓声把新生们迎进校门，笑容荡漾在每个孩子的脸上。上午10时，四十四中校园内已是书声琅琅。“学校今年又飞来‘390只快乐的小鸟’。”校长王志桂告诉记者。与此同时，合肥四十五中、南门小学门口也奏响鼓乐、摇动彩旗，把新生们迎进校园。

新学期　新大楼

合肥九中校园里刚竖起的一幢新教学楼，令刚进校的新生激动不已。

撤并了三所村级小学以后，包河区义兴中心小学竖起了一幢四层高的新楼，孩子们将在那里开始崭新的学习生活。合肥学院和包河区教育局还专程为该小学配备了电脑。

新学校　新气象

与其他学校不同，合肥168中学今天是首次开门迎接新生。备受关注的168中学，是合肥许多家长的希望。同样，六安路小学的东区分校今天也正式开学。“新学校总是会有新气象的。”送孩子入学的一位家长欣喜地说。

这篇报道中最新鲜的内容应是“合肥168中学今天是首次开门迎接新生”，如果消息能把这个信息放在首要位置并由此展开，情形将大不一样。

（三）在新闻时间的表述上突出新鲜性

新闻必须是新近发生或发现的事实，所以在新闻报道中，必须有新近发生或新近发现的表述。通常也把这种体现新闻性质的表述称为新闻根据。

1.“新近发生”的表述

“新近发生”的表述，是新闻事实发生时间的表述，是新闻报道中不可缺少的时间表述。在事件性新闻中，“时间新”表现为“此时此刻”；在非事件性新闻中，“时间新”表现为“最近一段时间”。

下面这篇报道，是一条没有新闻根据的消息，因为它缺少“新近发生”的表述。

姓氏不受欢迎　姓“裴”的姑娘求职屡遭拒

中新社长春（2001年）11月20日电　一个刚出校门的女孩在长春先后十余次求职均被拒门外，而拒聘的原因不是因为能力不够，只因女孩姓“裴”。

据介绍，该女孩毕业后，准备当名营业员。她先来到长春某大型批发市场与一经营布料的老板面谈。这位老板听她谈吐，有了聘她的意愿，但一听说女孩姓裴，便马上改变了主意。

该女孩又到一服装专卖店，老板在和女孩交谈中，对女孩气质、举止印象不错，答应第二天八点钟来上班，不料，当女孩拿出身份证，老板一看直摇头。该女孩连续找了十几家，没有一家同意聘用。

2.“新近发现”的表述

“新近发现”的表述，是新闻事实发现的时间的表述。有的事实发生了很久，但由于某种历史原因，从未披露过，这个事实对今天的受众来说，仍然是欲知而未知的新鲜事，当历史局限消失之后，它仍然有传播的价值。或者对有纪念意义的重大历史事件进行回顾性报道。这些报道，不是“新近发生”，而是“新近发现”。所以它的新闻根据在时间上的表述是“新近发现”。这种“新发现”的新闻根据，也叫“新闻由头”。揭示过去事实和今天事实之间的联系，指出所报道事实作为新闻的理由，就是“新闻由头”。

2001年11月6日《北京青年报》上登载的《202个墓碑的秘密》，披露了抗美援朝期间苏联空军参战的秘密史实。这是对从未报道过的50年前的事实的调查报道，报道时重要的是给它加上今天的新闻根据——“新近发现”的时间根据：在抗美援朝50周年之际，记者展开的调查。如果没有这个最近的时间根据，报道作为新闻就不能成立。

2001年10月26日《人民日报》专访《见证者说》，在中国恢复联合国合法席位30周年的纪念日，通过专访当事人章含之女士，回顾报道了30年前的重大时刻，专访开篇即表述“新闻由头”：“今年10月25日，是中国恢复在联合国的合法席位30周年的日子。30年前，中国代表团在睽隔22年之后，首次出现在联合国大厦，成为世界瞩目的重大事件。当时外交部随团翻译、后曾以中国代表团副代表身份出席联合国大会的章含之女士正是这一事件的见证者。”这个“新闻由头”表明了，事实虽然发生在30年前，但报道的材料是新获知的，是对当事人的新近采访。

3. 突出时间的“最近点”

在各类新闻报道的写作中，只要有可能，写出新闻事实变化过程中的时间“最近点”，是使事实获得新鲜表述的有效手段。

第六届中国新闻奖获奖消息《寻人信发往山东》，报道广州中医药大学为了帮助一名因经济困难自动离校的学生，发出寻人信件，希望他重返校园。这是广东高校实行收费制度以来首例因经济困难而自动离开大学校园的新生，报道内容新鲜度很高。而记者在写作时又十分注意时间表述的新鲜，使得这篇报道在新鲜及时方面较为突出。

据了解，记者获得这一新闻线索时，贫困生已离校有些天了，当记者得知校方准备向这位学生的家乡县招生办发一封寻人信，便连续几天守在学校，一直等到眼看着这封寻人信发出，才在导语中写下了这样鲜活的内容：

广州中医药大学昨晚向山东发出一封《寻人信》，希望找回一名在入学报到后因经济困难不辞而别的农村学生。

二、真实准确

真实是新闻的生命。新闻写作必须完全真实，这是新闻工作者必须信守的基本原则和起码的要求。

（一）为什么说真实是新闻的生命

1. 新闻作品的写作对象是事实，事实的基本特性就是客观性。真实性的重要内容是准确地反映这种客观性。如果事实没有被真实地报道，新闻也就不成其为新闻。新闻正因为是对真实情况的传播，所以才有价值，如果是虚假的，就会一文不值。所以有人说，真实，是新闻的生命，是新闻的“资格”。没有真实性，事实不成其为事实，新闻也就不成其为新闻。

2. 新闻具有多种社会作用，主要是传递信息，兼有舆论监督、教育民众等。这些作用的发挥，可以说都依赖于新闻的真实性。没有真实的报道，一切作用也都是空话。

3. 新闻作品是现实的报道，也是历史的记载。事情还在发生的时候，新闻工作者就写下了历史。真实的新闻报道留给后代的是真实的记载，不真实的新闻报道留下的将是一部歪曲的历史。

意大利女记者法拉奇对“新闻记载历史”这一点有深刻看法，她不相信没有新闻报道之前的历史，在她看来，那时的历史都是根据传闻写出来的，没有足够的证据。而新闻报道为历史提供了较为确凿可信的材料，她说过这样的话："为此我热爱新闻工作，从事新闻工作。有哪一种别的什么职业允许你把正在发展的历史写下来，作为它的直接见证呢？新闻工作者就有这种非凡的可怕的特权。理会到这一点后，很自然会深感到自己的不足。我每当遇到一个事件或一次重要的会见时总是焦虑不安，担心自己没有足够的眼睛、耳朵和头脑来进行观察、倾听、思考，以便从中理解一条蛀虫如何钻入历史这块木头中去的。"

4. 新闻的有效传播，必须有读者的信赖。而信赖的产生，在很大程度上取决于报道的真实性。也就是说，新闻的真实性是获得读者信赖从而进行有效传播的重要因素。马克思在《摩塞尔记者的辩护》中说："人民的信任是报纸赖以生存的条件，没有这种条件，报刊就会完全萎靡不振。"

（二）新闻失实的类型

虽然真实是新闻的生命，但真实却并非简而易行的事。从人类有了新闻传播活动就有了新闻失实的病症，而且任何时代任何社会都存在。所以有人说，失实是新闻写作中的顽症。我们了解新闻失实的症状，是为了克服新闻失实。

新闻失实大致有以下几种类型：

1. 虚构的事实。整体的虚构和部分的虚构都包括在内。

2002 年 7 月 8 日，《江南时报》刊登《世界野生动物基金会的一份报告称：地球生命只剩 50 年!》，《江淮晨报》也刊登《 WWF 观点耸人听闻　地球 2050 年灭亡?》。两篇文章的作者署名同为"子非"，内容大同小异，都声称："人口的急剧增长以及对资源的掠夺性使用使得地球的生命可能只剩下 50 年，除非从现在开始就找到办法，在 2050 年之前将地球人大量移民到其他星球去。上述观点是世界野生动物基金会（WWF）的一份研究报告提出的核心观点。"消息一出来，国内媒体便你载我转，风行全国。7 月 9 日，《北京晨报》发表《地球只剩 50 年?世界自然基金会称消息不实》。该报道将 WWF 的译名纠正为世界自然基金会，并报道"昨天记者就此事向被宣称是发布此信息的某国外机构求证。得到的答复是，他们没有这样预测。……记者从该组织驻中国办事处核实时，有关人士表示……中文消息与他们将发布的新闻稿有较大出入。……中文消息的许多内容，如‘森林的消失和鱼类的绝迹’在英文稿中并不存在”。这是一条捕风捉影的新闻，与事实差之甚远。

有的报道整体是真实的，但局部或细节有所虚构，也影响报道的真实性。

2. 不准确的事实。由于新闻工作环节中的失误，在采访、写作、编辑过程中都可能造成不准确。在报道我国第一次人口普查时，有家通讯社的一则消息把北京市人口死亡率的小数点搞错了，0.11%错写成11%，增大了100倍。一点之差，事实谬之千里。

3. 片面的事实。由于作者为特定报道意图限制或由于思想方法的问题，只强调或只表现事实的某一面，忽略或无视事实的另一面，呈现给受众的是片面的事实。

在2002年12月20日的媒体上，有关于老年人情况调查的两条新闻。一条是新华网的《九成老年人有单独房间，老年人对生活现状基本满意》。据报道，城市老年人的经济收入比1992年增长了3.1倍，农村老年人增长了1.7倍。90%的老年人拥有自己单独的房间。老年人的生活设施较10年前有了显著改善，自来水、电视机、电风扇、洗衣机拥有率大大提高。因此，多数老年人认为自己的经济状况“够用有余”或“大致够用”。这条新闻告诉受众，“大多数老年人对生活现状基本满意”。另一条是《北京青年报》的《我国公布老年人口调查结果，养老问题很突出》。报道说，目前老年人口突出显现的问题是社会养老。由于低收入和多子女，老年人过去长期处于基本温饱状态，大多是收支相抵，很少有剩余钱储蓄。城市老年人虽有储蓄，但很多人认为这笔钱不够养老所需。加之“青年人孝敬、赡养、照料老年人的观念不断淡化，虐待老人的现象时有发生。家庭对老年人提供最基本生活保障的传统作用正在削弱，社会保障制度又未建立，一旦子女不承担养老责任，农村老年人的生活将陷入困境”。所以，“调查结果显示，无论在城市还是在农村，不少老年人都有后顾之忧”。这条新闻告诉受众的是，老年人存在后顾之忧，问题不容乐观。

两条新闻都是根据“国家拨出专款，历时两年，对中国城乡老年人口状况的一次抽样调查”写出的，但两篇内容不同。哪篇更真实呢？应该说孤立地看所写内容，都是真实的，但从整体联系来看，都只报道了问题的一面，失之于片面。两篇报道合在一起看，才是全面可信的。

还有一种情况是以言代行。我们在媒体上看到相当多的政府措施报道，或报道某某省长提出要加强舆论监督，或报道某市开始清查干部多占的房屋，但却看不到更重要的后续报道。对政府施政的报道更重要的是这些政策措施落实了没有、怎样落实的、结果如何。这也是一种片面报道，影响受众正确认识现实。

4. 曲解的事实。由于作者意识形态或思想方法的问题，不能正确地认识事实，或为了某种目的使事实变形。具体表现为：对事实表象即“何时”“何地”“何人”“何事”及“怎么样”的报道符合实际，而对事实的本质、意义、原因即“为什么”的解释却歪曲了真相。

1949年2月23日人民解放军举行和平解放北平入城式，美联社记者也报道了这件事，但他把共产党称之为北平的“征服者”，把市民由衷欢迎自己的军队和当年少数民族部分人欢迎日本侵略军相提并论，这就从根本上曲解了事实真相。这类曲解，是由于传播者的政治倾向、阶级偏见造成的。

1995年9月某电视台一条新闻说：今年报考师范院校的学生比往年明显增加。原因是教师工资待遇提高、社会地位提高，使更多的考生选择了教师职业。实际上报考师范院校人数增加的主要原因是其他许多院校都改为自费上学，而师范院校是公费上学，对于大多数中低收入家庭的考生来说，不得不更多地走向师范院校。这类曲解，是由于传播者只考虑特定的报道意图，不从事实出发，使事实与报道意图分裂造成的。

（三）新闻写作真实性要求的具体内容

其他写作也要求真实，科学论文、文学作品都要求真实，但和新闻真实内涵不同。科学论文的真实指反映客观规律的真实，文学作品的真实指的是反映感受的真实，而新闻作品的真实指反映客观事实的真实。

而到底怎样是事实的真实，各种论著各个学者表述不尽相同。

复旦大学出版社出版的刘海贵所著《当代新闻采访》，第四章第一节对“真实性的具体要求”提出五点：①构成新闻的基本要素必须真实，包括时间、地点、人物、事件等。②新闻所反映的事实的环境和条件、过程和细节、人物的语言和动作必须真实。③新闻引用的各种资料必须确切无误，包括数字、史料、背景材料等。④新闻中涉及的人物的思想认识和心理活动必须是当事人所述。⑤讲究分寸，留有余地，包括两方面：一是防止片面性，绝对化；二是具体事实放在全局中要真实。

复旦大学出版社出版的尹德刚、周胜所著《当代新闻写作》，第一章第三节“新闻报道的基本要求”，对新闻真实性要求讲了两方面：一是作者所报道的事实，包括人名、地名、时间、细节、数字、引语等，都准确无误，不允许任何差错，不允许虚构、夸大或缩小；二是作者对事实的说明和解释应符合事实的本来面目，不能有任何曲解或掩饰。

新华出版社出版的康文久所主编的《实用新闻写作》，第二章第二节中“新闻真实性的内涵”，也讲了两个方面：一是具体事实真实，主要体现在构成新闻事实的诸要素上。二是反映社会本质的真实，也就是从总体上，从事实的联系中把握事物的本质。作者说：“任何事物，都不可能孤立地存在，总是和周围其他事物相互联系而存在，相互联系而发展。具体新闻事实的本质、原因，总是和社会总体的本质相联系的。如果我们不是从总体上，从相互联系上把握具体的事实，而是孤立地、静止地、割断历史地看问题，就不可能认清具体事实的真相，当然也就不可能通过报道正确反映社会的总体本质。”

中国人民大学出版社出版的刘明华等所著《新闻写作教程》，第二章第一节“新闻写作对真实性的要求”，提出了两方面的要求。一是新闻报道的具体事实必须真实准确，包括五点内容：①确有其事；②构成新闻的基本要素必须准确无误；③新闻中引用的各种资料必须准确无误；④新闻所反映事实的环境、过程、细节、人物的语言、动作必须真实；⑤新闻中涉及人物思想认识和心理活动等，必须是当事人所述。二是新闻报道的整体概括与分析要符合客观实际，包括三点内容：①现象真实与本质真实要辩证统一；②微观真实与宏观真实要有机结合；③新闻报道的多层次真实。

参照上述意见，针对新闻实践中存在的问题，我们认为对一个记者写稿来说，要在写作中做到真实性，有三个不同层次的要求：

1. 确有其事，不容虚构，哪怕是细枝末节，也不容虚构。

2. 准确。美国的报人普利策在主持《世界报》（1883—1901 年）期间，反复向记者强调“准确！准确！！准确！！！”并且强调“光是不登假新闻还是不够的”。美国《底特律新闻》社论作家、著名的新闻学者杰克·海敦认为“准确性高于一切”。准确包括三方面的内容：

（1）新闻事实材料和背景材料准确；

（2）新闻来源准确；

（3）语言表述准确。

3. 正确揭示事物之间的联系。

这是真实性的三个层次，也就是面对事实、准确描述真实反映的三个层次。对一个记者来说，要尽量达到这三点，但这并不是真实性所有的要求。对记者来说，要做到真实性，还必须考虑一个问题：

直面现实，不能回避问题。

上面三个层次讲的是，面对所要报道的事件，不能虚构，要准确。这里讲的是记者面对整个社会现实，选择写什么、不写什么的时候，要有责任心、正义感，要能够面对现实中尖锐的问题。放弃了这种东西，则放弃了责任。一个记者如果写了一辈子新闻稿，从不涉及人民关注的现实中的尖锐问题，即使在写作时都是准确的，也只是一个平庸的记者，而且，也不能说他是完全坚持了真实性的原则的。真实性的原则包含了不回避问题内容。而一个优秀记者，从来不会回避、并且是积极关注现实中的尖锐问题。这样的真实性原则才是完完全全的、彻彻底底的。

（四）新闻写作如何避免失实

1. 有正确的态度。包括对公众负责的态度；对历史负责的态度；实事求是的态度、诚实的态度和尊重真理的态度。

2. 有严谨的、扎实的工作作风。报道的事实所有细节都要一清二楚，没有疑问。

3. 要有认识事实的科学方法。这是非常重要的，这样才能尽量避免片面性。

除了新闻工作者个人的原因，还有制度上的改善，是解决失实弊病的根本出路。

三、清晰明了

清晰明了，指在报道一个事实时，信息要完整不要有缺失，要明确不要模糊，要有条理不要混乱，使读者确实对记者所报道的事实、所传播的信息了解得清清楚楚，不留下疑问。

看下面的消息：

外国公司首次来皖招聘海员

日本邮船公司首次在中国招人……这条消息在我省不胫而走。尤其引人注意的是，首次在中国所招的40个名额，全部在我省招聘！据悉，此次合作，不仅是日本邮船公司第一次在中国招聘高级船员，也开创了我省国际海员直接派往外轮公司工作的先河！

据悉，日本邮船公司是日本第一大远洋运输公司，有着百余年的历史，该公司以前主要是面向新加坡、马来西亚、菲律宾等地招船员。随着我国加入WTO的成功，日本邮船公司把目标转移到中国。此次在我省所招40位三副、三轮两个工种的高级海员，条件非常严格，为应届高中毕业生，理科，男性。经过笔试、面试等考核后，合格者由中国远洋运输公司录取，并作为中远公司的员工，送到上海海运学院进行为期两年半的培训。在取得国家教育部承认的大专文凭以及相关资格证书后，才能派到日本工作。

目前，已吸引阜阳、淮北、安庆、巢湖等地100多位报名者踊跃报名。今、明两天进行考试。日本邮船公司、中国远洋运输公司、上海海运学院非常重视，已派人到我省选拔。

据负责此次招聘组织工作的安徽省劳动和社会保障厅职介中心主任刘邦安介绍，日本邮船公司在我省招聘高级海员，打破了我省国际海员直接派往外轮公司“零”的记录！

这是2002年9月4日我省某家报纸的消息，它最大的毛病就是信息不清晰：

①到底是什么单位在合肥组织这次招工，途径是什么，是这条消息很重要的内容，却不清楚。开头说“日本邮船公司在中国首次招人”，接下来又说“合格者由中国远洋运输公司录取，并作为中远公司的员工，送到上海海运学院进行为期两年半的培训……”下面又说“日本邮船公司、中国远洋运输公司、上海海运学院非常重视，已派人到我省选拔”，最后又说“据负责此次招聘组织工作的安徽省劳动和社会保障厅职介中心主任刘邦安介绍……”越看越糊涂。

②日本这家邮船以前在东南亚等国招船员，随着我国加入 WTO，日本把目标转移到中国。到底有什么关系，不清楚。

③招收的条件：高中、理科、男性。“条件非常严格”。为什么“理科”？为什么是“严格”？

④导语中说“开创了我省国际海员直接派往外轮公司工作的先河”，招的人员先要在上海海运学院培训两年半，然后再上外轮工作，怎么就是“直接”？这是“直接”，那么以前我省是不是还有什么“间接”上外轮工作的先例？都不清楚。

这样的消息，信息清晰度很低，因而信息有效度也很低。读者读了之后，疑点重重，疑虑重重，进而怀疑信息的可靠性。这样的报道只是提供了一个可疑的信息。

有些新闻报道表述新闻事实诸要素经常采取“模糊表述法”，在时间上，用“近日”“日前”“前些日”等；地点上，用“某地”“某乡镇”“某厂”等；人物上，用“某女士”“某先生”“刘某”等。而表述消息来源时，经常可见“从有关部门获悉”“从有关部门了解到”等。这种在关键的报道因素上的模糊表述对新闻报道是十分有害的，有损新闻信息的质量。

如何做到清晰明了，并没有划一的公式可以遵循。每个事实有各自的特点，读者对每一个有特点的事实有获知的侧重点。我们必须根据事实的特点，特别是根据读者对每一个新闻事实信息的不同需求，针对性地提供完整清晰的信息。

四、具体实在

新闻以叙述新闻事实作为报道内容和根本目的，新闻报道的主要手法是叙事，而事实都是具体存在的，要把事实表述得准确清晰，离不开具体的叙事。只有具体的叙事，才能使读者获得实在的信息。实在指叙事确切、不虚夸，有实在的信息。具体和实在是相联系的，只有具体的才是实在的，要实在必须具体。

怎样是具体的叙事呢？具体的叙事就是在叙事时提供特定事物的特定信息或明确信息。

下面是关于一次滑坡的不同报道：

湖南郴州市北湖区发生山体滑坡　目前造成21人死亡

新华网长沙（2002年）8月8日电　记者从湖南省郴州市北湖区委办公室了解到，从昨天晚上11时到今天上午，郴州市降大到暴雨，北湖区月峰、南溪、鲁塘等地出现较大面积的山体滑坡和山洪暴发，目前已造成21人死亡。

据了解，这是郴州市近几年以来遭受最大的一次暴雨袭击，北湖区又是受灾最严重的地区。鲁塘是小煤矿、石墨矿较多的地区，暴雨时还有不少工人在井下作业，人员伤亡情况正在了解中。由于暴雨袭击，这几个受灾地区的部分道路、通讯中断。郴州市和北湖区政府正在组织群众进行救灾工作。

郴州发生山体滑坡21人死亡

本报郴州8月8日电　提起被洪水吞噬的父母，11岁的邱慧搂着外婆放声大哭。

8月7日至8日，由于连降暴雨，湖南省郴州市北湖区月峰乡河水暴涨，多处山体滑坡。邱慧和3岁的弟弟一夜之间痛失父母及幸福的家庭。

从昨天晚上11时到今天上午，郴州市连降大到暴雨，北湖区月峰、南溪、鲁塘等地出现较大面积的山体滑坡和山洪暴发，目前已造成21

人死亡。

月峰乡乡干部告诉记者，灾情最早发生于7日晚11时，当时大雨滂沱，河水暴涨。凌晨时分，傍河而居的邱昌武夫妇（邱慧的父母）最先被洪水卷走。随后，月峰乡大概有六七十处山体发生严重滑坡，30余人或被山洪带走，或困于泥底。目前，该乡有18人死亡。

据了解，由于该乡大部分是沙性土质结构，比较松软，容易发生泥石流和山体滑坡。

当地人告诉记者，该乡是瑶族自治乡，三分之一居民为瑶胞，瑶胞喜山居，傍山建屋。一旦山洪暴发，首当其冲的便是这些建在山脊上的房屋。

记者了解到，这次洪灾中月峰乡共倒塌房屋78栋，450亩农田被冲毁，遭毁坏的桥梁涵洞21座，受灾面积达4200余亩。

灾情发生后，郴州市有关方面迅速组织救援，月峰乡目前有16人被成功救出。

（2002年8月9日《中国青年报》）

两条消息相比，后者叙事更具体，有具体的人、具体的地点、具体的过程、具体的情况。因此，读者可以从后一条消息中获知更丰富的信息。

西方新闻记者大都比较重视叙事的具体。西方的很多新闻学著作也都提到这一点。他们认为，“气温高达38摄氏度”，远比“天气很热”要明确有力；“掌声持续达10分钟”，比“掌声雷动”更具体化；“四万六千名球迷挤满了运动场的看台”，比“成千上万人”给人以更深刻的印象。

“具体的叙事”对于新闻报道的意义在于：

1. 具体的叙事信息更丰富。形式逻辑中有母概念和子概念的分别，外延较大、内涵较小的概念叫作母概念；外延较小、内涵较大的概念叫作子概念。相对于母概念，子概念较为具体。“一个孩子正在吃水果”和“一个婴儿正在吮杨梅”两句话，后一句内涵更丰富，包含了前一句的含义。也就是说，具体的概念，既有个别事物的特征，又有同类事物的特征，而抽象的概念，集中了同类事物的共同特征，却舍弃了个别事物的个性特征。所以子概念内涵大，信息更丰富。

2. 具体的叙事信息更明确。具体的叙事写的是一种特定的情况，所以信息更明确。世界上第一头克隆羊多利2003年2月14日被证实已死亡。新华社报道说：多利因患肺病被研究人员实施“安乐死”。《联合早报》报道说，多利因患肺癌被研究人员打毒针致死。“肺癌”比“肺病”具体，意义也明确；“打毒针致死”比“实施安乐死”具体，意义也更明确。所以，同样一句话，《联合早报》的表述信息更明确。

3. 具体的叙事信息更客观。具体的叙事一般是对客观的个体对象的特定状态进行叙述。进行一层抽象，就融入一些作者的主观意识，抽象层次越多，人的主观意识也越多。所以通常越是具体的叙述，越是客观。比如我们介绍一个棋手，我们说这是一个“优秀的棋手”，或者说是“非常优秀的棋手”，都是空洞的，而且是一种主观判断。如果我们具体介绍说“他是一个八段的棋手”，这样就准确地描述了他的水平，而且是客观的介绍。

4. 具体的叙事信息更可感。具体的信息传达的是特定的事物的信息。这种特定事物的信息能够唤起人们对特定事物的联想，因而获得形象生动的效果。如2001年8月29日《中国青年报》通讯《不教黄上过阴山》，描述内蒙古草原的环境变化，用一位叫李海峰的农民的口述这样描述当地以前的自然环境：

“哎呀，那时柳条遍地，大榆树呼悠呼悠的，坡上岗上全是槿条子和大树，我那时给生产队放100多头牛，牛跑进去就全被埋没了，我在梁子上看不到，还得去找牛去。那时洗脸盆粗的大树到处都是，现在一棵也没了。那时狍子成群，野鸡也成群，狐狸出没，那时我放牛，躺在树下，经常看到飞起来的野鸡铺天盖地，起码有300多只，而现在就剩黄沙了，什么都没了，地没法种了，羊没处养了，以前攒下的1万多元钱用光了。”

读了这段文字，读者都会获得形象的感受。为什么能写得这么形象，就在于叙事具体，引发读者的联想。

五、通俗易读

在所有公开传播的文章作品中，没有一种能像新闻作品那样拥有最广泛的受众。上到国家领导，下到普通百姓，有专家学者，也有普通的工人、农民、士兵，甚至有不识字的老人、小孩子，每天都在和新闻打交道。新闻要传播，就要让人懂，就必须通俗易懂。

我国新闻界对新闻写作的通俗易懂历来很重视。早在1948年底，新华社针对各地来稿中经常采用方言、专门术语、简称、地方性度量衡等情况，提出："我们一切发表的文字必须以最大多数的读者能够完全明了为原则。"

西方新闻界对新闻报道通俗易懂的要求也十分严格。美国新闻学者道格拉斯·伍德·米勒说："新闻报道必须写得从大学校长到文化程度很低、智力有限的一切读者都容易理解。"德意志新闻社《编辑手册》中提出："如果稿件写得只有部分读者才能读得懂，那就是记者的失败与失职。"美联社记者鲁道夫·弗兰斯博士说："尽量使用常用词汇。记住，美联社的工作并非在扩大读者的词汇量。如果你不得不使用一般读者可能不熟悉的词，那就必须加以解释。"（《美联社写作手册》第205页）他认为新闻写作"可读性并不是死板地照某种模式去写，而是写得让普通读者愿读下去，能读懂而且记住"。

新闻写作要做到"通俗"，根本上说，要有为读者考虑的观念，通俗不仅是语言的问题，实际是个写作立场的问题：到底是为谁写作。如果真是为读者写作，就要有接近他们的内容、接近他们的角度、接近他们的语言表述。

六、简短凝练

简短凝练的意思是篇幅短小、内容精粹。无论是消息，还是通讯，都应该尽量写得简短凝练，这对于提高新闻的时效性、增加版面的信息量以及增强新闻的可读性都有益处，是由新闻传播规律决定的。

简短凝练与新鲜快速有密切关系：

简短凝练有助于快速报道和突出新鲜的内容。新闻报道写得越长，费时越多；新闻报道写得短，记者可以快写多写，使新闻信息得到及时传播。简短凝练也有助于突出新鲜的内容，减少水分，使新闻更加突出。

简短凝练与版面容量有密切关系：

简短凝练有助于增加版面容量。版面容量是有限的，新闻是无限的，要在有限的版面容量中，尽可能多地传递现实生活中丰富多彩的新闻信息，必须使新闻报道篇幅简短、字约义丰。

简短凝练与可读性有密切关系：

西方新闻界有一个很形象的说法："读者是站着看报的，记者是站着写稿的。"意思是说，记者传播新闻、读者接受新闻，都在一种快节奏之中。读者接受新闻的心理和要求不同于阅读其他文章，通常要求快速获取信息，而且随着社会生活的节奏变得越来越快，人们的阅读习惯也越来越倾向于"弃长取短"。

胡乔木同志早在延安《解放日报》时期就曾建议：新闻（即消息）要五分之四是500字左右的；通讯和副刊稿件五分之四是1000字左右的；研究性的论文等五分之四是2000字左右的。新中国成立后，胡乔木同志又多次对《人民日报》提出要多登短新闻，包括一句话的新闻。1982年，他对新华社提出"新闻要新、短、多、广"，再一次要求把新闻写得短些。

我国新闻界一直在呼吁"刹住长风"，"消息要短些、短些、再短些"。通讯也不能任意拉长。评选中国新闻奖，对评选作品的篇幅与字数有具体要求：文字消息在1000字以内，文字通讯在3000字以内，文字言论在2000字以内。并特别规定"对超长作品须由参评单位从严掌握"。超长作品主要指的是通讯，特别是20世纪80年代以后兴起的深度报道。

怎样能够把新闻报道写得简短凝练？我们认为可以从以下几个方面考虑：

1. 挤掉水分，只讲事实。新闻写作只能采用"浓缩法"，不要用"稀释法"。俄国著名作家契诃夫曾经说过："写作技巧其实并不是写作的技巧，而是删掉写得不好的地方的技巧。谁能在删改中战胜自己，谁就会成功。”这也同样值得我们在新闻写作时借鉴。

2. 抓住重点、特点写作。很多报道写得冗长，常常是因为没有抓住事实的重点、特点去写，不分主次，不知取舍。报道要写得简练，必须分清主次，重要的多用笔墨，次要的少用笔墨。

3. 思路清晰，表述直接。冗长常常和杂乱联系在一起，有时不简练常常是因为对事实的来龙去脉、彼此联系没有思考清楚，思路较乱，在表述时拐弯抹角、东拉西扯、言不及义。因此，只有对事实认真思考、理清思路，方能一语中的、言简意明。

4. 字斟句酌，锤炼语言。内容的简练表述，最终离不开语言的精练，因而离不开对语言的锤炼。每个词都有实在的含义，可有可无的词删去，做到字约而义丰。

【思考与训练】

1. 新闻写作的特殊规律是什么？

2. 新闻写作为什么需要建立在扎扎实实的采访基础之上？

3. 新闻写作为什么要用事实说话？

4. 有人认为“用事实说话”并非新闻写作的规律，你怎么看待这个问题？

5. 研读近日报纸上的新闻报道，找出你认为不真实的报道，谈谈你的看法。

6. 为什么说正确反映事实之间的联系是真实性更高的层次？你如何看待这个问题？

7. 怎样提高新闻报道的时效性？

第三章

新闻的种类和样式

【本章内容提要】

新闻可以从不同角度进行分类，我们经常说的“经济新闻”“社会新闻”“事件性新闻”“非事件性新闻”“软新闻”“硬新闻”“解释性新闻”等是从新闻内容特征出发进行的归纳，并非“新闻体裁”，但内容不同，写作上必会有区别。

新闻体裁的构成因素主要侧重于表达方式、结构方式、语言风格等形式因素，但也与内容有关，不同新闻体裁有不同内容侧重点。

新闻体裁丰富多样，包括新闻报道与新闻评论两大类，但最基本、最典型的样式是新闻报道类。因为它们承担着新闻传播活动最基本的任务：报道事实，传播新闻；它们又最能体现新闻本质和规律，并且是各种新闻媒体上运用最多、处于主导地位的新闻体裁。

新闻报道体裁可以大致分为消息、通讯、特写、专访四大类。

第一节　新闻分类

新闻的分类与新闻体裁的分类有所不同。新闻的分类是从新闻的内容特征出发对新闻分类，新闻体裁的分类则是从新闻的形式特征出发对新闻分类。

新闻分类可以有多个角度，不同角度可有不同的类别。常见有如下一些分类：

一、按照新闻地域分类

从这个角度可分为地方新闻、国内新闻、国际新闻等。

1. 地方新闻。指媒体所在地发生的新闻。从读者心理而言，受众对自己所属地区及自身临近地方的事件最关心。所以地方新闻的采写是各地方媒体记者采访部最主要的工作，是它们版面上最重要、最独特的一部分内容。

2. 国内新闻。指在中央和国内各地而非媒体所在地发生的新闻。其中又可分为中央和全国各地的。属于中央一级的新闻，包括对党和国家领导人的活动以及党中央和国务院及其直属的部、委、办各部门、各单位的报道。属于全国各地的新闻指除本地外全国各省各地的新闻。国内新闻的来源主要是国内的通讯社、新闻网站和其他媒体或本报的驻外记者、特派记者等。

3. 国际新闻。指发生在本国境外的各个国家和地区的新闻。包括国际生活中政治、外交、经济、科技、体育、社会等各个领域的重要事态发展以及各国之间双边或多边关系。国际新闻的主要来源是国际性通讯社。我国的两大通讯社新华社和中新社都有大量驻外记者，提供国际新闻。我们国内媒体上的国际新闻，主要来源于新华社和中新社，只有少数媒体直接用其他国际通讯社的新闻。

二、按照新闻题材分类

从这个角度可分为政治新闻、经济新闻、文教新闻、科技新闻、社会新闻、法制新闻、体育新闻等。

1. 政治新闻。是政治领域最新事实的报道。内容包括：重大政治事件，各级党代会、人大和政协会议报道，各级党政领导层的决策和管理活动，各级党政领导人的动态（工作和生活情况）等。还包括国外的党政消息、政府国策、政要动态。政治新闻的主要特点，一是鲜明的倾向性；二是高度的重要性，直接影响国家前途与人民生活，读者通常比较关注。

2. 经济新闻。是经济领域最新事实的报道。包括国民经济、生产建设和人民日常经济生活等方面的报道。从经济学范畴讲，有生产、分配、交换、消费等经济活动各环节的报道；从社会经济各部门讲，有工业、农业、交通、财贸、保险、金融等各类经济领域的新闻；从内容构成分析，有宏观经济政策、市场经济态势、经济运行规则、最新经济信息等。经济新闻的主要特点是专业性强、服务性强。

3. 文教新闻。是文化教育领域最新事实的报道。文教新闻又可分为文化新闻和教育新闻。文化新闻包括文学艺术、戏剧影视、图书资料、文物考古等方面内容，教育新闻包括学校教育、职业教育、成人教育等方面内容。文教新闻是对这两个领域的现状、问题、成就、经验、有关政策措施等情况的报道。

4. 科技新闻。是科学技术领域最新事实的报道。内容包括：党和政府的科技政策，科学技术领域的新发现、新发明、新成果，科技工作的新经验、新问题，科技领域杰出人物的事迹，受众感兴趣的科技新知识、新技术及科技珍闻等。科技新闻的主要特点是科学性、知识性、通俗性。

5. 社会新闻。是以社会生活、社会风貌、社会问题、社会事件为题材，反映社会现象和某些自然现象、社会意识和道德观念变化的最新事实的报道。社会新闻的内容范围涉及天灾人祸、犯罪凶杀、社会风尚、伦理道德、风土人情、业余爱好、自然奇观、社会珍闻等方面。社会新闻的主要特点是传通性大、民间性强、人情味浓、涉及面广。

6. 法制新闻。是有关法制方面内容的最新事实的报道。法制新闻的内容包括普及法律知识、各种案件与法律纠纷的揭露、诉讼、审理与调解，以及社会公德等许多方面。法制新闻的主要特点是法律性、社会性、教育性。

7. 体育新闻。是有关体育活动的最新事实的报道。体育新闻的内容范围包括体育比赛、各种群众体育活动、体育界知名人士的活动等。体育新闻的主要特点是：竞争性、时间性、群众性、国际性。

三、按照新闻的容量分类

从这个角度可分为单一新闻和综合新闻。

1. 单一新闻是对某个单一新闻事件或新闻事实的报道，也就是可用“5W1H”基本形态进行描述的新闻。

2. 综合新闻是把诸多同类事实综合在一起进行报道，和单一新闻相比，具有大容量、多时空、多来源的特点。

四、按照新闻中事实与解释的构成比例分类

从这个角度可分为纯新闻和解释性新闻。

1. 纯新闻只叙述新闻事实的发生，不多作解释，不延伸背景，只回答基本事实要素。多数短新闻都属于这一类。

2. 解释性新闻不仅报告新闻事实，而且注重对新闻事实作多方面解释。纯新闻的写作重心是陈述事实，要素交代无所侧重，记者的传播意识主要表现在事实的选择安排之中。解释性新闻的写作重心在于解释新闻的原因、意义、性质等，要素交代侧重于“为什么”，记者的传播意识主要体现在解释中。用美国新闻学者杰克·海敦的话说，解释性新闻“是一种追究动机的报道”。(《怎样当好新闻记者》)

五、按照事实是否具有“事件性”特征分类

从这个角度可分为事件性新闻和非事件性新闻。

1. 事件性新闻指对某一具体新闻事件的报道，可以是对新闻事件

整个过程的报道，也可以是对新闻事件发展变化的某一个环节动态的报道。事件性新闻要求迅速而准确地反映一个新闻事件的发生、发展、变化及其结果或影响。它的时效性比较强，可以一次报道，也可以连续报道。我国新闻体裁中的动态消息、事件通讯、新闻特写等都属于事件性新闻。

2. 非事件性新闻不是对某个具体事件的报道，而是通过对一定时间、一定空间范围内的多个事件或多种情况的归纳，报道事实渐变过程中带有规律性的内容。我国新闻体裁中的综合消息、述评消息、经验消息，还有通讯中的人物通讯、工作通讯、社会观察通讯都是非事件性新闻。

事件性新闻和非事件性新闻有很多区别：事件性新闻是单一新闻报道，非事件性新闻是综合性报道，在容量上较事件性新闻丰富；事件性新闻往往以事件的新闻性占优，而非事件性新闻则以主题思想的深广新颖取胜；事件性新闻在表现方法上，以叙述和白描为主，非事件性新闻则在描述基础上运用分析、概括、归纳等手法；事件性新闻强调对新闻事件的相对完整、有头有尾的反映，有时还需要精彩的细节，而非事件性新闻是对多种情况及多个事实的综合分析，除个别典型事例多说几句外，一般不详述某一事实。而最根本的区别在于：事件性新闻注重描述和反映事件发展的状态和过程，是一种反映性新闻；而非事件性新闻注重揭示和透视诸多情况和事件之间的内在联系，是一种透视性新闻。

六、按照新闻内容呈现的状态分类

从这个角度可划分为动态新闻和静态新闻。

动态新闻指对处在不断变化中的事实的最新状态的报道。

静态新闻指对处在某种渐进或相对稳定状态的事实的报道。

七、按照新闻事实的感应特征分类

从这个角度可分为硬新闻和软新闻。

1. 凡是时效性强又呈重要性的新闻，是硬新闻。

2. 凡是时效性不太强又不以重要性取胜而通常以趣味性知识性人情味取胜的新闻，是软新闻。

第二节　新闻体裁分类

新闻体裁，泛指各种新闻媒体所传播的新闻作品的具体而又不同的载体形式，是新闻内容与表现形态相统一的新闻样式的通称。

一、新闻体裁的构成因素

（一）内容侧重点

一般讲体裁，侧重于形式上的区别，但任何形式都是为特定内容服务的，不同体裁的作品，在内容上必有各自的特点。所以，我们在学习新闻体裁时，既要注意形式上的特点，也要注意内容上的特点，注意内容和形式之间的关联。这样才能抓住体裁的本质所在。

（二）表达方式

写作上表达方式，主要有叙述、描写、抒情、议论四类。不同类型新闻体裁各有侧重，显示出不同特点。新闻报道类作品和新闻评论类作品所使用的主要表达方式是不同的，而消息类作品和通讯类作品所使用的表达方式也是有区别的。

（三）结构方式

结构方式指作品组织材料的方式。不同新闻体裁在结构方式上有所不同，新闻报道类作品多以具体的时空变换组织材料，而新闻评论类作品多以逻辑思路组织材料。作为新闻报道类的消息和通讯组织材料的方式也有区别。

（四）语言风格

不同体裁的新闻作品在语言上有不同的要求，体现出不同的语言风格。

二、比较有代表性的几种分类

（一）《新闻学大辞典》分类

中国人民大学教授甘惜分主编的《新闻学大辞典》把新闻体裁分为新闻报道与新闻评论两类。前者包括消息、通讯和调查报告；后者包括编者按、编后、评论员文章、社论等。

（二）艾丰《新闻写作方法论》分类

艾丰在他所著《新闻写作方法论》一书中把新闻分为五大类，各类又作了细分。

第一类称为“典型的新闻体裁”，包括消息、报道（长消息）、简讯、通讯（包括事件通讯、工作通讯、问题通讯、人物通讯、概貌通讯等）、特写、速写、小故事、述评、采访札记、记者来信等十余种文体。

第二类称为“边缘性或杂交性新闻体裁”，包括报告文学、调查报告、座谈纪要等。

第三类称为“报刊上刊登的其他文字作品的体裁”，包括评论（其中包括社论、编辑部文章、本报评论员文章、短评等）、编者按、署名文章、杂文等。

第四类称为“广播电视中的一些特殊体裁”，包括录音报道、配乐广播、口头报道、现场直播、录音访问、广播讲话、主持人节目等。

第五类称为“探索性体裁”，包括日记式新闻、书信式新闻、视觉式新闻、见闻式新闻、对话式新闻、预测式新闻、释义式新闻、主体式新闻、散文式新闻等。

（三）胡欣《新闻写作学》分类

胡欣编著的《新闻写作学》的分类，参照了历届“中国新闻奖”获奖作品的体裁标目。

1. 新闻报道类：

（1）消息（报刊文字消息、广播消息——口播和录音新闻、电视消息——口播和声像新闻）；

（2）通讯（报刊文字通讯、广播新闻专题、电视新闻专题）；

（3）特写（报刊文字特写、广播新闻特写、电视新闻特写）；

（4）调查报告（报刊新闻调查、广播新闻调查、电视新闻调查）。

2. 新闻评论类：

（1）报刊评论；

（2）广播评论；

（3）电视评论。

3. 新闻摄影美术类：

（1）新闻电影；

（2）新闻摄影；

（3）新闻漫画。

4. 新闻报道附属类：

（1）附记；

（2）版面、节目介绍；

（3）解说词；

（4）大事记；

（5）新闻文摘；

（6）新闻资料；

（7）其他。

（四）王中义《记者传播模式论》分类

安徽大学新闻学教授王中义《记者传播模式论》（新华出版社 1996 年版）把新闻体裁分为四类：消息类，是叙事性传播；通讯类，是形象性传播；调查写作类，是析义性传播；评论写作类，是评介性传播。

三、正确地认识新闻体裁分类

（一）用比较的方法分析体裁

确立体裁，要善用比较，有比较才有鉴别，只有比较，才能抓住特点。比较方法是辨识新闻体裁的有效方法。

首先，把新闻作品与文学、哲学、历史、科技等作品比较。这种比较，能较快掌握新闻作品的总体特征。

其次，对新闻体裁自身的各种形式进行比较。这种比较，对尽快掌握各种具体的新闻体裁特征至关重要。只有掌握了具体的体裁特征，才能够写出得体的新闻作品。

再则，可把新闻体裁的现在与过去比较，认识新闻体裁产生、发展、演变的历史轨迹。

（二）用辩证的观点看待体裁

所谓辩证的观点就是发展地联系地全面地去看问题，而不是静止地孤立地片面地看问题。

首先，新闻体裁是不断发展演变的，处于变动的状态。每一种新体裁的出现或老体裁的新演变，既是新闻工作者创新的成果，又有着社会政治、经济乃至科学技术方面的客观原因。

社会在不断发展，新闻体裁也将随着社会的发展不断发展演化。因此，不应该把当前的新闻体裁凝固化，而应根据客观实际的需要，根据受众不断发展的需要，不断地有所发展，有所创新。

其次，各种新闻体裁之间，既有各自的个性、特殊性，又有其共性，有必然的内在联系，不要把体裁间的差异绝对化了，差异是相对的。

所以古人说文章的体裁是“大体则有，定体则无”，是很有道理的。不仅从体裁演变上是如此，从写作实践来说也是如此。

（三）最基本最典型的样式是新闻报道类

新闻体裁丰富多样，但最基本最典型的样式是新闻报道类，之所以这样说，因为新闻报道类承担着新闻传播活动最基本的任务：报道事实，传播新闻。它们又最能体现新闻的本质和规律，并且是各种新闻媒体上运用最多、处于主导地位的新闻体裁。

我们新闻写作课要学习掌握的就是这一类体裁，并且主要是报刊的以语言文字为媒介的新闻报道体裁。现在的四大媒体——报纸、广播、电视、网络，传播媒介各不相同，报纸以语言文字为媒介，广播以声音为媒介，电视以声像为媒介，网络是综合性的。报刊新闻体裁是产生最早的，其他的媒体新闻体裁是在报刊新闻体裁基础上根据各自的特点发展起来的，基本规律相同，各有不同的特点。所以掌握报刊新闻体裁也可以说是个基础。

第三节　主要新闻报道体裁综述

一、消息

“消息”一词最早见于上古典籍《易经》，《丰卦》中说：“日中则昃，月盈则蚀，天地盈虚，与时消息。”消、息二字在这里都作动词。消，消失、消融；息，繁殖、增长。“消息”即一消一长、互为更替的意思。东汉时，消息一词出现了引申义，有了“音讯”“信息”的含义。蔡文姬的《悲愤诗》中有这样四句：“有客从外来，闻之常欢喜。迎问其消息，辄复非乡里。”这里的消息是指音讯的意思。消息意指音讯，在古代诗文中很常见。近代新闻事业诞生之后，消息才逐渐演变为一种新闻体裁的名称。

消息作为一种体裁确立，是在近代新闻事业兴起之后。我国近代报刊一般都是外国传教士首先在境外创办的，如1815年外国传教士在马来西亚马六甲创办的《察世俗每月统记传》、1823年在印度尼西亚的雅加达创刊的《特选撮要每月统记传》和1833年在广州创办后迁新加坡的《东西洋考每月统记传》等报刊。1838年外国传教士在华创刊的中文月刊《各国消息》就是以“消息”为刊名的，“各国消息”即“各国新闻”。这个时期，“消息”被认为是对新动向、新情况即新信息的传播，和“新闻”基本同义。

据考证，中国近代新闻史上第一篇消息作品应为《察世俗每月统记传》第二期（1815年9月出版）上的《月食》报道：“照查天文。推算今年十一月十六日晚上，该有月食。始食于酉时约六刻，复原于亥时约初刻之间。若此晚天色晴朗，甲地诸人俱可见之。”

19世纪50年代以后，我国新闻事业有了显著发展，并于80年代开始使用电报传发新闻稿件，称为电讯。由于电报费用昂贵，电报稿总是力求简明扼要，至于对前因后果、来龙去脉等详情描述，随后用信件寄往报社，这种“通信”或曰“通讯”便是新闻通讯体裁的由来。原来与新闻近义的“消息”，被专门用来称呼那些用电报发送的信息和简短报道，并日渐固定下来，形成新闻报道的一种体裁。

消息作为一种新闻报道体裁，它的特点主要表现在新鲜、快捷、简短、实在四个方面，是以快速传递事实简要信息为主要任务的，是新闻报道的主要体裁。

二、通讯

通讯是我国近代新闻事业发展到一定阶段的产物，但从表现手法、体裁特点上看，它沿袭了我国记事文的传统。从古代的记事文到近代报纸的通信，再到现代的通讯，这样一个过程就是通讯体裁的产生、发展的过程。

我国记事文传统悠久。叙事文历史开始于甲骨卜辞、钟鼎文。最早的叙事文献，概要叙事为多。到了春秋战国时期，叙事文有了长足发展，最有代表性的作品是《左传》，打破以前写史概要叙事的格式，比较充分展示事件来龙去脉、前因后果，并善于写出人物在事件中的活动。不论写人写事，都有较高的成就，从通讯体裁源流来考察，在《左传》中已可看到“事件通讯”的胚胎。

到了汉武帝时代，国家统一，国势强盛，这时出现了一部伟大史学著作《史记》。《史记》以人物为中心展开历史，在人物刻画上有很高的成就，鲁迅称之为“史家之绝唱，无韵之离骚”，《史记》的人物传记可以说开了“人物通讯”的先河。

除了史传文体，中国笔记中的纪实文字，及古代的传、状、志、铭、诔、笺等都在叙事写人上对通讯的形成有一定影响。

通讯作为一种新闻体裁的确立是我国近代新闻事业发展到一定阶段的产物。最初新闻报道只有概要的消息，以后人们需要对某些较重要的事件了解得比较详细一些，于是就出现了用史传的笔法，报道新闻事实，来龙去脉、细节、情景都描写比较精细，这样一种新的新闻体裁，最初叫“通信”，后来就叫“通讯”。

据学者们研究，在中国新闻史上，最早与通讯发生联系的是我国近代报刊的开拓者王韬，他的《普法观战记》和《扶桑游记》被视为最早的通讯。

1912年，中国新闻写作史上出现了一个“划时代”的人物：黄远生。他在现代通讯文体的确立上，有重要贡献。他是中国新闻史上第一个全力从事通讯写作的记者。他经常在京沪影响较大的报纸上发表反映国家大事的通讯报道，其中反映政治事件的《国会观礼日杂记》《外交部厨子》和反映社交活动的《囍日日记》等，都写得很出色。他写的通讯内容涉及重大题材，形式生动，有所创造和发展，在读者中有很大影响。

1920年至1922年，瞿秋白的通讯《新俄国游记》（即《饿乡纪程》和《赤都心史》）连载于《晨报》，篇幅简短，新闻性增强，文笔生动形象，富于文学色彩。1921年在巴黎留学的周恩来，连续发回《旅欧通讯》，连载于《益世报》，并对通讯这一形式著文论述，提出通讯报道新闻事件，应“溯其根源，求其真相，判其出路”，应不同于消息报道。他认为：“现象一日千变，简单之消息，每与前后矛盾，缺乏有系统之排列及有条理之叙述，故长篇通讯不可少也。”这些话阐明了通讯写作的特点和社会功能。至五四前后，通讯文体基本成熟。从此，通讯这一文体和消息一起在新闻传播中发挥着重要作用。

通讯作为新闻报道体裁，主要特点表现在内容的详细深入和表现手法的灵活多样。和消息相比，有以下几点显著区别：

1. 从报道内容上看，一般来说，消息比较概括、简要，通讯比较详细深入。

2. 从报道时间上看，消息要求迅速及时，很讲求时效性；通讯也应注意时效，但由于文体的特点，相对来说，时间要求上不如消息那么严格。

3. 从报道结构上看，消息一般有比较稳定的结构形式，当然也不是千篇一律，它也要创新；而通讯的文体结构则形式多样，比较灵活。

4. 从表现方法上看，消息一般来说以叙述为主，辅以一些描写和议论，而通讯则叙述、描写、议论、抒情可兼而有之，甚至可借鉴文学艺术等领域内其他形式的表现方法，力求生动。

5. 从报道的语言上看，消息的语言一般说来较为实在；通讯的语言则常有适当的修饰，多用各种修辞手段，更富有文采。

三、新闻特写

“特写”实际上有两种含义：一是作为表现手法，运用于文学创作、新闻写作等文体写作中；二是作为一种体裁形式，有摄影特写、文艺特写、新闻特写等。

作为一种表现手法，特写手法在我国最早的史著及文学作品中早已有之，但是作为一种新闻体裁，它是从通讯中分化出来的。五四运动前后，大批文人加入了记者队伍，他们不满足于一般纪实性通讯的平铺直叙，开始借鉴文学写作中细节描写的手段具体而生动地描写一些新闻事件。起初，报纸上对这类报道多冠以“文艺通讯”的名称。大约到了30年代，苏联的特写被介绍到中国，产生很大影响，于是各报陆续将“文艺通讯”改称“特写”。我国报界的特写后来实际走上了两条路，一条向文学靠拢，成为“文艺特写”；一条坚持新闻报道的真实性，坚持再现新闻事件，成为新闻报道体裁中的“新闻特写”。这两种体裁经常混淆，而且，名称也不统一，同时使用“特写”“报告文学”“文艺性通讯”等名称。报告文学是20世纪30年代从德国传入我国的，也是一种用文学手段对现实生活进行描述的文体。

对“特写”概念的规范工作，始于50年代。当时，以《新闻战线》（1958年第1期）上刊登的刘白羽的《论特写》影响最大。刘白羽在文中说：“特写在俄文中有一种轮廓画的意思。电影中的特写镜头也给我们一种启示：是有意突出具有特征的某一生活画面，给人以深刻的印象。这里所说的轮廓画，当然不是浮浅的略图，而是准确的概括。就是作者凭着他敏锐地观察生活的能力，透过复杂的事物现象，一下把握住事物的本质，选择最有特征的真实的事件，而用形象的手法，把它轮廓地、鲜明地描写出来。”他认为特写不一定有小说那样高度的提炼，但是它更迅速地、更直接地反映了生活中的新鲜事物。作者在描写生活现象时，还可以自由地发表个人印象、意见，加以评论。帮助读者认识事物，得出结论。刘白羽把特写分成两类：一种是真人真事特写，严格要求真实性；一种是非真人真事的特写，是在真实生活的基础上，加以概括而表现出来的特写文学，即报告文学。他认为特写这一体裁是与新闻与文学都密切结合着的。然而这体裁的可贵之处，正在于它突破了文学的界限，它向生活前沿伸展着，突入比文学爱好者要广大不知多少倍的读者中，所以我们称它为文学的轻骑兵。从刘白羽对特写的论述上，我们可以看出这样三点：（1）最初的特写，是用文学的手段，描绘现实生活中的真人真事，以作快速反映。实际上是文学和新闻的结合。所以刘白羽说“特写是与新闻与文学都密切结合着”。（2）特写产生后向两个方向发展，细节上有想象和加工的倾向于文学，严格坚持真实性的倾向于新闻。（3）当时的特写和今天的特写是有区别的，更接近于一种比较形象化的通讯，所谓文艺通讯。

1963 年，《人民日报》编辑部和中国作家协会召开了座谈会。与会同志从我国实际出发，主张把“文艺特写”改称“报告文学”，认为用“报告文学”的概念更能体现“文艺特写”的特性。这样新闻特写就和文艺特写正式区分开来了。

中国的“新闻特写”，和西方新闻写作中的“特写”，含义上是有区别的。西方的新闻写作中的“特写”指那种内容上较为软性的、篇幅较为长的、叙事上较为详细的、表现手法上多样的，又能自由抒发情感与见解的报道，类似中国的通讯。而中国的新闻特写，在几经演变之后，已经不同于五四时期形成的文艺通讯，也不同于 30 年代从苏联传进来的特写，形成了较为独立的特征。今天的新闻学者一般认为，新闻特写是一种描绘性新闻，它用描写的手段，抓住新闻事实精彩的片断，作突出的细致的描绘，以达到再现事实的目的。新闻特写的特点主要表现在形象性、聚焦性、现场性、透视性几个方面。

四、新闻专访

中国古代史官记史，分为两支，一为记言，一为记事，所谓“左史记言，右史记事”。新闻专访是新闻报道中记言的体裁，是针对特定的话题对特定的人物进行采访的谈话纪实。由于是针对特定的话题和特定的人物进行的采访，所以称为专访，意思是对特定人物的专门访问、对特定话题的专门访问。

有人说专访是一种特殊的通讯，也有人说它是一种独立的文体，我们倾向于后一种意见。因为专访在发展过程中已有了自己鲜明的特点和专门的作用，专访的报道方式，是其他文体不能取代的。

专访在五四时期就已形成。现在见到的比较早的专访是1921年5月10日《京报》登载的《靳总理与本报记者之谈话》，先交代新闻由头，然后以记者与总理的对话为主要内容，其写作形式与今天的专访已无二致。

专访的特点主要表现在三个方面：采访对象的显著性和权威性、采访话题的专一性和深入性、谈话内容的纪实性。

注重谈话纪实是专访的重要特征。但具体到每一篇专访，表现形式是灵活多样的。有的专访，既有谈话内容，又有谈话的情景及背景，生动可感；有的专访，把记者的提问和人物的回答都直录于报道；有的专访则对人物谈话进行综合归纳，由记者转述出来。但不管什么形式，人物言谈是报道中心，这一点是不变的。

第四节　常见新闻报道方式简述

报道方式指在一定新闻理念指导下传播新闻事实的方式，不局限于文本形式，含义更广，包括新闻策划、采访写稿、报道角度、版面组织、表现手法等内容，涉及整个传播过程。

一、典型报道

典型报道是社会主义体制下新闻报道的特殊方式，是一种以教育和启迪大众为新闻理念、以代表性材料诉求一般性现实的宣传报道样式（杜骏飞语），或者说，是“对具有普遍指导意义的典型人物或事物的重点突出报道”。

从题材上看，典型报道通常会紧跟时代脉搏、紧跟时代潮流，从现实生活中寻找能集中体现有关宣传导向的人物或事件作为报道对象；从报道角度上看，典型报道着重强调报道对象中所蕴含的具有震撼人心的或发人深省的某一两个新闻价值点，以这种重点事实表现报道对象的“突出性”；从报道组织上来看，典型报道非常重视报道强度，不管是报道的历时长度、采访深度还是作业人员规模、版面幅度，都远远超过一般新闻报道。

二、客观报道

客观报道是一种以“事实第一”为新闻理念、要求按照事实本来面目反映事实、力戒主观偏见的一种报道方式。

客观报道是在“党派新闻”“煽情新闻”等充满主观色彩的报道实践上逐渐形成的一种较为成熟和科学的报道方式。

客观报道的含义应包括中立的报道立场、真实的报道内容和客观的报道形式三个方面：

中立的报道立场是指新闻工作者在新闻事实面前保持不偏不倚的立场。他们只是新闻事件的见证人和传播者，而不是评判人或参与者。具体来说，中立的报道立场要求新闻工作者在具体的新闻报道工作中不存党派之见，也不带个人成见，甚至不对新闻事实做太多的价值判断，起码要做到不使自己的价值观念进入新闻报道。保持中立立场是客观报道得以实现的思想基础。

真实的报道内容指新闻报道必须实事求是，按照事实本来面目描述事实，不夸大，不缩小，相关重要因素不遗漏。坚持新闻真实性原则是客观报道存在的理论前提。

客观的报道形式是指在新闻的具体报道形式即表现方法上，也应秉持客观原则。如只提供事实，不提供观点；把事实和观点严格分开；对事实和观点的出处要交代清楚；平衡处理事实材料；倒金字塔结构叙事等。

三、精确新闻报道

精确新闻报道又叫精确新闻、精确报道，是把社会科学调查研究方法与传统的新闻报道技巧融为一体的新闻报道方法，也就是说记者在采访新闻时，运用调查、实验和内容分析等社会科学研究方法来收集资料以查证事实而形成新闻报道。

精确新闻一词是由美国骑士报道团记者、美国北卡罗来纳大学新闻系教授梅耶（Philip・Meyer）于 1967 年提出的，1973 年梅耶总结多年心血出版了《精确新闻学》一书，经他大力倡导，精确新闻在美国逐渐受到重视。1975 年以后，美国各大学新闻系陆续开设有精确新闻的课程。媒体上精确新闻也逐渐增多。

梅耶的《精确新闻学》是这一领域经典之作，他在书中指出，传统的新闻报道只注意对新闻事件作一般性的描述和似是而非的评介，有时甚至因为关注耸人听闻的情节而忽视了新闻报道本应坚持的准确和客观。梅耶在书中提倡将社会调查研究方法应用到新闻报道实践，以问题为对象，用数据说话，从政治、历史、经济的角度来分析新闻事实，揭示事件真相，提高新闻的准确性和客观性。

中国最早的精确新闻报道出现在 20 世纪 80 年代初的《中国日报》上，20 世纪 90 年代后逐渐增多。

四、深度报道

深度报道是将新闻事实置于深广的时空背景中，较深刻地透视新闻事实因果、性质、影响及趋势意义的新闻报道方式。

深度报道的特点主要体现在四个方面：内涵的深刻性、材料的丰富性、题材的重要性和体裁的综合性。

深度报道有两种基本类型：单篇式，包括解释性新闻、调查性新闻、预测性新闻等；组合式，包括连续报道、系列报道、组合报道等。

深度报道产生演变于 20 世纪的美国，从二三十年代到 70 年代，有一个发展过程，20 世纪 80 年代初传入中国，在 80 年代中后期形成了中国深度报道的大发展时期。

【思考与训练】

1. 依据内容区分新闻报道有什么意义？
2. 内容不同的新闻报道写作上是否有不同要求？
3. 新闻体裁分类的依据是什么？
4. 新闻体裁选用的依据是什么？
5. 新闻报道体裁和报道方式有什么区别？

第四章

新闻报道内容构成

【本章内容提要】

新闻报道的内容构成可以说有三个必不可少的成分，这就是新闻事实、新闻背景和新闻来源。

事实具有客观性、具体性、瞬间性、联系性、独立性等特性，事实的特性和新闻的特性结合起来构成了新闻写作的规律。

通常所说的新闻六要素实质只是事实六要素或叙事六要素，叙事六要素分为自然因素和社会因素两个层次，对不同层次要素的拓展决定了报道事实的深入程度。

新闻背景是有关新闻事实历史和环境的材料，是有关新闻事实新鲜知识的材料。新闻背景在新闻报道中的作用主要是解释名词术语、补充相关情况、揭示事实内涵、增添阅读情趣等。

新闻来源既指事实的出处，也指文本的出处，交代新闻来源是为了使信息来源和传播环节清楚。

第一节　新闻事实

新闻报道在内容上有相对固定的构成，缺了其中某一部分，都会造成报道内容的不完整。新闻事实、新闻背景和新闻来源通常是新闻报道中必有的内容。新闻事实是新闻报道的核心内容，没有新闻事实，就没有新闻报道；新闻背景是新闻事实的历史和社会的位置，没有新闻背景，我们无法判断事实的价值和意义；新闻来源是新闻事实的传播源头和传播环节，没有新闻来源，报道缺少证据，和传闻无异。

新闻写作在内容上的特点之一是有特定的写作对象，这个写作对象就是新闻事实。所以对新闻的性质和对事实的性质有所了解，有助于我们写好新闻报道。

一、事实及其基本特性

（一）什么是事实

事实是实实在在发生过的事情和确实存在过的情况。或者说，是客观事物已经发生和正在发生的某种状态和较为完整的发展过程。

在新闻报道中，事实的形态有三种：具体事实，感官可以直接感受到的事实；概括事实，感官不能直接感受到的事实；精确事实，以数据呈现出来的事实。

（二）事实的特性

事实的特性，表现在以下五个方面：

1. 客观性。事实是独立于人们意志而存在的客观事物，它有特定的内容，人们无法改变，这是事实的客观性，是事实的第一特性。这种特性要求我们进行新闻写作时，要尊重这种客观性，描述事实的客观面貌。如果违背了事实的客观性，事实就不成其为事实了。

2. 具体性。事实是客观存在的，它存在的形态是具体的。具体事实、概括事实和精确事实，是新闻作品中的表述形态。而客观事实的存在形态是具体的。这种具体性指在特定的时间、地点由特定的主体构成的特定的状态。事实的具体性要求我们在写作时要交代事实六要素。只有把六要素交代出来，才能确切地描述出事实的状态。

3. 瞬间性。事实是主体在特定时空中的运动状态及其过程。既无特质外壳，又永无停滞的时刻，因此具有瞬间性。瞬间性的意思是不断变化，只有短暂的相对稳定状态。事实的瞬间性要求新闻写作要注重时效，抓住事实相对稳定状态作迅速反映，否则，事实变化，新闻报道与事实不符。

4. 联系性。事实不是孤立存在的，它是运动着的世界的有机的一部分，总是和其他事物发生各种联系，这种联系表现出多向性和多重性。事实的联系性要求新闻报道既要准确地表述事实本身，又要准确地表述事实之间的联系。很多新闻失实，常常是由于没有准确表述事实之间的联系，把多向联系当作单向联系，把因果联系当作非因果联系，或把非因果联系看作是因果联系，等等。

5. 独立性。如果事实只有相互联系，没有相对独立性，那么，我们很难把事情表述清楚。任何一个事实，都是一个连续不断的发展过程，由因生果，此果彼因，因因相生，永无尽头。但事实同时又是划分为阶段的，是相对独立的。正因为如此，我们的新闻写作既可以是连续的，又可是独立成篇的。

以上是事实的五个特性。掌握事实的基本特性对我们在新闻写作中研究事实、分析事实、探明事实真相乃至正确地表述事实都是大有好处的。

二、新闻事实要素

（一）事实要素的渊源和意义

历来有新闻六要素的说法，即 Who（何人）、What（何事）、When（何时）、Where（何地）、Why（为何）、How（如何），也即五个 W 和一个 H。这个说法源于西方新闻界，19 世纪中叶和导语、倒金字塔结构这些新闻写作方式同时产生，是针对导语写作方式提出来的。1889 年，美联社总编辑 E·斯通要求新闻写作“五要素俱全”，并将其规范化，列入记者写作准则。1932 年，美国的麦格杜尔提出“新闻六要素”，在原来五要素基础上加一个“How”要素，这样，又有了“六要素”的说法。

实际上，说这五个 W 和一个 H 是“新闻六要素”，不够准确。所谓要素，是一个事物构成的必要条件。这六个要素只是描述一个完整事实构成的必要条件，所以我们说它只是事实六要素或者是叙事六要素。我们在历史书籍、文学作品及日常应用文中凡涉及叙事都可以看到记事要素的存在。可见，它并非新闻叙事所独有，而是所有叙事作品为了叙事的完整和准确应用的几个基本概念。

这六个事实要素在新闻叙事中的意义是，保证新闻叙事的完整和准确。在新闻报道中，有了这六个要素的叙述，可以描述出新闻事实的基本轮廓；有了这六个要素的叙述，可以基本满足受众对事实信息的了解。

(二) 事实要素的层次

六个事实要素在报道新闻事实中的作用并不相同。根据作用的不同，事实要素可以分为两个层次。

第一个层次是事实的自然因素，它包括何事、何人、何时、何地这四个因素。之所以叫自然因素，因为这几个因素是一种纯客观的存在，它们从不同方面反映事实的基本状态，具有不受主观影响的客观确定性，是写作中的不变因素。这四个要素构成了事实的外部形态。一个事实是否成立，取决于这些自然因素。它们构成事实的浅层内容，承担的任务是表述事实。

第二层次是事实的社会因素，它包括如何、为何两个因素。之所以叫社会因素，因为这两个因素受到作者立场、观点、思想方法和认识水平的影响，不是一种纯客观的存在。它们是写作中的可变因素。这两个要素构成了事实的深层次结构，承担的任务主要是解释事实。一条新闻报道是否写得有深度，在很大程度上取决于对这两个社会性因素的正确而深刻的把握和揭示。现代新闻写作的发展趋势，日益显示出这种深层次揭示的重要性。

下面有两条消息，可以看出事实要素中自然因素和社会因素的不同。

无名“蜘蛛人”攀上中国第一高楼

本报讯　昨日下午3时左右，一名“蜘蛛人”开始私自攀爬号称“中国第一高楼”的上海金茂大厦，并取得了成功。据悉，这名“蜘蛛人”在攀楼前没有和金茂大厦有关部门取得任何联系。

据目击者称，攀爬者是一个大约20出头的青年男子，身穿短袖蓝色衬衣，安徽口音，身高1.7米左右。开始的时候，他爬得还挺快，大约6分钟就爬了12层。但是后来由于体力不支爬得越来越慢。这名青年男子在攀楼前曾告诉一位陌生女子，说他从来没有攀登高楼或攀岩的经验，但是等一会儿他会去爬金茂大厦。那位女子以为他有神经病，就扭头走了。

大约5时10分左右，这位青年男子爬到了楼顶，但是随即就被警方带走，警方目前没有透露关于攀爬者身份的任何信息。

据闻，这位“蜘蛛人”攀爬上海金茂大厦是想赶在法国“蜘蛛人”阿兰之前完成这项惊人之举。早些时候，法国“蜘蛛人”阿兰曾来到上海准备徒手攀爬上海金茂大厦，但是后来由于未提申请中途“流产”。这一消息披露以后引起了广大攀岩爱好者的关注，南京就曾有人提出攀爬南京金陵饭店的想法。

金茂大厦高420.5米，主体建筑88层，是迄今为止中国最高的大厦，也是全球第3高摩天大楼。金茂大厦总建筑面积29万平方米，是融旅游观光、商务酒店、写字楼、会议展览及娱乐、餐馆、购物于一体的综合性多功能大厦。

（2001年2月19日《新安晚报》）

妄想一举成名　攀爬金茂大厦

外地来沪青年韩某被处治安拘留

本报讯　擅自攀爬金茂大厦的外地来沪青年韩某终于为其荒唐之举付出了代价，日前被上海警方处以治安拘留的处罚。警方同时提出忠告，不要为了个人出名而以身试法。

2月18日下午，由安徽来沪务工的青年韩某慕名前往浦东，参观中国第一高楼金茂大厦。其间，韩某突发奇想，一时冲动，趁保安人员不备，撇下同行的女同事，从基墙处徒手攀爬金茂大厦，妄图借此成名。上海警方接报后，迅速赶赴现场，设置隔离区，疏散围观人群，疏导过往车辆，同时启动清洗大厦用的吊篮，最后将在大风中随时有跌落之险的韩某接应到楼顶。在查清事实后，韩某因违反治安管理条例被处以拘留。

在拘留所里，韩某庆幸自己没有跌落，同时对其愚蠢举动后悔不已，并抹泪告诉民警：自己的行为确实太不负责了。他说，家中有妻子和刚刚一岁半的女儿，上面还有几位老人，万一失足坠落，害了自身，也害了全家，还可能连累过路人，以后再也不敢这样冒险了。

上海警方表示，每个公民都要珍惜生命，对于类似的为了个人名利而不惜违法，危害社会秩序、威胁他人安全的行为，警方一旦发现将依法进行惩处。

（2001年2月24日《新民晚报》）

在这两条消息中，对何人、何事、何时、何地的表述没有什么不同，但对“如何”和“为何”的表述却迥然相异。记者在表述前四个要素时需要的是了解和确认，在表述后两个要素时需要的是选择和判断，而在选择和判断的过程中，更多地依赖于记者的主体意识，这样就形成了“自然要素”和“社会要素”的区别。

第二节　新闻背景

一、新闻背景是新闻报道的内容要素

在谈到新闻背景时，我们常常容易陷入两种误区：一是以为新闻背景主要用于消息类的写作；二是以为新闻背景仅仅是为新闻服务的一种

附件。

从新闻性质上分析，新闻是经媒体报道的新近发生的有新鲜内容的事实或信息，时间上相对于过去而言，内容上相对于已知而言，所以新闻存在于过去与现在、已知和未知的关系之中。缺少关系中的某一面，新闻便不能成立。也就是说，新闻事实不是偶然的个别的现象，而是特定历史关系、社会关系的体现，如果没有特定的历史关系和社会关系，也就没有新闻。新闻之所以存在，之所以有价值，正是因为它反映了历史和社会的动态和变更。从这个意义上讲，新闻背景是新闻报道的内容要素是不容置疑的。

正因为如此，在各种新闻报道中，都需要交代新闻背景。美国著名新闻学者麦尔文·曼切尔断言："不使用背景材料，几乎没有什么报道是全面的。忽视这个忠告的记者，他们决不能给读者和听众提供充分的情况。"他还说："事情并不是突然从不知什么地方蹦出来的。记者的任务就是发现它们的起因，说明它们的发展，而且最好在一个最短的篇幅里做到这些。"（《新闻报道与写作》）

二、什么是新闻背景

（一）广义的新闻背景和狭义的新闻背景

1. 广义的新闻背景

广义的新闻背景指与新闻事实的发生、发展有关的一切材料，包括对导致新闻事件发生、发展的广阔的时代背景的了解，对与新闻人物和新闻事件发生、发展过程直接有关的材料的了解，也包括对向记者提供消息、介绍情况的人的了解。更确切地说，也就是记者对所报道事件思考时运用的一切知识与材料，这些知识与材料有可能写入报道，也有可能不写入报道，但它对记者认识事实真相起着很大作用。

新闻背景有隐性的和显性的两种，隐性的是对作品发挥作用但不出现在作品中的材料，显性背景是出现在作品中对主体新闻事实进行解释的材料。广义的新闻背景是这两种背景的总和。

2. 狭义的新闻背景

狭义的新闻背景指与新闻人物和新闻事件发生、发展过程直接有关的背景材料。更确切地说，是记者写进报道中用来解释说明事实因果关系、价值意义及事实本身的材料。

我们新闻写作课侧重研究的是狭义背景。

（二）新闻背景的含义

所谓背景，原指舞台上的布置，用以衬托演员活动，又指绘画、摄影等艺术作品中衬托主体的背后景物。借用到新闻写作上，就是新闻背景，指的是衬托报道主体的材料，所以有人叫“衬托性叙述”。虽然它不是报道的主体，但却是新闻报道不可缺少的材料。

关于新闻背景的含义，大致上包含了这么几个要点：

1. 新闻背景是有关新闻事实的历史和环境的材料

任何新闻事实都不是孤立存在的，都是在一定历史条件、一定环境下发生的。从时间上说，新闻所报道的是事实变动的最新情况，而这个变动的最新情况，必然有它发生发展变化的固定轨迹，有它的来龙去脉、前因后果。从空间上说，新闻所报道的是客观事物总体中的个体或局部，而这个个体和局部，必然有着同周围事物的特定联系。有关新闻事实的这些历史和环境的材料，就构成了新闻背景。

2. 新闻背景是有关新闻事实的新鲜知识的材料

新闻报道涉及面非常广阔，古今中外、天文地理、各行各业，无所不及。而且在经济、科技飞速发展的时代，新的知识层出不穷。新闻报道难免会涉及对特定读者来说是新鲜的或者是陌生的知识。为了使读者读懂新闻，就要在作品中提供相关解释的材料。有关新闻事实的新鲜知识的材料，也构成新闻背景。

3. 新闻背景是对新闻事实进行解释的材料

新闻背景不论是有关新闻事实的历史和环境的材料，还是有关新闻事实新鲜知识的材料，其根本作用都是对新闻事实进行解释。这种解释包括对新闻中名词术语的解释，对相关人物、事物的解释，乃至对事实原因、意义的解释。目的是帮助读者理解新闻事实。

总而言之，新闻背景是用以解释新闻的事实材料，它交代有关新闻的必要的历史、环境及新鲜知识等，以帮助读者深刻理解新闻。

三、新闻背景的种类

（一）以背景材料的内容分类

大致可分为历史背景、社会背景、自然背景、人物背景、事物背景五种。

1. 历史背景

历史背景是关于新闻事实历史状况的材料。主要作用是说明新闻事实发展变化的过程及新闻事实的历史原因和历史渊源，有时也用以衬托新闻事实的意义。如果说新闻事实是“后果”，历史背景就是“前因”。在背景材料中，这一类最为常见。

看下面的消息：

设置三道防线　上海金茂大厦对攀爬者说“不”

新华网上海（2002年）1月4日电（记者　叶国标）　88层、420米高的“中华第一楼”——金茂大厦最近又向擅自攀爬者亮出“红灯”。

记者日前从有关方面获悉，出于安全考虑，位于浦东陆家嘴的金茂大厦最近设置了三道“防线”：一、在大楼周围醒目处打出了“禁止攀爬”的警示牌，并安装了红外线监视仪；二、用玻璃将大楼底部形似楼梯的方格不锈钢护框封掉，使攀爬者无处下脚；三、在大楼第一圈方格形不锈钢护栏的边缘安装了金属倒刺，使人无处下手。在重重障碍面前，攀爬者将望楼兴叹。

据中国金茂（集团）股份有限公司副总裁高天杰介绍，去年3月份，安徽青年韩奇志因爬上金茂大厦而“一举成名”，被誉为“中华第一蜘蛛人”。此后，又有两个冒险者，一个因为失恋想轻生，一个因为受了委屈而斗气。前者没爬多高，就被制止了；后者爬到20多层时两腿发软、大喊“救命”，最后警察用擦洗大楼幕墙的吊篮将其救下。

在新闻事实之前发生的事实，成为今天事实的原因，需要在消息中加以交代，以使受众了解新闻的来龙去脉。这篇消息的最后一段，是要说明上海金茂大厦之所以禁止攀爬的原因，属于历史背景。

2. 社会背景

社会背景是关于新闻事实社会环境的材料。主要作用是说明新闻事实的社会联系。

看下面的消息：

大寨海绵田退耕植树

本报讯　70年代闻名全国的大寨海绵田，今年地里种上了松柏和果树。根据市场和发展的需要，大寨全村700亩耕地今年拿出300亩退耕种树。

位于太行山区的大寨村，天旱少雨。70年代初，大寨人创造了“海绵田”，即秋后将秸秆铡碎、掺水，拌上农家肥，再蒙上土，腐烂后下到土里。年复一年，地里的活土层就像“海绵”一样松软，容易吸水。

改革开放以来，大寨的经济结构发生很大变化，煤炭、水泥、服装、酿酒、旅游等多元化发展，使农业在整个经济收入中所占份额越来越小。现在的大寨已是昔阳纳税最多和人均年收入最高的村。大寨连续9年干旱，浇水种地得不偿失。

为了改善生态环境、合理利用土地资源，山西省退耕还林还草工作已在4月12日启动。

(2000年4月6日《新安晚报》)

这篇消息用了数种类型的背景材料：解释“海绵田”的一段是事物背景，帮助读者理解陌生的事物；“改革开放以来”一段是历史背景，解释新闻事实变化的历史原因；最后一段，就是社会背景，说明大寨退耕植树工作是整个山西省退耕还林工作的一个组成部分，解释新闻事实的社会原因。

3. 自然背景

自然背景是关于新闻事实中某一处所自然环境的材料。自然背景和社会背景构成新闻事实的环境因素。

看下面的消息：

温室效应使海面上升　图瓦卢举国迁往新西兰

中新网北京（2001年）11月16日消息　设在华盛顿的地球政策研究所15日说，由于温室效应造成海平面上升，大洋洲岛国图瓦卢的居民从2002年起将被迫举国搬迁。

这个环保机构的所长布朗在一项声明中指出：“图瓦卢的领导人承认由于抵挡不了日渐上升的海水，他们将迫不得已舍弃家园。”

布朗说：“新西兰政府已经同意接收图瓦卢全国的1.1万名人口，移民行动从2002年起开始。”他还说，在澳大利亚政府拒绝伸出援手后，新西兰政府同意接纳图瓦卢所有的国民。

布朗强调，这个波利尼西亚群岛的小国是第一个因海平面上升被迫撤离家园的国家，然而可以肯定的是它不会是最后一个。

图瓦卢位于斐济的北面，全国面积26平方公里，由九个环状珊瑚岛组成。首都是富纳富提，侵袭岛上最大的巨浪是3.2米，而图瓦卢海拔最高的地点只有4.5米。

图瓦卢今年9月才获准成为联合国第189个会员国。图瓦卢原是英国殖民地吉贝特和艾利斯群岛的一部分，于1978年独立。

消息的最后两段是背景材料，第5自然段是自然背景，第6段是历史背景。

4. 人物背景

人物背景是关于新闻事实中某个人物情况的材料。当新闻报道中出现读者不熟悉的新人物，或过去熟悉但由于时间久了印象不深、近况不明的人物时，就需要用到人物背景。

看下面的消息，第3段即人物背景：

一公斤面拉了2852公里　“面条之最”现邯郸

本报讯（记者　关　山）　3月20日下午，拉面世界吉尼斯纪录保持者历涛先生在邯郸市西苑大酒店作现场表演时，再次打破2000年他在江苏创造的吉尼斯世界纪录。

20日下午，历涛先生用1公斤面粉拉出2097152根面条，累计长度为2852公里，相当于从北京到新疆哈密市的距离，是珠穆朗玛峰高度的320倍。历涛先生拉出来的面条细如蛛丝，根根不断，一个针眼可穿入18根面条。

据了解，历涛先生于1978年出生于江苏南京，是曾三创拉面世界吉尼斯纪录者历思海先生的儿子，他从父学艺5年来，已荣获两次吉尼斯金奖，被誉为拉面吉尼斯世界纪录保持者第一人。

据悉，历涛先生将于2008年北京举办奥运会时再次向吉尼斯世界纪录冲刺。

（2002年3月23日《河北日报》）

人物背景主要介绍人物的概况，包括人物现状、主要经历、社会关系等。

5. 事物背景

事物背景是关于新闻事实中某一事物的材料。主要作用是解释新闻中出现的读者陌生或新鲜的事物。

看下面的消息：

昆明将举办国际比赛

滑草运动滑向竞技项目

新华社昆明（2001年）3月30日电　海内外滑草高手将聚集昆明，展示各自的“草上飞”功夫。

据昆明市有关部门发布的消息，由昆明市人民政府主办的第二届昆明国际旅游节滑草邀请赛将于5月1日至5月3日在昆明市西山区举行，这将是国内首次举办的滑草国际比赛。

滑草是一项新兴的环保运动，是参与者用滑鞋、滑橇在专门种植的草坪上进行的一个项目。自60年代在欧洲兴起后，滑草渐渐发展成一种新兴的独立运动，在世界上许多国家和地区流行，具有健身、刺激、安全等特点。

这次滑草比赛分为滑草表演赛和速滑障碍计时赛。表演赛将邀请国内外滑草选手现场表演，根据动作难易程度评出表演奖。速滑障碍计时赛则按性别、年龄分组，个人、团体均可报名参加。目前已有数百名选手报名参赛。

消息中的“滑草”，对特定读者来说，是陌生的或者说是新鲜的事物。消息中对“滑草”的解释属于事物背景。

（二）以背景材料的延伸方向分类

可分为纵向背景和横向背景两种。

1. 纵向背景。上述历史背景与新闻事实构成纵向的联系，属于纵向背景。

2. 横向背景。上述社会背景、自然背景、人物背景、事物背景与新闻事实构成横向联系，属于横向背景。

（三）以背景材料的作用来分类

可分为对比衬托性材料、注释说明性材料和分析解释性材料三种。

1. 对比衬托性材料。这种背景是提供和新闻事实对比的材料，以过去和现在比，正确和错误比，先进和落后比，此地和彼地比，作用在于衬托出事实的价值和意义等。如《人民日报》通讯《海岛从此不荒凉》，报道山东三联公司在田横岛上开发，使岛屿的面貌发生很大变化，通讯用了一段对过去贫困状况的描述，以衬托突出今天的变化，这是典型的对比衬托性背景材料。

2. 注释说明性材料。这种背景提供对新闻中的人物、事物、地方、名词术语等具体解释说明的材料，作用在于使读者清晰地了解这些事物，进而真正读懂新闻。上面新闻中关于“海绵田”“滑草”的解释就是注释说明性材料。

3. 分析解释性材料。这种背景材料提供与新闻事实相关的分析解释性的材料，作用在于使读者深入地了解所报道的事实。如中新社通讯《北京街头的温馨店招》写到记者看到北京街头打出了“为人民服务就是为您服务”的标语，在对这条标语进行解释时这样写：

“为人民服务”是新中国第一代领导人毛泽东向广大的共产党人和人民公仆提出的工作要求，据老一辈讲述，早在五六十年代，不仅满街都有大红的这五个毛体毛笔字，而且，当时人民的上衣、书包、笔记本、书桌、餐厅等等上面，都醒目题写着这句话，当时社会上涌现的英雄人物，都是全心全意为人民服务的典型，雷锋、王杰、焦裕禄等人的故事一直激励着一代人的进步。“文革”开始，中国人的思想开始混乱，后来经济转轨，人们收入差距拉大，心态渐渐失去往日的平衡，服务行业乃至公务员们为人民服务的意识明显淡漠，曾经有人在商场质问态度恶劣的营业员：“你是怎么为人民服务的?”而营业员反唇相讥：“就您哪，能代表人民?”近十年来，中国人开始怀念“为人民服务”的口号，怀念那个虽然贫穷但却平均的时代，自己能够充分体会作为人民的尊严。

这种分析解释性背景，对比较多的材料综合概述，夹叙夹议，记者评析的色彩较重。

四、新闻背景的作用

总的来说，新闻背景的作用就是“解释新闻事实”，具体表现在以下四个方面：

（一）解释说明，使新闻通俗易懂

对新闻报道中涉及的新鲜知识，需要在报道中提供相关的材料，使读者获得相关的知识，真正读懂新闻。新闻背景总的作用就是解释，对事实因果关系的显示，对事物意义的显示，都是一种解释。而这里的“解释”，是指对新闻报道所涉及新名词、新概念、新事物所做的具体解释。

只有对新闻中的新名词、新概念、新事物进行了必要的解释，读者才会顺利地读懂新闻，否则的话，理解新闻事实就会发生困难。如果对事物本身含义不清楚，对事实深层的含义就更不能理解。

（二）补充情况，使事实完整充分

新闻报道中的事实，通常是事实多种联系中的一个时空上的点，必须把它的相关联系——历史的和环境的联系交代出来，事实才能呈现出比较完整的面貌，读者才能比较清晰地了解新闻事实。

看下面的消息：

对领导怀恨 拿动物泄愤

青岛动物园一职工毒杀两熊五鹿受审

本报青岛3月29日电 青岛动物园职工王德义毒杀两熊五鹿案，今天上午在青岛市市南区法院公开审理。

2001年9月24日晚，青岛市中山公园动物园内一只马来熊突然死亡，10月4日，另一只马来熊也莫名其妙地死去。

马来熊是熊类中体型最小的种类，在我国数量极少，属国家一级保护动物。上海动物园本想园内的两只雌马来熊和这两只雄熊配对，谁知横祸降临。

可灾难又接踵而至。从10月15日起，5头黄占鹿又陆续神秘死亡。10月24日，一只非常矫健的金钱豹也突然站立不稳，呕吐不止。幸亏工作人员抢救及时，金钱豹死里逃生。

警方接到报案后立即展开侦查，法医从金钱豹的呕吐物中检出鼠药成分，初步认定这是人为破坏案件。警方通过侦查很快将动物园的绿化员王德义列为重点可疑人员。当警方传讯王德义时，他承认是他给这些动物下的毒。

2001年10月28日，王德义被青岛市公安局市南分局以涉嫌非法杀害珍贵野生动物罪刑事拘留，同年11月8日被市南检察院批准逮捕。

在法庭陈述中，王德义说："杀几只动物就能让领导出事，我报复领导的目的就能达到。"王德义如此解释他毒杀动物的动机。

他说："领导把我从猿猴馆调到猛兽馆，饲养任务重了，我就不满意。后来我喝酒过量摔断腿休病假一个月，领导不但散布王德义嫖娼被公安追赶时摔断腿的谣言，而且让我去干绿化员，又脏又累，对我打击很大。"

"我被领导穿小鞋后，情绪很低落，每天喝三顿酒。2001年9月23日中午，喝完酒后，我到李村大集想买点字画，糊里糊涂买了3瓶老鼠药，本想自己喝了一死了之，又想地摊上卖的尽是假药，给动物吃药，毒不死的，没想到毒性这么厉害。"

站在被告席上的王德义，43岁，高中文化，戴一副眼镜，显出几分书卷气。他爱好书画，公园中的许多标牌字画都出自他手。

庭审进行了3个小时，审判长最后宣布择日判决。

（2002年3月30日《中国青年报》）

这篇消息用了各种类型的背景材料，作用主要是补充情况，使读者对新闻事实有个比较完整的认识。

新闻报道中通常在这样一些方面需要补充情况：第一，是对事实的来龙去脉（过程、因果关系、历史渊源等）的交代；第二，是对事实的社会环境和自然环境的交代；第三，是对新闻事实中人物经历、身份的交代。对新闻事实的报道，有了这些背景材料，通常就比较完整和充分了。

新闻背景的这种作用，在一些通讯报道中更加突出。因为通讯是一种详细深入的报道，材料的完备性是通讯体裁的特点。所以在通讯报道中可以为新闻事实提供更为丰富的时间和空间的"旁证"材料，也就是历史的和环境的材料，使报道完整而充分，更加立体化。

（三）对比衬托，揭示新闻事实的内涵

通过提供一些对比衬托的背景材料，使事实的内涵显示出来，使事实的表述有深度。事实的内涵包括多方面的内容，事实的特点、事实的变化、事实的意义及记者对事实的看法，都可以通过背景材料衬托出来。

看下面的消息：

"杂交水稻之父"袁隆平宣布

中国"超级稻"世界领先　最高亩产达1137公斤

本报讯　"杂交水稻之父"袁隆平日前宣布，中国已率先在世界上实现"超级稻"目标。

袁隆平介绍说，经过在全国近10个省的大范围试种证实，中国培育的两系法亚种间杂交稻组合，已连续3年在10多个示范点达到亩产800公斤。在云南试种的50亩"超级稻"，有一亩产量更是高达1137公斤，创下世界水稻亩产的最高纪录。

中国农业部的专家认为，这标志着中国水稻育种将成功实现第三次突破，并将使已徘徊20年的水稻单产再增长30%。

育成“超级稻”一直是世界育种专家的梦想。日本于1981年最早提出“超级稻”设想，计划在15年内将本国的水稻产量提高50%，但是此计划至今没有实现。国际水稻研究所也于1989年正式提出培育“超级稻”计划，预计产量可达每亩800公斤。但这一计划将推迟至2005年实现。

中国农业科学水稻专家信乃诠说，自60年代以来，中国已在矮秆水稻、杂交水稻育种上两次领先世界水平，使水稻单产从400公斤左右提高到600公斤左右，近20年内为全国增产粮食三千多亿公斤。

为了满足全国人口增长的巨大粮食需求，中国于1996年提出“超级稻”育种计划。

（1999年9月16日《新安晚报》）

这篇消息主体事实报道中国已率先在世界上实现“超级稻”目标。接下来消息提供了三种背景材料：介绍国际上关于“超级稻”的设想；中国提出“超级稻”的计划；中国水稻育种从20世纪60年代以来两次达世界先进水平。这几种背景材料通过对比，对主体事实的意义起到了有力的衬托作用，显示了主体事实多方面的意义。

宋朝画家郭熙讲作山水画的要诀时说：“山欲高，尽出之则不高，烟雾锁其腰则高矣。水欲远，尽出之则不远，掩映断其派则远矣。”实质上讲的是“衬托”的道理。写新闻也有相通之处，孤立地写一个事实，它的意义很难显示出来，但是如果运用一些对比性的背景材料，事实的意义就会自然而然地显现出来。

用背景材料对比衬托，显示事实的内涵，常见的方法有纵向对比、横向对比以及纵横结合对比。上面这篇消息包含了纵向和横向两种对比。

（四）增添情趣，增加新闻事实的可读性

有一类背景，着眼于给新闻主体烘托气氛，生光着色，增添新闻的可读性和人情味。《人民日报》通讯《海岛从此不荒凉》报道田横岛的开发，却从田横和他的五百义士的故事写起：

到山东省即墨市采访，大家少不了谈论齐王田横和他的五百义士，还有那隔海相望的田横岛。

迎着明媚的春光，记者登上田横岛，就好像田横和他的五百义士的英气犹存。秦末，反秦烽火四起，天下大乱。在这场诸侯之争中，因刘邦善用人才，故他所率领的汉军势力由弱变强，大有统一天下之势。而齐国军队虽英勇无畏，然终因寡不敌众，被韩信队伍打败，齐王田横率部五百人入海，居住岛上，以便东山再起。刘邦称帝后为绝后患，多次遣使招降田横。田横慨然横刀自刎，让门客将头速送刘邦。岛上五百义士惊悉噩耗，肝胆俱裂，众人哀唱《薤露歌》，歌罢集体挥刀殉节。当地土著感其忠烈恸天之举，收其遗骨合葬于山顶田横墓旁，此岛遂名曰：田横岛。

攀登上海拔54.5米的田横岛顶，站在埋葬田横和他的五百义士的大墓前，仿佛觉得义士们的英气犹在。

作品用这段背景材料，目的是增加作品的知识性、趣味性，引发读者的阅读兴趣，给读者留下了较深的印象。这种背景给新闻作品增加风采、增加吸引力，不可忽视。这篇通讯，如果没有关于田横的材料，则逊色平淡得多。

有些新闻作品的背景材料似乎可加可不加，但加了之后，作品更富有知识性，也更有内涵，这样的背景其实是必要的，只是我们没有意识到。看下面的报道：

新疆果农抢“租”蜜蜂

四川省双流县蜂农李曙光在新疆找到了“用武”之地：从开春到现在，他和他的蜂群就未曾闲过。先是在和田，他的98箱蜜蜂被7户果农租去授粉用了半个多月；后是库尔勒的香梨种植户们争先恐后把蜂箱往自家的果园里搬。这里还没有打发利落，伊犁新源县的苹果种植户们又在候着了……李曙光告诉记者：“不算蜂蜜的收入，光出租蜜蜂今年已经赚了3万多块了。”

当然，得利的绝不只是蜂农！买买提·托乎提是库尔勒铁克其乡种香梨的老把式。他说：“去年试着用蜜蜂为果树授粉，梨子产量一下子提高了20%。一亩地多收入5000多块。”今年年初，他就和3个蜂农签下了租用蜜蜂的合同。

蜜蜂的妙用已被越来越多的果农所认识。新疆生产建设兵团农二师18团是种果树最多的团场之一。近些年，越来越多的果农开始采用蜜蜂授粉，有的还用蜜蜂来治虫。这样，不但产量有了很大提高，水果也更趋于“绿色”。

近年来，新疆瓜果种植面积以每年上百万亩的速度激增。果树多了，蜂农的用武之地就更加广阔。甘肃张掖蜂农韩金彪在新疆放蜜蜂已6个年头了，靠养蜂、租蜂，他在老家盖起了3层小洋楼。

（2004年8月2日《人民日报》，作者　王慧敏）

这篇报道内容新鲜，事实具体生动，是一篇较好的新闻。但是有这么几个问题可以在作品中回答：传统的授粉方式是什么？蜜蜂授粉有什么好处？除了提高产量，还可以除虫，那么如何除虫呢？还可以使产品更趋于“绿色”，是怎么回事呢？蜜蜂授粉的方法是什么？蜜蜂有没有种类的区别？各有什么优势？如果添加了有关这些内容的背景材料，报道内容会更丰富，更有可读性。

新闻背景这几方面的作用存在着层次上的不同。首先是解释说明，让读者读懂新闻；其次是补充情况，让读者清楚地了解新闻；再次是衬托内涵，让读者深入地理解新闻；最后是增添知识和情趣，让读者获得阅读新闻的愉悦。

这些不同作用的背景材料常常同时出现在同一作品中，而同一条背景材料常常同时承担多种作用。

五、怎样运用背景材料

（一）背景要为表述新闻服务

交代新闻背景是为了解释新闻事实，因此，新闻背景应该是和新闻事实关系密切的材料。如果离开表述新闻事实的需要而交代一些无关的背景，就失去了交代背景的作用和意义。也就是说，同事实联系不紧密的背景材料，无论多么生动，都要坚决摒弃。不具备解释新闻事实的作用，不能使新闻生色的背景，都是累赘。

看下面的消息：

陕西华山庙会昨日发生踩踏事故16人死亡

本报西安讯　4月8日，前往陕西省华阴市玉泉院赶庙会的群众因拥挤踩踏，造成死16人伤6人的重大事故。

当日（农历三月十五日）是玉泉院传统庙会，早7时开始周围数万群众相继赶往玉泉院。上午10时40分，在通往玉泉院的陇海铁路交叉洞中发生人群拥挤堵塞，导致踩踏伤亡事故。华阴市事先曾抽调50多名警力进行疏导未能奏效。事故发生后，省委书记李建国、省长程安东立即做出批示，渭南市委市政府主要领导亲赴现场组成强有力的抢救小组，全力以赴抢救受伤群众，妥善处理死亡善后工作，对事故进行查处；赵德全副省长受省委、省政府委托也赶赴现场指导死伤人员的善后抢救和事故的查处。现场成立了伤员抢救、善后处理、来访接待、事故调查4个工作组。目前，6名伤员正在抢救中，各项善后工作正在紧张进行。

玉泉院，原名"希夷祠"，是全国道教重点宫观，属陕西省文物重点保护单位。玉泉院在华山峪口，为太华山麓著名的游览胜地之一，亦是由华山峪攀登华山主峰的必经之路，因院内原为玉泉注处而得名。

玉泉院是华山道教活动场所。每逢吉日，善男信女云集，院内香烟缭绕，诵经颂道之声不绝于耳。明杨慎有诗云："玉泉道院水溶溶，石上闲亭对碧峰。幽径落花春去早，帘斜日落燕飞慵。窗漏翠岫晴岗色，云断长溪两岸风。洞里睡仙何日起，不堪吟罢绕林钟。"

（2001年4月9日《南方都市报》）

最后两段是背景，第一段介绍玉泉院的情况，是必要的，因为事故发生在玉泉院，这里是著名游览胜地，人聚集较多，介绍有利于解释原因。后面一段纯属多余，和主题没有关系，格调也不一致。

（二）运用背景材料要有明确的针对性，回答读者关心的问题

首先要研究读者可能会对什么问题发生疑问。

其次要研究所服务的媒介特定的读者群的需要。

科技报道，需要解释的比较多，但也要看特定对象，在科技报刊上

登载，可能不需要解释或解释比较简单；但如果在晚报上向一般读者介绍，可能就要有所解释，或者解释得比较详细。同一内容的新闻，对不同地域的人群报道，需要解释的内容也是不同的。

（三）新闻背景也要通俗易读

看下面的消息：

曲水流觞　兰亭雅集

绍兴纪念《兰亭序》问世1650周年

本报讯　暮春三月，兰蕙飘香。曲水边，身着晋服的“仕女”环立左右；清流间，醇香醉人的绍酒在酒觞内随流而至，游人随酒赋诗。近日，300位来自海内外书法界、文化界的人士雅集绍兴兰亭，共同纪念《兰亭序》问世1650周年。4月6日，中日少年又在这里举行《兰亭序》书法大赛，在“茂林修竹，清流激湍”旁重现昔日“群贤毕至，少长咸集”的雅景。

1650年前的农历三月初三，时任会稽内史兼任右将军的王羲之邀集名士谢安、孙绰等41人雅聚兰亭，修禊流觞，饮酒赋诗，大家公推王羲之作序，王羲之乘兴挥就了千古绝唱《兰亭序》。《兰亭序》“飘若浮云，矫若惊龙”的书法被后人誉为“天下第一行书”，兰亭也因此成为著名的书法圣地。

除了仿效古人的曲水流觞，期间还举行了书艺交流、兰亭书法碑林奠基、兰亭书法艺术学校奠基仪式以及“曲水流觞”、“十八缸”、“老邮筒”等活动，整个活动将持续到5月20日。

（2003年4月8日《中国青年报》）

对1650年前的文人的一次聚会用“雅聚兰亭，修禊流觞”来解释，对一般读者来说，古奥难通，等于没有解释，而整个消息的文风失之于生硬造作。

（四）新闻背景在新闻中的位置是灵活的

背景材料在新闻中没有固定的位置，交代背景材料无非是为了帮助读者理解新闻事实，它的位置是灵活的，随着新闻事实的需要出现在不同地方。

常见有三种方式：

1. 固定段落法

把背景材料集中在一起，一次出示完毕，结构上表现为一个固定的段落。这个段落最常见放在导语之后主体开头，也可放在主体的其他任何位置，中间或结尾。

2. 不断出示法

这种方式把比较多的背景材料化整为零，逐渐地、分散地插入对新闻事实的叙述之中。有人把固定段落法叫作“嵌入法”，而把这种方法叫作“隐入法”，又叫“层进式”“毛毛雨式”“天女散花式”等。

看下面的消息：

中国员工拒制日本战争软件

新华社天津（1996年）7月5日电　天津市一家日资企业的四名中国青年员工，由于拒绝制作一部反映二战期间日军和盟军交战的电脑游戏软件而面临解雇。

这四位青年认为，要他们制作的软件《提督的决断》有伤害中国人民感情的内容。

《提督的决断》是日本（天津）光荣软件公司的产品，描写的是第二次世界大战期间日军与中、美两军在太平洋地区的一场战役。

四青年之一的郭海京在接受本社记者采访时说：“我们知道这样做有可能丢掉这份工作，但民族自尊心更重要，我们不会让步。”

他说：“让我们亲手制作日本旧军人的形象，感情上不能接受。”

四位青年去年从当地一家美术学院毕业后，受聘于这家日本公司从事电脑图形设计制作。今年5月13日，公司要他们按照提供的资料为这套软件的动画形象绘图。

24岁的梁广明说，资料中有当时的日本战斗机、军舰和军官形象，包括战犯东条英机的名字。东条英机在战后不久被远东军事法庭作为侵华战争的战犯判处死刑。

据史料记载，这场战争造成3500万中国人伤亡，直接经济损失达4600亿美元。

梁广明说："当年在中国杀人的许多战犯在游戏里成了将军，我们感情上接受不了。"

他说："最使我们难堪的是日本军人获胜后欢呼雀跃的场面。"

他和三位同事拒绝制作软件后，日方经理威胁要辞退他们。

这家在北京也设有分公司的日资公司，主要利用中国丰富的软件制作人才，进行基础形象的绘图和软件汉化，其产品销往东南亚及港台地区。

据悉，去年流入中国的《提督的决断》在上海引起一些人的反感。三名大学生曾给当地政府写信，要求查处此事。

专家调查组认为，这一软件鼓吹日本军国主义，有误导作用，他们要求收回流向社会的软件。

由于新闻背景大多是静态的材料，如果挤成一团大块大块地出现在新闻中，容易形成枯燥的叙述，生气不足。由于交代背景是一种插叙，叙述新闻事实的主线会因而暂时中断，如果插叙太多，那也会由于主线中断太久而影响行文的畅达贯通，打乱新闻的节奏。所以背景材料分散在事件叙述过程中去交代，做到灵活穿插，一点一点自然而然地出现在读者面前。这种写法好处很多：能够避免材料堆积，改变沉闷的局面；还能使新与旧浑然一体，背景交代不露斧凿痕迹；更主要的是新闻的叙述可以一气呵成，顺畅无阻，不致因交代背景而被打断；而"动"与"静"穿插也会活泼文气，使行文变化多姿，文章出现波澜。

3. 零星穿插法

有些消息的背景材料，种类单一，数量不多，用不到"固定段落法"，也用不到"不断出示法"，可以采取这种方式，把背景材料零星地灵活地安排在标题中，或者在导语中，或者在主体中。

2001 年 12 月 4 日《中国青年报》登载的新华社消息《党委书记嫁姑娘　竟令村民凑嫁妆》，报道河北唐县北店头乡党委书记乔贵山为其女儿大摆婚宴，乡政府竟公然向下属的 20 多个村摊派彩礼。其中两处用到新闻背景，零星穿插在导语和最后一段。导语的第一句话中介宾结构形成的状语是背景："正当'三个代表'宣教活动在农村深入开展的时候，河北唐县北店头乡党委书记乔贵山为其女儿大摆婚宴，乡政府公然向下属的20多个村摊派彩礼……”最后一段的首句交代背景：“唐县地处太行山区，是河北省贫困县”。

第三节 新闻来源

一、认识新闻来源在新闻报道中不可缺少

新闻来源，也叫消息来源，通常指新闻报道中主要事实的出处。新闻报道要交代新闻来源，这是新闻写作的一条重要的原则和规范。

我们认为，新闻来源不仅包括事实来源，还应包括文本来源，也就是这条新闻是由哪个记者写的以及由哪个通讯社发布的。文本来源一般标示在消息头中。

交代新闻来源，实际上就是出示新闻事实的证据和新闻事实的传播环节。新闻之所以不同于传闻，就在于新闻有根有据，有确切的传播渠道，传闻则无根无襻，不知其从何处而来。记者报告事实时，有了确凿的证据和可靠的途径，才能取信于读者。从读者角度来说，他希望读到的是有根有据的事实；从记者角度来说，有责任为读者提供有根有据的事实。

正因为如此，在现代新闻写作中，交代新闻来源，一直是一条重要规范。

根据现有的史料看，马克思在主持《莱茵报》和《新莱茵报》工作期间，就特别强调新闻要交代消息来源。

现代西方很多新闻机构，对交代消息来源都有明确的规定。如美联社要求记者严格奉行这样的方针：凡不是你亲自看到的，一定要指出消息来源，除非是最起码的常识。

如果一个记者写消息不交代事实出处，会被认为是一个不合格的记

者。美国新闻界1988年曾发生过一件记者因未交代消息来源而不得不辞职的事。

西方通讯社和报纸编辑对没有消息来源的新闻是拒绝采用的，如果这条新闻很重要，必须采用，他也要设法指出稿件在写作上的缺点，或者用编者按正面指出，或者在新闻报道中附笔说明。1982年夏天，英国和阿根廷发生战争。5月31日，英国报纸联合社报道："从斯坦利港以东进发的约四千名英国海军陆战队员和伞兵今天早晨会合，并占领了距斯坦利港12英里的一个山脊，以分两路发动进攻。"这显然不是什么重大战役胜负的报道，仅仅是英国海军陆战队动向的报道，是英国随军记者自己报道的。由于没有交代消息来源，受到新闻转发单位的怀疑。美联社于当天从伦敦转发这条消息时指出："报纸联合社没有提供这篇报道的消息来源。"

西方的新闻写作著作一般都要对消息来源加以研究，通常涉及消息来源的有三个方面的问题：建立消息来源，保护消息来源，交代消息来源。麦尔文·曼切尔在其所著《新闻报道与写作》中，把交代消息来源问题称为"归属"。他说："为了让读者清楚第二手报道和第三手报道并不是根据记者对事件的直接观察写的，记者往往要把有关事件的材料来源归属于消息提供者，也就是写明出处。"

比较起来，我们国内新闻写作在消息来源的交代上是非常忽略的。在报纸上可以找到大量没有消息来源的报道。我们对这个问题重视比较晚，20世纪80年代开始有新闻学者呼吁"要交代消息来源"。应该说，至今情况有所改善，但也不容乐观。相当一部分新闻从业人员，包括记者和编辑，对这个问题没有清醒的认识。有些人认为，交代消息来源没有"必要"、是"多此一举"；有的人认为交代消息来源"可有可无"，想到了就注明，忘了也没什么关系，主观随意性很大。

二、交代新闻来源的意义

交代新闻来源的意义主要体现在这样几个方面：

1. 使报道具有可信性；

2. 使报道具有客观性；

3. 使报道具有权威性；

4. 对记者写稿是个严格约束；

5. 对事实提供者既是尊重，更是制约；

6. 避免责任和麻烦。

看下面两篇消息：

撞车撞人复撞桥栏

江津一辆中巴坠河致使15人死亡

本报重庆专讯 11月28日上午8时30分，一辆满载乘客的中巴车从江津白沙大桥上翻下，掉进湍急的河流中，15人当场死亡，23人受伤，2人失踪。

当日上午8时30分，一辆牌号为G11301的川江家用车满载乘客行至白沙大桥处，因车速过快，与停在路边的一辆货车撞了一下，又冲向大桥，把顺向行走的一个妇女撞飞几米远。接着，一个急转弯，汽车向左冲向护栏，并撞飞栏杆，直冲下大桥。在汽车落下大桥的一刹那，司机被抛出窗外。

事故发生后，江津市有关部门负责人立即赶到现场，组织抢救打捞工作。据称，车速过快，驾驶员处置不当，是导致这起特大交通事故的原因。

（1999年12月1日《文汇报》）

新疆奎屯一中巴车爆炸

11人死亡2人重伤5人轻伤

本报乌鲁木齐1月20日电 （记者李润文 刘冰 海忆水） 1月20日中午13时15分左右，一辆行驶在新疆维吾尔自治区奎屯的中巴车，到312国道与217国道交会的立交桥上发生爆炸，造成11人死亡，两人重伤，5人轻伤。

据警方介绍，这辆中巴车由独山子始发，开往乌苏，除司机外，当时车上共有乘客19人，有9人当场死亡，4名重伤者送往医院，2人送到医院后死亡。

13时17分，警方接警后，奎屯、独山子、克拉玛依等地公安局领导和当地政府有关领导，迅速赶赴现场指挥抢救。

据中巴司机及伤者回忆，这辆车到检查站时，有一男一女下车，说要到驾校去，男的有二十四五岁，穿灰色棉衣，女的有二十一二岁，特征比较明显，着橘黄色的滑雪服，戴橘黄色的帽子。这两人下车后，在桥下又上来一名男子，未带任何行李。车顺着转盘上桥，刚走几米就发生了爆炸。

赶往现场救援的伊犁哈萨克自治州奎屯医院急救车司机乔国勋告诉记者："现场一片混乱，空气里弥漫着焦煳味，车停处有衣物残片和残肢散落。"

该车司机在警察询问时说："感觉是汽车后部爆炸了。"

关于爆炸原因，警方目前正在调查之中。

（2005年1月21日《中国青年报》）

两篇都是灾祸报道，前者没有消息来源，后者有多个消息来源，什么材料由什么地方获得，交代得清清楚楚。通过比较，我们可以了解，交代新闻来源的作品更可信、更规范。

三、交代新闻来源的方法

交代消息来源有两种方法：一种是明确交代，一种是模糊交代。

（一）明确交代

明确交代，就是对消息来源的信息明确具体地交代，指名道姓，不做任何掩饰。好处是能充分发挥消息来源的作用，前提是征得消息提供者的同意。

（二）模糊交代

模糊交代，就是对消息来源的信息笼统模糊地交代，不指名道姓，通常是为了保护消息来源而采取的方法。当提供的某些事实可能会引起麻烦，消息来源要求保守秘密，此时，记者有义务提供保护，在交代消息来源时，只交代一个范围，不披露姓名。如"统计局的一位工作人员""××广播公司的工程师"等。

对使用模糊交代法，国外新闻界有争议。有的记者和编辑认为，不能公开指出消息来源的材料，不论用什么方式，都不能去用它。有人则认为，特别重要的材料也可用模糊交代消息来源的方法去透露。

以上两种交代消息来源的方法，我们认为，明确交代消息来源应该是一般法则，模糊交代应该是变通手段，不得已而为之。而即使用模糊交代的方法，也应指出一个大致范围，如“××中学的一位体育教师”，虽无姓名，但有单位和身份，而不是什么信息也没有，如“有关部门”之类。

在我们媒体上，空洞的消息来源和不交代消息来源同样普遍，到处都是“据有关部门介绍”“从有关方面获悉”。并且令人感到吃惊的是，我们媒体上很多笼统交代消息来源的方法并不是出于对消息来源的保护，而是主观随意性的体现。很多消息让你琢磨不透为什么它不公开消息来源。如下面的消息：

我省通报妇儿事业发展状况

失学娃越来越少　女干部越来越多

本报讯　失学娃越来越少，女干部越来越多，有关部门昨在新闻发布会上通报了我省妇儿事业发展状况。

据通报，1998年我省新生婴儿死亡率比1990年下降13.4‰，4个月以内的婴儿母乳喂养率达80%，小学适龄儿童入学率达99.78%。《安徽省90年代儿童发展规划纲要》确定的24项目标已经或接近实现。

到1998年末，全省大学、高中和初中文化人口中女性比重分别占30%、35.79%和37.72%，青壮年妇女文盲已降至3%。到去年底全省共有女干部29.83万人，全省17个地市有16个在党政领导班子中配备了女干部，省直84个单位领导班子中配有女干部56名，其中12人担任单位“一把手”。

（1999年11月1日《新安晚报》）

这篇报道妇女工作成就的消息，明确交代新闻来源只会增加它的权威性和可信性，不会带来任何麻烦，何以只是模糊地说“有关部门”，这样空洞的消息来源毫无意义。

【思考与训练】

1. 为什么说新闻事实、新闻背景、新闻来源是构成新闻报道内容的必要成分？试分析三者之间的关系。

2. 事实的特性和新闻写作有什么样的关系？

3. 有些新闻作品中并不出现背景材料，从什么意义上说，新闻背景是新闻作品不可或缺的内容？

4. 试为《新疆果农抢“租”蜜蜂》（82 页）添加背景材料，重新改写。

5. 改写《陕西华山庙会昨日发生踩踏事故 16 人死亡》（84 页），使其中的背景材料合情合理。

6. 改写《绍兴纪念〈兰亭序〉问世 1650 周年》（85 页），使其背景材料更通俗。

7. 在新闻写作中，哪些事实必须交代出处？而哪些又可以不必交代？

8. 为什么交代新闻来源在实践中是件困难的事？

9. 对媒体上的新闻报道进行分析，总结新闻写作中交代新闻来源的现状。

第五章

新闻主题和材料

【本章内容提要】

新闻报道是记者对客观事实主观加工的产物，从逻辑上说必有主题。新闻主题是记者对新闻事实的基本看法。

新闻主题具有客观性、主观性、时代性和多元性等特征，是我们提炼新闻主题的依据。

新闻主题在不同的新闻报道中对事实的概括程度有所不同，有时仅是一个报道中心，有时有一个鲜明的观点。

新闻主题在新闻报道中的作用是统率报道材料和揭示事实的意义。

新闻主题形成的途径一是从材料出发，找到全部材料的意义所在；二是从社会需要出发，针对时代最渴望的精神需要。在这两者的交接点上发掘出最有价值的新闻主题。好的新闻主题应该是正确、集中、新颖、深刻的。

第一手材料是有关新闻事实的直接、原始的材料，具有较高的可信度和可感度，新闻报道的性质决定了新闻报道必须以获取事实的第一手材料为原则。

要写出内涵丰富、生动简练的新闻报道，精选材料是非常重要的，通常选择那些与主题有关的、真实的、典型的、有较大新闻价值的、新颖生动的并且符合新闻政策的材料。

第一节 新闻主题

一、什么是新闻主题

（一）新闻报道的主题是记者对新闻事实的基本认识

主题这个词，来自德国，最早是一个音乐术语，指乐曲中最具特征的并处于优越地位的旋律，也就是主旋律，它表现一个完整的音乐思想，是乐曲的核心。音乐中的这个术语，后来被移植到文艺创作中，指作家在作品中所表现出来的居于主导地位的感受。后来又移植到文章写作中，指文章的中心思想。

主题这个概念在我国古已有之，但凡讲文章写作，都离不开讨论主题思想。我国古代文论中有很多关于主题的术语，如：意、义、理、旨、主意、主旨、主脑等。

现代文章学认为文章构成的四个因素，即主题、材料、结构、语言，主题是其中居支配地位的重要因素。

对新闻有没有主题这个问题，学界并没有一致的看法，有人认为，消息就是传递信息，是没有主题可言的，通讯有主题。

艾丰在《新闻写作方法论》中讲到主题的时候，认为新闻作品就其总体说是有主题的，但是就每一篇作品来说，主题情况又是多种多样的。大体可以分为四类：

1. 无主题的新闻作品。有少数的作品是没有主题的，如那些简单的信息性的作品，它们不可能也不需要提供什么主题思想。

2. 暗主题的新闻作品。这类新闻报道是有主题的，但是它的主题暗藏在报道之中，并不明白地显露出来。许多事件性的新闻报道就属于这一类。这些报道往往不需要花费很大的气力去提炼主题，而主要是如实地描写和叙述事实就可以说明问题。

3. 明主题的新闻作品。这一类报道的特点是把自己报道的主题千方百计地努力地突出出来。在事件性报道中有这种情况，在非事件性报道中更多的是这种情况。

4. 多主题的新闻作品。有的时候，新闻报道的主题并不见得是一个主题，它可以有一个以上的主题，两个平行的主题，一个第一主题加上第二、第三主题。

我们认为，新闻作为一种精神产品，必然有主体意识体现其中。从逻辑上说，新闻必有主题。但新闻的主题不同于一般的文章主题，新闻主题是记者对事实的基本认识。同样用“主题”这个概念，应该说各种主题——音乐主题、文学主题、文章主题乃至新闻主题，它们的含义和特点是不同的。不能根据对文学主题的理解来理解文章主题，同样，也不能根据对文章主题的理解解释新闻主题。它们既有相同之处，也有不同之处。

（二）新闻报道的主题不同于一般文章的主题

新闻和一般文章都是人类的精神产品，建立在人的某种想法之上，这是共同的，但由于它们的社会功能不同，人的想法的表述倾向和表述方式是不同的。新闻报道和一般文章的主题有两方面差异。

1. 从内容上看，新闻主题是对事实的基本看法，或者由事实延伸至对当今时代的看法，这个看法总的来说是较为具体的。文章主题是对现实、人生、社会的一般看法，是一种人生观、世界观的表述，总的来说是较为抽象的。

2. 从形式上看，新闻主题通过事实表述体现出来，并且通常隐蔽在事实的背后，主题和事实紧密地结合在一起，有时到分不出彼此的程度，使人产生无主题和暗主题的想法。文章主题，不论是用或明或暗的手法，都是较为明晰的。

二、新闻主题的特性

（一）客观性

新闻主题具有客观性。新闻主题，是记者对新闻事实的认识在作品中的表现形式。既是认识，必是对客观世界的反映，必依赖于客观事物而存在。所以，总是先有新闻事实，而后产生新闻主题。

材料所能显示的思想意义是客观的，一定的材料只能提炼出一定的新闻主题。有时，材料的含义可能不止一点，可以从不同方面确立不同的新闻主题，但这种选择是有限度的，不能超出事物所“蕴含”的范围。从根本上说，材料对新闻主题的提炼起着制约和规定的作用。

正因为如此，提炼新闻主题，要尽量占有真实的全面的材料，只有在这个基础上去研究事实，才有可能得出对事实正确的看法。

（二）主观性

新闻主题具有主观性。新闻主题产生于全部材料之中，但它的形成又自始至终地受到作者世界观方法论的影响和制约，是主客观相统一的产物。因为主题作为一种思想观念形态，虽然是现实生活在人们头脑中的反映，但却并非是消极和被动的反映，像镜子一样的显现客观事物，而是能动的积极的反映和表现。同一事物，不同的作者做出的判断和评价不尽相同或相去甚远的情况，屡见不鲜。

正因为如此，提炼新闻主题，既要占有全面的真实的材料，还要有正确的立场观点以及思想方法，才有可能从材料中引出正确的结论。

（三）时代性

新闻主题具有时代性。作为观念形态的新闻主题，不是孤立的个人的意识，是一个具体的、历史的范畴，必受到时代精神和思潮的影响及制约。凡是优秀的经得起时间考验的新闻报道，无一不是准确反映了那个时代的精神，并对时代的前进起过积极作用。

正因为如此，提炼新闻主题，要求记者站在时代的前列，敏锐地感受时代的气息，正视现实，及时而准确地提出并回答当代人们普遍关心的各个方面的现实问题，只有这样的新闻报道，才能在读者中产生积极的影响。

（四）多元性

新闻主题具有多元性。由于新闻事实本身的丰富性和记者认识角度的丰富性，决定了同一新闻事实可以有多个不同的新闻主题。

一个新闻事实能包含多个新闻主题，有的其意义较肤浅和表面，而有的则更深刻、更有启示性，有的过时重复而缺乏新意，而有的则能从新的认识角度表现新的思考。所以虽然是同一事实的不同主题，但却有意义深浅与新鲜程度的不同。

正因为如此，提炼新闻主题，要求记者能多方面地去思考、深入地去思考，有选择有比较地提炼新闻主题，最大限度地挖掘事实的内涵和满足受众的需求。

三、新闻主题的不同形态

具体分析各种新闻作品中主题的表现形态，是比较复杂的。艾丰在《新闻写作方法论》中对新闻主题四种类型的看法，讲的就是新闻主题的不同形态。张惠仁在《现代新闻写作学》中讲“主题的种类”时，把主题分为七种类型：广义主题，其传播意向不是十分具体的主题；狭义主题，有明确的传播意图的主题；单纯主题，只有一个传播意向的主题；复合主题，有两个以上的传播意向的主题；显性主题，有明白无误的导向意图的主题；隐性主题，不明示意图而让读者自己去领会的主题；显性主题与隐性主题相结合的主题。

由于新闻报道面临的是不同的新闻事实，不同的新闻事实需要记者思考的方向和深度是不同的，这样也造成了新闻报道主题形态的区别，这种区别主要是概括程度的区别。

（一）客观性主题

事件性新闻，有较为固定的内容，这种新闻体现出的主题常常就是一个报道中心，主题对事实的概括特点是集中，主题与事实处于同一层次，通常人们把它看成没有主题，但它还是有主题的，这是一种“客观性主题”。如《南方周末》通讯《瞬间的魔鬼》报道一次龙卷风带来的损失，主题就是围绕着事件的报道中心。

（二）主观性主题

非事件性新闻，它的内容界限常常在于记者的研究和思考，记者认识的成分较为突出，主题对事实概括的特点是抽象，主题处于高于事实的抽象层次，通常较为明确，概括性较强，这是一种“主观性主题”。如《工人日报》通讯《北京有个李素丽》，报道公交车售票员李素丽的先进事迹，作品的主题就是作品中引用的李素丽的一句话：“社会是一面镜子，你首先对它笑，它也就会对你笑”，也就是李素丽的优质服务给社会带来了良好的影响。这样的主题，记者思考的成分较多。

四、新闻主题的作用

第一，揭示新闻价值，使新闻信息的价值、意义充分显示出来。

第二，是新闻报道选材用材、谋篇布局、遣词造句的依据。

五、如何形成报道主题

（一）从材料出发，探求事物的本质

新闻主题是记者对新闻事实的认识。是认识，就必须遵循着认识的根本规律，去粗取精，去伪存真，由此及彼，由表及里，以达到对事物的本质认识为目的。记者提炼报道主题，关键在于挖掘事实的本质，抓住了事实的本质，也就抓住了“主题”。

人们对事物的认识是没有止境的。列宁认为，人的认识不但要从事物的现象深入到事物的本质，而且要逐步地由第一层本质深入到第二层本质。列宁在《哲学笔记》中所说的辩证法的要素中，有一个就是“人对事物、现象、过程等等的认识从现象到本质，从不甚深刻到更深刻的本质的深化的无限过程”。提炼主题，探究事物的本质，也要尽可能地深入，不能浅尝辄止。

1988 年 4 月 27 日《中国青年报》头版头条刊出了长篇通讯《倾斜的金字塔》，报道现行教育体制的弊端，强调改革的必要性，以其深刻的主题在社会上产生了强烈的影响。而这篇报道主题的提炼，经历了一个不断深入的过程。几位记者受编辑部派遣，到中国人民大学采写关于教育体制改革问题。开始，他们把注意力集中在庞大的后勤和行政机构官僚化的问题上。采访初期，被采访者介绍的情况，多和后勤工作有关，更多和住房有关，所以记者们写第一稿时形成的主题是高校的改革、发展需要人才，引进人才需要房子，没有房子就留不住人才。这一稿编辑部没有通过。编辑部同志认为，房子与人才固然有关系，但并不是教育体制改革中的根本问题，住房问题在当时是一个普遍存在的社会问题，并不是高校中独有的现象，这样写，显然未抓住本质。直到写第三稿的时候，记者力求用掌握的材料，集中分析学校行政管理机制与教育体制之间的矛盾，揭示庞大的行政体系如何遏制了教育职能的正常运转。此番算是抓住了问题的实质，但受制于前两稿，对教育职能是如何运转的缺少有说服力的材料。之后，几位记者冷静地分析情况，认识到写好这个主题，必须进行补充采访，占有大量关于教育机制运转的第一手材料。于是又重新采访，写了第四稿，也就是见报稿。这篇报道提炼主题的过程给我们两个重要启示：（1）提炼主题不能被表面现象所迷惑，要深入下去，一直到抓住事实本质为止；（2）只有大量地占有反映事物本质的第一手材料，才有可能做出正确的判断。

（二）从社会需要出发，满足人们的精神需求

马克思有一句名言："理论在一个国家的实现程度，决定于理论满足这个国家需要的程度。"（《〈黑格尔哲学批判〉导言》）同样的道理，一篇新闻报道发生影响的程度，和记者对事实的思考有密切关系，新闻主题只有回答了当代人们普遍关心的各种现实问题，才是有意义的。

很多著名记者在提炼主题时都注重社会针对性问题。穆青在《谈谈人物通讯采写中的几个问题》一文中说："据我们的粗浅体会，提炼和确定能够反映时代特征的主题，十分重要的是解决一个'针对性'的问题，也就是要有的放矢地进行宣传。要做到这一点，一方面要考察同当前斗争关系最密切，群众最迫切需要解答的重大课题是什么。另一方面要考察人物本身具有哪些最能体现时代特征的精神。离开人物本身的客观事实，主观主义地'拔高'，硬要提炼出一个什么'主题'是错误的。同样，离开现实斗争中的重大课题，罗列材料，就事论事，也不可能反映出重大主题。"（《新闻采写经验谈·谈谈人物通讯采写中的几个问题》第146页）

他说："以《嘱托》的主人公吴吉昌来说，这个人物给我们提供的思想是多方面的。诸如：无论干什么工作，都要有百折不挠的精神，都要有全心全意的精神；无论进行什么样的科学实验，都要合乎事物的客观规律；等等。以'老坚决'来说，他那种对树苗的热爱，对种树的'入迷劲'；干什么工作，不干则已，要干就干好的'坚决劲'，等等。宣传这些思想都能指导工作，都有一定教育意义。事实上，《嘱托》的前身就是一篇描写吴吉昌坚持运用辩证法种棉花的通讯。但是，如果《嘱托》、《报道》最后确定的主题只停在上述水平，那就会显得一般化。因为它没有能够回答现实斗争中的重大课题，也没有揭示出吴吉昌'老坚决'身上最有时代意义的思想特征。"

"在'文化大革命'十年中，人民同林彪、'四人帮'进行了一场你死我活的尖锐斗争，这场斗争决定着我们党和国家的前途和命运。粉碎'四人帮'以后，人们迫切需要澄清被林彪、'四人帮'搞得混乱不堪的理论和实践问题，实事求是地总结历史的经验和教训，团结一致向前进。而吴吉昌'老坚决'身上表现出来的思想品格和精神风貌，正可以回答这些重大课题，鼓舞人民继续奋勇前进。"

"以吴吉昌来说，他所体现的，就是按照周总理的嘱托，为建设社会主义而奋不顾身的彻底革命精神。以'老坚决'来说，就是不顾人为的'风口'的袭扰，在政治动荡的年月里，坚忍不拔地建设社会主义的革命毅力。而吴吉昌为了完成总理的嘱托，那种'啥也别想挡住俺'的精神，'老坚决'对安定团结的政治局面的渴望，正是亿万人民群众共同的意志和心愿。也就是在这些思想启示下，我们找到了确定《嘱托》、《报道》的主题思想的主要依据。"

郭梅尼在《时代、精神、人生》(《中国记者》1987 年第 7 期）这篇谈人物通讯的采访与写作的体会的文章中说："我感到，作为一个记者，要有一双时代的慧眼，心中要有一杆时代的秤，要把你所采写的人物放到时代的大背景下衡量，放到时代的天平上称称，才能比较准确地判断出它的新闻价值。"

她在介绍自己的获奖通讯《勤奋出天才》时说："1979 年初，《中国青年》报刚复刊不久，我为什么选择了数学家张广厚这个人物写人物通讯呢？当时，粉碎‘四人帮’不久，全国科学大会刚刚召开，号召青年攀登科学高峰，为四化建设作贡献。但是一些在‘文革’中失去了学习机会的青年中流行着一句话：‘四人帮’耽误了我们的青春，认为现在再努力也没有用了；一部分小青年感到，这下有用武之地了，都想成才，却不知走什么路。针对青年中普遍存在的这个矛盾，我选择了张广厚这个典型，写了这个矿工的儿子在数学不及格的基础上，经过勤奋学习，取得了具有国际水平的成绩，这就用有力的事实帮助青年指出了一条勤奋成才的人生之路。这篇通讯见报后，收到了许多读者来信，那些认为‘四人帮’耽误了自己青春的人来信说，从张广厚的道路中看到，只要走勤奋的路，现在努力也不晚；那些立志攀登的青年，找到勤奋成才之路。这篇通讯对解决当时青年中普遍存在的思想矛盾起到了积极作用，所以在社会上产生了较强的反响，并获得了1979年墨西哥国际征文比赛金质奖章。”

这些经验值得借鉴，在提炼新闻主题时，考虑作为精神产品的新闻作品，能给同时代人们提供有益的精神食粮，满足他们各方面的信息需要。

六、好的新闻主题应是怎样的

（一）正确

对新闻报道来说，正确的主题就是接近于事实真相和本质的主题，这是对新闻主题起码的要求。报道既经发布，就必然对读者产生影响，正确主题的报道，对读者的影响是积极有益的，反之，则是消极不良的。

保证主题的正确，有这么几个问题要注意：

1. 保证新闻主题的正确，关键并不在于写什么内容，并不是写正面事物就一定正确，写阴暗面就一定不正确，而取决于作者必须有正确的立场、观点和思想方法。

2. 正确不等于大众一致拥护的，只要认为是真理，就要勇于提出。这里不仅是个见解问题，还有胆识问题，对真理的信仰问题。特别是作为新闻记者要站在时代的前哨，敏锐地发现一些尚不为人认识的问题，勇于提出来。

3. 新闻主题的正确是相对而言的，形势发展了，时代前进了，原来的某些认识、结论需要加以修正，这也是正常的。特别是新闻报道，是跟着时代走的，但有些认识需要时间。

（二）集中

指在一篇报道中只有一个主题。主题的“主”，就是主要的、中心的看法。都重要就都不重要了，多中心就没有中心了。如古人所说：“一线到底，万变不离其宗。”

“集中”关系到报道的目的性。目的不明确，表述难以明了，即所谓“意多乱文”。另外，集中还关系到报道的深度，不集中难以把事说透。所以，新闻主题必须是高度凝聚的，就好像放大镜只有高度的聚集才能燃烧纸张一样，新闻主题只有高度集中才能使读者印象深刻。

（三）深刻

指新闻作品对事实本质和规律揭示所达到的深度。主题的深刻取决于作者对事实认识的深刻。

古人对文章立意有很好的见解，元代陈绎曾在《文说》中说（引戴师初语）：“凡作文发意，第一番来者，陈言也，扫去不用；第二番来者，正语也，停止不可用；第三番来者，精语也，方可用之。”这段话大致概括了“作文发意”的规律。这就是，首先想到的，是最容易想到的意思，多是“陈言”，即一般化、老一套的东西，没有新思想、新发现，应“扫去不用”。第二番想到的意思就比较深入了，不再是陈词滥调了，而是正确的、纯正的思想。但是这样还不行，不能仅仅满足于是“正语”，而应当再进一步考虑、琢磨，把这第二番意思再放下来，“停止不可用”，然后，第三番意思又涌现于脑际了，这才是真正的“精语”，精彩独到的意旨。这时，你才能把主题真正确立起来。这三番意思，代表了认识逐步深化、主题渐次深刻的一个思维过程，是符合写作的规律的。这虽然讲的是一般文章的写作，但对于新闻主题的提炼也是有意义的。我们写报道，有时不能确立比较深刻的主题，往往就在于想到一点，马上就写，不肯再作深入的思考。而深入的思考有助于主题深化。一些优秀的新闻作品之所以优秀，常常就在于有一个深刻的主题，而这些深刻主题的获得，作者常常都是作了三番五次的推敲。

（四）新颖

新闻主题新颖，就是不落俗套，不蹈袭前人，有自己的观点和见解。新颖的主题往往是人们经常遇到却又没有注意的问题；或是人们已经注意到却不以为然的问题；或者是人们也在议论，却没有人从这个角度谈过的问题。也就是“见人所未见，发人所未发”。因此，人们读起来就感到新颖。那种人云亦云的陈言套话，对读者是毫无意义的。

要做到主题新颖，要注意这样几点：

1. 选取的事实要新颖，这是新闻主题新颖的基础。一般的文章可以旧材料出新意，新闻的主题一定是新材料出新意。

2. 抓住事实特点去开掘。事物之所以千差万别的原因在于它们具有矛盾的“特殊性”，也即具有自己的个性特征，共性也总是通过个性体现出来。提炼新闻主题如果抓住了事实的个性，也就有了新意。

3. 认识事实要有新的角度。新闻主题的新颖和认识事实的“角度”很有关系。同一事物，观察的“角度”不同，往往会呈现不同面貌。新的角度，可获得新的事实信息，也可带来新的认识，形成新颖的新闻主题。

4. 看问题要有新的思想。时代在发展，作为记者要善于接受处在时代前沿的新思潮，以新的思想来看待新闻事实，并把这种新的思想通过事实的传播传输给读者。

第二节　新闻材料

一、新闻材料的含义和分类

新闻材料，是新闻报道中记者通过各种途径搜集的用以认识和表述新闻事实的各种情况和记载的总称。新闻记者通过材料认识事实真相，也通过材料表述事实真相。新闻材料，不仅指用于具体报道中的材料，同时也指记者在写作前积累和搜集的材料。

（一）从材料性质分类，可分为新闻事实材料、背景事实材料和言论性材料

1. 新闻事实材料。新闻报道的对象是新闻事实，事实在作品中是由材料构成的。因此，新闻事实材料是新闻报道中的主体材料。

2. 背景事实材料。为了解释和衬托新闻事实，报道中常要引用一些与新闻事实有关的历史事实或现实生活中的相关事实，这一类材料就是背景事实材料。

3. 言论性材料。为了说明新闻的意义、本质，有时新闻报道中也需要引述人物的言论，这类材料叫作言论性材料。

（二）从获取材料的方式分类，可分为直接材料和间接材料

1. 直接材料。与所报道的事实没有间隔的材料，也就是通常所说的第一手材料，是有关新闻事实直接的、原始的材料，是新闻报道的支柱材料。

第一手材料的特点一是直接，与事实直接联系；二是原始，没有经过加工。

第一手材料的优势之一是可信度高，亲身经历或目击事实的人对事实有较为直接的了解，陈述的材料可信性较高。俗话说："越捎越多。"经过的中间环节越多，真实的东西会越来越少，不真实的东西会越来越多。

第一手材料的优势之二是可感度强，亲眼所见、亲耳所闻获得的材料，感性印象深，保留了关于事实的大量感性材料，诸如形状、色彩、气味、情景、气氛等方面的较为强烈的记忆，有了这些材料，可增加新闻作品的感染力。

第一手材料包括记者亲身经历获得的材料和当事人亲身经历获得的材料。衡量的标准就是提供材料的人和事实的关系。记者陈述亲身经历的事实与当事人陈述亲身经历的事实，就取材料而言，没有根本区别。《环球时报》通讯《我亲历中国使馆被炸》是记者亲身经历的陈述，主要由第一手材料构成；《南方周末》通讯《瞬间的魔鬼》是当事人亲身

经历的陈述，也主要是由第一手材料构成。

第一手材料的形态是多种多样的，可以是记者耳闻目睹获取的感受材料，可以是当事人知情者接触事实的直接材料，也可以是书面材料。我们研究某个新闻人物，为了解新闻人物的思想历程，阅读人物的著作、信件、日记，这些书面材料也是我们了解人物的第一手材料，因为它是反映事实的原始的材料。

新闻报道的性质决定了新闻作品必须以获取事实的第一手材料为原则。这个原则的含义是新闻记者必须依靠第一手材料认识事实真相，也必须依靠第一手材料表述事实真相。

2. 间接材料。与所报道的事实有间隔的材料。指那些经过转述经过加工的材料。间接材料是新闻报道中的辅助材料。

有些新闻事实，记者不可能到现场或找当事人采访，只能运用间接材料进行报道。比如有些新闻报道，依靠转述其他媒体的材料。新闻报道中的一些概括材料和数据材料，常常根据一些现有的资料，这也是间接材料。还有新闻报道中的背景材料，也往往是间接材料。

间接材料的作用是印证、补充、扩展直接材料，使报道更准确深刻。

二、新闻材料的选择

初学新闻写作，常犯的毛病之一，就是疏于选材，不忍割爱，对自己采访获得的所有材料均视之如宝，恨不能全部写入报道中。这样写出的报道常常烦冗杂乱，难有好的效果。为了有好的报道效果，精心选材是必要的。

凡是选择，总得有个标准，根据新闻写作的规律和新闻工作者的经验，我们归纳出这样几条：

（一）围绕主题选择材料

新闻报道都有其特定的报道意图，也就是“主题”，为了实现报道意图，主要靠选择能够表现主题的材料。凡和主题有关并能有力地说明、烘托、突出主题的材料，要取之；而和主题无关，不能说明、烘托、突出主题的材料，要弃之。

（二）选择真实准确的材料

真实是新闻的生命，而新闻的真实，要靠材料的真实。所以新闻选材要严把真实关，要鉴别材料的真实性，选择真实准确的材料。

所谓真实，包含两层意思：其一是说，它不是“假”的、“编”的；其二是说，它不是偶然的个别的现象，而是反映着客观事物的一定的本质。

所谓准确，就是确凿无疑，可靠无误。记人，姓氏职位、年龄性别、面目特征、语言动作，要描述准确；叙事，时间、地点、人物、事件、原因、结果，要交代准确；新闻来源、新闻背景的交代都要准确无误。

（三）选择典型的材料

由于新闻写作的基本方法是“用事实说话”，依靠的是事实的力量；也由于新闻写作受版面篇幅的限制，不能“包罗万象”，事实必须能以少胜多。因此要求新闻写作必须选择“以一当十”、有说服力的材料。这样的材料就是典型材料。典型材料的特点是个性突出而又有普遍意义。新闻报道有典型材料才能有说服力并且令人难忘。

著名消息《延安庆祝日本无条件投降》用了两个细节材料，非常典型。当延安人民获悉日本投降的消息后，全城欢庆，“在蜂拥的人群中，有一位拄着拐杖的荣誉军人被群众拥戴着。他十分吃力地说：‘八年啦，我的血没有白流……’他是参加有名的平型关大战而负伤的。今天他是看见胜利了！一个卖瓜果的小贩欢喜地跳起来，把筐子里的桃梨，一枚一枚地向空中抛掷，高呼‘不要钱的胜利果，请大家自由吃呀！’群众报以热烈的掌声”。八年抗战，胜利来之不易，是流血牺牲换来的，一个伤残军人在胜利的时刻，他的高兴、他的感慨令人感动；卖瓜果的小贩薄利经营，胜利时刻抛撒瓜果请客，欢乐之情也令人感动。这两个细节材料，形象鲜明、个性突出、内涵丰富。这篇消息可以说因为这两个典型材料的运用令人读后不忘。

（四）选择有较大新闻价值的材料

新闻写作的构思离不开新闻价值规律，写作中要设法突出那些新闻价值较大的内容，这就需要首先在选材时注意选择那些新闻价值较大的材料。在选择新闻材料时，必须考虑哪些材料是重要的、新鲜变动的、有显要性的、与受众接近的等这些因素。穆青的风貌通讯《水城威尼斯》主要写威尼斯水城景致，从水写到桥写到船，后面用了两个材料，一个是马可·波罗故居，一个是威尼斯和苏州结为姊妹城，前面选材主要考虑的是"新鲜性"，后面选材主要考虑的是"接近性"。《工人日报》消息《昔日伐木建功，今朝栽树"还债"》报道伐木工人马永顺退休后栽树还债的事迹，其中有一个材料是江泽民听了马永顺事迹后称赞"了不起"，这个材料的运用显然是从新闻显要性角度考虑的。从新闻价值的角度选材料，思考的是材料与受众的关系，目的是唤起读者对新闻的关注。选材考虑材料的新闻价值，是新闻写作选材的特点。

（五）选择新颖生动的材料

材料新颖、生动才能表现出新鲜活泼的内容，才能吸引人、打动人。

新颖的材料指独特的、与众不同的，而不是似曾相识的材料。写先进人物总是公而忘私，为了工作置妻儿重病于不顾，因而内心对亲人有深深的内疚之类，属于内容上的"陈词滥调"。新颖与此无关。新颖的材料出人意料，令人耳目一新。通讯《雪山的呼唤》写在边疆服务36年的吴登云，为病人献血之后，试着挑了一担水，感觉头不晕、腿不软，心里很高兴，觉得自己献出的是一点血，别人却因此获得了生命和健康，他因此认为这是天底下最值得做的事，以后一生中经常为病人献血。这种描述先进人物做了好事之后的行为与心理的材料，确实与众不同，让人觉得亲切真实。

生动的材料指形象的、感性的、戏剧性的、有色彩的材料。受众读了之后，可引发联想，调动情绪。

（六）选择符合新闻政策的材料

新闻选择，受新闻价值和新闻政策两个标准的限制。新闻材料的选择，也要受这两个标准的限制。凡是与新闻政策相抵触的材料，一般不允许见诸媒体。各国的新闻政策不尽相同，但总的来说，都要求不损害国家利益、不泄漏国家机密、不侵犯公民隐私权等。我国新闻界还有坚持四项基本原则、坚持党性原则、反对错误的舆论导向等规定。

（七）选择材料注意不重复

在同一篇新闻作品中，使用的事例应有差别、各有角度、各有意义。说明同一问题、同一侧面的事例，列举一个即可，不必连续用几个意义相同的事例来强调。

【思考与训练】

1. 用主题这个概念表述新闻写作对材料的思考和处理，是不是合适的？

2. 通过具体作品的分析，说明新闻主题的不同形态。

3. 通过具体作品的分析，说明新闻主题的作用。

4. 什么是第一手材料？为什么新闻写作以第一手材料为主？

5. 新闻记者对材料的工作主要由哪几方面构成？

第六章

新闻报道表现形式

【本章内容提要】

文章的各种表达方式在新闻作品中的运用各有其不同特点，叙述强调具体实在和直截了当，描写强调直观性和白描手法，议论强调必要性和依托事实，抒情强调含而不露。

新闻跳笔是新闻报道组织材料的一种独特的结构方式，这种结构方式具有多段落和跳跃性的特点，表现了新闻直接、简洁叙事的特有形式。

新闻语言是新闻报道中使用的符合新闻传播要求的语言，它是在本民族标准语基础上形成的，既有普通语言的共性，又有新闻语言自身的个性。

新闻语言的基本特征是平实性，平实性的含义是确切明晰、通俗易懂、朴实无华。

新闻语言运用中最大的弊病就是人们常说的“新闻腔”，也就是流行在新闻写作中夸夸其谈、装腔作势、空洞无物的语言。

新闻语言的运用要注意用普通的话写作，多用指称具体的词语，多用动词，多用短句式，而少用行话，慎用形容词。

第一节　新闻写作基本表达方式

文章写作的四种基本表达方式——叙述、描写、议论、抒情，在新闻写作中运用必须符合新闻规律，因而各有其特点。

一、新闻报道中的叙述

（一）什么是叙述

把人物经历、行为或事情的发生、发展、变化表述出来就是叙述。写各类文章，都离不开叙述。叙述的作用是：第一，介绍人物的经历和事迹。通过叙述介绍人物的身世、地位、经历、事迹，等等。第二，记写事件发生、发展的过程。第三，为论说文提供论据。叙述是各类文章的基础。

新闻报道文体是一种叙事文体，叙述是新闻报道基本的手法，叙述是在新闻写作中运用最多的一种表达方式。无论是消息还是通讯，都是以叙述为主的。

（二）新闻报道中的各种叙述方法

1. 顺叙。就是按照事件发生、发展、结束或时间先后依次叙述，这种方法符合读者“从头到尾”的认识习惯，线索清楚。

2. 倒叙。就是先叙结果或先叙最精彩的情节，然后再按事件发生发展的顺序依次叙述。

3. 插叙。又叫追叙、补叙，就是在叙述中心事件的过程中，暂时中断主线索，插入与主题有关的背景或其他相关的材料。插叙的好处在于使内容丰富，报道立体化，又使结构富于变化，避免平铺直叙。

4. 略叙。又叫概叙，就是粗线条地、概括地叙述，目的是让读者了解事实概况。

5. 详叙。又叫细叙，就是详细叙述，目的是让读者了解事实具体过程和细节。

（三）新闻报道中叙述手法的特点

1. 内容实在，有明确的事实信息。通常概括叙述和具体叙述相结合，概括叙述依托于具体叙述，只有这样，报道才会有明确的信息。

2. 开门见山，直截了当地叙事。新闻作品叙述的直接性，主要表现在三个方面：首先，叙事直接进入主题，新闻叙事通常在开头或开头不远的地方，就出示新闻要点；其次，直接表述叙事要素；再次，上下文之间的过渡照应，通常以直接叙述连接组合。

二、新闻报道中的描写

（一）什么是描写

描是描绘，写是摹写。描写是用生动形象的语言，把人物的状态动作、事件的场景或是景物的性质特征具体地描绘出来。读者虽没见到被描写的事物，但通过描写的文字，却如身临其境一般。

在文章中，叙述往往侧重于一般过程的记写，读者只能得到对事物的综合、概括的了解；而描写则侧重于形象的具体描绘，使读者获得具体、明晰的认识和感觉。如果只有叙述没有描写，文章便会过多地讲述事情梗概，难免不生动、不形象。

写文章少不了描写，描写的作用是：第一，再现自然风貌；第二，描绘人物的外貌及内心世界；第三，再现事件的场景；第四，交代人物活动的自然、社会环境。

在新闻报道中，描写是经常使用的手法，尤其在通讯、特写类写作中。

（二）新闻报道中的各种描写方法

1. 白描。白描本是中国画的传统技法，墨线勾勒，不着色彩，或者只用淡墨渲染，不加烘托，不用背景。白描这个概念借用到文章写作中，就是指文字质朴的描写，不加修饰、很少用形容词，有时和具体的叙述差不多，但它又实在是一种形象的描画。有人说这是一种"豪华落尽见真谛"的手法，鲁迅先生称之为"有真意，去粉饰，少做作，勿卖弄"。由于新闻报道的特殊要求，新闻作品经常采用白描手法。

2. 细描。就是运用比喻、比拟、夸张等多种修辞手法，对人物或事物进行细致入微的刻画，好比绘画中的工笔手法。

3. 直接描写和间接描写。直接描写又叫正面描写，就是记者直接面对着描写对象进行描绘。间接描写又称侧面描写，好比绘画上的烘云托月的手法，它不是正面直接描绘对象，而是通过描写与对象有关的人或物来烘托对象。间接描写比较虚，描绘的形象不够确定，但正因为它不够确定，能给读者留下充分想象的余地。

4. 人物描写。针对人物进行描写，目的是展示人物的风貌、揭示人物的性格特征。人物描写又有肖像描写、动作描写、心理描写、语言描写几个方面。

5. 环境描写。人物在一定环境中成长、活动，事件在一定环境中发生、发展，因此，新闻报道少不了环境的描写。通过环境描写，可以使报道完整真实，可以衬托人物的心情感受，可以表现人物的身份或精神风貌，也可以“借境说话”。环境描写可以分为自然环境描写和社会环境描写两种。自然环境描写的对象是自然景物，社会环境描写的对象是人为的环境，包括建筑、园林、道路、室内外陈设以及相关人物的活动等。

6. 场面描写。指对新闻事件发展变化状态的描写。事件总是在一定的环境中发生发展，事态的变化总是形成一定的场面，场面描写也就是事件形态的描写。

（三）新闻报道中描写的特点

1. 直观性。新闻报道的真实性决定了新闻作品中的描写不能虚构、想象，记者只能描写所见所闻所感，或者描写采访对象所亲见亲闻，运用采访的材料，重现新闻现场。

2. 多用白描手法。

三、新闻报道中的议论

（一）什么是议论

议论就是讲道理、论是非。作者通过事实材料和逻辑推理来阐明自己的观点，表明赞成什么或者反对什么。下面这段文字，就是比较完整的一段议论。

中国的文人也一样，万事闭眼睛，聊以自欺，而且欺人，那方法是：瞒和骗。

…………

有时遇到彰明的史实，瞒不下，如关羽岳飞的被杀，便只好别设骗局了。一是前世已造夙因，如岳飞；一是死后使他成神，如关羽。定命不可逃，成神的善报更满人意，所以杀人者不足责，被杀者也不足悲，冥冥中自有安排，使他们各得其所，正不必别人来费力了。

这是鲁迅先生《论睁了眼睛看》（《坟》）中的文字。作者的论点是：遇到彰明的史实，便只好骗。在这段议论里，有论点，有论据，有对事理的分析，文字不多，却构成了完整的议论。

一般来说，一段完整的议论，总是由论点、论据和论证构成的。所谓论点，就是作者的观点、见解，由作者明确地提出，为了读者接受它。论据，则是建立论点的理由和依据，我们上边引用的这一段，作者用两个事实为论据，历史上的关羽、岳飞，“前世夙因”和“成神”的谎言，就是骗的证据。有了论点和论据，还需要进行论证，才能构成议论。论证就是用论据来证明论点的过程。在这个过程中要剖析事理，阐明论点和论据间的内在关系。只有这样深入地分析、阐述，议论才有说服力。当然，有时作者的论点较为简明，提出论据后，稍加说明也就够了，这就不需要深入论证了。但多数时候，作者不光提出论点，交代论据，还要说明“为什么”。这个比较复杂的过程，就是论证，也叫论证过程。

议论这种表达方式，在各类文章中运用相当广泛。在论说文中，议论使用最多，可以说它是写作议论说理文章的主要形式。在记叙文中，有时也使用议论，但这种议论与论说文中的议论不同，它往往只是论点加一些说明，并不由论点、论据、论证组成一个完整详尽的议论；甚至作者是通过议论来抒情的，这种议论便只剩下带有感情色彩的论点了。

新闻报道的基本原则是“用事实说话”，要求记者用事实表述看法，不直接表述观点，这是一般的原则，但也并非绝对不能议论，当议论是必要的时候，议论也是受欢迎的。

（二）新闻报道中议论的特点

1. 紧紧依托事实。在新闻报道中不能发空洞的议论，要有充分的事实铺垫。

2. 强调议论的必要性。新闻报道中的议论，第一要针对读者难以理解的问题，第二要针对新闻事实的内在联系。

3. 议论简洁。新闻报道中的议论通常三言两语解决问题，切忌喋喋不休。

四、新闻报道中的抒情

（一）什么是抒情

抒情就是抒发感情。文章的最初形成，与人类抒发情感的需要是分不开的。《诗大序》说："情动于中而形于言。"《文心雕龙》也说："五情发而为辞章。"一个人内心蓄积了某种感情，不论是喜怒哀惧爱恶欲，总想把它表白出来，表白了，内心就愉悦，就舒畅，这是人的天性。表白出来的情感，形诸文字，就是文章中的抒情。所以抒情是写作的重要动因。其次，抒情是文章具有感染力的一个重要因素。文章作用于读者不外乎两条途径，一是以理服人，一是以情动人。一篇好的文章，常常二者兼而有之。以理服人，作用于人的思维；以情动人，作用于人的情绪。所以抒情最能拨动人的心弦。古人说："感人心者，莫先乎情。"

在诗和散文中，抒情运用得比较广泛，其他一些文学作品中，也往往离不开抒情。一般文章，也有抒情的成分。但是，文章的体式不同、作家的风格不同、时代特征不同，抒情的情况则不一样。有的文章用比较直接的方式抒发感情，有的文章则把感情用间接的方式表现出来。有的较隐晦，有的较明朗；有的较含蓄，有的较袒露。

新闻报道的不同形式，对抒情的运用有所不同，消息类作品要求客观实在，抒情成分较少，通讯类作品表述较为自由，有客观实在的报道风格，也有情绪强烈的报道风格。后一种通讯作品，主观色彩较强，抒情成分较多。

（二）新闻报道中抒情的要求

抒情手法和议论手法一样，是主观倾向的表露，在新闻写作中要有限制地运用。一般需要注意的是：

1. 要抒发真情实感；

2. 要抒发有理性的情感；

3. 要有分寸有节制，不可过度渲染，以含蓄为好。

第二节 新闻跳笔

一、什么是新闻跳笔

新闻跳笔是新闻报道组织材料的一种独特的结构方式。这种笔法主要有两个特点：

一是文体结构上的多段落和短段落；

二是段与段之间有较大的跳跃性。

我们看下面的消息：

今日起我国对长江实行首次全流域禁渔三个月

新华网重庆（2003年）2月1日电　从2月1日起，我国首次对第一大河长江实行全流域春季禁渔三个月。这也是世界首次在大江大河实行全流域禁渔。

禁渔期间，万里长江将出现“江中无渔船、岸边无网具”的奇异场面，买卖江河鱼类品种、市民江边垂钓等都在禁止之列，宾馆、饭店等饮食行业经营江河鱼类也被视为违法。

据农业部渔政局发言人介绍，这次长江禁渔共涉及云南、四川、贵州、重庆、湖北、湖南、安徽、江西和上海等10省市8100多公里江段，其中长江干流4090公里，支流4000余公里，以及鄱阳湖、洞庭湖等主要湖泊，专业捕捞渔民5万多人。

根据水温差异导致的鱼类繁殖期的不同，以长江中下游湖北省境内的葛洲坝为界，葛洲坝以上至云南德钦禁渔时间为2月1日至4月30日，葛洲坝以下至长江口水域为4月1日至6月30日。之前，我国已在东海、南海等海区实行伏季休渔。

从上世纪80年代中期以来，除长江水利工程建设、围湖造田、水域污染等原因外，一些渔民为多捕鱼，甚至不惜采用电、炸、毒鱼等非法作业方式，严重破坏了鱼类资源的生存和休养环境，一些经济鱼类资源已开始枯竭，不少珍稀水生野生动物诸如白鳍豚、白鲟等物种面临灭绝。

长期从事渔政工作的重庆渔政处助理调研员邱成松说："由于捕捞过度，近年来长江渔业资源受到严重破坏，因此要实行全面禁渔制度。禁渔期正值春季江河鱼类的产卵繁殖期，这有利于保护和恢复长江的水生动物资源。"

为了养护和合理利用长江渔业资源，遏制资源不断衰退的趋势，确保长江渔业经济可持续发展，既要当代人有鱼捕，更要子孙后代有鱼吃，且要有优质鱼可吃，农业部2002年就对长江中下游试行了禁渔制度。

重庆市渔政渔港监督管理处处长程渝说，本次长江全流域春禁，一方面传承了夏禹时代"夏三月，川泽不入网罟，以成鱼鳖之长"的古训，另一方面，是我国实施可持续发展战略的重要体现。

农业部渔业局有关负责人认为，禁渔期内渔民直接收入会有所减少，但考虑开捕后由于资源状况的好转而增加的收入以及禁渔期间节约捕鱼成本等因素，实际上专业渔民全年的渔业收入减少并不多。禁渔期间，沿江各级人民政府和有关部门还将对渔民采取各种救济补助措施。

消息一共是9个自然段，第1段是导语，叙述新闻要点。其后的主体展开导语。第2段叙述禁渔的内容；第3段叙述禁渔的范围；第4段叙述不同地方有不同的区别；第5段叙述禁渔的原因；第6、7、8段从不同角度叙述禁渔的意义；最后一段叙述禁渔的影响。围绕着所报道的事实，记者展开的叙述有条不紊，但给我们的感觉是跳跃性的。关键在于它的叙事没有我们一般文章时间的、空间的、事理的顺序，没有我们一般文章的起、承、转、合的过渡；而是根据传递新闻信息的需要，直接叙述必要的内容，每个段落短而相对独立，表达一个完整的意思，这就形成了"跳跃"的感觉。

所以，新闻跳笔是由两方面因素决定的，一是内容上对含有新闻信息的材料的直接叙述，略去与新闻信息无关的过程、过渡等因素；二是形式上对每个有独立意义的信息材料简要表达并赋予独立的段落。

新闻叙事，有其符合新闻传播规律的特殊的叙述思路和条理，这种思路和条理本质是直接提供读者需要的信息，在这个基础上形成的新闻"跳笔"是新闻传播中特殊的"语言"，在新闻报道中有着广泛的运用。

二、新闻跳笔的不同形式

新闻跳笔的突出特征是段与段之间的跳跃，但这种跳跃并不是无序的，有其内在联系。内在联系的不同表现，形成了新闻跳笔的不同形式。我们了解新闻跳笔的不同形式，有助于我们了解新闻跳笔的内在联系，从而把握新闻跳笔的本质所在。

1. 倒金字塔的跳笔。倒金字塔结构安排材料先重后轻形成的跳笔。

2. 点面结合的跳笔。具体的材料和概括的材料结合运用，由点到面，由面到点，形成叙述的跳跃。

3. 穿插叙述的跳笔。在新闻报道中，同时存在两条叙事线索，交叉叙述，形成跳笔。

4. "蒙太奇"的跳笔。根据报道意图的需要，剪辑不同时空的画面，拼接在一起，形成跳笔。

三、为什么新闻写作要用"跳笔"

1. 传递信息快捷，符合读者对信息的需求。表述不是没有次序，而是传递信息的特殊次序，这种次序带来的效果是直接呈现读者需要的信息，使读者更快捷地把握信息内涵。

2. 意义表述清晰明确，便于读者接受。运用新闻跳笔的段落一般比较短小，一两句话构成一个段落，一个段落一个意思，另一段落便开始另一个意思，意义表述清晰，对读者来说易于接受、易于理解。

3. 加大信息量的一个重要手段。运用新闻跳笔省去了一般文章的起承转合和段与段之间的跳跃，留下的空间与停顿给予读者较大的思考空间，包容了一定的潜在信息。笔法简洁但含义丰富。

4. 报道有动感，有节奏，有新鲜感。以新闻跳笔叙述事实，段与段之间跳跃性推进，行文自然，波澜起伏，富有变化动态，段落短而信息明确，富有节奏感，每段出新意，令人有新鲜感。

四、如何运用新闻跳笔

新闻跳笔表现上是一个"跳"字，但实质上是为了快捷传递新闻信息。所以，我们在运用跳笔的时候，不是为跳而跳，还是要从准确、有效地传播信息入手。

第一，要辨析事实中有新闻价值的内容，有所取舍；

第二，要分清内容的要点和层次，主次分明；

第三，要摆脱起承转合的一般套路，直接叙述；

第四，要尽量用短小段落以使意义明晰。

以这样的思路去构思，行文的跳跃自然形成。

第三节　新闻语言

一、什么是新闻语言

新闻语言是新闻报道中使用的符合新闻传播要求的语言。新闻语言并不是说新闻有自己独特的一套词汇、语法，新闻语言采用的就是一般普通的语言（各民族规范化的标准语），但又不同于一般普通的语言。因为语言运用于特定的行业，有特定行业的要求，这样就有了"新闻语言"与"科学语言""公文语言""文学语言"等行业语言的区别。

新闻语言的基础是本民族的标准语。语言有口语和书面语两种，书面语是在口语基础上产生的，规范化了的书面语又称之为“标准语”。各个领域各具特点的语言都是在本民族标准语基础上形成的，新闻语言也是在本民族标准语言的基础上形成的。它既有普通语言的共性，又有新闻语言自身的个性。因此，运用新闻语言表达新闻事实，既要尊重一般语言表达的基本原则，也要符合新闻语言表达的特殊规律，使其在新闻事实的表述中达到共性与个性的完美统一。

作为记者，应该首先精通本民族的标准语，能够运用本民族的标准语自如地表情达意。在此前提下，才能进一步运用好新闻语言。但能自如地运用本民族的标准语，也并非就能自如地运用新闻语言。由于传播信息的特殊需要，新闻语言在遣词造句、表情达意方面有不同的特点和要求。

二、新闻语言的基本特征

科学论著、学术论文是表述科学研究成果的一种文体，是以论文的形式对某一学科领域中的科学规律的探讨和揭示，是对某一科学规律的发现和阐述。科学论文具有学术性、理论性、科学性、创造性等特点。科学论文的表述内容，是人类抽象思维的活动，在词语选用和组词方式上有它的特点：多用高度概括含义抽象的词语和专门词语；多用判断句和陈述句，复句多于单句。科学语言的基本特征是科学性。

公文是按特定的程序和格式处理公务的书面行文，也叫公务文书，具有鲜明的政治性、法定的权威性、严密的科学性和体式的特定性等特点。公文语言也具有适应其文体需要的特点：使用合乎规范的书面词语，一般不用口语词；有一套专门使用的公文专用语；句子成分完整，一般不用省略句；常用多项并列的句子成分；大量使用介词结构。公文语言的基本特征是规范性。

科学语言是一种论理语言，公文语言是一种政令语言，文学语言是一种叙事语言。新闻语言也是一种叙事语言。这一点两者相同。但文学叙事和新闻叙事不同，文学叙事是一种模拟叙事，因而在语言运用上有其特点：文学语言用词组句形态丰富，单音节词和多音节词结合，书面语和口语结合，有时还间夹文言和方言；强调个人特点。文学语言的魅力常常产生于与规范语言的矛盾中。文学语言的基本特征是创造性。

新闻叙事比起文学叙事，有两点显著区别：第一，新闻叙事内容是实在的世界；文学叙事的内容是虚构的世界。第二，新闻叙事是概括的、简洁的。文学叙事是铺陈的、情景化的。但新闻叙事的概括，又不同于理论文章的概括，比较抽象，而是较为具体的概括，也就是概括中有具体信息。在这种叙事特点的基础上，新闻语言用词组句上有自己的特点：用词要求有明确信息、通俗易懂，句式以单句和陈述句为主。

新闻语言由于面向大众传播事实信息，它不像科学语言那样抽象，不像公文语言那样绝对规范，又不像文学语言那样反叛规范，总的来看，“平实性”较接近新闻语言的本质，并符合新闻传播的要求。所以我们把新闻语言的基本特征概括为“平实性”，“平实性”的含义是“确切明晰、通俗易懂、朴实无华”。

三、新闻语言的常见弊病

新闻语言运用中最大的弊病就是人们常说的“新闻腔”，也就是流行在新闻写作中夸夸其谈、装腔作势、空洞无物的语言。具体分析所谓“新闻腔”，有如下表现：

(一) 空话

空洞、没有实在意义或者没有根据的话就是空话，在新闻报道中时常能够见到。

下面的这篇消息，几乎全篇都是没有事实的空话，给受众的信息非常模糊：

西安各界沉痛哀悼张学良逝世

著名爱国将领、西安事变的发起人之一张学良先生逝世的消息传来，古城西安各界人士深感震惊，纷纷以各种形式哀悼他的逝世、缅怀他的丰功伟绩。

张学良将军病重以后，西安的各界群众自发地来到张学良先生的旧居——西安事变纪念馆，询问张先生的病情，表达对张先生的关切和祝愿。得知张学良将军逝世的消息之后，西安事变纪念馆沉浸在悲痛之中，市民络绎不绝地前来悼念伟大的爱国者张学良先生，抒发他们团结爱国、振兴中华之志。西安交通大学的学生在张先生的遗像前敬献了花圈。

（2001年10月16日《人民日报》）

空话的弊病在于没有确切的信息或很少有确切的信息，不能消除新闻接受者对信息的不确定性，起不到新闻报道应有的作用。在新闻写作中，概括叙述一定要建立在具体叙述之上，如果仅仅有概括的叙述，难免失之于空洞。这篇消息，除了最后一句有一点具体信息，其他都是空洞的概述。

空话的产生，大致有两方面的原因：一是记者对事实了解得不深入，只是一个框架式的了解，写出的报道自然空洞无物；二是在特定的环境中，有些问题不能涉及，要回避，所以或者言辞含糊，或者“顾左右而言他”。当然有时也是一种坏习惯，觉得新闻这样写就可以了。

（二）套话

套话就是习惯用语，不分语境地到处用，成了陈词滥调，一种格式化语言。

套话的表现一种是固定的搭配。20世纪80年代，夏衍说：“现在的报道，套话太多。‘谈话’一定要‘促膝谈心’，换了别的词就不行；‘宴会’一定是‘频频举杯’；讲‘草木茂盛’一定是‘郁郁葱葱’；领导人讲话一定是‘重要讲话’。老实说，这些东西不采访也可以随便写的。”（引自包明廉《夏衍谈新闻记者的素质》，载1980年第1期《新闻记者》）

另一种表现是固定的句式。比如，自从电视连续剧《将爱情进行到底》播出以后，“将……进行到底”这一句式在媒体的标题上频频出现，诸如《将女足进行到底》《将“贺岁”进行到底》《将“新概念彩电”进行到底》《将炸酱面进行到底》《“美少女”能将青春进行到底吗?》，真是没完没了。有一个人特地研究这个问题，上网检索了2000年的三家晚报，结果是：有两家用了8次，一家则用了多达17次。这种标题第一次出现也许还新鲜，大家可能还觉得眼前一亮，老是用，就成了陈词滥调了。

套话的弊病在于没有个性，不贴切。任何事物都是独特的，如同莫泊桑所说，描述一个事物只有一个词是合适的。套话是有一定格式的词语，反复地用在各种事物上，显然没有个性，缺少新意。

（三）大话

古希腊哲学家亚里士多德有一句名言："既不要把重大的事说得很随便，也不要把琐碎的事说得冠冕堂皇。" 意思是语言表述要确切，有分寸，新闻报道对这点要求更高。而在我们的新闻语言表述中，经常说大话。所谓大话是不切实际的语言，遇事往大处说，拔高事实的意义，与实际情况不符。动不动就"可歌可泣""丰功伟绩""惊天动地""感人肺腑"之类，和空洞的语言一样，没有什么实际内容，更主要的弊病在于不准确。

《新闻记者》曾刊载新华社记者周长年的一篇文章《新闻报道不要把话说绝》。周长年在1977年10月23日发表过一篇著名的消息，题目是"'飞蝗蔽日'的时代一去不返"，新华社播发后，各报普遍采用，后来被收入人民教育出版社的全日制十年制学校初中语文课本，编入集新华社建国50年来优秀新闻作品的《国内新闻选》。但是20多年后，蝗虫卷土重来，2000年6月下旬，全国蝗虫发生面积达5500万亩，河南、新疆、安徽、内蒙古、山东、河北、天津、山西、陕西等地，陆续出现了严重蝗情。新闻传媒纷纷报道，全国人民都在关注。面对蝗灾，周长年的心情沉重，他写了这篇文章，反思其中的教训。他在文章中说："新闻报道不要把话说绝，这是我们新闻从业人员人人皆知的一条重要的和基本的戒律。然而在新闻工作的实际操作中，往往有人为了强化宣传效应而违反这条戒律。上述消息的导语是这么写的：'危害我国数千年的东亚飞蝗之灾，如今已被我国人民和科学工作者控制住了。我国已连续10多年没有发生过蝗害。'它的意思很清楚，只是说飞蝗之一的'东亚飞蝗'的灾害，当时已被'控制住了'，我国当时已'连续10多年'没有发生蝗灾。这比较实事求是和留有余地。可是这条消息在见报时，却冠上了《'飞蝗蔽日'的时代一去不返》的标题。这个标题把'东亚飞蝗'扩大到了所有飞蝗，把'控制住了'这个阶段性的灭蝗成果，变成了‘一去不返’的永久性成果，显然夸大了消息所报道的新闻事实，而且把话说绝了。”

（四）行话

行话就是行业用语，行业用语本来是某个行业内的通行语言，但却运用到新闻语言中，给新闻的接受者带来语言上的障碍。

看下面这篇报道：

我国大豆深加工技术获重大突破
连续提取新技术研究与应用创国际领先水平

本报讯　国家大豆深加工技术研究与推广中心、中国食品工业协会植物蛋白专业委员会中试基地——营口渤海天然食品有限公司最近完成了利用高、低温豆粕在一条生产线上连续提取大豆功能因子和浓缩蛋白生产新技术的研究和应用。该项技术具有独立自主知识产权，不仅成功地实现了工业化生产，而且标志着我国大豆连续提取新技术研究与应用创国际领先水平。

据专家介绍，该专利技术主要采用了超声波击破细胞核膜、多种溶剂萃取及膜分离技术。这项技术提取的大豆浓缩蛋白、核酸、异黄酮、皂甙、低聚糖产品，各项理化指标均达到国际先进水平。经这项技术加工的豆粕，平均产值是原料豆粕的20倍以上。

长期以来，我国大豆蛋白价格远远高于面粉价格，而本项技术为我国实施“大豆行动计划”提供了廉价的大豆蛋白。

（2001年12月6日《人民日报》）

这条360余字的消息竟用了十几个专业术语，诸如“豆粕”“大豆功能因子”“细胞核膜”“核酸”“异黄酮”“皂甙”“低聚糖”等。这样的消息根本不考虑读者能否读懂，除了“大豆新技术”这样一个空洞的概念，实际等于什么也没说。

在新闻报道中用行话，并不仅仅指科技用语。浸润到新闻语言中最常见的有三种类型的行业语言：行政、经济、科技。而泛滥最厉害的是非正常状态的行政语言，也就是“官腔”，几乎成了新闻的通行语言。

再看下面的消息：

人民监督员首次用“权”

本报讯 10月22日，宿州市的沈林生等3名人民监督员，对埇桥区检察院拟不起诉的一起涉贪案独立进行了评议、表决。这是我省试行人民监督员制度以来，首次启动人民监督员程序。

埇桥区侯某涉嫌贪污人民币一万元，案发后，积极退赃、态度较好，且有悔恨表现。因此，埇桥区检察院查办此案时，根据《刑事诉讼法》第142条第二款规定，依法做出了拟不起诉处理。由于此案属人民监督员监督范围，埇桥区检察院很快将此案意见书及相关材料移送监督审查。

10月22日上午，沈林生等3名人民监督员按照程序，听取了案件承办人对案情、证据及适用法律情况的客观陈述，并就有关情况提出了质询。随后，案件承办人回避，沈林生等3名人民监督员对此案再次进行独立评议，并形成意见书，载入案卷。评议中，3位人民监督员认为，此案事实清楚，证据充分，定性准确。评议之后，3人以无记名投票的方式进行了表决。表决结果显示，沈林生等3名人民监督员同意埇桥区检察院对侯某的意见。埇桥区检察院检察委员会进行讨论时，同意沈林生等3名人民监督员的意见，对侯某最终做出相对不起诉的处理决定。

按照《最高人民检察院关于人民检察院直接受理侦查案件实行人民监督员制度的规定（试行）》人民监督员对直接受理侦查的“三类”案件实施监督：被逮捕的犯罪嫌疑人不服逮捕决定的，拟撤销案件的，拟不起诉的，包括检察长或者检察委员会拟作上述决定的。人民监督员制度虽然是对检察机关的外部监督，但由于将这种监督引入了办案程序，从而使人民监督员拥有了实实在在的“权力”。

据了解，我省检察机关自今年10月1日开始全面试行人民监督员制度，目前全省各级检察机关已有1000多名被誉为“编外检察官”的人民监督员。作为首次用“权”的人民监督员，沈林生深有感触地说：“我们的监督工作是独立进行的，不受检察机关的制约与影响，因此人民监督员对检察机关的监督是摸得着看得见的。”

（2004年10月26日《新安晚报》）

很好的新闻事实材料，被程序化的写作糟蹋了，没有生动的材料，没有生动的语言。行业语言泛滥，如“拟不起诉”“拟撤销案件”等，套话也很多，如“据了解”“深有感触地说”“实实在在的”“摸得着看得见的”等，读起来味同嚼蜡。

美联社有个编辑在他的书中谈类似现象时说的话，使我们深有同感。他说：“我们是被累赘不堪的语言包围着，政府把空空洞洞的官腔灌输到社会上来。各种公共机构、公司总部、专门职业和社会科学部门，全都为行话的泛滥而大卖力气。新闻记者由于职业的关系，不得不同这种使人闷得透不过气来的用语打交道。他们的本职原该把这一切改变为平易的用语，可惜他们自己也染上了爱说唠叨话的坏毛病，因而丢掉了语言的精确性、清晰性和优美性。”

四、新闻写作中怎样选词造句

（一）用普通的话写作

作家老舍说：“世界上最好的文字，就是最亲切的文字。所谓亲切，就是普通的话，大家这么说，我也这么说，不是用了一大车大家不了解的词汇字汇。”普通的话，是现代人使用的、规范的并且是老百姓经常用的语言。

2004 年 10 月 27 日《新安晚报》消息《安徽拟建江淮运河》，引其导语“以点代面”：

——连接长江与淮河的“引江济淮”暨江淮运河工程，日前再次被列入我省水运发展规划，并提上工作议程，开始进入实质性前期启动阶段，预计将于年内完成实地查勘、测量、工程线路及资料搜集等前期工作，所有前期工作将于 2005 年内完成，项目预算、投资主体等还在研究确定中。

这样的消息写作，没有贴近读者的视角，没有贴近读者的语言，官话连篇，丝毫不能引起读者的阅读兴趣。如果我们换一种视角，换一种语言，导语可以这样写：

——10 年以后，我省境内的长江与淮河之间将有一条运河沟通，充沛的长江水将流入淮河，灌溉淮河流域的大片农田，沿淮城市的工业用水和生活用水也将得到补给。

把工作角度换成读者角度，把官方语言换成“普通的话”，效果大不相同。

（二）多用指称具体的词语

具体和抽象是相对而言的，这里具体的词语指能唤起读者联想外物的词语和信息明确的词语。这样的词语内涵更丰富、意义更明确，更能引人联想，激发报道中的趣味。

西方学者认为，语言具有“抽绎阶梯”的特点，即它有不同的抽绎层次，如苹果——水果——食物，就是语言“抽绎阶梯”从低到高的例子。随着抽绎层次的不断提高，每提高一个层次，原来的词汇所表现的事物的具体特征就要部分地消失在高一个层次的总体意义中。一般来说，抽绎层次越高的语言越抽象，理解的人越少。因此西方学者认为，新闻写作在语言运用上不能捆死在一条抽绎水平上，尤其不能捆死在较高层次的抽绎线上，否则它很难引起受众的真实感应，很难达到无障碍的快速交流的传播效果。（见刘明华等著《新闻写作教程》，第135页）

（三）多用动词

动词被中西方新闻学者认为是新闻叙事中使事实表现出动态生机的重要因素。

美国的新闻学者沃尔斯·福克斯在《新闻写作》“动词的选择”中说：

“使得一个生动的句子有别于一组静态词语的要素之一，就是句子中有个生动有力的动词。没有任何形容词——不管怎样精心选择，能够弥补由于一个苍白无力或选用不当的动词而造成对强调性的损害。”

“其原因在于语言本身的性质。在任何句子中，动词都是让句子的其余所有部分流动起来的关键。通过挑选生动的、有表现力的动词，作者使句子获得最高限度的流动感，为所表达的主题造成最强劲的冲击力。”

“鉴于篇幅的局限，新闻写作的实践总是强调强劲动词的重要作用，特别是在导语中的作用。不过即使篇幅不成问题，写出生动文字的关键仍在于精心选用动词。”

“有效的新闻写作所选用的动词，不仅告诉读者发生了何事，而且还能告诉是‘如何’发生的。……”

从以上陈述可以看出，西方学者认为动词之所以重要，是因为它可以使表述生动。

看下面的例子，正可印证这种看法：

——当听到萨马兰奇宣布北京获得2008年奥运会主办权时，在电视机关工作的昔日跳高名将朱建华一改平日作为公司总经理的矜持，涨红了脸跳了起来振臂高呼，并一个劲地对身边的朋友说：“我很激动，很激动。”

这是中新社2001年7月13日的消息《沪上名将欢呼北京申奥成功》对朱建华当时反应的描述，其中最传神的是“涨红了脸跳了起来振臂高呼”一句，连用了四个动词，把朱建华激动的心情以其行动表现出来，比一般说“非常激动”之类要有力得多。

讲到动词的选用，一般都要讲到毛泽东在解放战争期间为新华社撰写的消息《我三十万大军胜利南渡长江》，全文如下：

新华社长江前线一九四九年四月二十二日二时电　英勇的人民解放军二十一日已有大约三十万人渡过长江。渡江战争于二十日午夜开始，地点在芜湖、安庆之间。国民党反动派经营了三个半月的长江防线，遇着人民解放军好似摧枯拉朽，军无斗志，纷纷溃退。长江风平浪静，我军万船齐发，直取对岸，不到二十四小时，三十万人民解放军即已突破敌阵，占领南岸广大地区，现正向繁昌、铜陵、青阳、荻港诸城进击中。人民解放军正以自己的英雄式的战斗，坚决地执行毛主席朱总司令的命令。

这篇消息写得笔力遒劲、气势磅礴，虽只有140多个字，但却内容丰富，既清晰地叙述了战事的进展，又生动地描绘了战事的情景，全文充满了一种动态的美。而这种动态的美正源自消息一系列动词的精心选用。

（四）慎用形容词

新闻写作运用形容词是不可避免的，但由于形容词语义较为模糊、主观色彩浓，在使用时，必须精心选择，掌握分寸，否则，会损害新闻语言的准确和明晰。

西方新闻学著作经常告诫记者要慎用形容词。福克斯在《新闻写作》中说："由于名词和动词在新闻写作中承担着表情达意的主要任务，形容词就用得很少：正如马克·吐温所言，'拿不准，就不用'。形容词只应用来增强效果，故应认真而准确地选择。""像'非常'之类苍白无力的形容词，对句子毫无意义。把某人说成'一个非常优秀的摄影师'，是懒惰的记者干的事。老练的记者可能会说'一个专业摄影师'或者'一个获奖摄影师'等。"

（五）尽可能不用"行话"

在报道某个专业的事实时，常会涉及行业用语。如果原封不动地搬用这些行业用语，势必会造成读者阅读的障碍。所以面对这些行业用语，必须换用老百姓能懂的语言表述，让读者真正能理解接受。

《人民日报》记者陈柏生的通讯《登上气象科学的高峰》，报道气象科学家竺可桢在气象科学方面的造诣，涉及科学家所研究的"物候学"。通讯的第三部分是这样写的：

在北海公园，人们常常可以看到一位老人，早晨从北门进，由南门出；晚上从南门进，由北门出。从建国以来，走了十几个年头，这位老人就是竺可桢。那时，他住在北海东北角的地安门东皇城根，要到北海西南角的中国科学院院部去办公。他常常不坐车，而是步行。北海正是必经之地。

竺可桢到公园去，常常不是抱着游人的心情观赏景物，而是以一个物候学者的身份来观察物候。冰融花开，絮飞燕到，在他看来，都是物候学的信号。物候学和气象学可以说是姐妹学科。所不同的，气象学是观测和记录地方的冷暖晴雨，风云变幻，而求其原因和趋向；物候学则是记录一年中植物的生长荣枯，动物的来往生育，了解气候变化和它对动植物的影响。物候学研究的目的是认识季节现象变化的规律，以服务于农业生产和科学研究。竺可桢是研究我国物候学的倡导者。

竺可桢在北海岸边，细心观察，哪天北海的冰融了，哪天桃树开花了，哪天紫丁香开花了，哪天柳絮飞了，哪天布谷鸟鸣了……有时候，因为事情耽误，观察忙不过来，他就请爱人陈汲帮他留心听什么时候燕子叫了，也曾要女儿竺松为他留心观察北海的冰什么时候初融，也曾让邻居家的孩子向他报告哪天杏花开了第一朵……

在观察眼前景物变化的时候，竺可桢的心中不断涌起《诗经》和我国古代诗人的一些关于叙述物候的名句：

“四月秀葽，五月鸣蜩。”（《诗经》）

“南京犀浦边，四月黄梅熟。”（杜甫）

“三月已断黄梅雨，万里初来棹舶风。”（苏轼）

这些名句，在竺可桢的心目中，已经不是可代气象学的诗情，而是进行物候研究的难得的资料。他从这些诗句中，推测古代的气候，同现在作比较，得知气候变化的情况。这些诗句，在他关于物候学的著作中，俯拾皆是。

经常注意观察物候，竺可桢从很早就开始了。一九二四年到一九二九年间，竺可桢在南京，就注意观察布谷鸟鸣的日期和燕子始见的日期。他把在北京观察到的物候和同南京的物候相比较，发现南京的燕子始见期为四月三日，过三十二天布谷鸟始鸣，北京的燕子始见日期为四月二十日，过三十三天布谷鸟始鸣。燕子和布谷鸟到北京比到南京分别迟到十七天到十八天。由此可知，这两种候鸟，到南京和到北京是有一定规律的。

根据二十二年的观察，竺可桢绘了一幅北京春季物候现象变化（一九五〇——一九七二）曲线图。从这幅图上，我们可以清楚地看到：这些年间，北海冰融，山桃始花，洋槐盛开，布谷鸟初鸣的物候变化迟早顺序。

我国社会主义建设以农业为基础。要大力发展农业，提高作物产量，必须摸清各种作物的生长发育关键时期对自然条件的要求。没有物候观测记录，就没有依据。竺可桢在对浩如烟海的古籍研究中，发现我国二十四节以及一些古代的物候记录，基本上是黄河流域中部的情况，要用来概括广大的黄河流域，已嫌挂一漏万，施用于全国就更不合适。我国古代已利用物候现象为掌握农时的对照指标，但是观测失之粗放，所定出的农作日期，未必全适用于生产。所以，必须开展全国各地的物候观测，积累自然界的记录，编制各地的自然历，根据自然历作出各种农时的物候预报。经过长期的观察和研究，竺可桢写下了一部题材新颖、内容丰富的心爱的绿色教科书——《物候学》。

这里介绍了什么是物候学，科学家为什么要研究物候学，他用什么方法研究物候学，全用普通的语言叙述，真正做到了人人可知，而且由于知识丰富、描述生动，很吸引人。作者之所以能平易地介绍深奥的科学知识，因为作者下了功夫去了解相关知识。记者常常因为自己对相关知识知之甚少，只能照搬现成的材料，无法做好人们通常所说的“翻译”工作。

（六）多用短句式

长句和短句，各有优点，各有一定的效用。长句附加成分多、并列成分多、结构复杂、层次多、容量大，表达意思比较精密，适宜于政论文体和科技文体；短句结构简明、节奏紧凑，表达意思明确，易于理解，新闻报道用短句式更易为读者接受。

下面是一篇消息的导语：

今天上午，最高人民检察院、湖南省委、省政府在长沙联合召开表彰大会，给成功制止“8·16”恶性绑架爆炸事件的湖南省道县人民检察院党组书记、检察长付玲玲授予“全国模范检察干部”、“湖南优秀共产党员”、“人民卫士”等荣誉称号。

（2001年10月12日《人民日报》）

整个导语就一句话，却有近100字。之所以句式长，就是因为并列成分多、附加成分多。记者的原意可能是想概括的内容更多，表达更精密，但效果并不好，过多的附加成分使句子主干不明确，读者阅读时不能快速抓住新闻要点，不符合新闻报道快速传递信息的需要。修改的方法是把不必要的修饰成分独立成句，放在后面合适的位置单独交代。

【思考与训练】

1. 通过阅读作品了解各种表达方式在新闻作品中的特点。
2. 分析人物引语在新闻报道中的作用以及如何运用人物引语。
3. 分析作品《日全食彗星今日同现漠河上空》（203页）和《我亲

历中国使馆被炸》(391 页) 各种表达方式的运用及作用。

4. 翻阅近日的报纸,找出三篇运用新闻跳笔的报道加以分析。

5. 新闻报道为什么要运用跳笔?

6. 你认为好的新闻语言应该是什么样的?

7. 研究当前媒体的新闻报道,分析新闻语言存在的弊病。

8. 分析作品《山也还是那座山》(409 页) 的语言特点。

中编

新闻报道分类写作

第七章

消息写作概述

【本章内容提要】

消息是一种以简明的文字迅速及时地报道新闻事实的新闻报道体裁，是新闻报道最基本、最常用的体裁。消息的特点可以用四个字概括：新、快、短、实。

消息由标题、消息头、导语、主体构成。导语和主体是消息正文的两大组成部分。

消息头是消息的外在标志，它使消息区别于其他文体，并起着表明消息来源、明确消息发布单位等作用。

消息标题与一般文章及通讯的标题都有区别，消息标题表述具体事实，多呈现动态，主辅结合，形式多变。

制作消息标题要求内容具体、概括准确、态度鲜明、文字简练、表达生动。

第一节　消息的特点和作用

一、消息的特点

就新闻报道形式而言，新闻有广义和狭义之分。广义的新闻，指不论采用什么形式对新近发生或发现的受众感兴趣的事实的报道。狭义的新闻就是指消息。消息之所以和新闻发生这种概念上的关联，因为消息是各种新闻体裁中产生最早的一种体裁，而且也是最突出地体现新闻本质特征的新闻体裁，并且也是使用最广泛、最频繁的新闻体裁，因而也是最基本、最常用的新闻体裁。

消息是一种以简明的文字迅速及时地报道新闻事实的新闻报道体裁。消息的特点可以用四个字概括：新、快、短、实。

（一）新鲜（内容上的新鲜性）

新鲜是新闻的本质属性，消息是最能体现这个本质属性的。最新鲜的事一般都是消息首先发布。消息新鲜的特点体现在两个方面：一是由于快，决定了它内容上较一般新闻体裁更新鲜；一是由于简短，消息内容主要围绕新鲜事实表述。

（二）快捷（时间上的快捷性）

消息比任何新闻报道体裁都要快。快，是消息的基本特征，是消息的优势，也是消息质量的重要体现。消息长于报道变动中的事实，只有尽量迅速，才能准确反映事实，时间稍有拖延，新闻价值就会减损甚至丧失。

（三）简短（篇幅上的精简性）

消息一般要求抓住新闻事实六要素对新闻事实进行概要表述，文字精练，篇幅较短。

历届“中国新闻奖”的评选，都规定了消息的字数和时间：文字消息在1000字以内；广播、电视消息在4分钟以内。

（四）实在（表述上的实在性）

“实在”有三层含义：

1. 具体表述事实。没有具体的事实，光有空洞的议论，或者只有抽象的事实，都不是好消息。

2. 客观表述事实。在消息中记者一般不轻加议论，要用事实说话。消息是各种新闻体裁中最能体现新闻用事实说话这个基本规律的。

3. 以叙述为主要表达方式，强调语言朴实，反对夸饰。唯如此才能贴切地表述事实。

二、消息的作用

我们经常说，消息写作是记者的基本功。之所以这样说，就在于消息在新闻传播中的作用。消息在新闻传播中的作用主要体现在三个方面。

（一）消息是新闻传播中最主要的体裁

在各种新闻文体中，新闻报道体裁承担着传播新闻信息的任务，而在新闻报道文体中，使用最多的是消息，所以说它是新闻传播中最主要的体裁。

（二）消息是新闻传播中最便捷的体裁

消息之所以成为各种媒体传播新闻最主要的体裁，原因是消息在传播中具有很大优势，它在各种新闻报道体裁中是传播新闻信息最迅速、最方便的一种形式。

首先，它很快捷。消息可以传播得很迅速，它只要抓住基本的新闻事实，掌握新闻事实的基本要素，就可以很快写出来，并借助于现代化的通信手段，很快地发布出去。

其次，消息又是很方便的一种新闻报道体裁。方便的意思是说它能适应各种新闻信息的传播需要。不论什么样的新闻信息都可以用消息来写。其他新闻体裁没有这样广泛的适应性，都是有条件有选择的。

（三）消息是新闻传播中最典型的体裁

消息这种体裁最能反映新闻本质特征和规律，最突出地体现新闻报道体裁的特点和写作要求。熟悉和掌握了消息写作的规律和要求，也就掌握了其他新闻报道体裁最基本的规律和要求。所以，有人说，掌握了写消息的技能，也就掌握了一把能够打开整个新闻报道大门的钥匙，为驾驭各种新闻报道体裁写作技巧打下基础。

三、消息的基本构成

消息一般有这样几部分构成：标题、消息头、导语、主体。标题和消息头属零配件，而导语和主体是消息正文的两大组成部分。

有的教材把背景和结尾都算作消息的构成，我们不这样认为。背景是内容上的一个要素，在作品中可以形成段落，这个段落可以放在主体的任何部位。背景也可以不形成段落，分散在导语和主体各处。所以背景实际是内容上的构成，不是形式上的构成。而且它也可以是隐性的构成。

至于结尾，消息应该说不存在一般文章中所具有的那种起着呼应前篇、总束全文、升华内涵作用的结尾。消息最后的段落属于主体部分，是针对导语提出的精华信息进行解释补充的段落之一。如果说消息有文章意义的结尾，是少数变例，不可视为规律。而且，消息结尾如不增殖信息，则不符合新闻体裁的规律和要求，是累赘。如果增殖信息，就是主体的一部分。强调结尾的弊端，在于抹杀新闻文体同一般文章的区别，把消息等同于一般文章。

第二节　消息头和消息标题

一、消息头

在消息的开头，也就是标题之下，导语之前，一般都有“本报讯”或“××社×月×日电”的字样，这就是消息头。消息头是消息的外在标志。

消息头分为“电”与“讯”两大类：

“电”，主要是通讯社运用的消息头形式，如“新华社合肥3月2日电”，各家通讯社向报社传递新闻信息时，一般采用此类形式，这叫“电头”。电头一般由发布新闻单位、发布新闻的地点、发布新闻的时间和发布新闻的形式四个要素构成。

“讯”，主要是报社自己的记者或通讯员写的稿件运用的消息头形式，如“本报讯”，如系外埠采访发稿，也需标明发稿的地点和时间，写成“本报合肥3月2日讯”。

最初电与讯可能有发稿形式的区别，一是电传，一是邮寄，但随着互联网的普及，电与讯的这种区别已日渐模糊。它们的主要区别就是通讯与报社的不同标志，这种不同标志沿袭了以往的习惯。

消息头的作用在于：

1. 使消息区别于其他文体。报纸上有多种文体，有消息，有通讯，也有其他文章，消息因消息头而有了区别于其他文体的明显外在标志。

2. 表明消息来源。消息来源有两种，一种是事实出处，在文中交代；一种是文本来源，通常在消息头交代，使得信息传递环节清晰。

3. 明确消息的发布单位。这样既可标明版权，限制其他媒介的任意转载增删；又可承担发表新闻作品的责任，接受社会监督。

二、消息标题

消息标题具有典型的新闻性，内容和形式都有特定的要求。

（一）消息标题的特点

1. 消息标题和其他文章题目相比

（1）在内容上，一般文章的题目特别是文艺作品的题目，比较含蓄，常常是含而不露，引而不发，常常以巧妙的寓意、优美的意境引动读者，仅从题目，经常并不能把握作者的意图和所表达的内容，非要把全文读完，才能体会到题目的真实含义。消息的标题，要求直接点明新闻精髓之所在，也就是说要包含新闻事实，有具体信息。

（2）在形式上，一般文章题目的结构比较单一，消息的标题丰富多彩，变化多端，结构比较复杂，有单行题，有双行题，有三行题。

2. 消息标题和通讯标题相比

（1）消息标题报告具体事实，提供新闻梗概；通讯标题只提供事实的范围和方向，常有议论和抒情的倾向。对事实要素，消息标题必须要有所交代，通讯比较灵活，可交代也可不交代。

（2）消息标题对事实的表述呈现一种动态，即告诉读者事情的发生与发展。通讯标题则不一定如此。通讯标题对事实的表述多数呈现的是一种静态。

（3）在标题形式上，通讯标题分单行、双行两种，消息标题更多样。

（二）消息标题的作用

“看报看题，看书看皮”。这句话含有贬义，但也说明这样一个常理：标题是最先和读者见面的。一般读者打开报纸，往往先浏览标题，然后再决定选读哪些新闻。一个精彩的标题，可以在一瞥之间，抓住读者。相反，如果标题平庸乏味，就不能引起读者兴趣，也许有精彩内容，但可能会因为标题制作的低劣而为读者所忽略，所以制作一条好标题是重要的。

消息的标题的作用从不同角度可有不同认识。从读者阅读的角度看，消息标题至少有三个方面的作用：一是帮助读者选择新闻信息；二是帮助读者加深对新闻内容的理解；三是满足读者扩大新闻信息需求。从编辑编稿的角度看，新闻标题也有三个方面的作用：一是通过标题表明编辑部的立场、观点；二是组织新闻；三是美化版面。我们学习新闻写作课要了解的是，从记者拟稿的角度看新闻标题的作用，这对我们是有实际意义的。从新闻写作的角度看，新闻标题的作用主要表现在两个方面：一是提示新闻内容；二是评价新闻内容。我们在拟制标题时要充分考虑。

（三）消息标题的种类和构成形式

1. 消息标题的种类

消息的标题经常由主题和辅题构成。

（1）主题。也叫主标、正题。

主题可以单独成题，是为单一型标题。也可以与辅题组合而成，是为复合型标题。不论在单一型或复合型标题中，一般来说，主题是新闻中最主要事实的概括表述。

在复合型标题中，主题是标题的骨干，最引人注目的部分，没有主题，标题便不能成立；而且字号最大，地位最突出。

在拟写新闻标题时，常需要实题和虚题配合。所谓实题，指表意实在、具体的标题，标题中包含有确定的信息；虚题指表意抽象、虚化的标题，信息的"确定性""指向性"不够，多用于讲明道理、揭示意义。如"徐洪刚勇斗歹徒"，告知了一个具体的事实，是实题；"一曲时代正气歌"，揭示事实的意义，没有具体的信息，是虚题。

由于新闻标题同样强调"用事实说话"，因此，在单一型标题中，主题必须是实题或者虚实结合；在复合型标题中，主题如果是虚题，其他辅助题中必须有实题配合，否则，这样的标题就不能算新闻标题，因为没有"事实"。

（2）辅题。顾名思义，主要用来辅助主题，起到铺垫、引导、补充、说明、解释主题的作用，不能脱离主题而独立存在，字号较主题为小。辅题又包括引题和副题两种。

引题。又称肩题、眉题、上辅题。位置在主题之前，是从属于主题的"先行官"和"引导者"。引题对主题起着衬托、铺垫、引导的作用。

如：（引）赵大爷住店屡遭拒绝，李大爷洗澡"签字画押"

（主）"排斥"老人 商家不近情理

（2004 年 2 月 11 日《江淮晨报》）

又：（引）"霸王别姬"成绝唱 人间不见"程蝶衣"

（主）张国荣跳楼自杀

（2003 年 4 月 2 日《江淮晨报》）

副题。又叫子题、次题、下辅题。位置在主题之后，用来补充交代主题没有交代完整或没有交代的具体事实。

如：（主）天堂里没有愚人节

（副）张国荣昨自杀身亡

（2003 年 4 月 2 日《新安晚报》）

又：（主）“国际公务员”招考开始

（副）条件：30岁以下，大本以上学历，英文或法文

（2001年10月11日《中国青年报》）

引题和副题虽然都属于主题的辅助题，但它们与主题的关系是不同的，作用也不一样。引题是可以叙事的，也可以说理或抒情，可虚可实，视主题而定；而副题对主题只是起补充和印证作用，一般多为实题，内容较具体。另外，副题字数比较多，一般多于引题和主题。有时新闻很重要，需要补充交代的次重要事实较多，因此，除了文字比较多以外，还常常出现多副题的情况，有时甚至达三四个或五六个，通常称为“副题组”。

2. 消息标题的构成形式

在新闻写作中，主要是运用主题、引题和副题。主题可以单独成题，也可以和引题及副题结合起来组题。引题和副题必须和主题搭配起来才能成题。所以存在一个组合方式问题，不同的组合方式，带来不同种类的题型：

（1）主标式。主标式标题，指只有主标题、没有辅题的新闻标题。

主题通常为一行，在有些情况下，也排成两行。一种是主题需要同时表达两个同等重要的事实或意思，这是以内容分成两行，叫双主题。另一种情况是字数太多排成两行使悦目。这是以形式分成两行，叫双行主题。也有三主题的情况，但比较少见。通常情况下，如果没有特殊需要，主题不能超过两行，行数太多会影响中心突出。

如：双主题——

失学娃越来越少

女干部越来越多

（1999年11月1日《新安晚报》）

双行主题——

解放军驻澳门部队

今天中午进驻澳门

（1999年12月21日《新安晚报》）

主标式新闻标题不可是虚题，而应是实题，至少要虚实结合。

（2）主引式。由主题和引题组成。

（3）主副式。由主题和副题组成。

这两种都是双行标题，在消息中用得最多。这类标题要讲究虚实搭配，如一行为实题，另一行则为虚题；或两行皆为实题；但不可两行皆为虚题。

（4）完全式。指引题、主题、副题齐全。使用完全式标题，表明消息内容比较重要。使用这种完全式标题要注意，主题和辅题之间必须体现内在逻辑联系，形成一个有机整体，引、主、副三者各司其职。

如：（引）**与大海同在　与祖国同在　与人民同在**

（主）**邓小平同志骨灰撒入大海**

（副）**受中央委托，胡锦涛同志和邓小平同志夫人卓琳等亲属护送骨灰撒放**

（1997年3月3日《人民日报》）

（四）消息标题制作的要求

标题制作是一项艰苦的脑力劳动，也是一种高超的艺术创造，若要把标题制作得精彩，需要长期磨炼和具有深厚的文化功底，绝非一日之功，这里提出几点基本要求：

1. 内容具体

消息的标题也要求“用事实说话”，要有具体的事实，而具体事实就体现在具体事实要素上。所以标题对新闻事实要素要有所交代。通常在标题中用得最多、起主导作用是其中的两个要素——什么人和什么事。这是每一个标题都必须具备的最基本的组成部分。其他的事实要素，则看不同情况和要求来使用或强调。

2. 概括准确

新闻标题要准确地表达新闻内容，传达新闻精髓。具体有三层含义：

（1）突出精华

如新华社一篇消息的标题：

《谁是最可爱的人》中烈士李玉安还活着

魏巍的通讯名作《谁是最可爱的人》中写到朝鲜战场上最壮烈的

松骨峰战斗，一个连的战士都牺牲了，记下的烈士名字中有一个叫李玉安的。但其实他并没有死，受了重伤，被朝鲜人民军的一名司号员救下阵地，三天后由人民军部队送往我军野战医院，做开胸手术，才幸免一死。伤愈后复员，在家乡黑龙江省巴彦县兴隆镇粮库当一名工人，他所在部队找不到他的下落，便以为他牺牲了。至1990年2月，他为了把儿子送到部队当兵，找到老部队，人们才知道他还活着。

消息写作家魏巍在他北京的寓所激动地接待了这位他当年文章中的“烈士”。这是消息中最新的内容，但消息拟的标题强调的是“李玉安还活着”，抓住了新闻中最具新闻价值的内容，抓住了人们普遍感兴趣的内容，因此，具有粘人视线的效果。

标题中突出精华，首先要把新闻中精彩部分作为标题的写作内容；其次要把最精彩内容写入主题之中。

（2）题文一致

找到新闻中最有新闻价值的内容，找到新闻眼，这是需要的，但必须准确地反映事实内容，不能故作惊人之语，制造“卖点”，虚张声势，误导受众。

比如，2004年1月5日合肥某报登出了一条消息，标题是：

（引）**安徽农民新年将得八大实惠**

（主）**人均收入预计增128元**

但文中说：“据悉，2003年我国农民人均纯收入为2574元，按照5%的预定增长目标今年可增加128.7元。”可见讲的是全国的平均情况，然而到了标题中，成了安徽的情况，显然不准确。

（3）避免歧义

比如有一条消息标题这样写：

（引）**南京部队后勤物资部现已转变作风**

（主）**一百零二件事当天办完**

文内讲的是年初以来先后遇到一百零二件事，都分别在当天办完。而标题给人一种错觉，好像一天之内办完了102件事，与事实不符。

而第二天的《解放军报》，消息标题是这样的：

（引）**南京部队后勤物资部改变工作作风　尽心尽力为基层服务**

（主）今天能办的事不拖到明天

避免歧义的好办法就是仔细推敲词义，不能“以辞害义”。

3. 态度鲜明

新闻标题要有鲜明的倾向性，要明白地表达立场和观点，是非分明，褒贬分明，不能含糊其辞、模棱两可。作者的感情色彩要熔铸在标题中，只有这样，标题才会有感染力。如果对新闻事实无动于衷，制出的标题也一定是冷冰冰的，缺乏生意，难以打动读者。好的新闻标题都是色彩鲜明的。

如：（引）岂能当交警就如此蛮横

（主）酒后开车撞了人　竟还追打作证人

（2001年2月26日《新安晚报》）

又：（引）你说它“科学”？分明在搞迷信

你说搞迷信？却有营业执照

（主）“周易应用研究所”值得研究

（1995年2月10日《长江日报》）

4. 文字简练

新闻标题由于受报纸版面的限制，必须简明扼要，让读者在一瞥之间，了解和接受新闻要点。另外，新闻中的精华，能否在标题中得到突出，同文字是否简练有很大关系。冗长的文字，只能把新闻中的精华埋没，削弱了读者对新闻的注意力。

5. 表达生动

新闻标题要吸引读者注意，除了做到以上几点，还需要表达生动，力求新鲜活泼。标题的生动，除了内容本身要精彩引人外，还需借助和掌握各种表现手法。新闻标题中常用的表现手法有这样一些：

（1）巧用诗词

我国曾经是一个诗词大国，历朝历代都有大量诗歌创作，其中有些作品不论内容还是形式都非常精美。在拟制标题时，恰当地运用这些古典诗词的诗句，常常能收到很好的效果：使语言表达更精练、更形象、更鲜明，并引人联想，意境丰富。

看下面两则标题：

（主）春风熏得远客醉　直把店家当自家

（引）镇江饮食店热情待客真个名不虚传

（1982 年 12 月 10 日《文汇报》）

此例中的主标题，是从宋代诗人林升《题临安邸》一诗中“暖风熏得游人醉，直把杭州当汴州”两句衍化而来，经过改造，用在标题上，可以说是妙趣横生。

（引）春风熏得新人醉　直把公车作花车

（主）冰城人问：婚嫁攀比几时休？

（1993 年 9 月 23 日《中国青年报》）

此例仍然套用同一首诗，但用作批评，也颇有趣味。

又如：（主）招贤榜似春风吹皱一池死水

（副）四平市张榜招贤后，二十多天就有八百多名省内科技人员应招

（1990 年 10 月 8 日《吉林日报》）

这则标题的主题套用了南唐冯延巳的《谒金门》的名句“风乍起，吹皱一池春水”，以“一池死水”喻僵化的用人政策，以“春风”喻新的政策。这样的标题形象、含蓄又富有意境。

（2）注意炼字

新闻标题文字简练，在不多的文字中，要表现新闻精华和作者鲜明的态度，还要有感染力，所以在制作中，对每一个词语要反复锤炼，也就是不断地比较、推敲、选择，最后找到最佳词语，获得最佳效果。有的时候关键的词语用得好，常常能收到“一字活全题”的效果。

如 2000 年 3 月 29 日《新安晚报》报道国家启动西部开发，武警六安市支队霍山中队官兵上山采回树种和草籽，寄给了内蒙古自治区阿拉善右旗。消息的标题这样拟写：

皖西“绿色种子”撒进内蒙荒漠

又如 2004 年 8 月 28 日《人民日报》报道我国选手郭晶晶和吴敏霞分别获女子跳水三米板的冠亚军，标题这样拟写：

郭晶晶吴敏霞披金戴银

这两则消息标题在词语的斟酌和选用上，用字虽不多，但达到了含义丰富又生动活泼的效果。

(3) 整齐错落

要使新闻标题富有美感，在句式上要注意变化，把整齐和错落搭配起来常常能收到生动活泼的效果。

整齐是一种美，运用对偶和排比能显示出整齐美。

如：(引) 踢两场输两场　攻无力守无方

(主) 球迷说："国安今年要降级"

又：(主) 昔日伐木建功　今朝栽树"还债"

(副) 江总书记说："马永顺了不起！"

又：(引) 塔岭镇加强村级领导班子建设

(主) 撤换说嘴的　提拔干事的　支持碰硬的

又：(引) 压倒高压线　拔起老槐树　吹走广告牌

(主) 大风昨日闹京城

对偶排比的使用，可使句式整齐匀称。但在一条标题中，如果引题、主题、副题都整齐地对起来或者排起来，就会觉得呆板。所以制作标题时一般都力求局部整齐、全局不齐，即整齐错落，只有这样，才能生动活泼。

(4) 运用对比

对比的手法，就是把事物之间的异同点或者同一事物的前后加以比较，形成黑白、正反、优劣、善恶等明显的"落差"，使事物的差异、特点及变化等性质得到强调和突出，达到引人注目的效果。

如：(主) CCTV"大地震"

(副) 制播分离乐了民间资本　末位淘汰苦了电视庸人

(2001年《新安晚报》)

又：(引) 一边是用水短缺　一边是雨水白流

(主) 北京尝试截留雨水扩大水源

(2000年4月5日《经济日报》)

(5) 借助修辞

所谓修辞，是指对文章遣词造句的斟酌和推敲，是修饰语句使语言表达更简练、生动的一种技巧。消息标题要求简练、生动，注意修辞非常重要。汉语的修辞方式非常丰富，在新闻标题的制作中有广泛的运用。上面引用的一些例子，都不同程度地使用了各种修辞手段。一些精彩的新闻标题，甚至集中多种修辞手法于一题。

如：珠穆朗玛峰边走边长

据新华社记者报道，根据我国测绘学者获得的最新数据，从1966年到1992年的27年间，珠峰长了96厘米，它不与所在地区同步向东运动，被甩在后面5米。走得慢，长得快。标题用了拟人手法，形象、精练、有动感。

又：（主）中山图书馆“钱途”尴尬

（引）藏书量曾居全国前列，目前却这三年出版的书都无力购买

（2001年2月18日《羊城晚报》）

这条标题使用了“双关”的修辞手法，风趣而巧妙地表达了事物的含义。

又：邓亚萍三番五次凌绝顶　为何不能过“小山”？

这是1994年广岛亚运会上邓亚萍迎战小山智丽（何智丽）失利后媒体报道的一条标题，同时使用了多种修辞手法：比喻、对偶、双关、设问等，设计巧妙，让人拍案叫绝。

（五）标点符号在消息标题中的使用

制作新闻标题是一门艺术。标题要制作得好，固然需要在准确地概括事实、在字法句法上下功夫锤炼，同时也要注意标点符号的运用，要注意发挥标点符号在新闻标题中的独特的表达作用。

制作新闻标题要概括出新闻精华，概括新闻精华当然主要靠语言表达，但在语言表述的基础上适当地运用标点符号，可起到强调、突出语意的作用。制作新闻标题要鲜明，要熔铸作者的感情。这种感情色彩，很多时候单靠只言片语，难以表达透彻，如恰当而巧妙地借助于标点符号，往往能收到很好的效果。制作新闻标题要简练，运用一些修辞手段或习惯用语然后用标点辅助，常常可以做到仅仅靠语言表述难以做到的简练。

如：（主）有吐痰恶习者知多少？三亿！

（副）一项对城乡居民的调查显示我国已成了吐痰大国

（2001年2月18日《羊城晚报》）

又：（引）**四个孙子竟有三个近视两个驼背**

（主）**合肥一老者大声疾呼：减负！减负！**

（2000年2月19日《新安晚报》）

又：（主）**0比6！呸！**

（副）**济南各界怒斥鲁能**

（2001年3月25日《新安晚报》）

由此可见，在表情达意和突出新闻精华及凝练文字方面，标点符号都起着相当重要的作用。因此，我们制作新闻标题，也要在标点符号上用点心思。

【思考与训练】

1. 为什么说消息采写是新闻记者的基本功？
2. 什么是消息头？消息头的作用是什么？
3. 用具体实例说明消息标题和通讯标题的区别。
4. 翻阅近日的报纸，找10则你认为制作精彩或有特点的消息标题，加以简要评析。
5. 翻阅近日的报纸，寻找同一内容的不同标题，评析其优劣。
6. 翻阅近日的报纸，研究当前新闻标题存在的常见弊病。

第八章

导语写作

【本章内容提要】

导语是消息内容的第一个单元，用极其简练的文字展示新闻中最新鲜最重要的内容，引导读者深入阅读。

导语从产生至今经历了三代的发展演变，第一代导语是全要素导语，第二代导语是部分要素导语，第三代导语是丰富型导语。

导语以其交代新闻要点的快慢可以分为直接导语和间接导语。直接导语适用于事实新闻价值明显的新闻，间接导语适用于事实价值不明显的新闻。

导语的制作要求是：突出新闻精华，表述具体信息，简练生动。

第一节　导语含义及其职能

一、导语的含义

任何体裁的文章，都必定有其开头部分，消息当然也不例外。消息的这个开头部分，新闻学上叫“导语”。导语作为消息的开头，有特殊的要求，不同于其他文体的“开头”。导语是消息区别于其他文体的重要特征，是消息这一文体特有的概念。

关于导语的定义也是五花八门的，为了准确把握这一概念的含义，我们提出四个要点：

1. 导语是消息的开头，是内容的第一个单元；

2. 导语的文字应该是极其精练的；

3. 导语展示了新闻中最新鲜最重要的内容；

4. 导语起着引导读者深入阅读的作用。

总而言之，导语是消息的开头，它以简练的文字表述新闻中最新鲜最重要的内容，引起阅读者的注意。

二、导语的基本作用

导语，作为消息写作的一个专有名词，是舶来品。原文“lead”在英文中是引导、引入的意思。汉语中的“导”也是引导、指导的意思。“导语”一词关键意义是“导”。因此，导语的职能如从词义上考察，就是吸引读者往下读，有“导入”的意思，同时也有帮助读者阅读消息了解要点的意思。所以导语就是“导读之语”的意思。

导语的基本作用主要表现在三个方面：

1. 揭示新闻精华，使读者了解消息主要传递的是什么新闻信息及其意义。

突出显示新闻事实核心要点是导语的最基本功能，它告诉读者一个简明又相对完整的基本信息或者是一个事实最重要的部分：发生了何事。导语在传递信息上具有一定的独立性。

有时，导语需要在交代核心事实的同时，也交代出事实的意义，使读者了解新闻事实的价值意义。

2. 激发读者的阅读兴趣，吸引读者往下读。

国外新闻界对导语的这种“引导”作用阐述得非常透彻。美国《底特律新闻》社论作家、著名的新闻学者杰克·海敦说：“导语——能否吸引人往下看的关键”，“如果导语索然无味，读者看完导语就不往下看了，因此导语需要你付出最大的力气，它是促使读者读下去的诱饵”。美国田纳西大学教授哈里斯认为，导语必须吸引读者读下去，如果做不到这一点，它就失败了。好的导语必须明晰、干脆、引人入胜，应当有新意，有文采，有气派，生动活泼，独树一帜。

我们认为，导语中能抓住人心的东西就是上面说到的“新闻精华”，就是所报道的新闻事实中最重要最新鲜最精彩的内容，新闻能够吸引读者目光的要诀在此。

但是，如果精彩的内容没有精彩的表述，也难以收到引人入胜的效果。所以，“新闻精华”必须有一个恰当的形式。生动的、凝练的、精彩的、恰当的形式，才能使新闻精华更具魅力。

3. 一语定音，为整篇报道定下基调。

很多作家在创作小说、散文等作品时都有深刻感受，如何开头很重要。高尔基说：“开头第一句是困难的。它好像在音乐里给予全篇作品以基调，往往要费很长时间才能找到它。”写消息也有同样的规律。导语是消息的开场部分，是新闻结构上第一个层次，在新闻叙事中起着“一语定音”的作用。从而它也在很大程度上决定了一篇消息如何展开叙述。

正因为导语在消息中起着很重要的作用，很多记者都很注意在导语上下功夫。美国哥伦比亚大学新闻系教授曼切尔说：“我写新闻，有一半甚至更多的时间用于琢磨导语。”美国新闻学家赫伯特·里德甚至强调说：“导语写作是新闻的生命所在。”

三、导语是适应传播需要的产物

如上所述，消息报道客观事物时，对事物的安排有一定的规格，一般来说，它不是按照事件本来的发展去组织材料，而是往往把事情的高潮或结果放在最前面，突出新闻事实最精华的部分。这是新闻写作中组织材料的特殊规律。这样一种特殊规律，是新闻传播实践中为适应客观需要形成的一种写作形式，反映了传播过程中人们的社会需要。

人们阅读报纸的情况与看戏、看电影或看小说不同，戏剧、电影、小说都是有故事情节的，情节发展过程是阅读者欣赏的重要内容，人们也想了解结局，但是希望按照故事情节发展自然而然了解这个结局，这种带有审美倾向的对对象完整的欣赏心理，是阅读文艺作品时特有的。但是，新闻读者的心理与此迥然不同。因为新闻的读者不是在进行艺术欣赏，而是在获取新闻信息，他希望一接触新闻立即就抓住关键之处。我们平时传播信息时也是这样的心态和表达方式。我们告诉别人一件什么事，通常也是先简说主要之点，或者梗概大意，如果他感兴趣，我们再细细说来，讲清来龙去脉和具体细节。如果不分轻重主次，对方无法听下去。我们大家不用教都会采用这种方式去叙事的，新闻导语写作实际上就是这种表达方式在新闻传播上的运用。

另外，现代社会生活中的人们闲暇较少，而媒体传播的信息又如此之多，新闻一开头就突出主要内容，便于读者有选择地阅读，在有限的时间内掌握需要了解的重要动态，获取尽可能多的信息。

第二节　导语产生及发展

一、第一代导语

人类新闻传播活动的发展，经历了四个时期：口头新闻传播时期、手抄新闻传播时期、印刷新闻时期、电子新闻时期。导语产生在电子新闻时期。导语的出现，不过100多年的历史。

1861—1865年美国南北战争期间，电报信号编码的发明与美国国内战争创造了第一代的新闻导语。

1844年，美国科学家莫尔斯发明了莫尔斯电码，这是人类第一种表达信息的电信语言。1851年，美国“港口新闻联合社”（美联社的前身，“美联社”的名字在1892年才问世）第一次用电报信号传递消息，开始了“电讯新闻”时代。

而在1861年爆发的长达5年之久的南北战争，使电讯新闻得以广泛使用。南北战争期间，人们对于获得战争信息的需要急遽增长。为了迅速传递信息，美国的新闻通讯社以及各大报馆派往前线进行采访的战地记者争相用电报发稿。但由于电讯技术不完善，电讯机械和线路经常发生故障，战争消息往往发了开头或一半就中断了。在这种情况下，当时新闻记者所采用的编年体式的写作格式就不能适应迅速有效传递信息的需要。

由此，第一代导语应运而生。为了迅速有效地传递信息，记者在写消息报道时，把事件发生的时间、地点、经过、原因等这些最为读者关心的要素，统统写进第一段，细节放到后面补充叙述。这样写出新闻稿，在发报过程中，即使电讯中断，消息的第一段已经发出，事件的要点都已囊括在内，虽然没有细节，也少胜于无，多少满足了读者阅读战地新闻的急切心情。

伴随着这种写作格式出现的还有倒金字塔结构。导语和倒金字塔结构的产生，标志着新闻传播文体的独立和走向成熟。

最初的新闻导语并不规范，随着经验的积累，导语写作逐渐走向成熟。1889年3月13日，美联社记者约翰·唐宁发了一条长消息。消息开头，相当于中文170余字：

——萨莫亚·阿庇亚3月30日电　南太平洋沿岸有史以来最猛烈、破坏性最大的风暴，于3月16日、17日横扫萨莫亚群岛。结果有6条战舰和10条其他船只要么被掀到港口附近的珊瑚礁上摔得粉身碎骨，要么被掀到阿庇亚小城的海滩上搁了浅。与此同时，美国和德国的143名海军官兵，有的葬身在珊瑚礁上，有的则在远离家乡万里之处的无名墓地上，为自己找到了永远安息的场所。

这条消息的导语，囊括了新闻报道所需要的何时、何地、何人、何事、为何这五个最基本的事实要素，问世以来，一直被许多新闻学著作奉为“五要素导语”的经典之作。

到了 1898 年，美联社总经理维尔·斯通明确提出，美联社记者所发出的每一条新闻报道，必须具备五个 W。此后，五要素导语的报道形式逐步得到美国报界和世界各国新闻工作者的认可，被奉为消息写作的金科玉律，这种状况大约持续了将近半个世纪。

第一代导语，因为要素俱全，又称为“全型导语”或“全要素导语”，因为产生于美国，也称为“美国式导语”。

二、第二代导语

20 世纪 30 年代起，一些新闻工作者开始批评随着时代发展“全型导语”逐渐显露出来的缺点。他们认为，五要素导语有两种明显的弊病：一是“五要素导语”把最重要的新闻内容全部放在消息开头，消息主体就成为解释导语的部分，往往造成主体和导语的重复；二是导语中集中了所有的新闻要素，造成导语字数多，内容繁杂，重点不突出。有人讥笑这种导语是“晾衣绳式”的导语，意思是说，记者把所有的事实都系挂在新闻导语这条绳子上，像晾衣绳上的衣服那样不分轻重地排列着，给人杂乱无章的感觉。

他们主张，不必强行规定把所有要素统统塞进导语中去，而应该根据每条消息的特点，从事实要素中挑选一两个最重要的、最能激发人们兴趣的要素，突出地写入导语，其他的要素可以放到后面各个段落分别叙述。这样做既可以突出新闻事实中最重要的内容，也可以避免导语与主体内容上的重复。

1954 年，美国《纽约时报》总编辑在采访部里贴出了一个布告，说：“我们认为没有必要，也许永远没有必要，把传统的五个 W 都写在一个句了或一个段落里了。”

杰克·海敦在《怎样当好新闻记者》一书中也写道：“把各种情况都塞进导语里去，这种做法在新闻写作中已经过时了。”

这种在第二次世界大战后兴起的导语，强调突出新闻事实中的部分新闻要素，被称为“第二代导语”，也叫“部分要素导语”。它的特点是：以最少的要素报告最重要的内容，简洁醒目。

从“全要素导语”演变为“部分要素导语”是社会发展的一个必然结果。首先，随着时代的进步，人们的生活节奏加快了，读者要求能以更短的时间、更快的速度获知更多的新闻信息，要求更直接精炼的写作方法；其次，科学技术的进步，使得广播电视在第二次世界大战期间异军突起，展开与报纸的激烈竞争，迫使报纸的新闻写作顺应时势进行改革；再者，电讯技术的进步使电讯中断的困扰也不复存在了。

上面说到的约翰·唐宁所撰写的那条五要素俱全的导语完全可以用一句话醒目地交代出来：

——143 名美国和德国的海军官兵在昨天的一场风暴中葬身在珊瑚礁上。

只突出人物之众、事件之惨，虽然要素不全，但简明扼要、干脆利落，更为现代读者所喜闻乐见。

三、第三代导语

第三代导语是在20世纪90年代后出现的一种导语现象。它是在第二代导语的基础上发展起来的。第二代导语的核心是突出部分要素，在这一点上，第三代导语一脉相承。两者最大的区别在于，如何去突出这些“部分要素”。第二代导语注重开门见山，直接陈述。而第三代导语则注重调动各种表现手法，以此来调动人们的阅读积极性，因而具有各种表述类型，所以第三代导语又叫“丰富型导语”，也叫“当代导语”。

第三代导语的出现，与新闻内容的扩大密切相关。很多以前不被看作新闻的内容都纳入了报道的范围，新的内容需要有新的表现形式，新闻内容的多样化，使新闻形式也趋于多样化，导语的丰富形式是其表现之一。第三代导语的出现，也与新闻界同业竞争的加剧有关。现代社会的信息渠道较为畅通，往往一个新闻事件发生，很多家新闻机构的人员一同而至。记者们为了写出与众不同的报道必须精心构思，别出心裁。第三代导语的特点是：不仅注重精——用最精练的语言把最重要最新鲜的事实告诉受众，而且注重活——记者可以根据具体情况灵活地采用多种表达方式和多种表现手法。

第三节　不同类型导语

导语的分类，是为了总结新闻工作者在实践中经常采用的一些有效和相对稳定的写作方式，帮助初学者掌握导语写作的各种形式和一般规律。

对导语的分类，由于划分标准的不同，因此类型不同：

1. 按新闻事实要素在导语中的位置分类，分为何事导语、何人导语、何时导语、何地导语、为何导语、如何导语。
2. 按导语包含的事实要点分类，分为单元素导语和多元素导语。
3. 按导语和主体的关系分类，分为归纳式导语和演绎式导语。
4. 按出示新闻要点的快慢分类，分为直接导语和延缓性导语。
5. 按表达方式分类，分为叙述式、描写式、议论式。
6. 按表现手法分类，分为场景式、比喻式、悬念式、警句式、提问式、对比式、引典式等。

从新闻写作实用角度，我们比较赞同把导语分为直接导语和间接导语两大类型。

一、什么是直接导语和间接导语

直接导语，就是在导语中开门见山地叙述新闻要点，通常用于报道时间性较强、事实新闻价值明显的新闻。这是新闻导语的主要形式，大多数消息都采用这种导语。简言之，是直笔陈述。

间接导语，就是在导语中以一种含蓄、委婉的方式交代新闻要点，通过解释、阐述或情节描写、气氛渲染等手法引出或暗示出新闻事实。多用于时间性不太强、事实新闻价值不明显的新闻。简言之是曲笔铺垫。

美国哥伦比亚大学教授麦尔文·曼切尔在《新闻报道与写作》中，把导语分为直接导语和延缓性导语，是我们分类的依据。我们借用他在书中举的例子，比较一下直接导语和间接导语的区别。

直接导语：

——华盛顿　昨天行政当局有关人士说，引起争议的驻联合国大使丹尼尔·莫伊尼汉已向福特总统递交了辞呈，他可能寻求在纽约担任民主党参议员的候选人。

（合众国际社）

——华盛顿2月2日电讯　丹尼尔·莫伊尼汉今天辞去了美国常驻联合国代表的职务。

（《纽约时报》）

延缓性导语：

——直到最后一刻，丹尼尔·莫伊尼汉还在说，他不知道是否应该辞去美国驻联合国大使的职务。他说，“我下了三十次决心”，“就像马克·吐温讲的戒烟容易得很，我已经戒了一千次”。上周，莫伊尼汉最后下定了决心：辞职。

（《时代》杂志）

——空军一号欢快地飞越中西部，午餐在途中进行。总统刚刚在他的座位上坐稳，麻烦事来了。“总统先生，有个不好的消息报告你，”白宫办公室主任理查德·查理报告说，“帕特·莫伊尼汉辞职了。”福特抬起头来吃惊地问：“为什么？”

（《新闻周刊》）

曼切尔教授在书中陈述的延缓性导语，就是我们所说的间接导语。我们认为和直接导语相对的应是间接导语。延缓性导语和间接导语还是有区别的，延缓性导语是间接导语的一种。

二、直接导语的各种类型

（一）直叙式导语

直叙式导语，就是在导语中直接陈述整个新闻事实中最重要的具体内容，是倒金字塔结构的典型样式。

一条消息报道一个完整的事实，或一系列相关的事实，抓住完整事实中最重要的内容，或一系列相关事实中最重要的事实，突出地写进导语，这就是直叙式导语。

像下面这条消息，用的即是直叙式导语：

申雪、赵宏博获花样滑冰世锦赛亚军

美联社法国尼斯3月29日电　经过数天紧张的比赛，来自俄罗斯的选手别特洛娃和吉洪诺夫夺得在这里举行的世界花样滑冰锦标赛双人滑冠军。

这对俄罗斯的选手所采用的乐曲是维瓦尔蒂的《四季》，舞蹈动作编排得几近完美，战胜了中国选手申雪和赵宏博。申雪和赵宏博获得亚军。

申雪和赵宏博在短节目比赛中排在首位，但是，在29日晚的决赛中，在做后内结环三周抛跳时，由于速度快，申雪落地不稳，技术分受到影响。

令法国观众狂喜的是，法国选手阿比特波尔和贝尔纳迪斯克服因贝尔纳迪斯意外遭受刀伤所带来的心理压力，获得铜牌，这是法国自1932年以来在世界花样滑冰比赛中赢得的第一枚双人滑比赛奖牌。

28日，贝尔纳迪斯在他所住的旅馆内受到一名陌生男子的袭击，其手臂被剃刀划伤。但是，从贝尔纳迪斯在决赛中的表现看，他的情绪并没有受到太大影响，和同伴的配合基本没有失误。

（2000年3月30日《参考消息》）

导语中出示的是具体事实，不是概括事实，这个具体事实是整体事实中最重要的。放在导语中直接陈述，然后再陈述次重要的事实，依次排列，形成倒金字塔结构。

直叙式导语的长处表现在两个方面：首先，一开始就出示具体事实，容易吸引受众；其次合理分配信息，导语出示最重要的，下面交代次重要的以及更次重要的，不重复。

（二）概述式导语

概述式导语又叫综合式导语。特点是对整篇报道的内容进行概括，为读者提供整篇消息的梗概。

看下面的消息：

绿茶可防癌　秘密被揭开

（伦敦路透电）　西班牙和英国科学家揭开了绿茶有助于预防癌症的秘密。

西班牙穆尔西亚大学和英国约翰·英尼斯中心研究人员发现，绿茶中一种叫做绿茶多酚（EGCG）的物质，能防止癌细胞跟二氢叶酸还原酶（DHFR）结合生长。

英尼斯中心索恩利教授说："我们首次发现绿茶多酚能阻止DHFR，这种酶是抗癌药物针对的目标。"

他补充说："据我们所知，这是首次发现绿茶多酚有阻止DHFR的作用。"

绿茶中的绿茶多酚含量是普通茶叶的五倍，绿茶能减少某些癌症的发生，但是科学家过去不清楚，是什么物质在怎样起预防作用，所以也无法决定，人一天应该喝多少绿茶才有效果。

索恩利说，绿茶多酚可能只是绿茶中有抗癌作用的物质之一。他们还发现，绿茶多酚分子结构跟抗癌药甲氨蝶呤片（Methotrexate）结构相近。

DHFR对健康细胞和癌细胞都至关重要，绿茶多酚对DHFR约束力很强，但比甲氨蝶呤片弱，所以对健康细胞副作用会比抗癌药小。

（早报网，2005年3月16日）

写概述式导语要注意两点：

1. 真正要把核心的东西概括出来，可以囊括所有内容。

2. 抽象程度不能过高。

分别直叙式和概括式，在于了解导语和主体的关系。直叙式导语和主体的关系是重要事实和次要事实的关系，是依次排列的关系；概述式导语和主体的关系是概括事实和具体事实的关系，是统领与被统领的关系。

(三) 复合式导语

复合式导语指由正、副导语共同组成的导语，也叫正副结构导语。导语出现的最核心、最主要的内容，叫作正导语，又叫主导语。而通过另外一个补充性自然段对正导语加以解释、补充，从而使导语相对完整。这一补充段，叫副导语，也叫次导语。如：

——今天上午9时7分40秒，本世纪最后一次日全食把中国黑龙江漠河的白天变成瞬间“黑夜”，与3000年光顾人类一次的明亮的海尔—波普彗星同时出现在漠河上空。

近9万名中外科学家和天文爱好者在中国最北端用特制的观测卡观看了这次持续2分40秒的天象奇观。

(新华社哈尔滨1997年3月9日电)

——福建漳浦县马坪镇1000余头黄牛经过严格检测，日前在漳州港码头乘专业巨轮运往马来西亚。

福建出入境检验检疫局局长王志民说，这是中国第一次大批量向国外出口活牛。

(2002年1月17日《人民日报·海外版》)

有的时候次要的新闻要点不止一个，这样副导语就会不止一段，看下面的导语：

合众社阿姆斯特丹1940年5月10日电　德国陆军在轰炸机群和伞兵的掩护下，今晨3时对荷兰不宣而战。德军士兵均身着荷兰军服。

在同一时刻，德军侵入比利时、卢森堡。

应三国政府紧急呼吁，盟国军队开赴前线。

上面的例子中，三个段落，三句话，分别表述三个相关联的事实。

美国沃斯特·福克斯《新闻写作》，其中有一节是“第二导语”，说的就是复合导语。他说：

“有时，记者那种在报道开头为读者提供重要信息的义务，会迫使他暂缓对导语主要内容的正常展开。这时，记者往往觉得某种信息虽未重要到足以写入导语，但又很有新闻价值，以至于不能等到正常顺序该提它的地方再提它。在这种情况下，记者就把这种信息写成一个‘第二导语’——一个紧接导语的段落。

比如，报道议会的讨论时，第二导语就可以总括导语中未曾写到的其他相关活动。在根据统计资料写成的报道中，第二导语可以列举与总的趋势不同的例外情况。总之，第二导语打断了报道的正常展开，但又使读者一开始就了解了新闻的主要事项。下面这个《费城问询报》的例子，就是对此方法的具体说明：

亚裔人、西班牙裔人和黑人几乎占了费城地区80年代人口增长数的全部，这是根据美国人口统计局昨天公布的数字所得的结论。

白人人口在8个县中几乎没有增加——相对于1990年人口的4856881只增加了14000，据人口统计局的数字显示。

与之形成对照的是亚裔人口增加了一倍，西班牙裔人口增加了50%。8个县的黑人增加了5%，即45502人。

在上例中，第三段的信息是从导语中自然发展出来的，但是由于记者认为第二段的材料太重要不能等到后面再说，于是他就打断了报道的正常发展而插入了一个第二导语。在其他情况下，报道的第二导语往往提供的是有助于全面理解导语的背景材料和历史数据，就像上一章引述的这则《华盛顿邮报》的报道所示：

洛杉矶消息　为了对付加州历史上最严重的旱灾，州长彼得·威尔森昨天下令组建了一支应急队伍以处理这场严重的水荒，与此同时洛杉矶市市长下令在该市实行供水配额。

这些行动出自一系列令人担心的报告：内华达州西尔亚积雪稀薄，南加州由于长期干旱而形成的空前严重的火险隐患，和因12月份异乎寻常的天寒地冻而导致的损失。

在萨克拉门托，共和党的威尔森州长取消了宣布全州性旱灾紧急状态的决定，而只是采取了组建应急队伍的措施。他称这场旱灾‘是对加州环境与经济的一次严峻威胁’，但这种局势还不到性命攸关从而赋予地方政府采取紧急措施以合法性的地步。

在此例中，记者一直等到第三段才开始发展并列导语两个新闻要素中的一个以使读者了解背景情况。”

这里，福克斯应该说把复合导语说得较为清楚。

(四）评述式导语

在导语中叙议结合，在叙述事实的同时，对事实作画龙点睛式的评价，这就是评述式导语，也叫议论式导语。评述式导语同时又是直叙式导语或概述式导语，因为评价不能独立成为导语，主体仍是叙述。

评述式导语的设计方式通常有四种：

1. 先叙后评；

2. 先评后叙；

3. 夹叙夹议；

4. 用他人言。

看下面的例子：

——据来自阿富汗的消息，美国军用飞机今天白天对阿富汗首都喀布尔进行了大规模的空袭，这也是自美国7月空袭阿富汗以来最大规模的白天轰炸。

（2001年10月16日《人民日报》）

——三峡大坝将下闸蓄水。几代中国人梦想的“高峡平湖”即将实现。

（2003年5月29日《中国青年报》）

——洞庭湖变大了！经过三年规模空前的综合治理，洞庭湖面积扩大1/5。这个自明清以来不断萎缩的湖泊，终于出现了历史性大转折。

（2001年12月26日《湖南日报》）

——中国人今天意外地拿到了一块本来不属于他们的金牌！在本届奥运会获得“高手克星”称号的年轻小将张军/高凌，今天一鼓作气再挫印尼选手特里库斯/许一敏，把一块计划外的金牌装到了自己兜里。

（路透社悉尼2000年9月21日电）

——中华民族治黄史上带有里程碑意义的黄河小浪底工程，今天10时28分实现截流。

（新华社小浪底工地1997年10月28日电）

——上海浦东新区原有的724项行政审批事项，从今天起被取消292项，另有84项改变了审批方式，精简的比例高达52%。经贸及投资人士认为，新区政府的这一举措，有望使浦东在管理创新和体制创新上先行一步，为上海全市的行政审批制度改革积累经验。

（2001年10月10日《人民日报》）

评述式导语的长处在于有助于揭示新闻事实中所蕴含的因果关系或现实意义，帮助读者理解事实的内涵。

写评述式导语需要考虑的是：评论的必要性；有无独到见解；简洁。

三、间接导语的各种类型

（一）描写式导语

有些事实直接陈述可能比较平淡，不能吸引读者，需要记者用描写的手法，对新闻中所报道的主要事实或者事实的某个有意义的侧面，作简练而有特色的描写，向读者提供有关新闻事实的形象，通过形象的描写吸引读者，并引出或暗示出新闻事实。

看下面的导语：

——明晃晃的阳光柔和地洒在螺髻山下簇新的希望小学校园里，400多个正在课间嬉戏的彝族小学生就像一大群快乐的小鸟。看着孩子们无忧无虑的神情，凉山彝族自治州普格县螺髻山镇中心学校彝族教师纱马友且的脸上露出欣慰的笑容，他对记者说，这所学校就是四川实施"少数民族地区教育发展十年行动计划"一年来所取得的成果，现在全镇的适龄孩子98%都可以进学堂读书了。

（2002年1月27日《人民日报》）

——自今年9月以来，滔滔黄河一洗浑黄的旧容，碧波清澄，呈现出罕见的"河清"奇观。宁夏青铜峡十里长峡仿佛水晶画廊，两岸山石倒映在黄河中央；刘家峡壮丽银瀑漫下峡谷；在龙羊峡滔滔而下的黄河被178米高的大坝拦腰一抱，狂涛巨浪顿时化作绿波千顷。

（新华社西宁1991年12月24日电）

描写式导语的长处是生动形象，短处是篇幅较长。

在写作描写式导语时要注意这样几个问题：

1. 采用描写式导语应根据新闻事实表述的需要。

（1）运用描写手法可以更好地显示事实的新闻价值；

(2) 被报道的事实本身具有形象性因素；

(3) 事实的形象性必须和新闻精华相关联。

2. 导语采用描写的方式，更要求简练，不宜太细。

3. 避免陈词滥调，根据自己独特感受，写出独具特色的描写式导语。

(二) 解释式导语

有些新闻直接陈述，读者可能不明了其价值和意义，这就需要记者先介绍事实的社会和历史背景，由事实的背景谈及事实本身，以此衬托事实的意义。解释式导语就是这种从背景出发的导语。

看下面的导语：

——俗话说“二月二，龙抬头”，农历二月初二这天被人们视为一个非常吉利的日子，民间一直认为这天出生的孩子“百病不缠身”、能“出人头地”。昨天正是“二月二”，记者从省城几家医院妇产科了解到，为了讨个吉利，不少孕妇采取“剖腹产”的方法，让宝宝在这一天降生，期待自己的“猴娃”能“龙抬头”。

(2004 年 2 月 22 日《江淮晨报》)

——为了显得有“文化”，一些父母在为孩子起名时，精心从《康熙字典》里找来的富有含义的生僻字，这也成了城市信息化进程中的瓶颈。为此，国家语委甚至要出台《人名规范用字表》，给那些起名喜欢剑走偏锋的人士戴上“紧箍咒”。

(中新网 2003 年 5 月 22 日电)

——唱起《刘三姐》，就想起美丽的壮乡；唱起《青藏高原》，就想到神秘的西藏。在全国 5 个少数民族自治区中，宁夏是唯一没有自己最有特色歌曲的自治区。针对这一现状，宁夏回族自治区近日决定面向海内外征集歌唱宁夏的歌曲。

(2004 年 7 月 10 日《人民日报》)

拟制解释式导语，一是通过解释确实能衬托事实的意义；二是背景材料有知识性、趣味性，能引起读者的兴趣。这样才能有好的效果。

(三) 提问式导语

提问式导语，就是用提问的方式来设计导语。有些新闻导语把新闻报道中已解决的问题先用疑问句式鲜明地提出来后，再用事实加以回答。人们把它叫作提问式导语。提问式导语也是一种间接式导语。通过提问，使事实更加引人注目。

看下面的导语：

——随便问一个美国人，全世界有多少人？他默想一会可能告诉你：50 多亿。可你再问他每分钟地球上增加多少人？恐怕就极少有人能够回答正确了。为了让普通美国人、尤其是孩子们了解世界人口问题多么严峻，美国人口零增长组织在世界人口日这天举办了一场别开生面的“3 分钟新闻发布会”。

（新华社华盛顿 1996 年 7 月 13 日电）

——先有蝴蝶还是先有毛毛虫？英国生物学家最近提出新观点，蝴蝶和毛毛虫最初是两种不同生物，经过杂交和进化才形成了小时是毛毛虫，而后蜕变为蝴蝶的现代物种。

（新华社 2001 年 4 月 5 日电讯）

要使导语里的提问产生预期效果，关键在于善于提问。对于提问式导语中问题的设计有两个基本要求：

1. 要凝聚新闻精华。提问要能引出新闻要点，提问式导语虽然不直接出示新闻要点，但目的是为了更引人注目地出示新闻要点。所以提问式导语的提问应当紧紧围绕新闻要点提出。

2. 要引起读者的共同兴趣。提问式导语的目的就是为了引起读者对下文新闻要点的关注，所以要有引人入胜的魅力。因而提问时需要考虑怎样使问题提得新巧和提得醒目，能够激起读者的好奇心，引起读者的兴趣，促使他们产生非读下去不可的愿望。

（四）悬念式导语

这类导语的特点是，把新闻事件中最吸引人的内容，在导语中进行暗示，先不明说，让读者有所期待，以激发起读者的好奇心。

看下面的导语：

——“达坂城的姑娘真漂亮哟！两条辫子黑又长……”金秋 9 月，我们来到达坂城，希望能沿着王洛宾老先生的足迹寻访达坂城的美丽姑娘。令人遗憾的是，街道上冷冷清清，难得看见一两位年轻姑娘。

（新华网乌鲁木齐 2002 年 9 月 13 日电）

——开赛以来一直沉寂的九运会田径赛场今天掀起狂飙。

（2001 年 11 月 23 日《人民日报》）

——这个世界每卖出一杯软饮料，它所面临的苦难就增加一分——因为这不仅意味着本·拉登的财富增长了，拉登还要用赚来的钱发动恐怖攻击。

（中新网香港 2001 年 10 月 8 日消息）

这些导语中没有明确的新闻要点，只有暗示。悬念式导语给读者留下一个疑问，读者被这个疑问牵引着往下看。

设置悬念的方法是多种多样的。主要有以下几种：

1. 从违反常规、不合常情，令人难以理解的现象、结果、场景入手。

2. 从提问入手，唤起读者注意力。问而不答的一种导语也属悬念式导语。

3. 故作惊人之语，甩出一个“包袱”，让读者百思不得其解，然后抖出“包袱”，使人恍然大悟。阅读者情绪一张一弛，导语的魅力充分显示出来。

再看几条悬念式导语：

——在素以“美洲瑞士”著称的乌拉圭，抢劫和犯罪活动已达到了登峰造极的地步。然而书写这部“黑史”的主要不是小偷，而是专抓小偷的警察。

——瑞典全国滑冰锦标赛尚未开锣，16 枚金牌已尽入一人囊中。

——一位年轻的科学家因为造出了什么也没有的东西今天获得了1000元美金。

——数以百计的人挤在桥上及人行道上，观看市长西尼斯罗斯跃身跳下圣安东尼奥河，但他跳下河并不意味着他的政治生涯失败。

这些悬念式导语对于渲染气氛、调动阅读情绪有奇妙效果。

（五）延缓性导语

延缓性导语从情节描写入手，若干段之后切入报道主题，结构上表现为多段落。曼切尔教授的《新闻报道与写作》中把间接导语和延缓性导语不作区分，但两者其实有区别。它们都是不从正面直接提出新闻要点，间接性导语注重于侧面提出，延缓性导语侧重于延迟提出，间接性导语通常一个段落，延缓性导语都是多个段落构成。延缓性导语是华尔街叙事体报道的典型导语形式。

我们看一篇运用延缓性导语的完整消息：

让木偶世界重现辉煌

路透社布达佩斯（1996年）7月4日电　安德拉什·莱纳特是一个负有特殊使命的人，他的使命是重新把人们从录像和电视节目吸引到牵线木偶的神奇世界中来。

在匈牙利木偶剧院他的工作间里，各种服饰华丽的木偶——从演小丑的木偶彼得鲁什卡到莎士比亚戏剧中的李尔王——堆得满满的。安德拉什坚持认为，木偶世界将重现辉煌。

他说："我认为，木偶剧院是有前途的。人们在享受迪士尼式的电视和电影的同时也需要手工制作的娱乐，这种娱乐将把他们的兴趣从电影和电视节目吸引过来。"

根据公众对第十七届世界木偶节的反应来看，莱纳特说的也许有道理。第十七届世界木偶节已使47个国家将近500名木偶艺人在布达佩斯欢聚一堂。

小到日本的套在手指上的小玩偶、大到西班牙的跟真人一样的大木偶，总共估计有1000个木偶上星期来到了匈牙利首都，参加了总部设在法国的国际木偶艺人协会组织的为期7天的木偶节。

这次在木偶剧院举办的木偶节旨在表明，除了上演英国传统木偶戏《潘趣和朱迪》以及提线木偶戏外，木偶剧院还有其他更多的节目上演。波兰罗兹市阿莱金剧院导演瓦尔德马·沃兰斯基说："木偶戏不仅是儿童们的戏，也是成人们的戏，它是一种不同的戏剧表演形式。"

阿莱金剧院上演的两小时长的节目《卡门》深深地吸引了观众，在这个节目中，演员和木偶同台演出根据法国戏剧家梅里美创作的关于爱情、死亡和背叛的原版戏剧故事《卡门》。戴面具的演员们组成了合唱队。这出戏的导演沃兰斯基说，演员和木偶同台演出使故事增添了新意。这次木偶节的组织者、匈牙利国家木偶剧院导演德热·西拉吉说，木偶剧对中欧人之所以有吸引力，就在于他们只认木偶、不认幕后操纵者。他说："人们认为木偶的动作是受神力控制的。这就产生了很大的吸引力。"

消息报道木偶节的成功，但并不直接说木偶节，从一个木偶演员的工作和谈话说起，在第四段切入报道主题，这是典型的延缓性导语，共四段构成。

《中国青年报》关于"我国高校首次接收盲人本科大学生"的报道，也使用了延缓性导语：

——今天上午9时，上海一个普通居民小区。任铮浩一早就穿戴整齐，静静地等候在楼前。他有些激动，但努力保持着平静的微笑，偶尔会侧过头问母亲："到了吗?""到了，到了！特快专递的邮车到了!"居民的欢呼把答案告诉给任铮浩。

上海邮政职员和上海师范大学项校长一起将大红的录取通知书递到任铮浩手中："任铮浩，你已被上海师范大学英语专业录取，祝贺你!"任铮浩仔细抚摸着录取通知书，笑了。

这是我国教育制度的一次突破：高校首次接收盲人本科大学生。今年上海首次有3名盲人学生参加高考，总分514分的任铮浩和441分的李冬被上师大外语学院英语专业正式录取，考分411的蔡佳斐入校试读，一年后若成绩合格转为正式生。

（2002年8月23日《中国青年报》）

延缓性导语从个人的命运入手，进而涉及社会政治经济问题，使严肃的问题变得亲近、吸引人。

四、几种常见但难以归类的导语

下面三种导语形式，很难把它们归入直接导语或间接导语，因为根据表述事实的需要，既可制成直接导语，也可制成间接导语。

（一）引语式导语

引语式导语就是直接或间接使用新闻人物的谈话构成的导语。引语式导语有两种类型，一种是直接引语式，一种是间接引语式。直接引语式导语是直接引述谈话人原话作为构成导语的主要材料。间接引语式导语是用经记者转述的新闻人物的谈话作为构成导语的主要材料。直接引语导语，特点更加鲜明，用得较多。例如：

——“如果当年曹雪芹去开餐馆，鲁迅去沿街置摊售货，那么，我们民族今天会有莫大的精神损失！”全国政协委员、作家冯骥才对同行中有人提倡“文人下海”持异议。

（中新社北京 1993 年 3 月 20 日电）

——“你 56 岁了还考大专？图什么呀？”有人这样问南汇芦潮港镇派出所民警金海彬。老金回答：“我可不希望被时代淘汰！”

（2002 年 1 月 4 日《解放日报》）

——爱吃中国菜的日式澡堂老板娘片坂和枝说：“我敢肯定，在日本中餐馆的数目早就超过日式澡堂了。”这番话说得真够风趣，但完全是事实，一点儿也不夸张。

（2000 年 3 月 31 日《参考消息》）

引语式导语的好处是：

1. 增加新闻事实的权威性；

2. 巧妙地评说事实；

3. 增加导语色彩。

设计引语式导语要注意这么几点：

1. 所引的话，一定程度上必须反映出报道的主题；

2. 所引的话，必须精彩、生动、有新意；

3. 引语必须忠实原意，不能断章取义和随意篡改；

4. 引语不可太长，要精辟；

5. 一般把最精彩的引语放在导语的开头部分，然后再交代说话人及其身份；

6. 对“说”字的表达要灵活多样。美国一本关于新闻写作的书也讲到这一点，说英语中表现“说”的意思的有 250 个词（或词汇），各报社要求记者至少经常交替使用其中的 15 至 20 个。这一点对我们也有启发。同样的一个“说”，可以根据说话人的身份、神态、表情、场合等，交替使用“表示”“强调”“指出”“预言”“预测”“作证”“证明”“认为”“声明”“抗议”“声称”“宣告”“宣布”“透露”“解释”“驳斥”“警告”等词语。

（二）对比式导语

在导语中强调新闻事实所包含的对立、不同等差异因素，通过对比显示出新闻事实的个性和特点。这就是对比式导语。

看下面的导语：

——黄山市屯溪区新潭乡老农程丏食为救一跳水的女青年，自己再也没有上得了岸，而那位女青年借口自己没有生命危险，反而责怪程老汉多事。

（2000年9月4日《新安晚报》）

——昔日被中国农业作为学习榜样的山西昔阳大寨村，如今正大力发展旅游业，并逐步成为中外游客向往的地方。

（中新社广州2001年4月11日电）

——早些时候，有人断言，不要太久时间，博斯腾湖就会成为第二个罗布泊，干涸以至被黄沙掩埋。事实上，经专家观测，从1996年至今，博斯湖湖水水位上涨了三米。

（中新社乌鲁木齐2000年5月29日电）

——4年前，戈尔巴乔夫是一个真正的超级大国的首领，共产党在他身后给予强大的支持，世界各国领导人都称赞他。而现在，他成了一个濒临崩溃的联盟的傀儡领袖，这个联盟担负着无数债务，混乱的危险正在孕育之中。他的公众开始唾弃他。看来戈尔巴乔夫的辞职已成定势。

（美联社莫斯科1991年12月14日电）

——虽然咖啡店里顾客很多而商店橱窗也塞满了商品，但今天的南斯拉夫的经济仍在走向衰竭。

（法新社贝尔格莱德1995年8月20日电）

对比式导语的长处是：

1. 通过对比，事实的变动更加鲜明；
2. 通过对比，事实的矛盾更加突出；
3. 通过对比，事实的意义更加清晰；
4. 通过对比，事实的表述更加生动。

因而给读者较为深刻的印象。

（三）“你”导语

又叫直接对话导语、第二人称导语、呼唤式导语、谈心式导语。这种导语构成形式就是用第二人称来写，仿佛记者直接和读者对话。

“你”导语的最大好处在于，拉近读者和记者的距离，使读者倍感亲切，引起读者对消息的特别兴趣。成功的“你”导语具有很强的引导性。

美国威廉·梅茨教授在《怎样写新闻》一书中谈到“你”导语，也说“它是最使人感到亲切的导语”，“它的优点是使读者不由自主地被吸引到消息中去”。

下面这些都是“你”导语：

——如果你在看到交通堵塞时十分生气、或者在等待电子邮件下载时变得不耐烦，那么你或许是患上了“急躁症”。

（2000 年 1 月 16 日《参考消息》）

——当清风吹起你的黑发，你可曾想到风竟是我们取之不竭的能源呢？

春风吹拂的五月，200 多位国际能源专家云集北京。他们的议题只有一个：开发中国的风！

（新华社北京 1995 年 5 月 28 日电）

——如果提前 4 天购买从乌鲁木齐飞往阿勒泰的机票，你就可享受 5 折优惠。这个价格仅比在两地间营运的大巴贵 50 元左右。

（2002 年 4 月 1 日《中国青年报》）

——研究人员说，如果你以为每天喝大量的水对身体很有好处的话，那就大错特错了，因为喝水太多除了会使你多去几次厕所之外，似乎没有其他好处。

（路透社华盛顿 2002 年 8 月 11 日电）

写好“你”导语，关键在于找出事实与读者的联系。用第二人称，采取谈话方式，这种形式具有接近性，但内容必须和形式相统一，内容也要有接近性，才能取得好的效果。如果没有找到内容上和读者的接近点，只是形式上直呼，只会有矫揉造作的感觉，不可能有好的效果。

第四节　导语写作基本要求

一、要突出新闻精华

导语写作的第一步，也是最重要的一步，是动笔之前必须明确消息中最新鲜最重要的事实是什么，然后在导语中引人注目地表现出来。

具体到不同的作品中，突出新闻精华应有不同的内容。大致可以从以下四个方面考虑：

（一）突出新意

消息的首要任务是传播新闻，所以导语中首先要把有新意的内容突出出来。这个新意包括新的时间和新的内容。

报道我国又增加世界生物圈保护区的消息，《人民日报》和中新社两家的消息导语有所不同：

——本报北京12月5日讯　今天上午，白水江、高黎贡山、黄龙和宝天曼4个保护区加入“世界生物圈保护区”的颁证仪式在北京人民大会堂举行。至此，中国已有21个自然保护区被联合国教科文组织认定为世界生物圈保护区。

（2001年12月6日《人民日报·海外版》）

——中新社北京12月5日电　2000—2001年，中国甘肃白水江、云南高黎贡山、四川黄龙、河南宝天曼和内蒙古赛罕乌拉，被联合国教科文组织认定为世界生物圈保护区，中国的世界生物圈保护区数量至此已达21个。

两相比较，《人民日报·海外版》的消息导语既突出了最新时间，又突出了最新内容。

（二）突出重点

导语首先要突出新意，进一步考虑的是突出重点，把新鲜的内容中重要的内容提出来。

比较下面两条消息的导语：

——新华社北京1月8日电　中华人民共和国邮电部7日召开座谈会，畅谈对人大常委会《告台湾同胞书》的感想，积极建议与台湾邮电部门通邮通电。

——路透社北京1月8日电　据新华社今天报道，北京已建议就恢复台湾与大陆之间的通邮通电的业务问题进行商谈。

新华社的导语讲了两件事：一件是邮电部举行了座谈会；一件是建议与台湾通邮通电。而路透社的导语，就只突出了“通邮通电”的建议。

在这条消息中，两件都是有新意的事，但哪件事更重要呢？当然是与台湾通邮通电的建议，而不是邮电部的座谈会；是建议的内容，而不是建议的方式。新华社的消息，虽然也抓住了最重要的事实，但没有放在突出的位置，突出的则是次要的事实。路透社的消息则突出了最重要的新闻事实。

（三）突出特点

就是强调和突出新闻事实的特点，这样的导语不会一般化，给人印象深刻。

看下面两条消息的导语，虽是针对同一事实，却有所不同：

——记者从四川省交通厅获悉，四川省修建“蜀道”的投资呈持续增长良好态势，连续五年每年投资额超过一百亿元人民币，今年更力争达到一百四十亿元。

（中新社成都2003年4月2日电）

——四川省为群峰围绕，山势险要，自古公路不通，被诗人李白形容为“蜀道难，难于上青天”。但如今，四川省政府正在兴建“新蜀道”，要让“天堑变通途”。

（2003年4月3日《联合早报·电子版》）

《联合早报·电子版》的消息是根据中新社的消息改写的，但毫无疑问更吸引人，原因就是在改写的时候注意突出了新闻的特点。

下面是路透社的一篇消息：

法国火箭在密特朗的眼下发射失败

路透社圭亚那1985年9月13日电　如果说法国总统弗朗索瓦·密特朗过去一直不迷信的话，那么现在他则完全不同。今天是13日，星期五，他试图搭乘总统专机“协和”号由巴黎去法属圭亚那观看事先安排的火箭发射。他的“协和”号在陆地上发生两次故障，他只好改乘另一架飞机。当他最终抵达发射场地时，亲眼看到这颗火箭在升高后9分钟就爆炸了。

火箭“阿里亚那5号”是法国系列火箭中最新的一种，这种火箭从1983年7月份以来，曾9次成功地将卫星送入轨道。法国向包括美国在内的十几个委托国提供服务，以抵补财务支出的64%，根据1973年签订的协定，法国也承担技术方面的责任和经济的责任。

今天夜里，原来有两颗人造卫星将要被送入轨道，一颗载有美国无线电公司在美国设计的私人电信装置，另一颗是通讯卫星3号，是由欧洲航天局投资的电话电视卫星。这两颗卫星将使25个欧洲西方国家之间的通讯联系受益。据初步调查结果，认为这次爆炸事故归咎于这颗火箭的第3级点火装置系统的失灵。

导语强调的是事件发生的时间，西方人认为不吉利的一天，这也是消息中有特点的地方，在做导语的时候加以突出，自然较为引人注目。

（四）突出受众关注点

强调和突出与受众利益相关或受众关心的、感兴趣的事实，也能够紧紧地抓住读者。

下面两条消息的导语，都是突出受众关注点的导语：

——漂亮的达坂城姑娘都哪去了？据了解，达坂城近亲结婚十分普遍，婴儿发育缺陷率居高不下，姑娘也不漂亮了。

（2002年9月14日《联合早报·电子版》）

——个人所得税法应如何修改？个人所得税征收起点应调至多高？这是今年以来许多老百姓、媒体和税法专家共同关心的热点话题。本报与深圳万龙腾市场调查咨询公司最近对150余名深圳市民的调查表明：近一半人认为深圳个人所得税起点调至2000元左右比较合适。有关专家认为，现在全国个人所得税统一一个标准，不考虑个人生活负担水平、地区经济发展的差异等因素，已经失去了个人所得税的调节作用，失去了经济杠杆的调节作用。为改善各地区个人所得税不公平问题，应确立调整改革个人所得税的思路。

（2001年11月6日《深圳商报》）

二、要具体实在、力戒空泛

导语写作不仅要突出最新鲜最重要的内容，对新闻精华的叙述还要具体实在，切忌空洞无物，充满概念和口号。

看下面的导语：

——记者今天从福建省环境保护工作座谈会上获悉，福建省环境质量有明显改善，流域环境质量有所提高，污染综合整治和生态环境保护工作取得新进展。

（新华社福州2001年3月31日电）

这个导语没有任何具体事实。“环境质量有明显改善”“有所提高”“新进展”“环境质量”“流域环境质量”“污染综合整治”等，都是空洞模糊的概念，不能给读者带来任何具体的信息。

同样写环境因得到治理而变化，下面的两条导语就有较为实在的信息：

——几年前还是水草不长、螺蚌不生、水鸟不停、鱼虾绝迹的鸭儿湖，现在又复活了！记者亲眼看到经过治理的湖面碧波粼粼，渔舟点点，成群的野鸭在湖里嬉戏。

——洞庭湖变大了！经过三年规模空前的综合治理，洞庭湖面积扩大1/5。这个自明清以来不断萎缩的湖泊，终于出现了历史性大转折。

下面是同一新闻两条不同的导语，后者比前者更具体：

——中国外科大夫采用新的接骨方法来治疗良性和恶性骨肿瘤。

（新华社济南4月7日电）

——新华社今天宣布，中国外科大夫采用新方法，从死人那里把骨组织移植到活人身上，来治疗良性和恶性骨肿瘤。

（法新社香港4月7日电）

相比较而言，后一条导语更具体。前一条导语没有告诉读者采用了什么样的“新方法”。后一条则突出“新方法”的内容：“从死人那里把骨组织移植到活人身上”。指明“新方法”很关键，因为这是消息新闻价值所在，这样写，读者才真正地了解新闻精华。

哈里斯教授说，“导语应当显示而不应当掩盖”，与其写“今天发生了许多有趣的事”，不如把那些有趣的事本身写出来。

三、要简练，忌冗长

消息要简练，导语更要简练。写入导语的一定是新闻中的新闻、最精华的部分。如澳大利亚记者杰维斯在他所著的《新闻敏感》一书中所说：“简洁确实是导语的灵魂，每个字都必须值得写，每个字都必须准确得当。”

要简练，就必须注意这样几点：

（一）导语中不要塞满事实

有时新闻事实有好几个方面，有一些附属事实，有一些细节，不能都堆积在导语中，把导语写得像目录单、清单。这样，不仅篇幅拉长，而且中心不突出，还造成主体和导语在内容上的重复。这样写出来的导语叫“臃肿导语”。

看下面这条消息：

——联合国教科文组织第三十一届大会今天上午在其巴黎总部正式开幕。教科文组织 188 个成员国的约3000名代表将参加从 10 月 15 日至 11 月 3 日的会议，多位国家元首、200 位部长参加本届大会。本次大会有三项主要内容：通过一个文化多样性宣言，举行一个约有 50 位部长参加的题为“生物伦理学：国际挑战”的圆桌会议，评估 2000 年 4 月达喀尔国际教育论坛会议以来在全球普及基础教育的情况。此外，会议还将审议并通过教科文组织 2002—2007 年中期战略，改选执行局等。

（2001 年 10 月 16 日《人民日报》）

这条消息的导语罗列事实过多：会议开幕；会期；参加会议的代表；有多少国，多少代表，多少部长参加；大会的内容，又分一二三四；还有“此外”。像一个工作总结，突出什么不明确。

塞满了事实的导语，意味着没有抓住新闻要点。把太多的事实塞进导语，是导语冗长和意思不清晰的最通常的原因。

（二）写进导语中的专有名词不能太多

专有名词指人名、单位名称、地名、职务头衔等。导语中专有名词太多，会冲淡主要新闻事实，并且枯燥无味，令人生厌。

看下面的导语：

——近日，河南省内黄县劳动局、公安局、经贸委、工商局等部门联手，对全县各用人单位开展了禁止使用童工专项大检查。在3天的时间里，他们先后查出有7家个体户和私营企业非法使用童工22人，这22名童工年龄分别在13岁至15岁，来自黄县8个乡村。

（新华网郑州2002年11月20日电）

这样的导语，让读者首先读到的不是最重要最新鲜的事实，而是一大串专有名词。专有名词信息量少，枯燥无味。如果这样写也许更好：

——在黄县，仍然有人使用童工，这次工商检查，查出的22名童工年龄分别在13岁至15岁，来自黄县8个乡村。

然后再介绍哪些单位参加了这次检查。这样，读者在导语中首先看到的是重要的事实，而不是一堆枯燥无味的专有名词。

对消息中出现的专有名词，可作两种处理，一是放到主体中交代，一是采取分而叙之的方法。下面是《参考消息》上的一篇消息，在处理专有名词上有特点，值得借鉴：

特大冰山正脱离南极

路透社威斯康星州麦迪逊3月22日电　威斯康星大学称，一座面积大约是特拉华州两倍的冰山正从南极的罗斯陆缘上分离出来，可能很快就将漂入海洋。

该校的南极气象研究中心称，极地卫星清楚地显示了冰架上的裂缝。这座可能漂入海洋的冰山长183英里（295公里）、宽22英里（37公里）。

该中心的科学家马修·拉扎拉说："这是一座非常大的冰山，即使不是最大的，也接近于历史上的纪录。这样大面积的冰山并不常见。"

这座冰山比去年10月份从南极冰架上分离出的一座冰山要大得多。那座冰山长40英里（66公里）、宽11英里（18公里），险些对在好望角附近航行的船只造成威胁。

该中心说，这座新的冰山可能很快将在罗斯海中漂流，但是还没有信息表明它在多长时间后或者是否会对航行构成威胁。

（2000年3月7日《参考消息》）

这条消息的新闻来源是“威斯康星州威斯康星大学南极气象研究中心的科学家马修·拉扎拉说”，如果在消息一开头就全部陈述出来，不仅推迟了新闻要点和读者见面的时间，而且专有名词堆积令人望而生畏。现在它把一段冗长的消息来源分成三次交代，带来的好处是：一则避免了导语冗长，二则避免了冲淡主要新闻事实，三则避免了专有名词的堆积造成的乏味感，四则避免了重复。

（三）导语里不要堆满数字

数字罗列，不仅枯燥无味，也拉长篇幅，更要紧的是读者常常并不能明白报道中罗列的数字的意义何在，只同看天书一般。

看下面的导语：

——今年以来，我国部分地区发生了洪涝、干旱、风雹、地震、雪灾、低温冷冻、山体滑坡和泥石流等自然灾害，造成严重损失。截至7月12日统计，全国农作物受灾面积14550.9千公顷，绝收1035.1千公顷；受灾人口8272万人，因灾死亡555人，紧急转移安置63万人；倒塌房屋26.9万间，损坏房屋205.8万间。因灾造成直接经济损失285.2亿元。

（2004年7月14日《人民日报》）

像这样的导语在我们的报道中可随手拈来。可有谁想过，其中堆积的一连串的数字，到底会给读者留下什么印象？一般的读者并不能轻易了解没有加以解释的数字的意义所在。西方一些国家的记者，写新闻时在导语里尽量不用数字。外电在转发我们的一些新闻稿件时，往往把导语中的数字抽出来，放到后面的段落中去交代。

美国威廉·梅茨在《怎样写新闻》中说到导语写作时，也强调“谨防数字”。他提出三点理由：单列数字，不说明问题，必须经过解释才产生意义，加上解释文字必然拉长；数字使写作的节奏放慢，使读者不能马上看到事实；统计数字一般来说是枯燥的，只要有可能，最好不要放在导语中。

四、要新颖多样，忌千篇一律

这个要求有两层含义，一是对具体稿件，注意表现方法的运用，注意形式的生动活泼；二是对整个消息写作实践来说，要赋予每一篇消息的导语一种适合其内容的独特形式，不能老框框老调调，整体上也要变化多样。

第五节　导语写作常用技巧

一、如何在导语中突出应该突出的事实要素

第一代导语交代全部事实要素，第二代和第三代导语都强调突出部分要素。所以，在当代导语写作中，必须解决一个问题：究竟在导语中突出哪些要素？

取舍通常是依据各个新闻要素体现新闻价值的作用和地位确定。在一篇具体的新闻稿件中，六个要素中必有某个要素最能体现所报道事实的价值或特点、意义等。那么新闻的导语就应该以它作为核心构建。而单个要素不可能孤立地呈现，必须有相关必要的要素，构成一种状态。因此，抓住最具新闻价值的要素及相关个别要素，写进导语，并作突出处理。这样写出来的导语才能突出事实中最新鲜、最重要的内容，才能简短精练、醒人耳目。

下面分别对突出不同要素的导语做概括介绍：

(一) 突出何事要素

何事要素是新闻事实的核心。没有何事，就没有新闻；没有何事，其他要素也无所归依，这是由新闻构成的规律本身所决定的。光有何时构不成新闻；光有何人也构不成新闻；光有何地也同样构不成新闻；至于为何和如何，更无法单独构成新闻。而何事虽然不能说可以单独构成一条完整的新闻，但其独立性比其他要素强。一般来说，何事要素在六要素中居于核心地位。

因此，何事要素是消息导语不可缺少的要素。导语中突出的部分要素，其中必有何事。并且，消息导语最通常的方式，是以何事为核心展开的。

下面几条导语突出的都是何事：

——新华社哥德堡2001年6月15日电　一场反欧盟的示威活动15日在这里演变成造成多人受伤的骚乱。

——新华网银川2001年12月7日电　面对女童落水不下水救助的宁夏吴忠市副市长王明忠等5名干部，昨天晚上受到宁夏回族自治区党委的严肃处理。

——伦敦美联电　世界上第一只克隆绵羊多莉因患上肺病而在前天被打毒针处死。

(2003年2月16日《联合早报》)

（二）突出何人要素

何人通常指一个人，也可以是一个集体、一个单位。何人与何事关系密切，强调何事时，何人经常作为必要成分出现。绝大部分新闻涉及何人，如果这个人为大家所熟悉，具有显著性，或者比发生的事更重要，设计导语的时候就要考虑以何人要素为先导，突出何人要素。

突出何人要素的导语通常有三种情况：

其一，新闻中“何人”是显要人物，新闻事实的价值就体现在人物身上，或者事实的意义要凭借“何人”要素得以充分显示。那么，导语中便需要突出“何人”这一要素。

——新华网加沙2001年9月12日电　巴勒斯坦民族权力机构主席阿拉法特12日在加沙参加了献血活动，以表示对美国恐怖袭击受害者的同情和关心。

——中新网贵阳（2001年）11月17日消息　疯狂报复杀害15名

青年妇女（其中1人未遂）的“色魔”郭龙海，昨天被贵州黔南布依族自治州中级人民法院以故意杀人罪判处死刑，剥夺政治权利终身。

其二，当新闻价值与何人要素关系密切，而何人并非著名人士时，导语开头也可以写上何人要素，交代其姓名，然而更多的情况都是先不写出具体姓名，只概括地突出其身份特点。

——一位50多岁的农民，历经20年独立研究攻克世界性难题：发明饮料天然添加剂。1991年11月，在北京举行的第三届“国际科学与和平周”活动中，11个国家、283家单位要求技术转让。

其三，新闻的价值不体现在人物上，但新闻中有关人物具有显著性，这时导语也可以突出“何人”要素，以增加新闻价值和吸引力。

一则报道北京市语言学会召开礼貌语座谈会的消息，记者原来的导语是：

——在北京市语言学会昨天召开的礼貌语言座谈会上，与会同志一致郑重呼吁：提倡礼貌语言，消除“语言污染”。

编辑根据稿件内容，把导语写成：

——八十六岁的老教育家叶圣陶在谈到提倡礼貌语言的时候指出，语言同礼貌有着密切的联系，提倡礼貌语言是一个很重要的问题，因为它影响着社会风气，体现出人与人的关系。

然后在第二段交代说：“他是25日在北京市语言学会召开的礼貌语言座谈会上这样说的。”

改写的导语突出了老教育家叶圣陶的发言。由于叶圣陶一生从事语言研究，又是有名望的教育家、著名学者，这样写能产生更大的影响、更有权威性、更能引起人们关注。而且也显得导语的内容更具体、深刻。

有时，消息中突出的人物是提供消息的人，此消息来源提供了不平常的意见。

——据新华社2月14日电　培育出世界第一头体细胞克隆动物绵羊多利的苏格兰罗斯林研究所14日晚间向新华社记者证实，多利已经死亡。

（2003年2月16日《文汇报》）

——澳大利亚研究人员认为，在未来的10年中，为了保护环境，人们将可以用大麻制造汽车。

（《中国日报》网站2001年5月21日消息）

（三）突出何时要素

我们平时叙事时，习惯于从时间开始，但在写消息时，我们要摒弃这样的写作积习。拟制消息导语，是不是要把时间放在开头，完全要看消息涉及时间是否具有特殊意义值得加以突出。通常这样几种情况，时间要在导语中加以突出：

1. 消息涉及的时间是有重要意义的历史性时刻；

2. 虽非历史性时刻，但有特殊意义；

3. 突发性事件的发生时间。

看下面的导语：

——今天上午九时零五分，日本外相重光葵在无条件投降书上签字。

（1945年9月3日《纽约先驱论坛报》）

——当6月30日最后一秒钟响过之后，多数南非人将经历他们过去从未经历过的情景——没有国民党的政府。

（美联社约翰内斯堡1996年6月29日电）

——2月17日，西安交通大学在开学第一天，便将11名考试作弊的学生勒令退学，如此大规模退学处分在该校历史上还是首次。

（2003年2月21日《中国青年报》）

——从2月1日起，我国首次对第一大河长江实行全流域春季禁渔三个月。这也是世界首次在大江大河实行全流域禁渔。

（新华网2003年2月1日电）

——7月12日傍晚6时20分，一场暴雨狂风突袭申城，造成7人死亡，20多人受伤。

（2004年7月14日《中国青年报》）

还有一种时间导语，突出的不是具体的某月某日某时，突出的是时间的特殊意义，起着强调新闻价值的作用。

看下面两例导语：

——正当战争的阴云密布于伊拉克上空的时候，世界各国的反战者纷纷走上街头，高呼反战口号，一致要求美国立即停止对伊拉克发动军事打击的计划。

（中新网2003年2月15日电）

——在南京大屠杀遇难同胞殉难64周年前夕，又一本记载侵华日军南京大屠杀史实的日记——《首都沦陷留守金陵日记》近日被发现。

（2001年12月10日《中国青年报》）

（四）突出何地要素

同何人、何事相比，何地同何事关系要疏远一些。因而有些导语不写何地，而是在新闻主体才交代。偶尔也有出于某种考虑，整篇新闻中都有意不点明何地要素。但在下列情况下，何地要素需要突出：

1. 何地要素是报道的对象，自然是核心要素，必须突出。

——苏东坡写《赤壁赋》的地方——湖北黄冈西北江滨并不是三国时期赤壁之战的遗址，真正的赤壁在武昌县西。这是考古学家×××在他今天发表的论文中宣布的。

（周立方《新闻写作研究》，第102页）

2. 何地要素决定新闻价值，新闻事实的意义通过它才得以体现时，导语中通常对它作侧重交代。

——88层、420米高的“中华第一楼”——金茂大厦最近又向擅自攀爬者亮出“红灯”。

（新华网上海2001年1月4日电）

——世界各地超过600个城市的数百万人昨天走上街头，反对美国对伊拉克发动战争。

（2003年2月16日《联合早报》）

3. 事件发生的地点有独特性，也需加以突出。

——在河北承德避暑山庄，被称为“活文物”的百年古树近日有了新的“户口证”，作为重点保护对象被重新建档挂牌，使其享受到与文物古迹同等的保护待遇。

4. 突发性事件，读者一般比较关注事件发生在何时何地，如果是比较著名的地方，就会把地点放在时间前面。如：

——本报12月10日电　上海著名商业闹市静安寺地区愚园路上的丽晶大酒店，9日晚18时15分左右因煤气泄漏发生爆炸，至记者零点发稿时止，已证实当场死亡人数有7人，受伤者近百人。

（五）突出何因要素

何因要素并不经常在导语中出现，也很少加以突出。这个要素往往是在新闻的主体部分作交代的，因为何因内容比较复杂，属于进一步展开的内容，不容易抽出主要之点容纳在特征是简短的导语中。有时，即使写入导语，也常常是补充、解释何事的，在导语中所处的位置比较次要。

但是，当何因体现了新闻的特点，或者为读者所关注，这时，导语就有必要对它侧重交代。看下面的导语：

——由于两架飞机撞击纽约世界贸易中心，美国联邦航空管理局11日下令关闭全国机场，禁止任何飞机起飞，这是美国历史上首次关闭全国机场。

——因丢失手机，北京一女子在公交车上狂搜乘客身，引起乘客的不满和法律上的争议。

（2003年5月7日《联合早报》）

——为恢复高句丽王陵和贵族墓葬的原始风貌，中国政府已动员上千户农民将累计1828座现代坟茔迁出古墓保护区

（2004年7月14日《人民日报》）

然而，要提防导语滥用“为了……”“为……”之类的格式。这是道道地地的陈词滥调。

（六）突出如何要素

如何要素的含义概括说是“方式”，具体说是指一个新闻事件的具体过程或事实的细节。如何要素一般要到消息主体中展开。但是如果需要的话，也可以在导语中加以突出。看下面的导语：

——一位名叫梁秀才的贵州农民最近到广西南宁找工作，结果被非法职业介绍所欺骗，在交了100元钱后，仍然没有得到渴望的“服装厂质检员”工作，无奈之下只好回家。

据专家估计，目前民工占中国农村劳动力的8%～10%。8000万民

工离开世代相伴的土地，到城市寻找梦想。但是，正如梁秀才的遭遇所显示的那样，民工们要真正融入城市生活并非易事。

（新华网南宁2002年3月10日电）

——一个月2000元左右的收入、一两万元的安家费，这不是哪家大企业开出的引进人才的待遇，而是湖南省浏阳市柏加镇农民周开明向应届大学毕业生承诺的“厚禄”。

（2002年5月9日《中国青年报》）

总之，要让导语简练醒目，确实需要精心选择和安排新闻要素。但有这么两个问题需要注意：

1. 在导语中突出何种要素，意味着何种要素为核心、居先，但并不意味着只突出这一个，通常都有相关的几个，所以才叫部分要素导语。

2. 同一件事，可以设计成突出不同要素的导语。选择哪一个具体要素居先，一般来说，按照每个新闻事实要素体现新闻价值的地位和作用来确定，但并不是唯一标准。有时选择突出某一要素，和记者所在的新闻机构的性质、倾向有密切关系；有时也随整篇报道和侧重点及角度不同而转移。

看下面两条导语：

——中国科学院今天举行新闻发布会，中科院院长、中科院学部主席团执行主席路甬祥公布中科院院士增选结果：2001年中国科学院院士新增56名。经过此次增选，中科院院士总人数达到653人。

（2001年12月10日《光明日报》）

——香港大学38岁的任华教授成为最年轻的中国科学院院士。和她一起新当选中科院院士的还有55名，至此，中科院院士总数达653人。

（2001年12月10日《中国青年报》）

前一条导语无所突出，后一条导语突出了“最年轻的院士”，和报纸性质相合，而且因为有所突出更引人注目。

二、如何避免导语与标题的重复

过去记者一般轻标题，认为标题是编辑的事，造成写作上标题和导语的分离，而编辑并不可能对每一条消息的标题和导语细加斟酌，这样报纸上标题和导语重复的情况较多，甚至是标题、导语、主体的三重重复。重复带来的弊病很多，最主要是单位面积内信息载量降低。

如果记者写作时就把标题导语作为有机整体来看，减少重复，可以提高消息的信息载量。总体上，也就提高了报纸的整体的信息载量。

拟制导语时，为避免和标题的重复，从现有的报道实践来看，通常有三种方法：

1. 导语比标题具体

如《北约野蛮轰炸我驻南使馆》这一消息，导语是这样的：

——当地时间7日午夜（北京时间8日早5时45分），以美国为首的北约至少使用3枚导弹悍然袭击我驻南斯拉夫大使馆，到目前为止，至少造成2人死亡，1人失踪，20多人受伤，馆舍严重毁坏。

导语和标题是同一方向，导语是对标题的细化，导语比标题有更具体的信息。

2. 导语和标题各取不同角度

有时消息可有两个较精彩之处，在标题和导语中各有突出。如新华社的消息《地球3分钟　净增500人》新闻要点是美国人口零增长组织在世界人口日这天举办了一场别开生面的“3分钟新闻发布会”。但新闻发布会上所宣传的内容也是值得关注的。消息的标题和导语各取一点。

3. 突出标题，淡化导语

标题揭示新闻精华，导语从情景入手，导语淡化。

看下面的消息：

中国选手包揽北京马拉松赛三甲

本报北京10月14日讯　北京的天空今天有些阴沉，瑟瑟的秋风吹过，使人倍感凉意，然而这一切并没有影响到参加北京国际马拉松赛的运动员们的热情，早上8时30分，随着一声令下，来自30多个国家的15000多名运动员犹如一匹匹骏马，从天安门广场飞奔而去。

由中国田径协会主办，并在国际田径联合会备案的2001年北京国际马拉松赛已有20年的历史，今年是第21届，也是北京申奥成功后的第一届马拉松赛，比赛以“健康奔向2008”为宣传口号，突出庆祝申奥成功、提高全民健身意识的主题。

这次比赛的起点设在天安门广场，终点为朝阳公园。途经长安街、复兴门、丽泽桥、西三环、北三环，全长42公里195米。

由于今年的北京国际马拉松赛同时也是全国第九届运动会的马拉松决赛，所以，这一举世闻名的国际赛事也成了国内众多好手争夺的焦点，中国选手个个奋勇当先，表现出色。经过两个多小时的拼搏，男女前3名全部由我国选手包揽，取得了历史最好成绩。在此之前，中国男子选手还从未包揽过前3名。

来自我国辽宁的男子选手、23岁的宫科，第一次参加马拉松赛就一鸣惊人。他在最后2公里处从第一集团脱颖而出，以2小时10分11秒的成绩不但赢得北京国际马拉松冠军，也为辽宁赢得了九运会田径比赛的首枚金牌。另一位辽宁选手李爱国以2小时10分25秒夺得第二。广东选手王永华以1秒之差位居第三。在女子组的较量中，同样是来自辽宁的选手刘敏获得冠军，成绩是2小时23分37秒。上届冠军魏亚楠获得亚军，成绩为2小时24分2秒。多威队老将任秀娟名列第三，成绩为2小时24分22秒。

（2001年10月15日《人民日报·海外版》）

在这篇消息中，导语只是渲染了气氛，没有新闻要点，但在标题中新闻要点是清晰的，这样的处理是可以的，没有信息上的重复。

【训练与思考】

1. 新闻写作为什么要有导语？导语的功能是什么？
2. 三代导语各有什么特点？
3. 为什么当代导语写作不要求包含全部新闻事实要素？
4. 直接导语和间接导语各自的适用范围是什么？

5. 描写式导语的运用有什么要求？

6. 什么情况下导语可以加入议论成分？可以采取什么样的方式？

7. 阅读近日的报纸，选择3条写作成功、有特点的导语加以评析。

8. 阅读近日的报纸，选择3条写作失败、有缺陷的导语加以评析。

9. 研读下编的消息，分析各篇消息的导语属于什么类型以及写作上有什么特点。

第九章

消息主体和消息结构

【本章内容提要】

消息主体是消息正文导语之后的部分，它的职能是对导语进行解释和补充，使新闻信息完整和丰富。

消息主体的写作要求是：围绕主题，紧扣导语；内容充实，言之有物；叙述生动，言之有味；段落短小，层次分明。

消息的结构形式主要有倒金字塔结构、时序结构、并列结构、对比结构、事理结构、点面结构等数种。

倒金字塔结构是按照事实的重要程度递减安排材料的一种结构方式，是消息特有的结构形式，也是动态消息最经常使用的结构形式。

第一节 消息主体

一、消息主体的任务

消息主体是导语之后一直到全篇结束的那一部分内容。关于这一部分，究竟叫什么，我国新闻界说法不一。有叫“主体”，有叫“躯干”，有叫“展开部分”。主体有两项基本任务：即针对导语进行解释和补充。

（一）解释——细化和展开事实，使事实逐渐清晰起来

1. 新闻事实六要素的交代和细化

一则完整的消息，必须将新闻事实六要素交代清楚，这是消息写作的基本规范。第二代、第三代导语将部分要素放在导语中，而且交代得十分概要。在主体中，解释的任务是把已经提及的要素进一步细化，将未提及的要素加以交代并展开，使事实逐渐清晰起来，使读者获得对事实具体而完备的了解。

2. 确切交代消息来源

消息来源也是消息的重要因素，可靠的消息根源于可靠的消息来源。有时消息来源在导语中就加以交代，有时则放在主体中交代。有时在导语中交代只是笼统地提及，这时就需要在主体中作确切的交代，使事实确凿有据。

3. 交代必要的新闻背景

为了使读者清楚地了解新闻事实，大多数情况下需要对新闻背景作相应的交代。这也是属于对新闻事实进行解释的内容。

（二）补充——介绍相关事实，使信息更加丰富

在消息的主体中，常常出现一些导语中没有出现的事实，这是主体承担的第二个任务，补充与消息密切相关的事实。补充的事实通常表现

在两个方面：

1. 补充导语中未交代的次要事实

倒金字塔结构的消息，运用直叙式导语，直接交代新闻中最重要的事实，主体中对导语中未涉及的次重要事实加以交代。虽以补充形式出现，但与导语中的事实关系密切，实为一体。

2. 补充与消息密切相关的事实

主要指结果、现状、反应、预测等这些与事实相关的内容。

在具体写作过程中，主体承担其职责的方式，有种种复杂的表现。有时仅仅解释，有时仅仅补充，有时解释和补充兼而有之。当解释和补充兼而有之时，又有以解释为主和以补充为主的不同。实际上，写作中最常见的情况是，解释和补充兼而有之，而且以解释为主，补充为辅。大多数消息基本如此。解释和补充的排列顺序，一般都是解释在前，补充在后。

二、主体写作要求

(一) 围绕主题，紧扣导语

消息主体因为要承担解释和补充的双重任务，选择的事实材料往往要比导语丰富，数量也多。有些人误认为只要是写不进导语的材料，尽可以往主体里塞。结果造成主体中材料庞杂，有些材料与主题关系不大，甚至离题万里。

因此在展开主体时必须注意，放到主体中的材料，应该容量大些，丰富一些，但是必须从不同角度与主题发生关系。关系越紧密，主体就越能起到揭示并深化主题的作用。

导语和主体是一个整体，动笔之前要做统一考虑。导语为整条消息的写作定了基调，规定了方向。主体展开时要紧紧围绕这个基调和方向，主体需要展示哪几个要素，回答哪几个问题，都必须根据导语铺设的轨迹来写，不能和导语脱节。

(二) 内容充实，言之有物

导语要求具体实在，主体也有这样的要求。主体，是叙述新闻事实的主要部分，对导语提出的新闻精华要有十分具体充分的展示，不能空洞无物。通过主体的描述，读者对事实有比较完整清晰的了解。

下面是2001年1月23日我省某报头版头条的一篇消息：

唯才是举　以才兴省

我省今年吸纳本科以上毕业生将取消一切限制

本报讯　正在召开的省九届人大第三次会议传来振奋人心的消息：从今年开始，我省各类企事业单位吸纳大学本科以上毕业生，将取消一切限制，全部放开，公开招聘，择优录用。

现代市场经济的竞争，实质上是科技和人才的竞争。安徽在新的世纪能否赢得发展的主动权，关键在科技，基础在教育，核心在人才。省委书记王太华为此呼吁，要进一步提高认识，确立尊重知识、尊重人才、唯才是举、以才兴业的观念。有关部门将进一步完善和落实人才政策，加强人才市场建设，实施高层次创造性人才工程，同时重视各级各类人才的培养、使用、流动、评价、激励机制，努力创造留住人才、吸引人才、用好人才的良好环境。

这篇消息内容空洞，该说的什么也没说，不该说的说了一大篇。主体对导语没有任何信息上的解释和补充。整条消息实质性的内容，就是副题上的一句话。

再看一篇消息：

警察找麻烦　影迷提抗议

奥斯卡颁奖礼堂前出现冲突

本报洛杉矶3月23日电　来自世界各地的奥斯卡迷对洛杉矶警察局将他们从奥斯卡颁奖礼堂门口赶走表示不满。

第72届奥斯卡颁奖典礼定于3月26日下午和晚上在洛杉矶神殿大礼堂举行。历届奥斯卡颁奖典礼有个不成文的惯例，允许先到的200名影迷在神殿大礼堂外目睹明星下车、沿着红地毯走入社区接受电视采访，再进入大礼堂。许多影迷为了一睹明星风采，提前一周就到神殿大礼堂前面的杰克逊大街，在两旁的人行道上搭起帐篷等候。

今年亦然，从3月16日开始，影迷开始到杰斐逊大街安营扎寨。

有的影迷还运来气垫床、折叠椅、小冰柜、烧烤炉、食品、饮料、杂志，甚至搬来了电视机和小发电机，准备一直驻扎到颁奖典礼结束。

洛杉矶警察局22日在杰斐逊大街竖起许多告示牌，上面写着："此地不许停留！""此地不许放置任何家具、睡袋、毛毯！""此地不许搭帐篷！"接着限令已经在那里安营扎寨的60多名影迷在45分钟内撤去帐篷，带着各自的东西离去。

从德国法兰克福专程飞往洛杉矶的影迷苏珊·沃尔和西尔维亚·法拉格说，6年来，他们年年这个时候来洛杉矶，年年在神殿大礼堂门口安营扎寨，不但目睹了明星们的风采，而且结识了许多其他影迷，交了许多朋友，洛杉矶警察从来没有找他们的麻烦。

从法国圣马洛来的34岁的丹尼利·费隆女士说，她是3月19日从电视才知道可以在洛杉矶神殿大礼堂门口搭帐篷等候明星到来的，于是赶紧在因特网上买了张机票，于3月21日风尘仆仆抵达洛杉矶，直接奔向杰斐逊大街。"我希望在自己还年轻的时候尽可能多干一些自己觉得有意义的事，以免老了后悔莫及。"

来自美国加利福尼亚州亨廷顿海滩的46岁的蒂纳·赫南德兹说，过去17年里，她每年都在斐逊大街安营扎寨，结识了许许多多的朋友。为了同这些影迷朋友经常保持联系，她特地在因特网上设立一个网站。今年她比往年来得早，因为她肩负着为这些朋友争得一席之地的任务。

一些年近花甲的老影迷对洛杉矶警察局的做法尤为不满。57岁的家庭主妇桑迪·斯特拉顿气愤地说，她和妹妹巴比·丘吉尔坚持来这里搭帐篷31年，从来没有遭到驱赶。"今年警察像赶蟑螂那样赶我们。其实，我们只是影迷，只想见见心中的偶像，只想参与一个伟大的活动，他们那样没有礼貌对待我们是非常不对的。"

警方发言人约翰·帕斯卡里洛说，他们是奉命行事，他说，附近一所小学的校长到市政府抱怨影迷们的帐篷妨碍小学生进出学校，与神殿大礼堂只有一街之隔的南加州大学学生也抱怨进出学生公寓不便。当地市政府要求警察采取措施禁止阻挡人行道的任何行为。

美国电影艺术和科学研究院对影迷们的遭遇非常同情，但是爱莫能助。他们更担心警方驱赶影迷的行动给公众造成误解，以为是电影和科学研究院所为，从而打击影迷对好莱坞的崇拜和痴情，进而影响影迷和观众观看奥斯卡颁奖典礼实况转播的收视率。

为了息事宁人，美国电影艺术和科学研究院给已经安营扎寨的影迷发了特制的顺序编号，等到3月26日颁奖典礼时，他们凭号进入露天社交区，保证他们能够见到各自崇拜的影星。

影迷们说这个办法虽然可以接受，但是，他们今年见不到来自世界其他国家的影迷朋友了，他们丧失了结交朋友的机会。

（2000年3月25日《参考消息》）

这样的报道，内容可谓充实：历届奥斯卡颁奖仪式的做法，今年的做法，影迷们的反应如何，警察如何解释他们的做法，主办者又如何解决这个问题，都很具体地叙述出来。只有这种内容充实的报道，才能满足读者信息的需求。

写出内容充实的报道，我们认为需要考虑这样几个问题：

1. 考虑新闻作品写作的规律。诸如对构成新闻作品的必要的内容——新闻事实、背景材料、新闻来源的叙述，对事实要素的交代。

2. 考虑所报道事实的特殊性。内容构成、事实要素的交代不能解决一切问题，它只是一个最基本的要求。我们面对每一个新闻事实，还要考虑它的特殊内容。

3. 考虑读者的需要。作为记者，要时刻考虑读者对信息的需要，他们对所报道的事实想要知道什么。不能想读者之所想，是我们报道内容空泛的一个重要原因。

比较下面的消息：

外经贸部公布我国入世法律文件

新华社北京12月10日电　外经贸部今晚首次在其网站公布了“中国加入世界贸易组织法律文件”的英文文本。

今晚公布的“中国加入世界贸易组织法律文件”英文文本包括：《关于中华人民共和国加入的决定》、《中华人民共和国加入议定书》和《中国加入工作组报告书》。其中，《中华人民共和国加入议定书》包括以下9个附件：《附件1A：中国在过渡性审议机制中提供的信息》、《附件1B：总理事会依照中华人民共和国加入议定书第18条第2款处理的问题》、《附件2A1：国营贸易产品（进口）》、《附件2A2：国营贸易产品（出口）》、《附件2B：指定经营产品》、《附件3：非关税措施取消时间表》、《附件4：受价格控制的产品和服务》、《附件5A：根据补贴与反补贴措施协定第25条作出的通知》、《附件5B：需逐步取消的补贴》、《附件6：出口税产品》、《附件7：WTO成员的保留》、《附件8：第152号减让表——中华人民共和国》、《附件9：服务贸易具体承诺减让表》。

外经贸部有关人士表示，欲了解“中国加入世界贸易组织法律文件”的有关详情，可登录对外贸易经济合作部政府网站 http：//www. moftec. gov. cn“中国与世界贸易组织”专栏查询。这位人士说，有关我国入世的法律文件的中文文本目前正在加紧核对中，今后一个时期将尽快公布。

（2001年12月11日《人民日报》）

中国入世法律文件悄然亮相

本报北京12月10日电　今天上午，外经贸部有关官员接受本报记者采访时透露，12月11日中国正式入世之际，“中国加入世界贸易组织法律文件”的英文文本将首次在外经贸部政府网站公布。

今晚8时，当记者登录外经贸部政府网站 http：//www. moftec. gov. cn时发现，这份备受国人关注的法律文件已经悄然出现。尽管在首页目录中赫然注明“中国加入世界贸易组织法律文件”（中英文）的字样，但点击内容，实际看到的只有英文文本。

近期，部分媒介对这份文件迟迟没有公布进行了质疑。今天，外经贸部官员拿出WTO总部发来的原件，署名日期赫然标着11月23日。这说明，外经贸部得到全套的标准英文法律文件，也没有多长时间。据悉，由于对翻译的准确性要求很高，所以中文译文至今尚未审定。

这位官员同时强调，按照WTO的有关规定，只有英文原文才具有法律效力。翻译后的文件只能称为“中文译文”，不能称为具有法律效力的“中文文本”。同理，解决有关WTO的各种国际纠纷，其依据只能是英文原文。

此次公布的“中国加入世界贸易组织法律文件”共包括3大部分：《关于中华人民共和国加入的决定》（Decision：Accession of the People's Republic of China）、《中华人民共和国加入议定书》（Protocol on the Accession of the People's Republic of China）、《中国加入工作组报告书》（Report of the Working Party on the Accession of China）。在上述3个法律文件中，《中华人民共和国加入议定书》包括9个附件（含货物贸易减让表和服务贸易减让表）。

这位官员透露，外经贸部已经指定由人民出版社和法律出版社分别出版全套法律文件。前者负责出版中文译文版本，后者负责出版中英文对照版本。其中，对于中文译文内容的最终解释权在外经贸部。此外，所有的中文译文也将尽快上网公布，但是，法律依据以正式的出版物为准。

记者还了解到，与WTO相关的国家各部委从复关谈判开始就一直介入，熟悉WTO的所有沿革和规定，拥有全套的权威法律文件。所以不可能像个别媒介担心的那样——“按照WTO规则行政还找不到相关依据”。而且，各相关部委也已经按照WTO的有关规定对相关法规进行了修改。

这位官员提醒广大读者，不要忘记，中国入世后必须注意遵循《乌拉圭回合多边贸易谈判结果》这份重要文件。它与此次的《中华人民共和国加入议定书》的关系，相当于党章和入党申请书的关系，即前者是必须遵循的普遍规定，后者是针对个案的单独规定。

据了解，《乌拉圭回合多边贸易谈判结果》中英文对照的法律文本，一年前已由法律出版社正式出版。

最后，外经贸部有关人士指出，前些时候，个别网站公布的所谓“中国入世法律文件”实质上是中美协议的内容，还有些网站公布得相当不准确。广大群众一定要加强鉴别，以官方公布的资料和出版物为准。

（2001年12月11日《中国青年报》）

两相比较,《中国青年报》的报道更为读者考虑,提供的信息更有针对性。

(三)叙述生动,保持读者的兴趣

导语要唤起读者的阅读兴趣,主体也不能使这种兴趣丧失,仍要保持读者的兴趣。读者的兴趣取决于两个方面:一是有无充实内容,使读者有获得信息的满足感,二是叙述生动,可加强这种满足感。

消息要生动,往往离不开生动的细节。细节指事实的细枝末节。事件的一个情景、一个片断,人物的一个动作、一个眼神、一句话,这些都是细节。细节在消息中有两个作用:一是使事实叙述充实;二是增添消息色彩。

美国两位著名记者,约翰·钱塞勒和沃尔特·米尔斯在他们合著的《记者生涯》中谈到细节描写时认为"最好的色彩产生于对细节的描写","色彩的核心是细节",认为"记者的工作就是要把这些生活细节精心地编织到报道中去,以使新闻有血肉,富有生气和特色。这就叫新闻报道的色彩"。还说"色彩是任何一种能赋予简单事实以活力和趣味的东西"。书中举了几个例子,说明什么是简单事实加上细节材料后使得报道有色彩:

简单事实:两个少年在一起车祸中丧生。色彩:其中一个身穿短袖T恤衫,汗衫上印着"我在人世并不追求长寿,而要过得快活"。

简单事实:总统不拿讲稿,滔滔不绝地做了一次长时间的演说。色彩:他练习了整整一天。

通过这两个例子,我们可以看出细节能展示情景,展示人性,我们平时所说的形象、动态、人情、气氛这些文章生动性因素都在细节之中。所以新闻报道有了细节就有了生气,有了活力,有了色彩。

2000年3月26日《参考消息》上转载路透社消息,报道第72届奥斯卡奖的获奖情况,写到宣布男配角奖获得者英国的迈克尔·凯恩获奖时,这样写道:

"当宣布凯恩获奖时,现场5000多名娱乐界精英跺着脚对他表示热烈祝贺。"

"跺着脚"这个细节,淋漓尽致地把现场气氛渲染出来,用任何词语也不可代替。

消息写作，既要短，又要有细节，这是一对矛盾，记者应妥善处理，掌握好分寸。当简略时则概而述之，当具体时又善于捕捉细节，使新闻有浓有淡、有骨有肉。

消息要生动，还要注意运用多种表达方式来表现事实。在消息写作中，可以叙述、描写、引语几种方式并举。表达方式多样而有变化，文章自然不会平板，使报道取得生动活泼的效果。古语说“物一则无文”，如果通篇用一种手法，就会显得单调无味。

（四）层次分明，段落短小

围绕着一个主题，主体中的材料一般来说比较丰富。在表述这些材料的时候，不能想到哪说到哪。在主体表述的时候要注意层次的安排。整个主体的材料分几部分，先写什么，后写什么，要有一个合理的安排。古往今来，写文章都要求“有物有序”，“有序”，指言之有序，表述有条理，也就是层次分明。只有层次分明的消息才能把新闻事实表述得准确清晰，容易为读者所接受和理解。

要做到层次清晰，必须做到这么几点：

1. 把主体的各层意思划分清楚。为了表述一个事实，主体内容有几个层次，并且各个层次下又有几个小层次，都要清清楚楚，不能你中有我，我中有你，意思混杂不清。要做到这些，需要在材料分析上多下功夫，一般来说，对材料所体现的思想意义认识得愈深刻，反映在结构层次上便会愈清晰。

2. 对各层意思做合理安排。内容的各层意思分析清楚了，就要给予各层意思一个合理次序。这种意思的先后次序，并非作者随意安排的，而是要根据事物的内在逻辑和记者的报道意图去安排。

3. 讲究提行分段的技巧。要把主体内容表述得层次分明，一定程度上还得借助于恰当的分段。文章层次和段落是相互联系又有区别的两个概念。层次是内容上的含义，段落是结构上的含义。层次没有外在标志，不能一望而知，段落有换行的明显标志。所以，层次要靠段落来体现，有时一个段落一个层次，有时若干段落一个层次，视具体情况而定。因此，合理划分段落，讲究分段提行的技巧，可以使层次得到清晰的体现。

我们特别要注意的是：不同内容和性质的文章在段落的长度上往往会有差别。消息作为一种短小精悍的文体，段落也要求相应短小，以方便读者阅读。这是消息写作对提行分段的特殊要求。杰克·海敦说过："好的新闻写作是干净而明快的。简短的句子和段落是它的特征。"（《怎样当好新闻记者》）

短小的段落在消息报道中的优势表现在以下三个方面：

（1）表意明确，给读者印象深刻。消息段落短小，并非有意把一个完整的意思分而叙之，而是删除冗言的结果，一个独立完整的意思，用一两句就表述出来，这样意义更明确。

（2）节奏明快，给读者以新鲜感。消息段落短小，一两句话一个段落，表述的节奏加快，而且每一个段落出示一个新的意思，读者必然有一种新鲜感。

（3）层次清晰，提高读者阅读效率。段落长了，注意力容易分散，一分神就容易错行，减慢阅读速度；反之，注意力容易集中，注意力集中了，阅读效率自然提高。

美国新闻学者沃尔特·福克斯的《新闻写作》也讲到段落划分的问题。书中专门有一节叫"零碎段落"，讲这样一种写作方法：把长段破开，写成短的段落。他说这样做目的是为了获得好的视觉效果，为了提高可读性。

"典型的报纸的栏宽不足 $2\frac{1}{4}$ 英寸。一般由三四句组成的段落如果挤入这么狭窄的空间，那就会形成一大片密密麻麻的令读者很不耐烦的文字。

于是，在尽力保持一个完好段落的固有特性即统一性、关联性、完整性和逻辑性的同时，记者可以分解段落的直观形式，只要有利于阅读不妨另起一段。

…………

对于习惯于写作课所教规则的学生来说，报纸的分段似乎随心所欲、变化无常，其实不然。进一步审视就会发现，记者一方面分解了正常段落的直观形式，另一方面依然遵循着划分段落的基本原则，而且总是比其他有固定的直观段落形式可依赖的作者更加严格认真。”

现在很多消息不讲提行分段的技巧。报纸上常见两种情况，一种是主体不分段，消息正文就是由两部分构成：导语和主体，主体不论多少字、多少层次，都不分段。这种消息被称为“大肚子”消息。另一种情况是虽然分段，但很粗略，段落都比较长，不能体现内容的层次。这样的消息一般都沉闷、难读。

下面这条消息是典型的“大肚子”消息，主体长达430字。

立法规定　全国首家

五月起公民可旁听我省“人代会”

本报讯　普通公民也可以像省人大代表一样直接“参政”、“议政”？不错！这是刚刚出台的《安徽省人民代表大会及其常务委员会会议公民旁听办法》赋予“合法”公民的一项重要权利。

该《办法》规定，凡年满18周岁具有完全民事行为能力的中国公民，均可自愿申请旁听我省人大及其常委会会议（依法被限制人身自由和剥夺政治权利的人除外）。省人大及其常委会会议审议的主要议题一般在会议召开10日前，在新闻媒体上公布。符合旁听条件的公民对自己感兴趣的议题，可持本人身份证和单位或村（居）委会介绍信于会议召开3日前，到省人大常委会办公厅办理登记，领取旁听证。路途较远或交通不便的，可在会议召开5日前，以信函或传真形式提交申请和身份证、介绍信复印件，经同意后，在会议召开前，持申请材料到省人大办公厅办理登记，领取旁听证。旁听证由省人大办公厅根据公民的申请顺序发放，其中省人民代表大会会议每次可允许8名以下公民旁听。旁听公民对省人大及其常委会会议审议、讨论的主要事项有意见的，可以在会场外以口头或书面形式向省人大办公厅反映。据了解，由省级人大出台有关公民旁听人代会的地方性法规，在全国尚属首家。

读这样的消息，读者会感到吃力，黑压压的一片，一边读，一边要分析。这个工作本应是记者做好的，现在却要读者自己来做，当然影响阅读效率，也影响阅读情绪。

所以，恰当地对主体进行分段，讲究提行分段的技巧，对于表现主体的层次、帮助读者阅读和理解消息是不可忽视的。

第二节　消息结构

消息的结构，指记者对已经过滤的新闻材料的安排方式。这种结构方式，是记者对新闻事实某种内在秩序的认识和所采取的表达形式，是主观和客观的统一。

消息的结构方式主要有倒金字塔结构、时序结构、并列结构、对比结构、事理结构、点面结构等数种。

一、倒金字塔结构

倒金字塔结构是按照事实的重要程度递减安排材料的一种结构方式，是新闻写作中有特点并且运用较多的一种结构方式。

（一）倒金字塔结构的特点

1. 倒金字塔结构根据事实的重要程度来安排段落顺序：把最重要最新鲜的新闻事实放在消息的开端，即消息的导语中；导语后面的主体部分安排其他事实时，也是按先重后轻、先主后次的顺序安排，即先写较重要的新闻事实，然后是较次要的、再次要的、更次要的新闻事实，最后是最次要的新闻事实。

2. 它的导语一般采用直叙式导语，这种导语是倒金字塔结构的典型形式。

3. 叙述方式上采用“断裂行文法”。“断裂行文”特点是：①打破时空限制，用事实的内在联系行文，每一段相对独立，但又环环相扣；②段落短小，一两句一段，“零碎段落”是倒金字塔最典型的段落方式；③段与段的衔接，不靠一些连接词，靠内在关系，造成一种跳跃式的感觉，但又“形散神不散”，每个段落层次紧紧围绕主题展开。

看下面的消息：

意大利成功实施一例手臂移植手术

新华社罗马2001年10月1日电（记者　袁锦林）意大利著名外科医生马尔科·兰泽塔及其率领的外科手术小组日前成功地对一位患者实施了手臂移植手术。

据意大利媒体报道，这次手臂移植手术是在意大利北部城市蒙扎的圣杰拉尔多医院施行的，接受手臂移植手术的是一位32岁的男性患者。整个手术共进行了14小时。

圣杰拉尔多医院负责人对记者说，这次手术进行得很顺利。手术后，患者的手臂反应和健康状况均良好。

据悉，这是兰泽塔医生在意大利所做的第二例手臂移植手术。去年10月，兰泽塔曾率外科手术小组成功地实施了一例这样的手术。兰泽塔还曾与法国的迪贝尔纳教授等人合作，于去年1月在法国里昂市爱德华·埃里奥医院对一位患者施行世界第一例双手臂移植手术。

1998年，法国外科专家迪贝尔纳教授曾带领一个国际专家小组，成功地为一位49岁的新西兰患者进行了单手臂移植手术，从而成为世界上第一个成功完成手臂移植手术的医生，这次手术在全世界医学界引起轰动。此后包括意大利在内的多个国家也进行了手臂移植手术。

这是最为单纯的倒金字塔结构。较为复杂的倒金字塔结构由若干层次构成，这若干层次按事实重要程度安排材料，但每个层次下又有若干小层次，这若干层次内部不一定按事实重要程度排列，可根据材料具体情况，有的按重要程度排，有的按时间排，有的并列，但整个框架仍是倒金字塔结构。

看下面的消息：

日全食彗星今日同现漠河上空

新华社哈尔滨1997年3月9日电　今天上午9时7分40秒，本世纪最后一次日全食把中国黑龙江漠河的白天变成瞬间“黑夜”，与3000

年光顾人类一次的明亮的海尔—波普彗星同时出现在漠河上空。

近9万名中外科学家和天文爱好者在中国最北端用特制的观测卡观看了这次持续2分40秒的天象奇观。

日全食发生前，太阳高悬，漠河雪原银白耀眼。不久，太阳出现了一个小小的缺口，然后缺口越变越大，黑影吞食着太阳。半小时后，太阳亏缺成弯月形，9时7分40秒，太阳的最后一线光芒消失，像一个黑色的空洞，周围散发出微弱的银色冠冕。同时，海尔—波普彗星向西北方向伸出长长的尾巴。

此刻，观测的人群发出阵阵欢呼声。9时11分，太阳开始慢慢从黑影中钻出，至10时19分45秒，太阳完全复原。

今天漠河天气晴好，微风一至二级，气温在零下27摄氏度。为保证观测达到最佳效果，漠河全县从今天零时开始禁烟火。日全食发生时，观测者们顿时感到寒冷了许多，因为气温从零下27度下降到零下30度。

在现场观测的北京天文台专家沈海璋说："这是一次极其成功的日全食观测。日全食发生时，日冕看得很清楚。太阳附近的水星及太阳上的小黑子也全都观测到了。"他曾参加过1968年新疆和1980年云南两次日食的观测。但那两次观测时间持续仅一分多钟。

北京天文台台长李启斌说："日食与彗星同时出现，是百年难遇的罕见天象。历史上仅出现过两次，即1882年5月17日在埃及，1947年5月20日在巴黎出现过。"

他还说，日全食过程提供了研究太阳光消失对地球大气、电离层、地磁以及人类生态环境等产生影响的难得机会，同时，彗星的出现，可使科学家观测原始星云和行星的形成过程。

北京天文台的刘玉英说，射电望远镜和计算机已顺利画出平滑完整的曲线，对人们日食过程中能量变化的观测纪录圆满完成。

本次日全食从8点48分开始发生于俄罗斯斯比克以南及中国新疆阿尔泰地区以北，扫过蒙古、中国漠河，最后结束于北冰洋。日食带上绝大部分地区均是荒漠地带，唯一的城市漠河，由于基础条件好，太阳高度角适中，成为世界最佳观测点。

来自美、德、意、日等国和香港、台湾地区的科学家均提前来到漠河。

北京天文台、紫金山天文台和南京大学等10余家专业单位在漠河分别设立了4个观测点。

据测算，下次日全食将于2008年在中国西北地区出现。海尔—波普彗星下次光顾人类在近3000年以后。

这篇消息13个自然段落可分为7个层次：

第一个层次：第1、2自然段，复合导语，出示一主一次两个新闻要点；

第二个层次：第3、4自然段，细化导语，展示日全食的过程和情景，这个层次内部材料安排是时间顺序；

第三个层次：第5自然段，说明日全食带来气温的变化；

第四个层次：第6、7、8、9自然段，专家们谈日全食观测的意义，这个层次内部材料安排是并列顺序；

第五个层次：第10自然段，说明日全食的能见范围及为什么漠河是世界最佳观测点；

第六个层次：第11、12自然段，陈述国内外科学工作者汇集漠河，这个层次内部材料安排是并列顺序；

第七个层次：第13自然段，预测下一次同样的天象奇观将出现在什么时候。

这七个层次之间的关系是重要程度递减的关系，但每个层次内部的关系有所变化。可以说，在倒金字塔的框架下，包容了多种结构关系，对处理各种材料应该说都是比较方便的。我们平时见到的更多是这样的倒金字塔结构。

（二）倒金字塔结构的优势

1. 内容上：符合新闻传播的根本要求；

2. 形式上：简洁、明快，富有节奏感。

新闻报道的是事实，传播的是信息。新闻事实之所以值得传播，就是因为事实中包含了为读者普遍关注的新的信息。和信息相比较，事实是外壳，信息是内核。倒金字塔结构组织材料的方法，就是从新闻传播的需要出发，对事实进行分析、分解，把事实中属于读者关注的新的信息提炼出来，并按主次加以排列。因为愈是重要的事实，新闻价值愈高，也愈是受读者关注。这种结构法是完全按照新闻传播的要求、按照新闻价值大小来组织材料的，最大限度地把新闻信息直接呈现出来，在快捷传播新闻信息方面有着独到的优势。

正因为倒金字塔结构符合新闻传播的根本要求，所以这种形式对记者、编辑、读者来说，都可以及时有效地处理信息。

对记者来说，便于写稿。采用这种方式写稿，记者只要分清材料的主次，就可以方便地把材料组织有序。这样可以出手快、写得短，一旦感到时间紧迫，即可止笔，不必再往下写。这种写法可以提高记者的工作效率。

对编辑来说，便于选择和删节稿件。在选择稿件时，不需要把全文看完，就可知道消息的主要内容，决定用还是不用。如果决定用，由于版面或节目时间有限，难以容纳消息全部内容，可以较容易地从最后一段往前删，直到字数合适为止，也仍然是一篇独立的、完整的消息，不会损伤它的重要内容，而不必对稿件大动刀斧打乱重写。这种写法可以提高编辑的工作效率。

对读者来说，便于阅读。新的信息特别是重要的新信息已从事实中分析出来，直接呈现出来。读者可以很容易地把握事实所含的信息和重要之处。在阅读时也可随时停下来，即使不往下读，也能粗知事情梗概。这种写法也可提高读者阅读的效率。

所以，倒金字塔结构是一种符合新闻传播根本要求的、具有新闻传播特点的、快捷有效的结构方式。它所具有的长处使它成为新闻写作特别是动态消息中广泛使用的一种形式。

二、时序结构

根据事实发生先后顺序来组织材料，安排层次，也是消息经常采用的一种结构方式。这种结构强调的是事件的过程，有些新闻事实的魅力蕴含在情节变化中或者必须交代过程才能把事实交代清楚，在这种情况下，用时间顺序结构就是最佳的选择。

时序结构常见有两种方式：

（一）编年体式的时序结构

编年体式的时间结构从导语开始即按事件发生的时间顺序来写作。导语一般陈述事件的开端，有一定的悬念性，主体承接导语，继续陈述事件的过程，事件结束时消息也就收尾了。这种写法如同讲故事，开头比较一般，随着情节步步推进，事件的高潮在后面出现，因此，它适合那些故事性强、以情节取胜的新闻。

看下面这条消息：

被逼搬家鳄鱼冬眠被打搅　人鳄大战惊心动魄

重庆讯　近日来气温不断下降，而鳄鱼中心100余条鳄鱼相继钻进水底的泥沙层，进入冬眠状态。为避免长时间冬眠带来体质下降等后遗症，鳄鱼中心准备将它们迁入新建的“模拟热带雨林”大棚。昨日一早，20余名身强力壮的“拆迁人员”实施搬迁。

“擒贼先擒王”，放干鳄鱼潭水，舀去池底泥沙，两条身长5米，总净重1吨的泰国食人鳄露脸了。趁其中的母鳄迷迷糊糊之际，20名大汉三下五除二将其五花大绑，拖到岸上。

清醒过来的母鳄心犹不甘地挣扎着，低鸣示警。潭中的公鳄倏然从沙中抬起脑袋追到岸边，露出森森獠牙，母鳄身上一根手臂粗的绳索应声而断，公鳄朝步步后退的人群逼近。得到喘息之机的母鳄也成功地挣脱身上的十余圈绳索，与公鳄会合展开反扑。

眼见退无可退，20余名工人迅速闪到鳄鱼侧身，抓起两只不及封口的木箱便往鳄鱼身上盖去，行动不便的母鳄被盖住了，仅有头部入“网”的公鳄将木箱壁打断，随后尾部横扫过来，其身侧的8名大汉被“扫”进了泥潭。公鳄怒号着，掉转身体向潭中爬去——8名“落汤鸡”危在旦夕。就在公鳄张嘴欲咬之际，两个活结由岸边抛到了它的嘴上，10余名壮汉死死拉着绳套的另一头，围着鳄鱼潭快速飞跑起来，8名“落汤鸡”借此机会爬上岸来，被转得晕头转向的公鳄扑腾一番后，终于精疲力竭被拖上岸来，被送入温暖的新居。

此时，一场收编虾兵蟹将的战争仍在继续。截至昨日下午3时，已有60余位“钉子户”搬入新居，在用厚厚的钢化玻璃隔绝而出的“热带雨林”中，它们将恢复以往的正常生活。

（2001年12月10日《扬子晚报》）

报上采用这种形式写的消息，常常是一些短小的社会新闻，这些社会新闻以情节取胜，并且篇幅短小因而无需导语。

（二）提要式的时序结构

提要式的时间结构实际上是把倒金字塔结构和时间顺序结构相互结合、取长补短而产生的一种结构形式。消息的开头是一个总结性的新闻导语，点出最精彩或最重要的新闻事实，在以后的段落中就基本上按照事件发生、发展的顺序写作。这样的消息给人的感觉是既重点突出，又完整清晰。

看下面的消息：

白色皇冠拖着被撞伤者狂逃

众出租车怀着满腔义愤猛追

本报今日凌晨1时讯　昨天晚上，郑州市街头发生了一起令人发指的恶性交通肇事案。到凌晨1时，受害者一死一伤。

昨晚9时40分许，在经一路与金水路交叉口，一辆牌号为豫A54010的皇冠2.0白色轿车，撞着了各自骑车行走的苏东海、苏雷父子。11岁的苏雷被当场撞翻在地，被撞飞的小苏雷将皇冠车的挡风玻璃撞了一个破碎的大窝；他的父亲苏东海以及两辆自行车则被卡在汽车左侧的前后轮之间，逃跑的汽车拖着苏东海狂驰几百米远。目击人谭杰说，在夜幕之下，汽车不停地飞跑，自行车在马路上摩擦出一路火花。

9时45分，准备在10时接班上岗的特巡一分队两位警察驾驶警车正在东明路电院加油站加油，看到了狂奔而来的皇冠车，立即追赶。此时，发现此情的行人、3辆出租车、1辆工具车在义愤之下，几乎一起加速对皇冠车围追堵截，终于在距商城路不远处将其逼停。

在警察的帮助下，苏东海被立即送上赶到的120急救车，旋即被送往郑州市120急救中心急救。小苏雷也被送往人民医院急救中心进行急救。司机立即被警察控制。

22 时 37 分，120 值班调度田志梅在电话中告诉记者：苏东海伤势严重，医护人员正在抢救。

11 时，记者在急救中心看到，苏东海被皇冠车拖拉得几乎体无完肤，从头到脚，伤痕深深。头发被鲜血浸透，右臂皮肤被摩擦殆尽。

12 时，在省人民医院急救中心抢救现场，记者看到，被用上呼吸器的小苏雷心跳次数在一点点地下降，他的呼吸已经完全停止。医生说，他的内脏已经破碎，颅内严重受创，这两种伤都是致命的。事实上，小苏雷已经死亡。孩子的亲属在抢救现场悲痛欲绝！

近凌晨 1 时，记者在事故处理部门被告知，肇事车司机已经接受询问。

（1997 年 8 月 25 日《大河报》，第八届中国新闻奖消息一等奖）

时间结构的好处是比较清楚显示事件的来龙去脉、前因后果，便于读者阅读理解，写起来也比较自然、容易掌握。

运用时序结构时，需要注意的是：①分清材料主次，详略得当；②线索该断的地方要断开，形成“跳笔”；③注意“穿插”技巧的运用，把现场情景、人物引语、背景材料、细节描写等穿插运用到消息中去。消息《青岛动物园一职工毒杀两熊五鹿受审》突出了庭审中人物的陈述，通过人物语言把事件的起因客观地加以陈述，并不断穿插各种背景材料，使这篇时序结构的消息较为活跃。

三、并列结构

并列结构的消息有一个概括性导语，随后的几个层次所涉及的内容基本上是对导语的分别展开。导语与主体的关系是总分关系，而主体各个部分之间是并列关系，也可以叫总分结构。

看下面的消息：

党委书记嫁姑娘　竟令村民凑嫁妆

新华社石家庄 12 月 3 日电　正当“三个代表”宣教活动在农村深入开展的时候，河北唐县北店头乡党委书记乔贵山为其女儿大摆婚宴，乡政府竟公然向下属的 20 多个村摊派财礼，引起了当地干部群众的不满，在当地造成极坏影响。

11月30日12时25分，记者走进唐县隆昌大酒店，“参加”了乔贵山女儿的婚宴，在现场看到15桌酒席摆满了一层餐厅。餐厅大门的对面就是“账房”，几个人围坐在一张圆桌旁专心等待着送财礼的客人，圆桌上摆满了红纸做成的账单。记者谎称是乔书记的朋友，问他们应该交多少财礼钱，他们说“五十、一百都可以”。记者便掏出50元，他们欣然笑纳。

据北店头乡一些村干部反映，11月27日，他们都得到了乡政府办公室或乡领导的通知，让他们30日中午参加乔书记女儿的婚宴，村支书和村委会主任各交100元财礼，每个村一共要交200元。他们说，现在办婚宴是最赚钱的，来的人越多，得到的财礼就越多，赚的钱就越多。

一位村支书告诉记者，上月27日，乡政府办公室一位工作人员给他打来电话，说乔贵山的女儿结婚，让他和村委会主任于30日中午去喝喜酒，每人交100元财礼。30日10时左右，他来到酒店送财礼，因为还有别的事情，他交了100元就往回走。这时副乡长马喜增把他喊住，让他看看别的村都交了多少钱。这位村支书一看账单，每个村的村支书、村委会主任以及乡信用社、派出所、乡中学的领导都交了100元。他解释说村委主任不在家，马喜增却让他替村委主任交了100元。

另一个村的老支书说，大概在去年农历正月十七，乔贵山的父亲去世后，他也曾得到乡政府让他参加乔父葬礼的通知，他不得不送了一个花圈，并奉上了100元钱。一些村干部表示，他们不会自己掏腰包为乡党委书记“凑份子”，会把这笔钱记到村集体的账上，最终要由村民出这份钱。

唐县地处太行山区，是河北省贫困县。一位村支书气愤地说，乡领导在会上向村干部宣讲“三个代表”精神，大谈如何改进领导干部作风、反对奢侈浪费，会下却大摆婚宴，并向村干部摊派财礼，这种口是心非的做法，实在有违“三个代表”精神。

（2001年12月4日《中国青年报》）

这是一个“总分总”的结构。先交代新闻要点，然后从四个方面陈述具体事实，即记者的目击和对乡干部的采访。第一方面内容：记者目击，描写现场情况，记者自己对事实的目击和证实；第二方面内容：通过一位村干部的陈述，为乡党委书记送礼竟然是乡政府的政令；第三方面内容：通过另一名村干部的陈述，进一步证实是乡政府的要求，并用具体事实说明少了还不行，有的村交了500元之多；第四方面内容：通过又一位村干部的陈述，说明这种事不是第一次，以前这个党委书记父亲去世乡政府也曾通知村干部参加丧礼，并且说明送礼的钱虽然由村干部拿出，最终还是要从老百姓的口袋里去找。这样从各个方面把这个乡干部的丑行一层层剥开，表述得比较充分。最后虽然也是对村干部的采访，但主要是一种评价，一种借口说话，是一个总括。

四、对比结构

消息各部分材料基本上是按对比的方式展开的，适用于有明显反差的两方面事实或一些有关矛盾、争议的报道。

这类结构形式的报道，其导语常常是对比式的，主体部分自然以对比方式展开叙述。这种对比可以是前后对比，也可以是交叉对比。

（一）前后对比

对相互矛盾的两方面内容先后陈述，形成对比。第十二届中国新闻奖消息一等奖作品、新华社消息《七年上诉冤屈未伸张》（339页）采取的就是这样一种对比结构。消息的前半部分叙述的是1994年河北省丰润县大令公庄村民选举时被村干部打伤甚至打残，1999年经记者报道后，河北省委组成调查组，经过2个月的调查，花费几十万元，形成调查报告；为了落实省委调查组交办的事宜，唐山市、丰润县又都组织了专门的机构，花了大量人力财力，最终形成了厚厚的“落实报告”。事情似乎有了完满的结局。但后半部分记者写7年之后，重访大令公庄，村民却对此事怨声载道，因为他们卖尽家产上告的结果是打人的干部虽然受到党内警告处分，却成了村里新任的党总支书记。前后形成鲜明的对比，揭示了一个讽刺性的局面。

（二）交叉对比

对相互矛盾的两方面内容交替陈述，形成对比。

看下面的例文：

婚姻法修改方案在中国各界引起激烈争议

新华社北京1998年8月2日电（记者　倪四义　李努尔）刚刚出台的一项反对婚外恋和控制离婚的法律修改方案在中国引起激烈争议。拥护这一措施的人认为它有利于维护家庭和社会的稳定，反对者则称这是中国婚姻家庭理念的“倒退”。

这部暂定名为《婚姻家庭法》的草案把夫妻分居3年作为法院判决离婚的标准之一。草案还规定，夫妻双方有“相互忠诚”的义务；有婚外恋或婚外性行为的被视为“有过错一方”，离婚时应赔偿受害方的损失。

草案经中国媒介广泛披露后，引起轩然大波。分析家认为，这些修改意味着那些企图在婚外仍自由享受恋情的人可能受到法律的惩罚。

方案起草人之一、中国政法大学教授巫昌祯女士说，法律把“相互忠诚”规定为夫妻的义务，就是要把婚外恋情和婚外性行为视为非法，这是“一夫一妻”制决定的。

现行的婚姻法规定离婚的条件是“感情破裂”。但是法律专家们认为，这种标准在实践中很难操作，所以草案试拟稿规定了具体的衡量标准，包括分居3年可以离婚等。

但是，中国社会科学院社会学所研究员李银河表示担心，新规定“会损害中国公民自改革开放以来逐步争得的离婚自由的权利”。她警告说，“在修改婚姻法时，要警惕倒退”。

她认为，理想的婚姻应该以感情为基础，感情破裂应该是离婚的条件。法律可规定分居3到6个月即可离婚，3年时间太长，“纯属折磨人”。方案提出在离婚时追究第三者责任，实际等于鼓励捉奸，会造成侵害公民隐私权的事大量发生，“这与中国当前改革开放的气氛不符。”她说。

参与法律草案起草的全国妇联的女权问题专家徐维华对婚姻法“倒退”的说法提出了不同意见。她说，现行婚姻法对离婚的条件规定得太松，离婚很容易，致使许多妇女在操劳毕生后孑然一身，还要抚养孩子，有的甚至得不到足够的抚养孩子的费用。

"制定一项法律，关键要看它是否符合社会的实际情况，能否切实、公正地保护公民的各项合法权益，而不应简单地以所谓'进步'还是'倒退'来衡量它。"徐维华说。

中国法律界年轻的一代普遍反对把"相互忠诚"作为夫妻双方的义务纳入法律。

北京一位有名望的律师马晓刚说，把婚外恋和婚外性行为视为非法是把道德问题法律化，"这是不能接受的"。很多人还提出，婚外恋属个人隐私，法律不应干涉。

中国南方开放地区的媒体近日连篇累牍地发表文章对草案试拟稿提出批评。记者在采访调查中发现，年轻人对反对婚外恋和限制离婚的做法毁誉参半。

此间社会学专业人士认为，这场争论实质上是中国社会由封闭走向开放引起的。随着经济的发展和外来文化的影响，年轻一代在婚姻、家庭和性的观念上更趋开放。

但是，一些研究婚姻家庭的专家们则同时指出，如果在婚姻和家庭问题上没有足够的控制，中国势必要走西方性解放的老路。"西方性解放已有前车之鉴，中国应该吸取教训。"巫昌祯教授说，"中国的婚姻法应该倡导一种认真的、充满责任感的婚姻家庭观。"

记者在采访中发现，婚姻家庭法草案试拟稿的起草人中有90%为女性。这部法律最终要经过全国人大全体会议讨论通过，而在这些立法者中近八成为男性。到那时，法律草案是否会有新的变化，目前尚不可知。

消息报道了围绕新的婚姻法方案针锋相对的两方面意见，但并不是简单地两面对比，因为各方的意见较为复杂，如果仅只简单分叙两种意见，很难把观点讲清楚。所以它采取交叉对比的方式，先提出修改后的新内容，然后针锋相对地提出反派的意见，针对反派的意见，再针锋相对地提出不同意见，之间，又穿插一些背景材料和评述，指明不同意见的社会背景和社会立场。这样，每一种意见的针对性很清楚，便于读者了解各种不同观点的交锋，而且不断的转折又使报道波澜起伏、富有变化。

五、事理结构

消息各部分的材料是按事实的因果关系来安排的，所以又叫因果结构。

看下面的消息：

深圳部分外来劳务工劳动安全状况堪忧

本报讯　为深圳的经济奇迹作出巨大贡献的外来劳务工，他们中的一部分人目前劳动安全状况令人忧虑。这是记者近3个月来对深圳部分外来劳务工进行调查后发现的。

从1998年底至1999年3月上旬，记者从深圳市负责鉴定工伤的7个法医室，获得了他们在1998年鉴定的12189例工伤情况。对此的分类统计表明：伤残程度为1%～29%的有10336人；伤残程度为30%～49%的有533人；伤残程度为50%～100%的有472人；有伤无残的有848人。

法医告诉记者，他们所鉴定的工伤中，90%以上都是断指、断掌或断臂。

比因工致伤致残更为严重的，是因工伤死亡。深圳市劳动局官员向记者透露，1998年深圳市工伤死亡80多人。

综上调查，1998年深圳有这样两个数字：

——每天有31人因工致伤致残；

——每4天半有1人因工伤死亡。

职业病问题也令人触目惊心。据深圳市防疫站提供的材料说，“目前全市有工业企业9582家，作业工人133.5万人。其中涉及有毒有害的企业4031家，占42.7%；有毒有害作业工人11.6万人，占8.69%”；“近年经我市职业病诊断组诊断为各类急、慢性职业中毒的有69宗，中毒人数371人，其中死亡23人。”

据记者调查发现，出工伤事故的多是外来劳务工，这部分人群具有年龄小、流动性大、文化层次偏低的特点。工伤事故大多发生在台资、港资等“三来一补”企业及个体私营企业。

关于工伤原因，记者分析大约有这么几条：机器设备陈旧落后；没有或不落实安全防范措施；老板强令工人加班加点，超负荷工作；工人营养不良，健康状况不好；工人文化素质较低，又缺少岗前培训。

一位法医对记者补充说：工伤事故状况之所以这么严重，我认为还有一个重要原因，就是政府有关部门监管不力。

一位劳动部门的干部也补充说：政府有关部门对于引进外资认识上有误区，指导思想不对头。有的乡镇提出"不惜任何代价为外商外企创造投资软环境"。而所谓"软环境"，说穿了就是牺牲工人的人身安全、牺牲原则、牺牲政府的政策法规。

在采访中，许多方面的人士都对记者提出：外来劳务工是弱势人群，他们的合法权益最需要保障。而现在这部分人群恰恰是保护的"空白地带"。这个问题亟须引起有关方面包括工会组织的高度重视。

（1999年3月13日《工人日报》，第十届中国新闻奖消息二等奖）

这篇消息大致有三个层次，第一个层次陈述对工人劳动安全调查的情况，第二个层次陈述问题的原因，第三个层次呼吁人们重视这个问题。这三个层次之间的关系是一种因果关系，也是一种事理关系。

六、点面结构

在写综合消息时，常常既需要有概括材料即面的材料，又需要有具体材料即点的材料，在组织材料时，把两方面的材料穿插安排，就是点面结构。点面结构又有两种形式，一种是从面切入，导语中是一般情况；一种是从点切入，导语中是个别情况。

看下面的消息：

山西9340个自然村251万山西人口告别吃水难

新华网太原2002年7月29日电　随意走进一个农家小院，都可见到鲜花和清新可人的新鲜蔬菜，就连房顶上也栽种着绿油油的葡萄、圆溜溜的大西瓜。这是记者在连续六年遭受干旱的山西吕梁山区看到的景象。

山西省省长刘振华两年前曾代表省委、省政府向全省人民庄严承诺：用3年时间，解决240万农村严重缺水人口的饮水困难。与此同时，国家水利部也启动了三年农村饮水解困工程计划。如今，山西省已有9340个自然村、251万人告别了水荒。

村民刘应莲的家里一片春色，她正在给自家院子里的蔬菜浇水。她说，过去村民们用三轮车到金罗镇、水峪村去拉水，她和丈夫一天最多能拉四五回。现在家里修建了旱井集雨场，吃水不再发愁了。丈夫乔润平现在能去吕梁地区水泥厂打工，主要是因为没了吃水的后顾之忧。

吕梁是中国最为贫困的革命老区之一，也是山西省水资源最为匮乏的地区。“水荒”致使山西省50多万劳力不得不放弃生产，奔波于找水运水的路途中，最远的拉水距离达30多公里，使大量青壮年劳动力被束缚在山区。

但今天，在吕梁中阳县大石碛村，记者看到村里来来往往的都是些老人、小孩和妇女。村支书刘春生告诉记者：“青壮年劳力都外出打工了，这样全村人均年收入都在两千元左右，家家户户都买了电视机。”一些干部认为，饮水解困工程从更大意义上说是解放了农村的生产力。

中阳县古家岭村村民范欢平家里收拾得很齐整，厨房全用白色瓷砖铺成，自来水管下方是一个用瓷砖瓦砌成的小型蓄水池。范欢平笑着说：“过去，山里人有个窝住就不错了，现在家里通上干净的自来水，也得收拾得干净些，设施得配套啊！”

饮水解困工程不但绿化了屋里屋外、房前院后，而且发展了“房顶经济”。据柳林县大圪达村村干部介绍，由于去年水窖供水充足，每户农家平均2架葡萄，增收三四百元。在大旱之年，这对村民来说是一笔不小的收入。

农村饮水解困工程也促进了农业结构调整，极大地改善了农民的生产生活条件。临汾市一些农村利用饮水工程发展起林果、蔬菜、药材等经济作物8000多亩；晋北河曲县农民利用旱井集雨建起了蔬菜大棚，种上了反季节蔬菜，县里还建起了一家酿酒厂；陵川县古郊乡上河村打了水井后，村民纷纷买牛、买羊，办起了鸡场、猪场，发展起了规模养殖业。

据了解，目前，山西省各地在工程管理过程中引进市场机制，实行有偿用水、以水养水的全新管理制度，增加了工程的透明度，变过去的“福利水”为“商品水”、“健康水”，使有限的水资源发挥出了巨大的经济和社会效益。

这篇消息中，大致有四种不同性质的材料：

1. 概括材料

——如今，山西省已有9340个自然村、251万人告别了水荒。

——但今天，在吕梁中阳县大石碛村，记者看到村里来来往往的都是些老人、小孩和妇女。村支书刘春生告诉记者：“青壮年劳力都外出打工了，这样全村人均年收入都在两千元左右，家家户户都买了电视机。”

——据柳林县大圪达村村干部介绍，由于去年水窖供水充足，每户农家平均2架葡萄，增收三四百元。在大旱之年，这对村民来说是一笔不小的收入。

——临汾市一些农村利用饮水工程发展起林果、蔬菜、药材等经济作物8000多亩；晋北河曲县农民利用旱井集雨建起了蔬菜大棚，种上了反季节蔬菜，县里还建起了一家酿酒厂；陵川县古郊乡上河村打了水井后，村民纷纷买牛、买羊，办起了鸡场、猪场，发展起了规模养殖业。

——据了解，目前，山西省各地在工程管理过程中引进市场机制，实行有偿用水、以水养水的全新管理制度，增加了工程的透明度，变过去的“福利水”为“商品水”、“健康水”，使有限的水资源发挥出了巨大的经济和社会效益。

2. 具体材料

——随意走进一个农家小院，都可见到鲜花和清新可人的新鲜蔬菜，就连房顶上也栽种着绿油油的葡萄、圆溜溜的大西瓜。这是记者在连续六年遭受干旱的山西吕梁山区看到的景象。

——村民刘应莲的家里一片春色，她正在给自家院子里的蔬菜浇水。她说，过去村民们用三轮车到金罗镇、水峪村去拉水，她和丈夫一天最多能拉四五回。现在家里修建了旱井集雨场，吃水不再发愁了。丈夫乔润平现在能去吕梁地区水泥厂打工，主要是因为没了吃水的后顾之忧。

——中阳县古家岭村村民范欢平家里收拾得很齐整，厨房全用白色瓷砖铺成，自来水管下方是一个用瓷砖瓦砌成的小型蓄水池。范欢平笑着说："过去，山里人有个窝住就不错了，现在家里通上干净的自来水，也得收拾得干净些，设施得配套啊！"

3. 背景材料

——山西省省长刘振华两年前曾代表省委、省政府向全省人民庄严承诺：用3年时间，解决240万农村严重缺水人口的饮水困难。与此同时，国家水利部也启动了三年农村饮水解困工程计划。如今，山西省已有9340个自然村、251万人告别了水荒。

——吕梁是中国最为贫困的革命老区之一，也是山西省水资源最为匮乏的地区。"水荒"致使山西省50多万劳力不得不放弃生产，奔波于找水运水的路途中，最远的拉水距离达30多公里，使大量青壮年劳动力被束缚在山区。

4. 评价材料

——一些干部认为，饮水解困工程从更大意义上说是解放了农村的生产力。

——饮水解困工程不但绿化了屋里屋外、房前院后，而且发展了"房顶经济"。

——农村饮水解困工程也促进了农业结构调整，极大地改善了农民的生产生活条件。

这篇消息是一篇工作成就的报道，生动不枯燥，很大程度上得力于材料类型丰富并且互相穿插。以具体的情景描写开头，主要的新闻材料是概括的和具体的材料，概括材料以概括事实和数据报道了告别水荒的受益人群的实际利益，具体材料报道受益的村民生活的改善和欢悦的心情。这两种材料交叉运用构成的现实材料，又与背景材料形成鲜明的对比，衬托新闻事实的变化和意义。而以评价材料贯穿首尾，展示叙述的脉络。其中有描写、有叙述、有议论、有对话，有声有色。点面结构中的点面材料互相穿插，先叙述什么，后叙述什么，也不是无序的。这篇消息，明是点面结构，暗有事理线索，叙述井然有序。

【思考与训练】

1. 消息主体的功能是什么？

2. 怎样把消息写得可读引人？

3. 分析下编中的消息作品，阐述各篇主体和导语的关系。

4. 修改消息《五月起公民可旁听我省“人代会”》（201 页），使其段落短小、层次清晰。

5. 阅读下编中的消息作品，分析各篇的结构形式。

6. 为什么说倒金字塔结构是具有新闻特点的结构方式？

7. 你认为倒金字塔结构的优势和局限是什么？

8. 除了教材中介绍的消息结构形式，是否还有其他形式？

9. 写作实践中，采用某种特定的消息结构形式，依据是什么？

第十章

各类消息写作

【本章内容提要】

简讯是最简明扼要的消息形式，它用于对重大新闻作快速报道，也用于对不太重要的新闻作简要处理。对重大新闻作快速报道的简讯又叫快讯。

文本消息是以要人讲话、文件公布、统计资料、研究结果、文章著作等文本材料为新闻来源进行写作的消息形式。写作文本消息要求突出有新闻价值的内容并交代来源。

动态消息是对有新闻价值的事物最新发展变化的动态进行及时报道的一种消息形式。写作动态消息要求突出时间最近点、客观叙事、注意描写现场情景、跟踪报道事件变化。

综合消息是一种把诸多有同一性的事实组织在一起进行报道的消息形式。写作综合消息要求准确地概括事实、点面结合、材料充分。

经验消息是报道新鲜工作经验、用以指导工作的一种消息形式。写作经验消息要求精心选择有普遍指导意义的经验，具体交代办法、效果，通过叙事总结经验。

人物消息是报道新闻人物的活动与事迹的消息形式。写作人物消息要求突出地写人物的一件事或一个侧面，用人物自己的言行表现人物。

述评消息是一种以夹叙夹议方式传播新闻信息的消息形式。写作述评消息注意站在一定的高度作宏观分析、将材料和观点紧密结合以及表述的逻辑性。

第一节　简讯与快讯写作

一、简讯

简讯又叫简明新闻，是最简明扼要的消息形式，它用最简短的文字将新闻事实的简要情况报道出来。

下面是两篇简讯：

辽宁朝阳首次发现世界濒危动物黑鹳

据新华社沈阳7月5日电　两只刚刚出生的世界濒危动物黑鹳，近日在辽宁省朝阳市凤凰山脚下的大凌河边被发现。数量比丹顶鹤还少的黑鹳是世界濒危动物、我国国家一级保护动物，全球仅存2000多只，我国现存500多只，主要分布在南方地区。

（2004年7月6日《人民日报》）

黄山世界地质公园"开园"

本报黄山7月4日电　记者刘杰报道：黄山日前被列为世界首批25个世界地质公园之一。今天上午，中国黄山世界地质公园揭碑开园仪式在黄山风景区慈光阁前隆重举行。黄山市市长、黄山管委会主任李宏鸣从国际地质科学联合会秘书长亚诺施克博士手中接过世界地质公园匾额和证书。

（2004年7月5日《人民日报》）

（一）简讯的特点

1. 内容精简

从内容上看，叙事简略精要，只报道最重要的事实，略去事实的过程和细节。背景和消息来源都不是必需的内容，如果需要的话，只简略地交代。

2. 篇幅短小

从字数上看，每篇从十余字到一两百字不等，篇幅是所有新闻样式中最短小的。

3. 结构简单

从结构上看，由标题和正文构成，标题通常一行，正文通常一段。

简讯的形态可归纳为三种：

一是一句话简讯，也叫“一句话新闻”，用一个单句或复句表述新闻事实。

二是一段话简讯，用一个段落介绍新闻事实。

三是分段式的简讯，用两三个段落介绍新闻事实。

简讯的标题可单独标出，也可用黑体字显示，与正文连成一体。有些简讯也可无标题，如一句话新闻，不仅没有标题，也没有消息头。

简讯在内容和形式上都具有不完整性。从内容看，可以没有消息来源，可以没有背景，可以事实要素不全；从形式看，通常没有导语，可以没有标题，可以没有消息头。所以，简讯是浓缩的消息，是简化的消息。

（二）简讯的作用

主要的作用在于对不太重要的新闻事实作简要处理，有利于拓宽报道面，增加新闻信息量。媒体上经常把若干简讯按不同内容归类发布，标为一组简讯，或“新闻集锦”。

（三）简讯的写作要点

简讯既是浓缩的消息，写简讯主要的工作就在“浓缩”上。浓缩可以从两方面考虑，一是提炼新闻精华，必须能用一句话说出新闻中精要之处；二是考虑把新闻精华表述清楚，有什么内容是必须同时交代的。

二、快讯

快讯通常也叫简讯，但在内容和作用上与一般简讯实有不同。所以快讯的定义应该与简讯不同。快讯是用最快的速度和最简短的文字将重大新闻事件的最新情况报道出来。

看下面的一组快讯：

九江段4号闸附近决堤30米

本报江西九江8月7日16时5分电（记者　贺延光）今天13时左右，长江九江段4号闸与5号闸之间决堤30米左右。洪水滔滔，局面一时无法控制。现在，洪水正向九江市区蔓延。市区内满街都是人。靠近决堤口的市民被迫向楼房转移。

本报江西九江8月7日16时35分电（记者　贺延光）现在大水已漫到九瑞公路。据悉，决堤时，一些居民还在睡午觉。现在在堤坝上被洪水围困的抢险人员大约上千人。

本报江西九江8月7日17时5分电（记者　贺延光）国家防汛总指挥部的有关专家正在查看缺口。专家们决定用装满煤炭的船沉底的办法堵缺口。

本报江西九江8月7日17时15分电（记者　贺延光）记者已赶到缺口处。汹涌的江水正从30米宽的缺口涌向市区。南京军区两个团正在国家防总、省防总有关专家的指挥下现场抢险。现在有一条100多米长的船无法靠近缺口，抢险队正在想办法。

本报江西九江8月7日17时40分电（记者　贺延光）专家们拟定了三套抢险方案：1. 将低洼处的市民转移到安全地带。2. 市区内的军队、民兵组成一道防洪线。3. 全力以赴堵住缺口。

现在，一条大船装满煤，正由北向南岸靠近，准备堵缺口。

本报江西九江8月7日22时5分电（记者　贺延光）截至记者21

时撤离时，决堤口还没有堵上。一条装满煤炭的百米长的大船已横在距决堤口20米处，在其两侧，三条60米长的船已先后沉底。数千军民正在沉船附近向江里抛石料。水势稍有缓解。

目前，留在决堤处抢险的人员总计有2000多人，防汛指挥部组织抢险人员正在市区的龙开河垒筑第二道防线。

据悉，市中心距决堤处的直线距离约5公里。市区内目前还未进水。记者赶回市区时看到，一些店铺还在营业。市民们的情绪较下午平稳了一些。路上，出租车司机告诉记者，市政府已在电视上发出紧急通知，告诫市民，凡家住低于24米水位的住房，要迁到更高的楼上。

本报江西九江8月8日零时15分电（记者　贺延光）记者刚刚与前线指挥人员通话：现在沉船部位上端水流有所减弱，但船下的漏洞水流仍然很急，缺口处洪水不见缓解。抗洪军民仍在连夜奋战。

本报江西九江8月8日零时45分电（记者　贺延光）记者刚刚得到消息，从昨天下午4点开始，万余名解放军战士正在龙开河连夜奋战，构筑一道10公里长、5公里宽的拦水坝，作为市区的最后防线。到发稿时止，仍有大批军车赶往此地。

（1998年8月8日《中国青年报》）

这是中国青年报摄影记者贺延光在1998年夏秋之交洪水泛滥的时候写下的一组快讯。当时他在九江采访，正赶上江闸决口的重大险情。他一直坚持在现场，每隔半小时，用电话向编辑部发稿一次，报告抢险情景。从8月7日16时5分第一条简讯发出，到次日零点45分，共8条短讯，最短的只有40个字，长的有200余字，逐步递进地将决口现场军民抢险情景及时真实地作了报道。这一组以集纳的形式登载于中国青年报的快讯，在1999年第九届中国新闻奖评选中，获得特别奖。

（一）快讯的特点和作用

快讯的特点有和简讯相同的地方，也有不同的地方。以上简讯三个特点，快讯都具有，除此之外，快讯还具有重要、快速的特点。重大事件发生之后，记者要以最快的速度报道，三言两语把事情的要点或目前所知的情况发布出去，事件有新的发展或记者获知新的情况之后，再加以补充报道。

（二）快讯的写作要点

和一般简讯相比，快讯写作不仅仅是个浓缩的问题，更重要的是了解有关重大事件的最新情况，快速地发出去。

第二节　文本消息写作

我们在这里提出“文本消息”的概念，是出于对媒体上一种常见消息形式的考虑。媒体上有相当多的消息是根据现成材料写成的，既不同于动态信息的传递，也不同于综合信息的传递，写法要求各不相同。考虑这种消息由现成材料改写的特点，姑且称之为“文本消息”。

下面是两篇文本消息：

安徽省省长王金山说
新闻监督是人民的监督是支持政府工作

新华社合肥2003年2月13日电　中共安徽省委副书记、省长王金山日前说，各级政府要树立监督就是支持的观念，自觉支持和接受新闻舆论监督，把舆论监督与法律监督、党内监督等有机结合起来，促进政府工作作风的转变。

2月12日下午，安徽省政府举行“接受新闻监督恳谈会”，探讨新形势下政府如何更好地接受新闻舆论监督，更充分地发挥新闻舆论的宣传导向作用。

王金山在听取了中央驻皖新闻单位及省内主要媒体负责人关于新闻监督的意见和建议后说，各级政府首先要转变观念，以高度的自觉性，树立监督就是支持的观念。新闻监督的实质是人民的监督，是人民群众通过新闻工具，对党和政府工作人员进行的监督。通过新闻监督，可以反映广大群众的呼声，发现我们工作中的不足，纠正我们工作中的问题，促进我们把工作做得更好。

他说，近年来安徽省委、省政府在对外开放、优化环境、农村税费改革、政风建设等方面建立了重点案件曝光制度，取得了很好的效果。今后，对人民群众关心的热点、难点问题，对省政府一些重点工作和中心工作，将进一步扩大社会公众的知情权、参与权和监督权，主动接受新闻舆论的监督。各级政府要把新闻媒体作为了解社情民意、关心群众疾苦、发现工作薄弱环节和问题的重要途径；同时要与新闻媒体加强合作，建立稳定、畅通的联系渠道。

(2003 年 2 月 14 日《中国青年报》)

天津：青年价值观尖锐对立

本报讯　天津开发区保税区团工委最近公布一项“青年发展状况”调查的结果。调查表明，事业成功、奉献社会和家庭幸福是许多青年的主要追求。但也有一些青年在调查中表示出截然相反的价值观。

一些青年人生价值取向出现偏移：一切以钱为标准，为了金钱而不计其他。对于“给钱多干劲大，给钱少干劲小”的观点，有 19.2% 的青年认为“对”；54.8% 的青年认为“不全对”；只有 21.7% 的青年明确表示“不对”。

对于成功机会的公正性，青年的总体评价较低。只有 36.5% 的青年认为成功机会比前两年“更公正”；45.8% 的青年认为“差不多”；9.7% 的青年认为“更不公正”。26.7% 的青年认为容易得到实惠和成功机会，列 6 个选项的第 2 位；另有 2.3% 的青年认为“经常请客送礼的人”容易得到成功机会；只有不到一半（48.1%）的青年认为“认真工作的人”（15.6%）和“工作能力强的人”（32.5%）容易得到成功机会。

从青年的自身评价看，只有 17.2% 的青年表示自己的作用得以“全部发挥”；59.3% 的青年表示只发挥了“一大半”或“一半”；而认为较少得到发挥的青年为 20%。

天津经济技术开发区是我国建区最早的开发区之一。调查共抽取国企、股份制企业、民企、中外合资企业、外商独资企业、行政机关及驻区单位等样本单位 48 家。调查共发放问卷 1200 份，回收 1167 份，回收率为97.3%；有效问卷1163份，有效率为99.7%。

（2002年3月24日《中国青年报》）

从这两条消息可以看出，文本消息与动态消息、综合消息明显不同。

一、文本消息的特点

（一）文本消息是对现成文本材料的概括

文本消息报道的内容不是单个新闻事件的发展变化，也不是多个新闻事实的综合归纳，而是讲话、意见、决定、调查等已形成书面文字的东西。具体分析，大致有这么几类内容：（1）要人讲话；（2）文件公布；（3）统计资料；（4）研究结果；（5）文章著作。

（二）消息来源单一

一般消息的写作强调多个消息来源，以使报道的新闻更具可信性。文本消息，通常就是对某一文本资料的公布，只有一个新闻来源，或是某个人，或是某个机构，或是某本杂志。

二、文本消息的写作要求

第一，写好新闻根据。交代文本发布的时间和地点。

第二，在内容上要选择最有新闻价值的加以突出。

第三，注意表述的生动性。有时可添加背景材料，有时可描写现场情景。

第三节　动态消息写作

动态消息是对有新闻价值的事实最新发展变化的动态进行及时报道的一种消息样式。

下面是一篇动态消息：

开县1928名群众前往安徽

最后一批三峡移民开始外迁

本报重庆万州8月23日电（记者　田文生）扶着年迈的老人，抱着稚嫩的婴儿，重庆开县1928名三峡移民今天离开故土，最后一批三峡移民外迁工作已经开始。

人很多，但移民人流井然有序，有人牵着心爱的小黄狗，有的人把自己最钟爱的芍药盆花带在身边，还有人提着鸽子笼。4天后，也就是8月27日，他们将到达终点安徽芜湖港，然后分别前往安徽省芜湖市和巢湖市的4个县安家。

今天外迁的84岁的熊青云老太太一家四世同堂，有7口人，全家人充满了对新家的向往之心和对于故土的留恋之情。家中辈分最高的老人随身拿着一把扫帚："刚进新家时，用老家带去的扫帚朝里扫三下，这能保全家平安，万事顺利！这是我们这里的风俗，你们年轻人恐怕都不晓得这个。"61岁的刘朝福带着一包家门口的泥土："想家了就看看这些泥。"29岁的刘永玖则带着一株红橘树苗和一株广柑树苗："我想看看那里是否适合种这些果树，我们要根据当地情况，争取发家致富。"68岁的周都村支书李时宣说："我们这是舍小家，为大家！"

据重庆市移民局副局长欧会书介绍，这是长江水路运送三峡移民中一次性运送人数最多、规模最大、用船最多的一次。明天，791名万州移民将乘火车去往广东，26日下午，最后一拨三峡移民——重庆市奉节县的836名移民将乘坐长航江山19轮告别故土。

（2004年8月24日《中国青年报》）

一、动态消息的特点

（一）动态消息是事件性新闻

事件有不同类型，通常有两种：一种是突发性事件，也叫不可预料性事件，指在社会生活中出人意料的、突然发生的事件，如战争、灾祸、政变、凶杀等，突发性事件的报道反映了人们社会生活中的意外情况。另一种是非突发性事件，也叫可预料性事件，指在人们安排下发生的事件，如重大庆典、体育比赛、科学试验、重要会议等，非突发事件的报道反映了人们社会生活的正常秩序。这些都是动态消息报道的范围。

（二）注重时效，以事物的最新变动为主要着眼点

事物都有一个发生、发展的过程，动态消息往往仅仅截取事物最新的变化，迅速地进行报道。所涉及相关的、以往的事实，则作为新闻背景处理，也就是以新带旧，由近及远，遇事先从眼前的最新变化写起，然后再回叙事件始末及由来。

动态消息所报道的是事件的最新环节，而事件的特性是不断变化，些时和彼时有所不同，要准确反映事件的最新动态，必须迅速，否则，新闻就会成为旧闻，失去报道价值。新闻是“易碎品”这个特性在动态消息的写作中最为鲜明。所以动态消息和其他消息相比，时效性比较强。

动态消息有三种形式：

1. 对已经发生的事实的完成式报道。如新华社消息《地球 3 分钟净增 500 人》，就是已经发生的事实的完成式报道。事实发生发展，直至有了结果，才显示出新闻价值，或者才被记者发现了它的新闻价值，抓住最新动态迅即报道，并交代来龙去脉。

2. 对正在进行中的事实的连续报道。有些新闻事实比较重大，一开始就受到记者的关注，从事件的发生，到整个事件发展变化过程，记者追踪事件发展，不断进行报道，这样就形成连续报道。《新安晚报》从 2001 年 3 月 30 日开始到 4 月 25 日为止的关于汪春良事迹的报道，一共 10 篇，就是对正在进行中的事实的连续报道。第一篇登出的是《皖籍打工仔热血洒深圳》，主要报道皖籍务工人员汪春良见义勇为的事迹。第二篇《爱心源源涌向皖籍英雄》，报道汪春良的事迹在他打工的地方深圳以及他的家乡安徽池州阮桥乡传开后，两地人们伸出援助之手。第三篇《万分之五，也要竭尽全力》，报道汪春良尚未脱离危险，医院尽全力抢救。这两篇刊于 3 月 31 日的《新安晚报》。第四篇 4 月 2 日刊出，标题是《英雄生在贫寒家庭》，报道他的家庭情况。4 月 6 日

登出两篇报道：一篇是《勇斗歹徒　家乡重奖》，报道池州市池州区授予汪春良“社会治安见义勇为好青年”荣誉，并将给予重奖；一篇是《英雄生命尚难测》，报道汪春良仍未脱离危险。4 月 13 日刊出了第七篇《热血英雄魂断南国》，报道汪春良于 4 月 10 日凌晨去世。4 月 21 日又有第八篇《英雄遗体仍未火化》，报道 7 天过去之后，英雄遗体尚未火化，原因是深圳有关单位对英雄态度漠然，有人认为，汪春良与同事刘某是“恋爱关系”，记者采访了池州市贵池区政法委书记樊成孝。樊成孝认为，根据调查的情况，汪春良确是“见义勇为”。4 月 25 日第十篇《汪春良，一路走好》，报道汪春良遗体在深圳火化，骨灰运回家乡。至此，报道基本告一段落。

3. 对即将发生的事实的报道。如新华社消息《昆明将举办滑草国际比赛》，3 月 30 日的消息报道 5 月 1 日至 3 日将举行的赛事。

(三) 内容单一，篇幅简短

动态消息在一篇报道中集中写一件事的最新变化，内容较为单一集中，篇幅相对比较短小。

二、动态消息写作要求

(一) 突出时间的最近点

动态消息内容上着眼于事实的最新环节，时效性强，在写作上相应要突出时间的新。而要突出时间的新，必须找到新闻事件中时间的最近点。从这个时间的最近点切入进行报道，并把这个时间最近点突出地写到报道中。

在实际写作中，有些新闻本身很新鲜，今天、昨天发生的，表述时间要素自然也就很新鲜。有些新闻可能时间上略显陈旧，这就需要记者花一点心思去寻找新闻的“最近点”。从一些记者的实际工作经验来看，有这样一些具体的方法：

1. 挖掘今天的新闻依据

美国新闻学者希伯特说到选择新闻的第一个标准——时间性的时候指出：“我们常说没有比昨天的报纸更老的东西了。报纸的新闻只有一天的寿命，过了一天，新闻就要加上新的消息加以改写。”这就是说，当报道的新闻事件已时过境迁，记者要努力从新闻事件的发展中挖掘“今天”的新闻依据，寻找时间上的“最近点”。

《新安晚报》关于汪春良的报道，第一篇是2001年3月30日见报的，而汪春良与歹徒搏斗发生在3月10日晚，如果消息从3月10日切入进行报道，时间上就比较陈旧。这篇消息的导语是这样写的：

——3月27晚，昏迷了17天的汪春良——这位在深圳市被广泛赞誉的皖籍打工仔，在人们的关注和祈祷下终于苏醒了过来，而他勇斗歹徒的英雄事迹，也在他的家乡——池州市阮桥乡传播开来。

消息从汪春良苏醒开始写。27日，虽然离报道时间还有3天，不是最理想最近点，但是比起3月10日，显然要新颖得多。

挖掘今天的新闻依据，还可以采取披露消息来源的方法。如下面这条导语，缺乏新鲜的时间：

——自去年7月以来我省已清理了59项涉及乡镇企业的不合理收费项目，今后，各乡镇企业减负工作将进一步深入。

在这条导语中，如果加上消息来源“记者今天从乡镇企业局获知”，就可使时间表述增加新鲜感。

2. 挖掘明天的新闻依据

记者有时会遇到这种情况：寻找不到和今日有关的新闻依据，因为不一定所有新闻都恰巧在“今日”（也就是报道之日）有值得写进新闻的新的变化。这就需要记者跳过“今天”的局限，到事件的未来状态中去寻找“最近点”，也就是写成预告式的新闻，同样也能给人新鲜感。

《人民日报》记者洪天国采访黑龙江与北京联合召开的家具会议。会议时间是8月6日，而记者想要将此稿发在8月25日出版的《市场报》上，显然，6日的事件对25日的报纸是太陈旧了。而“今日”，又找不出与6日会议密切关联的内容。思考之后，记者想到，在这个会议上，黑龙江与北京签订了一个合同：到明年4月底，黑龙江将陆续生产6300余件家具供应北京，以缓解北京市场对价廉物美家具的急需。这一点提醒了他：当事件延续到“明天”，即第二年4月，具有新闻价值的内容就呈现在眼前。抓住这一点，新闻就可以这样写：

——到明年4月底，黑龙江省将陆续生产6300件家具供应北京市场。届时，北京居民可在城内购到价格低而质量好的“东北家具”。

消息的主体再交代会议召开的时间以及合同签订的情况。这样，首先把最具有新闻价值的具体内容告知读者，新闻也避免了“旧闻”之嫌。

（二）动态消息一般以客观叙事为主

消息特点之一是“实”，就是具体、客观、实在，在动态消息中尤为突出。这是因为：首先，动态消息是事件报道，事件的报道，主要任务就是把事件的来龙去脉、具体情况交代清楚，读者需要的就是对事件的客观的描述；其次，动态消息是迅速地报道新闻事实的最新变动，处在发展变化中的事实常常扑朔迷离，真相在种种表象和假象之后，或者说真相也需要一个发展过程才能呈现出来，而迅速报道又使记者难以获得全面的材料做出准确的判断，在这种情况下记者明智的做法，不是轻易地下结论，而是如实地把所见所闻所查实的材料描述出来。

（三）动态消息要尽量写出新闻事件的现场情景

动态消息的报道对象是新闻事件，不论是突发性事件，还是非突发性事件，这些事件都会有一个发生的现场，描述现场情景是动态消息重要的写作内容。

记者是读者的耳目，是作为读者的代表去接触新闻事件的，为了让读者对新闻事件有比较具体的感知和比较深入的了解，如实地把新闻事件发生的现场情景描述出来是必要的。这就要求我们记者写动态消息要深入事件现场，只有这样，才能对现场情景做出生动的描述。

在动态消息中对现场情景的描述通常有三种情况：

第一种是记者当时在场，写当时所见所闻。

第二种是记者当时不在现场，事后赶到现场描述所看到的情景。一个记者即使事后到现场，也总能找到事实痕迹，仍然是描述现场的好材料。

第三种是记者通过当事人了解现场的情景。有些突发性事件，当记者赶到现场可能什么也看不到，但还可以通过当事人、知情人了解当时的情景，在报道中作间接描述。

（四）注意对动态消息跟踪报道

动态消息报道的是事实发展中的一个最新环节，大多情况下不是一个完成状态，记者要注意对事实动态的跟踪报道，给读者一个完整的事实面貌。

第四节 综合消息写作

综合消息是一种把诸多有同一性的事实组织在一起进行报道的消息形式。

媒体上经常可以见到"本报综合消息"的标示，这一类综合消息通常都是事件性报道，一般认为是事件性综合消息。这种综合消息是一种广义上的综合消息，具有综合性、事件性、动态性的特点，其性质和写作方法更接近于动态消息，只是比动态消息时空范围大，材料丰富。作为独立新闻样式，似乎特征不足，归于动态消息更合适。动态消息并非"单一新闻"。

作为一种新闻样式的综合消息，通常指的是非事件性的消息写作，其内容和表述都有别于其他消息品种。

下面是一篇综合消息：

我国农民的生活半径迅速扩大

新华社西安（1999年）9月28日电 "三十亩地一头牛，老婆孩子热炕头"，这个我国农民传统的生活理想如今已被放弃。即使在农业资源富饶的关中地区，农民们也纷纷走出老家，到外面去寻求新的发展空间和生活。

37岁的武荣奇，家住陕西礼泉县双合村。他第一次出潼关是10年前。那一年，乡亲们望着成堆卖不出去的苹果而发愁，情急之下，武荣奇带着一卡车苹果，揣着一张地图，一路打听闯进武汉，不到半天，苹果一销而空。拿着净赚的6000元钱，武荣奇拉着苹果又闯进了更远的上海，又一销而空。如今，双合苹果已销往全国，双合人的足迹也遍布所有省区。

“咱庄户人家以前窝在地里抠活路，如今是趴在地图上找富路。”武荣奇自豪地说。百户人家的双合村，现在多数人年出外时间都在半年以上，十几户人已落户他乡。村民惠志超在深圳办起了企业，有了小汽车，当起了深圳市民。

还有一位礼泉农民叫赵爱国，10年前开始做苹果生意。去年他销往俄罗斯、越南的苹果超过亿斤。他说，他每年三分之一的时间在国外，每天都通过电话和互联网掌握着世界市场信息。

以往我国多数农民喜欢在居室里供奉神像，如今越来越多的农民家里挂起了各种各样的地图。在河南省上蔡县东黑河村，农闲时八成以上的青壮的劳力外出做木工、搞建筑。村里年过花甲的李陈氏不识字，但她认识地图上的北京、上海、西安。她说，她的四个儿子在这些城市做工，看着地图，儿子就像在身边一样。

据四川、河南、湖南、山东、陕西统计，这几个劳务输出大省每年外出打工和做生意的农民超过2000万人次。

旅游对今天的农民来说，也不再是一种陌生的奢侈。中国国际旅行社的一位管理人员介绍说，近年来，我国沿海和内地农民旅游的需求越来越大。无论在火车上、轮船上，还是飞机上，随处可见农民旅行团。

统计资料说，1998年中国农村出游人数已达3.85亿人次，成为世界上最大的旅游人群。

西北大学经济学教授、陕西省政府秘书长王忠民说：“我国历史上，农民大规模的背井离乡从未中断过。只有今天，他们不是被逼无奈地逃避战乱和灾荒，而是为提高生活质量自愿远离家门。”

一、综合消息的特点

（一）新闻的非事件性

综合消息是一种非事件性新闻。非事件性新闻不是以一个具体事件为报道内容，而是以社会生活渐变过程中某些规律性的内容为报道对象，诸如社会现象、社会问题、社会状态、社会风貌，等等，是很多事件或事实内在共性的表述。

（二）材料的综合性

作为非事件性新闻，是多种事件的集合。它所综合的材料，内容范围广，类型多样，常常既有个别事实，也有概括事实和精确事实；有同类的材料，也有对比的材料。

（三）时空范围较大

从空间上说，呈现多空间位置，是对一定空间范围内事实情况的报道；从时间上说，不是最近时间点，而是最近时间段，是对一定时间范围内事实情况的报道，而且时空上并无明确的界限，这一点和事件性的动态消息不同。

（四）新闻价值蕴含在事实的内在联系中

综合消息所报道的是事实渐变过程中带有规律性的东西。它的新闻价值不体现在个别事件中，而体现在多个新闻事件的共同联系中，信息较为隐蔽和深层。这种较为隐蔽和深层的信息发掘和报道出来，记者主体认识起很大作用。事实固有的、内在的、共同的有新闻价值的联系，靠记者去认识、去发现并且描述出来。正是记者的主体认识，使不同的事实得以在一件新闻作品中成为有机整体。

二、综合消息的两种基本类型

综合消息是一定时间内、一定范围内对各种事实的综合报道，但在不同的综合消息中，对事实综合的侧重点有所不同。通常有两种情况：一种情况侧重于对一定阶段多种有共性的事实的综合；一种情况侧重于对一定范围内多种有共性的事实的综合。前者是纵向的综合，后者是横向的综合。

（一）横式综合

侧重于一定范围的多种事实的综合。《山西 9340 个自然村 251 万山西人口告别吃水难》（215 页）、《我国农民的生活半径迅速扩大》（233 页）两篇都是横向综合。这两篇都是点面结合的结构方式，但又有叙述的内在线索，这个内在线索就是事实的各个方面以及事实涉及的各个地方。前一篇涉及了劳力解放、庭院经济、经济结构调整、有偿用水以及吕梁的每个县村等。后一篇涉及了农民的经商、打工、旅游等事实的各个方面以及陕西、河南等地农民的具体事实。这种综合显然是一种横式的综合。

（二）纵式综合

侧重于一定时间内多事实的综合。刊载于2001年12月26日《湖南日报》的《洞庭湖长大五分之一》，是一篇纵向概括的综合消息。洞庭湖在明代号称“八百里洞庭”，以后盲目开垦，到治理前，湖面已萎缩到两千多平方公里，调蓄能力减弱，灾害频频发生。1998年特大洪水之后，党中央、国务院决策对洞庭湖进行整治，经过三年的综合治理，湖水面积有了较大恢复。消息侧重概括了三年的整治及整治的成果。

三、综合消息的写作要求

（一）准确地概括事实

综合消息的新闻价值蕴含在事实的联系中，这种联系靠记者的主观认识去发现。写综合消息时，记者的思考很重要。这并不是说写动态消息不需要思考，写动态消息更多的是在思考如何选择重要点，写综合消息需要思考的是各种现象的内在的、共同的联系。所以，在写作综合消息的时候，比起写动态消息，思考要更深入一些、更复杂一些。写综合消息，有一个由表及里的思考过程，对众多事实的内在联系作准确的概括，这是写作综合消息首先要做的。

（二）事实材料要充分

准确的概括要建立在充分的事实基础上，材料充分才能为记者对事实的概括提供有力的根据，材料充分才有可能进行准确的概括。概括即使是准确的，若没有充分的事实进行说明，概括也将是空洞的、没有说服力的。新华社综合消息《山西9340个自然村251万山西人口告别吃水难》和《我国农民的生活半径迅速扩大》，材料运用都比较充分，因而较有说服力。

综合消息运用材料通常有两种常见的方式：

1. 集合式。集合多种同样性质的事实，采取并列的方式。

看下面的消息：

拉萨街头标语牌人情味浓郁

中新社拉萨2001年5月18日电　无论漫步在繁华的拉萨市区，还是驱车行进在苍凉的高原丛岭，西藏路边的标语牌时常以其浓浓的人情味，令人耳目一新，心头一热。

在拉萨闹市区的康昂路的花圃里，记者看到一块小小的标语牌上写着："我也有生命，请你爱护我。"拟人温柔语气，与不远处雄伟的布达拉宫形成生动的对比。

一位见多识广的旅行家告诉记者，西藏的司机大概是国内最懂礼貌、最守交规的司机。会车时总是远远找块稍宽的路面等对方先过。因此，尽管西藏的路况较差，却很难见到人为堵车的现象。拉萨马路的隔离栏上最常见的就是"开车礼当先，行路慎为本"的友善提醒。西藏各地的标语牌并不多，但常能令人过目不忘。出拉萨，坐车去东南部的林芝地区，公路上有"保护脚下路，留与后人走"的标语。翻过海拔五千零二十米的米拉山口，又有"祝您一路平安"的路牌。在工布江达县城的交通检查站，标语牌上写着"以礼服人，以礼待人"。这表明了管理部门的态度和作风。

西藏是个神秘的地方，也是一个充满亲情和友谊的地方。仅林芝地区的一个八一镇近年来就接受广东、福建两省的援藏项目近五十个，资金达三点六亿元。标语牌中也多有表现，如："携手共建我百巴，广东林芝是一家。"等等。

西藏的标语牌全部用藏、汉两种文字书写。在林芝第一中学，教学楼的过道上，除了部分校训外，还有一块标语牌引人注目。"脚步放轻，勿扰他人。"细心的人情关照看来已从孩子培养起了。

这些集合并列的事实一般都是具体事实，是一个一个的"点"集合在一起。说服力靠规模效益。

2. 点面式。"点"的材料和"面"的材料并用，采取点面结合的方式。说服力建立在既有一般又有个别的辩证统一上。

"点"的材料，通常是具体事实，作用是反映整体中的个别情况，从细部、从深处来描述事实。"面"的材料，通常是一种概括的事实或数据，作用是描述事实的整体状况。两方面结合起来，可以产生较好的报道效果。如果只有"点"的材料，就不能写出整体状况，对主题没有说服力；而如果只有"面"的材料，又容易造成抽象、笼统的毛病。

新华社综合消息《我国农民的生活半径迅速扩大》和《山西9340个自然村251万山西人口告别吃水难》采取的是点面结合的方式，但切入点有所不同，前者由"面"切入，后者由"点"切入。

在写作综合消息时，容易出现两种倾向：一种是缺少有说服力的"面"的材料，"以点代面"，这样容易产生片面性；一种是缺少"点"的材料，抽象笼统，表现事实没有深度，也缺少人情味。

（三）用对比的手法衬托主题

由于综合消息的信息具有隐蔽性，反映的是渐变过程中的社会现象，如果没有相关的事实作对比，变化很难显示出来。所以，对比，在综合消息写作中，是一种常用或者说是必用的手法。在每一篇综合消息中，几乎都要用到对比手法。

在新华社综合消息《山西9340个自然村251万山西人口告别吃水难》中，多处用了对比：过去干旱，现在满园春色；过去到很远的地方拉水，现在自来水通到了农民的厨房里；过去村里的劳力都用在外出拉水上，现在出外打工，创造更多的经济收入；过去吃的水都没有，现在引水灌园浇地，促进了农业结构调整，使种植业、养殖业都发展起来。通过对比，使得"告别吃水难"的报道主题得以凸显。

在新华社综合消息《我国农民的生活半径迅速扩大》中，也是多处对比：

——"三十亩地一头牛，老婆孩子热炕头"，这个我国农民传统的生活理想如今已被放弃。即使在农业资源富饶的关中地区，农民们也纷纷走出家门，到外面去寻找新的发展空间和生活。

——用武荣奇的话说："咱庄户人家以前窝在地里抠活路，如今是趴在地图上找富路。"

——以往我国多数农民喜欢在居室内供奉神像，如今越来越多的农民家里挂起了各种各样的地图。

——西北大学经济学教授、陕西省政府秘书长王忠民说：“我国历史上，农民大规模的背井离乡从未中断过，只有今天，他们不是被逼无奈地逃避战乱和灾荒，而是为提高生活质量自愿远离家门。”

正是有这些对比，我国农民生活的新变化及其意义才显示出来。

第五节 经验消息写作

经验消息是报道新鲜工作经验、用以指导工作的一种消息形式。我们国家的报纸作为党和人民的喉舌，不但要告诉读者世界上发生了什么事，而且要通过新闻报道宣传党的方针政策、交流经验、树立榜样、推动工作，起一种喉舌作用。所以，经验消息是我国新闻中特有的一种新闻体裁。

下面一篇是经验消息：

浚县少年怀揣“两证”出学堂

本报讯　果树结果不多怎么办？猪养不肥怎么办？这些在外行人看来很难办的问题到了浚县少年手里就不算什么了——少年技校的课堂上早就讲过其中奥秘。在河南省浚县，有80%以上的中小学校同时也是少年技校，孩子们在学习文化知识的同时还学到了一些劳动技能，大部分学生在走上社会时都拿到了技校合格证和学历毕业证。

长期以来，我国基础教育中课堂教育同经济建设脱节问题一直存在，除少数“尖子”之外的学生不能学有所长，不能在社会实践中发挥应有的作用。这一现象在农村尤为突出，以至于有的农民认为毕业回来既不会干农活，又瞧不上干农活的人，全无用处，不如辍学。因此，改应试教育为素质教育的呼声日高。在此背景之下，少年技校应运而生。

浚县的少年技校是从1991年开始办起来的。为了达到实施素质教育的目的，他们采取一个学校两块牌子、一个讲台两块基地的形式，从小学三年级开始设置劳动技术教育课程，小学每周两课时，初中每周三课时，由专兼职教师根据当地实际，有组织有计划地加强劳动教育、职业教育，逐步培养有知识、有技能的新型劳动者。目前该县少年技校总数已达205所，学员总数达42000人。

浚县少年技校7年来的实践证明，它不仅沟通了教育与经济、学校和社会的关系，同时还取得了良好的育人效益、经济效益和社会效益，不少学生成了农村科技致富的领路人。像该县小河镇小河村少年技校先后培育出的“中华一号”、“红世界”等四个冬桃和“中华巨梨”等三个冬梨新品种已推广到全国十多个地市；新镇镇胡岸少年技校试验大棚韭菜成功后，很快带出了一个蔬菜种植基地，该村村民人均纯收入迅速提高400多元；城关乡后嘴头村技校学员回家后指导家长饲养从国外引进的优良种鱼，全村当年净增收入50多万元；善堂镇利用少年技校的人才优势，结合本地资源优势，形成了苹果、大枣、蔬菜、西瓜、红薯、花生六大支柱产业，成为全国首批“明星镇”等事例都是成功进行素质教育的印证。原国家教委领导视察了浚县少年技校后盛赞其为农村基础教育改革摸索出了一条有效的途径。

据有关人士介绍，尤其令人兴奋的是，由于少年技校重视对学生全面素质的提高，有效地帮助了学生智力的发展，全县设有少年技校的学校文化课教育质量都有不同程度的提高。

(1998年6月1日《农民日报》)

一、经验消息的特点

（一）具有典型性

经验消息一般都是围绕问题写作的，它提出的问题必须有典型性，通常是针对工作中普遍存在的问题提出的较有成效的解决办法。《浚县少年怀揣“两证”出学堂》这一篇经验消息，针对的问题是我国基础教育中课堂教育同经济建设脱节的问题。这个问题很普遍地存在于我国的城乡，特别是在农村，大部分学生不能上大学，回到农村，却不会干农活，学到的书本知识与农村实践脱节。所以很多农民认为，孩子读书如果上不了大学，就没有什么用，不如不读。这是一个普遍存在的全国性的问题，河南浚县针对这个问题，进行了一种实验，中小学挂两块牌子，既进行基础教育，又进行农业技术教育，培养的目标是有知识、有技能的新型劳动者。这些学校毕业出来的学生，回到农村之后，都能学以致用，在农业生产中发挥了较好的作用。这是我国教育改革从应试教育向素质教育转变的过程中具有典型意义的经验。

（二）具有概括性

经验消息不是对个别事件的报道，而是对很多个别事件的综合报道。经验，就是行之有效的方法和措施，是从大量具体做法中提炼出来的，并且必经过一段时间的实践检验。经验消息的时间和空间跨度都比较大。所以也可以说，经验消息是一种综合消息，是经验性的综合消息。《浚县少年怀揣"两证"出学堂》这一篇经验消息，发表在1998年6月1日的《农民日报》上，报道的事实是从1991年到当时的成功经验，时间跨度是7年，事实的涉及面是浚县多达205所少年技校，是典型的非事件性新闻。非事件性新闻需要从大量个别事实中概括出具有共性的事实，所以概括性是它的一个特点。

（三）具有指导性

经验消息的最终目的是为了指导普遍存在问题的解决，推动面上的工作。指导性是建立在典型性和概括性这两个特点之上的，而经验消息的典型性和概括性又是以指导性为目的的。《浚县少年怀揣"两证"出学堂》这一篇经验消息，由于它内容所具有的典型性和概括性，对全国广大农村学校在变应试教育为素质教育的改革中毫无疑问有着指导意义和借鉴意义。

二、经验消息的分类

（一）单一式

一篇消息介绍一条经验。这类消息在报纸上是大量的，主要优点是经验集中、突出，读后一目了然，十分鲜明，篇幅也比较短。《浚县少年怀揣"两证"出学堂》就是单一式的经验消息，通篇只包含一个经验。

（二）并列式

围绕一个主题，列出若干条经验分别阐述。《中华铅笔写出大文章》采取的便是并列式。这篇消息总结了“中铅”股份公司如何取得卓著业绩的经验，导语之后，并列介绍了“无空间战略”“多角经营战略”和“市场无边界战略”三条经验。正是这三种战略的实施，使得中华铅笔走向世界。

（三）串联式

围绕一个主题，像层层剥笋一样，步步深入地介绍经验。《王封矿四千余职工实现“整体转移”》（1996 年 12 月 26 日《河南日报》）报道的是河南焦作矿务局王封矿在煤源竭尽之后实现千余名职工“整体转移”的经验。消息对王封矿自己走市场之路整体转移经验的介绍，采取的就是这样一种串联式的方法。通过介绍王封人“整体转移”的过程，把他们成功的经验一点一点介绍出来：首先转变观念，自己去找市场；然后，建立起适应市场经济的管理机制，自己内部筹集资金、自己找项目、自己学技术，到封井前他们建立起 8 个厂；再接下来进行市场调查，加强管理，使效益增高。这篇消息介绍的经验不止一条，但不是一二三四分列的，而是随着叙述事实发展过程逐步把经验介绍出来。

三、经验消息的写作要求

（一）精心选择，有的放矢

不是所有的经验都可以写成经验消息，而是有选择地确定报道内容：

1. 选择新鲜的经验。经验消息仍是一种新闻报道，所以要强调新鲜的时间、新鲜的内容，体现新闻性。而且新鲜的经验针对新出现的问题，报道出来才会有意义。

2. 选择具有普遍指导意义的经验。推广“点”上的经验是为了指导“面”上的工作，不具有普遍指导意义的经验没有推广的价值。

3. 选择成熟的经验。成熟的经验就是被实践证明是可靠的经验。有的经验虽然新鲜，也有指导意义，但还不成熟，就不能推广，否则会给工作带来损失。必须推广那些经过试验行之有效的经验。

4. 要有一分为二的观点。在经验消息选材方面还要注意对成功的经验一分为二，不要把典型神化，既要看到成功，也要看到尚待努力的地方。先进典型中的某些缺陷、不足，正因为它发生在先进典型身上，所以有很强的指导意义。新华社的经验消息《学习南京绿化经验要注意三点不足之处》，就是专讲先进典型的缺陷和不足的。南京是在绿化方面做得较好的城市，成为其他城市学习的典型，但它也有不足之处，这篇消息就南京绿化方面提出了三点不足：一是树干低，影响交通安全；二是行道树在栽植时打洞普遍偏小，大风的情况下易倒；三是树的品种单一，悬玲木（法国梧桐）太多，这种树优点是树冠大、遮阴好，但新叶长出后，每半个月脱一次绒毛，在空气中飘荡，造成污染，形成公害。这种总结反面经验的消息可以帮助人们在学习南京绿化经验时，减少盲目性，提高科学性，它和正面的典型经验有着同等重要的指导意义。

（二）寓理于事，叙事出理

写经验消息要体现出新闻文体的特点，用事实说话，写出具体内容，不但要介绍什么人、什么时间、在什么地方创造了什么经验，还要介绍经验包含哪些内容，在实践中怎样运用，能解决什么问题等。但又不能局限于叙述具体过程，要把“经验”清晰地提炼出来，处理好经验与过程的辩证统一关系。

经验消息有三部分内容是必须交代的：一是具体办法；二是针对的问题；三是效果。这样才构成经验消息完整内容。具体办法是核心内容，因为经验消息就是传播经验的，经验就体现为具体的办法。这部分内容要尽量具体，以使人们可以借鉴。针对问题实际上是经验产生的背景，和经验是因果关系，每一种经验都是在一定的背景下针对一定的问题产生的，只有交代清楚背景以及所针对的问题，才能真正讲清经验，也才能减少推广经验的盲目性。效果也是不可少的内容，只有具备这方面内容，才可以称之为经验，如果没有“行之有效”这部分内容，不能作为经验消息去报道，只能作为动态消息去报道。而且写出成效，才能令人信服。

（三）生动活泼，富有情趣

经验消息与其他消息相比，容易写得模式化。我们所看到的大多数经验消息都写得不够生动。改进经验消息写作，首先要考虑的是怎样让受众喜爱它的内容，这就必须有贴近受众的内容和贴近受众的视角，关键是考虑怎样把党和国家的中心工作和大众的兴趣结合起来。其次才是形式的改进。形式的改进有两种方法可以考虑：一种方法是寓经验于新闻事件中。事件性新闻，新闻性时效性强。而所谓“经验”，均是通过一定时间或较长时间的实践检验证实其做法是成功的，事实时效性差。如果把这些旧事放在新近发生的事件中去写，自然增强了新闻性，由“死鱼”变成了“活鱼”。另一种方法是写出人物的活动、人物的故事，把经验介绍寓于其中，也可收到好的效果。

第六节　人物消息写作

人物消息就是以消息的形式报道新闻人物的活动与事迹的消息形式。

下面是一篇人物消息：

昔日伐木建功　今朝栽树“还债”

江总书记说：“马永顺了不起！”

本报讯　一位82岁高龄的离休工人，在大半辈子的伐木生涯中，为国家采伐原木3.6万多棵，成为闻名全国的劳动模范，14次受到毛泽东、周恩来等老一辈革命家的接见。离休后，他带领全家历经20多个春秋的风风雨雨，又在荒坡上种下了3万多棵树木，了却了多年的夙愿，还上了一笔他心中的“欠债”。他，就是黑龙江省伊春市铁力林业局的老工人马永顺。

今年10月28日，在伊春市暨铁力林业局召开的向马永顺学习动员大会上，伊春市委副书记魏秉仁宣布："在这里，我受省委书记岳岐峰委托，郑重转达江泽民总书记对马永顺同志的亲切问候。"话音一落，会场上爆发出经久不息的掌声，与会的上千名林业局职工为他们的老模范感到由衷的自豪，更为马永顺造福后代、献身林业的精神深深感动。

马永顺是新中国的第一代林业工人，曾靠弯把子锯在一个冬天采伐木材1200立方米，1人完成6人的工作量，创下全国手工伐木产量最高纪录。时至今日，马永顺还忘不了1959年全国群英会上周总理对他说的一番话："林业工人不但要多生产木材，还要多栽树。"总理的教诲印在了他的心底。从那时起，栽"还债"树成了他念念不忘的心事。离休后，马永顺开始实施他的"还债"计划，带领全家人走荒坡踏荒岗，栽下一棵棵幼树苗，年年不间断，整整22个年头，共栽下3万多棵树，还完了全部"欠债"。

今年9月，黑龙江省委书记岳岐峰、代省长田凤山在北京向江泽民总书记汇报工作时讲到全国著名劳模马永顺离休后，带领全家植树造林，向大山"还债"的感人事迹。江总书记听后赞扬说："马永顺了不起！"并请岳岐峰转达他对马永顺的亲切问候。

听到江总书记问候自己的消息，马永顺非常激动，表示感谢总书记的关怀，只要身子骨不散，还要上山栽树，为青山常在、造福子孙再献余热。

（1994年11月17日《工人日报》）

一、人物消息的特点

（一）篇幅短小，叙事单一

由于消息体裁的篇幅限制以及人物消息的特殊任务，人物消息侧重于对新闻人物最新事迹或最有新闻价值的某一片断进行报道，不必面面俱到。

《昔日伐木建功　今朝栽树"还债"》报道的新闻人物马永顺，作为一个劳动英雄，有很多值得介绍的事迹，但消息只是集中叙述他离休后带领家人植树3万多棵以偿还他伐木的"欠债"的事，其他不涉及，内容集中。

（二）时效性强

它同动态消息一样要求快写快发，所表述的内容必须是“现在进行式”或“现在完成式”。

一个新闻人物在社会生活中是不断变化的，今天他成为名人，明天他可能因触犯刑律而锒铛入狱，记者的报道要跟上人物的变化。人物消息的长处就在于能及时把新闻人物的动态及时报道出来。

（三）以人率事，以事显人

人物消息的报道意图在人不在事，但人物要通过事实来表现，离不开对事实的叙述。人物消息中人和事的关系是人们通常所说的“以人率事，以事显人”，也就是说，写事是为了表现人，以写人统率写事。这和动态消息不同。动态消息是为了告之以事，事情总是人做的，动态消息也免不了要写人，但写人是为了把事情讲清楚。

《昔日伐木建功 今朝栽树“还债”》写了马永顺栽树还债的突出的事迹以及相关的情况，但写事是为了表现马永顺这个人物，人物是报道中心。

（四）有一定的故事性

人物消息虽然以新闻事件为主要陈述内容，但不可避免涉及人物相关的经历，一般都需要选择有适当的情节的人物活动来反映人物的精神面貌，因而故事性较强，读来比较有趣味。

《昔日伐木建功 今朝栽树“还债”》这篇人物消息的梗概，叙述马永顺作为新中国第一代伐木工人，在50年代就创下非凡的劳动业绩，14次受到毛泽东、周恩来等领导人的接见，1959年群英会上，周总理握着他的手说：“林业工人不但要多生产木材，还要多栽树。”从那时起，栽树还债成了他念念不忘的心事。离休后，马永顺开始实施他的还债计划，带领全家人栽树，用了整整22年时间，共栽了3万多棵树，还完了全部“欠债”。这篇人物消息使读者感动的不仅是人物非凡的业绩，还有人物特殊经历的魅力。这种特殊经历构成了消息的故事性。

登载于1991年3月16日《金华日报》的人物消息《西洋女子远嫁东阳》，其内容也很富有故事性。该消息报道一位在中国艰难地生活了40多年的奥地利妇女的动人故事。这位妇女名叫格特鲁德·瓦格纳，中国名叫华知萍。她本是奥地利警官的女儿，1933 年与当时公派到奥地利留学的杜承荣先生相识、相恋。1935 年初，她只身来到中国和先期回国的杜先生结婚。此后，她跟丈夫辗转各地，饱经战乱颠沛流离之苦。1949 年，杜承荣回到了老家浙江东阳农村，华女士开始了农家主妇的生活，养鸡、养猪、养兔，学会了很多农活，生活虽然过得艰难，却任劳任怨。她丈夫在 1990 年 9 月去世。1990 年 10 月，她应奥中友协的邀请，带着大女儿探访了维也纳。维也纳市长多次接见了她，并授予她"维也纳荣誉市民"称号。华女士有三位胞弟在维也纳，一再挽留她定居奥地利，华女士在维也纳逗留了 100 天后，仍然回到了东阳农村。记者采访她的时候，她对记者说："维也纳是我的故乡，那里也确实富有，但我的根已在中国。让我离开丈夫的故土，是难以想象的！"这种故事性，使人物消息读起来饶有趣味。

二、人物消息的写作要求

（一）选准人物

消息所报道的人，应该是对社会有贡献的人，有不平凡作为的人。他可以是知名人士，也可以是虽有特殊事迹但还不为人知的无名人士。

（二）不贪大求全

在一篇人物消息中最好只突出地写一件事、一个侧面。

（三）用人物自己的言行表现人物

注意以事显人，通过精选的事实来展示人物，避免空洞的评价和说教。在写事时，注意写出人物的言谈和行为，并注意有表现力的细节的运用，使报道生动可读。

第七节　述评消息写作

述评消息，又叫述评新闻，是一种以夹叙夹议方式传播新闻信息的消息形式，它的突出特点是叙述和评论相结合，以传播新近发生的事实为基础，而以评论剖析事实为目的，是一种述议结合的消息形式。

下面是一篇述评消息：

电影票价怎么这么高

新华社北京1999年11月26日电　北京各大影院日前正在上映一部进口大片《拯救大兵瑞恩》，票价最低30元，最高达60元。记者在采访中发现，虽然许多影院门前别出心裁地垒起了麻袋包，挂上了防空网，但大多数人依然是匆匆而过，即便是进去看电影的人也普遍反映票价太高了。

早在几周前，北京各大媒体便开始炒作新片《拯救大兵瑞恩》，但上演以来并未收到预期效果。地质礼堂票务部的一位工作人员说："人们观看这一新片的热情比年初看《泰坦尼克号》差远了。"

当时，《泰坦尼克号》在北京上演了20天，总票房收入突破2000万，被称为中国电影市场的奇迹。但这高额票房收入全是靠40元至80元一张的超高票价堆起来的，这个价位直追美国人看电影的消费水平。

电影界有关人士指出，目前各国的电影票价已形成一个不成文的规律，即一张电影票的价格不能高于本国普通劳动者月收入的1/100。据统计，美国一张电影票是普通市民月收入的1/200到1/150，日本最高电影票价是普通市民月收入的1/120，印度电影票价只是市民月收入的1/400。北京市去年人均月收入650元，而首轮进口大片电影票每张30至80元，一张电影票几乎是人们月收入的1/10。

从改革开放初期到现在，各类日常生活用品的上涨指数都在10倍左右，而电影票价从当年的一二角钱升到几十元，上涨了100倍乃至数百倍，结果是许多有心看电影的人因掏不起腰包只得望而却步。

电影不是贵族艺术，而是大众艺术，电影的基本观众是普通市民。社科院有关专家提出，按照我国普通市民的收入和生活水平，较为合理的电影票价应为：北京、上海等大城市首轮大片好片，按影院级别每张票定价5~8元为宜；大城市的二轮和一般影片及中小城市影院，票价定为3~6元为宜。

随着电视、录像、VCD等多种方式多样文化商品的不断涌现，人们可选择的娱乐方式也越来越多。只有把观众请回电影院，电影才有市场，电影事业才有出路。

一、述评消息的特点

（一）报道目的在于评价事实，表述对事实的看法

述评消息不仅报告发生了什么事，重要的是透视事实的内涵，这是述评新闻的报道意图所在。《电影票价怎么这么高》这篇述评消息主要目的不是告诉读者电影票价高，主要目的是告诉读者这样的电影票价不合理，评价事实的意图很清楚。

（二）方法是以述为本，述议结合

述评消息的报道目的是评价事实，但手段仍然是报道事实，叙述事实，在报道事实的基础上评价事实。所以它仍是新闻报道的一种形式，只不过是一种分析性的报道或解释性的报道。《电影票价怎么这么高》给予了读者一系列与票价相关的事实：（1）《拯救大兵瑞恩》的高票价以及人们的反映；（2）《泰坦尼克号》的高票房收入与高票价有关系；（3）各国的电影票价不成文的规律是一张电影票的价格不能高于本国普通劳动者月收入的1/100，美日印等国都低于此，而我国一张电影票几乎是人们月收入的1/10；（4）从改革开放至今，电影票价涨了100倍甚至更多，与日常生活用品价格上涨10倍左右不成比例；（5）专家认为，我国的合理票价应在8元以下。正是这种种事实之间的关系，使事实的内涵呈现出来。所以，述评消息的基本手法是通过报道事实评价事实，直接议论只是辅助的手段。

二、述评新闻和新闻述评的区别

述评消息自近代产生以来，逐渐分为两种：一种以述为本，述到评随，述多于评，也就是以叙述新闻事实为主，同时围绕着新闻事实作一些分析、议论，评价新闻事件的性质或揭示事件的内涵与发展趋向；另一种以评为本，虽然也记叙一些新闻事实，却往往以新闻事实为例证，侧重于阐述观点、见解，往往评多于述。前一种仍属于新闻报道，后一种被看作新闻评论文体。

三、述评消息的写作要求

（一）在题材选择上，要注意针对性

述评消息的报道意图在于发表对事实的看法，目的是引导舆论，解决当前最需要解决的问题。因而所评述的问题，一般都有现实针对性：或者是针对当前工作中的薄弱环节，需要提出来加以克服；或是针对社会上某种倾向，需要提醒人们加以注意；或者是针对群众中流行的错误思想，需要加以纠正，以正视听；或者是针对某种处于初萌状态的新事物，出现后没有被人们认识，需要加以倡导；等等。要写好述评消息，首先要抓住当前最需要解决的问题。

（二）站在一定高度，作宏观分析

述评消息在选题和提炼主题上，比一般的消息有更高的要求。选题成功，主题深刻，写作述评消息就有了坚实的基础，否则，即使掌握了写作技巧，也写不出好的述评新闻来。因此，记者必须做到视野开阔，在占有丰富材料的基础上，从全局出发，实事求是地提出问题和分析问题，高屋建瓴地为受众指明方向，使述评消息比一般消息有更强的指导性。

（三）注意观点和材料紧密结合，叙述和评论水乳交融

述评消息的目的在于揭示事实内涵，但又要以新闻事实为依据，不能离开新闻事实发空泛的议论，并且一般情况下要尽量运用背景材料来衬托意义，在非评不可的时候，也要做到有述有评，边述边评。防止只述不评，或只评不述，或评述脱节。

（四）逐层分析，讲究表述的逻辑性

述评消息的写作不同于一般消息，不需要按事实的重要性来安排结构，也不需要用现场描写或悬念来吸引读者，主要依赖于记者的逻辑思维，按逻辑顺序来安排事实材料。因此，述评类的报道，虽然仍以叙述为主，议论的篇幅仅占其中的一小部分，但必须讲究严密的逻辑性。大量的事实材料分别安插在消息的什么位置，应在一个严谨的思路统帅之下，为相应的分析和推理服务。要做到逐层深入，环环相扣，防止前后矛盾、颠三倒四、不知所云。

【思考与训练】

1. 简述动态消息和综合消息的区别。

2. 为什么说经验消息也是一种综合消息?

3. 从报纸上寻找若干篇较为典型的述评消息，研究其写作的特点和得失。

4. 分析消息《全球最快列车驰骋南中国》(350 页) 和《年轻一代“婚不起”现象普遍》(358 页)，回答以下问题：

(1) 导语属于什么类型?

(2) 消息属于什么类型?

(3) 消息采用了什么结构?

(4) 用横线画出属于背景的部分，指出这些背景在作品中有什么作用?

(5) 这篇消息有什么写作特点?

5. 用通讯《火车惊魂记 (乘务员版)》(398 页) 的材料写一组快讯。

6. 用通讯《我亲历中国使馆被炸》(391 页) 的材料写一篇简讯和一篇动态消息。

7. 用通讯《雪山的呼唤》(360 页) 写一篇人物消息。

8. 用通讯《国内建筑为何如此短命》(417 页) 写一篇综合消息。

第十一章

通讯写作概述

【本章内容提要】

通讯是一种运用多种表现手法对新闻事实作详细深入报道的新闻体裁，是新闻报道的常用体裁。它的基本特点是新闻性、周详性、主观性、生动性。

通讯从内容上可分为人物通讯、事件通讯、风貌通讯、工作通讯及社会观察通讯；从报道形式上可分为见闻式、访谈式、情节式、综述式、分析式。

第一节　通 讯 特 点

一、通讯是一种新闻文体（新闻性）

发表在报纸上的通讯，是一种新闻报道文体，它遵循新闻报道的基本原则，具有新闻报道的基本特性。

首先，通讯是对新闻事实的报道。消息对任何有新闻价值的事实都进行报道，而通讯则选择那些有较高新闻价值的事实作为报道对象。虽然通讯较消息糅合较多作者的思想感情，但仍然是以事实为中心内容，用事实说话。

其次，通讯的内容要完全真实。真实是新闻的生命，也是通讯的生命。通讯的内容完全真实，才能发挥它应有的作用。违反真实，通讯就失去了存在的价值。

有人看到有些通讯写得情节曲折、事实生动，某些表现手法与文艺作品类似，就以为写通讯也可以像创作文艺作品那样，虚构情节，塑造典型。这种想法是十分有害的。和消息一样，报纸上的通讯和文艺创作完全不是一回事。通讯必须是客观事实的真实报道，作者不能搞“合理想象”，任意增添或改造事实。

另外，通讯也要注意时效。通讯在这一方面，不像消息要求那么严格。因为通讯写作要等待事实有一个相对比较完整的状况，搜集比较细致深入的材料，这就必然在时间上不会像消息那样迅速。但既是新闻报道，也有时效的要求。

二、通讯是一种详细深入的报道（周详性）

通讯是一种详细、深入的报道，这是通讯在内容上区别于消息的显著特点。

消息报道事实比较概括、简要，通讯在报道事实方面则比消息详细深入。有时报纸在发表了某一重要事实的消息之后，往往还要采用通讯，以使读者获得对事实更为详细、深入的了解，这样通讯就常常成为消息的补充和深化。通讯也常常独立使用，当它独立运用时，也具有详细深入的特点。

1999年5月7日，以美国为首的北约用导弹袭击了我国驻南斯拉夫大使馆，我国三名记者不幸遇难，唯一幸存的《人民日报》记者吕岩松对这一事件的报道既有消息也有通讯。消息《北约野蛮轰炸我驻南使馆》，登载于1999年5月9日的《人民日报》，仅520字，是对事件的概要报道。通讯《我亲历中国大使馆被炸》，登载于1999年5月9日的《环球时报》，全文4000余字，内容要详细得多。对消息中写到的核心事实，通讯作了拓展，对消息中没有写到的事实，通讯也作了详细叙写，有一定延伸。

两篇作品比较，可以看出：

1. 消息只报道发生了什么事、什么结果、什么反应。通讯对事件的来龙去脉则有很清楚的陈述。5月7日的晚上，北约轰炸摧毁了南斯拉夫供电系统；大家坐在院子里谈为《环球时报》做报道；晚11时半，潘大使提议进去休息；片刻，爆炸开始；南斯拉夫救援队到来进行救援，重伤的人一一被救出，牺牲的人一一被找到；南斯拉夫外长和政府总理赶到现场，表示慰问并谴责北约的暴行；华侨的抗议游行；中国派一架专机前往南斯拉夫进行救援。对事件的报道很完整。

2. 消息只概要地报道事情的大致情况。通讯要详细得多，当时情况怎么样，通讯有很多具体的描述。比如吕岩松和小赵回房后不到一分钟，就听到一声巨响，然后如何逃生的那一段描写，见、闻、嗅、触，多感交集，把现场感受传达得非常逼真；还有第一部分最后一段，写到处在爆炸，“这时我们感觉整个世界都在颤抖”，可谓传神；等等。现场情景的描写使读者对事件如闻如睹。

3. 人物有较详细的介绍。消息中只概略一句话介绍中国使馆当时约有30名工作人员和我驻南记者。在通讯中有名有姓介绍了20余人，有的人描述较为详细，比如牺牲了的邵云环、许杏虎、朱颖，还有受重伤的刘锦荣、曹荣飞，介绍他们的职位、平时为人及当时被救出和寻找到尸体的情景。

4. 陈述记者对事件的看法也较详细。在描述事件过程时，不断插入记者对事件直接的评述。

西方传媒中，没有我们概念中的通讯，它有一种报道形式，叫“新闻专稿”，英文词为“Feature”，也有译为“特稿”“特写”。这种专稿是比消息篇幅较长、内容较为详尽的一种新闻，近似于我国的通讯。美国学者沃尔特·福克斯在《新闻写作——报刊记者指南》中研究当代特写认为：特写“是一种三维报道：不仅给读者提供信息，而且展现有关新闻发生中的情景；同时说明此事的更广大的意义与关联”。我国的通讯也可以从这个意义上进行理解。

三、通讯是一种倾注了作者思想感情的新闻文体（主观性）

消息和通讯都以报道新闻事实为中心内容，但作者的主观性在文中表露程度有所不同。消息报道事实时，作者用较客观的方式表述，一般不直接表达意见感受；通讯却在报道事实的同时，也常常直接写出作者对事实的评价和感受，表述方式有一定主观色彩。这种主观性是相对于消息而言的。

作者在通讯作品中倾注思想感情，有时是直白的，有时流露在字里行间，有时又体现在对文章的构思中。仔细分析一下，作者对新闻事实的评价和感受常常以下面这样的一些方式表现出来。

（一）通过主题的提炼表现出来

通讯一般来说有比较明确的主题，提炼主题是通讯写作重要的工作，而主题说到底是对事实本质的认识，是作者在作品中表述的对事实的基本认识。

（二）通过材料选择表现出来

消息选择材料，注意力在让读者了解事情大致情况。通讯选择材料，通常注意那些感受深的材料。这种浸透在材料中的感受，也是主体意识的流露。

《中国青年报》的通讯《亲人，你在天堂还好吗?》，这篇报道很有特点，有独特的角度、独特的材料。2002 年 1 月，公安部部长贾春旺等领导分别带领 10 个慰问组，慰问牺牲民警的家属。这些民警为了他人的家庭幸福，献出了自己的生命，但他们自己的幸福家庭却破碎了，他们的亲人忍受着痛苦的煎熬。慰问的目的，当然是要安慰这些伤痛的亲属。所以作品聚焦在烈士亲属对死去亲人的思念上，而不聚焦在事件本身。写对亲人的怀念，也不是泛泛而写，而是集中在亲属给烈士的几封信上。这几封信，有的是儿子写给父亲的，有的是未婚妻写给未婚夫的，有的是妻子写给丈夫的……都是私下表述钟情的，感情非常真挚。材料不多，但能量大，表现力强。这些材料都是感受深刻、感情饱满的。

（三）通过充满感受的描述表现出来

通讯经常以叙述和描写为主，但通讯中的叙述和描写，常常不是不动声色的，而是充满了作者的主观感受，字里行间都包含着作者的情感。

《人民日报》1995 年 1 月 4 日消息《韩素云先进群体报告会在京举行》，其中对人们听报告的反应这样描述：

——好军嫂韩素云的事迹感人肺腑，在场的 1300 名军民听众无不为之感动，许多人禁不住流下了热泪。

第二天《人民日报》上的通讯《爱的礼赞——一位好军嫂和无数好心人的故事》描述同一情景却用了这样的笔墨：

——隆冬的北京寒风阵阵，总政黄寺礼堂却暖流滚滚。

1 月 4 日，由中宣部、解放军总政治部和全国妇联在这里举行的好军嫂韩素云拥军先进群体事迹首场报告会高潮迭起，一段激动人心的爱的故事深深感染了台下的听众。泪水滚落，掌声响起，为这位用爱心温暖一个多难的军人之家的好军嫂，也为那些向军嫂捧出颗颗爱心的好心人……

两种文体对同一情景的描述，消息比较客观，通讯则热情奔放。

（四）通过直接的议论表现出来

消息中的议论受较多限制，通讯却可以有作者较为自由的议论。很多通讯在写到矛盾尖锐之处，写到情绪激越之处，常常用几句议论之词点出作者感受，有的甚至通篇夹叙夹议，并且这些议论也不是板着面孔进行的，常常是饱含感情的。通讯中的议论常和抒情结合在一起。

如通讯《我亲历中国使馆被炸》，经常在描述事实时，作者直接表述自己对事实的看法：

——昨天爆炸后我的第一个感受就是对不起自己的夫人，小许也对不起他的夫人。我们是记者，牺牲是职业的需要。但我们不应该把自己的夫人也拉进来。我想我们是太自私了，只顾自己的事业。其实我们都知道留下来的危险有多大，战争就是战争。

——北约的这次轰炸完全不是误击。而是有目的、故意的。他们蓄意用5枚战斧式巡航导弹从不同的角度轰炸中国大使馆，想彻底摧毁这座大楼，把生活在这里的所有人置于死地。他们的情报很准确，知道大使官邸在什么地方。有一枚导弹是投向大使官邸的。他们是经过精心策划的，这很明显。首先，使馆的位置非常空旷，旁边没有任何军事目标。如果说是误击的话，5枚导弹从不同方向击来，其中两枚是从使馆的两个角切入的，还有一枚是直接从5楼打进地下室的。也许他们知道使馆的人平时总在地下室里躲藏。还有一枚是打向大使官邸的，现在官邸已被炸毁，好在大使幸免于难。还有一枚是从邵云环家那边打过来的。弹坑直径达10米，有2米多深。

我们想跟国内的同胞说。北约完全不是误击，你们千万不能相信他们，要记住我们同胞的血和泪，他们是有意在屠杀我们，摧残我们。昨天南斯拉夫外长约万诺维奇和塞尔维亚政府总理马里亚诺维奇以及其他南斯拉夫的高级官员，在中国使馆被炸后都迅速赶到了现场，对中国使馆被炸表示同情和慰问并谴责北约的暴行。外长约万诺维奇说：今晚，北约对另一个国家开战了。作为一个中国人，我们应当正确理解他的这句话，也许他有他的想法和角度，但我觉得他这句话是正确的。因为从国际法上讲，一个国家驻外使馆的楼盘院落都是该国领土。北约此次轰炸的，其实是中华人民共和国的领土，炸的是中华人民共和国的同胞。

——9日下午，上百名华人举着巨幅的中国国旗和“血债要用血来还”等标语在贝尔格莱德举行示威游行。他们的许多标语写得很有水平。我觉得国内一些人对在外经商的华人的一些偏见应该通过这一事件有所纠正。他们的良知与爱国热情令人感动，数千名南斯拉夫人也加入了他们的队伍，为他们鼓掌、助威，许多路过的汽车纷纷鸣笛以示声援。

一个叫傅明的北京世界贸易中心的工作人员一直在使馆帮忙，做一切他能做的事。他还买了一大包衣服给大家换洗。我想说，他只是众多华人中的代表。我们大家平时也许对旅外华人有偏见，但我想这次我们应该有一个清醒的认识：他们的钱来得很不容易，但今天他们不少人掏出大把的美元、马克给我们。虽然我们不会收，但他们在关键时刻所表现出来的同胞之情令我们感动。

这样大段的议论，在消息中是不可想象的，但在通讯中很常见。直接用议论表述作者对事实的看法也体现了作品的主观性。

（五）通过对事实的分析表现出来

涉及社会问题的分析型的通讯常常离不开对事实的分析。这类通讯通常先摆出问题的现象，然后分析这些问题的性质、原因，通过这些分析，提出了作者对事实的看法。

第七届“中国新闻奖”的获奖作品《由邯钢经验引出的话题》（作者熊家余，1996年8月23日《湖北日报》）是一篇工作通讯，由另一篇工作通讯《邯钢经验有多少内涵——市场成本：企事业改革与发展的交叉点》（《人民日报》1996年6月26日，作者王宪清、于绍良、程远）引发。这篇工作通讯报道邯钢“模拟市场核算，实行成本否决”的经验，对于国有大中型企业管理有实用意义，当时在全国掀起了学习邯钢的热潮。《湖北日报》的记者注意到本省一位大学教授（余杭）早在1983年就在《湖北日报》上发表过《劳动消耗转化论》，与邯钢经验有惊人相似之处，于是经过调查，写出了《由邯钢经验引出的话题》这篇独具角度的报道。作者在这篇报道中，先比较二者相似之处，然后又比较两者在实践中的结果。湖北余教授《劳动消耗转化论》与“邯钢经验”，是“英雄所见略同”，不同的是，湖北的见解未在实践中有结果，而邯钢在实践中取得成功。实际上余教授1984年7月带着这一理论到武汉童车厂搞试验，仅半年就取得成效，作品用一系列数字，说明这种成效。为什么半路夭折呢？记者采访了当时童车厂厂长周国章。

周国章说，当时厂里推行“成本控制法”后，效果确实很好，但就在试验逐步深入的关键时刻，有人对使成本和职工收入相互转化的做法在理论上提出“质疑”，认为这一做法违反了马克思的劳动力价值论，并发表在理论刊物上。一顶“反马克思主义”的大帽子使他们停步不前。邯钢在实践过程中有没有阻力呢？记者采访了邯钢总经理刘汉章。据刘汉章介绍，1990 年，邯钢连续 5 个月亏损，厂领导经过分析，认为主要亏在成本高、效益低下。为了降低成本，厂里先后搞了几套方案，算下来，还是亏。最后统一意见，按市场价格倒推成本。这个成本大大低于原来的计划成本，有的厂一年要降低几千万。方案出台后，阻力非常大，也有人搬出“理论根据”，认为国有企业的生产只需要考虑是否符合社会主义生产的目的，即生产的产品是为了满足人民群众的物质文化生活需要，不需要考虑亏不亏的问题。但是厂领导顶住了这些阻力，坚决地贯彻实施了新的机制，使得生产有很大发展。

为什么一个本来具有很强指导意义和经济价值的理论，没有在湖北这块土地上结出丰硕的果实？通过以上比较分析，实际上已很清楚，但记者还是通过采访佘教授，用教授的话说出：一是思想解放不够，二是落实不够，这些是我们落后的根本原因。

这篇报道是以分析的思路来进行叙述的，并且不脱离采访对象的访谈，用分析的思路组织起访谈，以事实为基础，既体现了新闻报道的特色又尖锐地提出了问题。而记者本人的思想很清晰地体现在分析中。

四、通讯是一种自由地运用多种表现手法的新闻文体（生动性）

各种文字体裁，都有其相适应的、为内容服务的表现方法。通讯这种新闻文体，具有表现方法灵活多样、不拘一格的特点。

我们从下面几方面来看：

（一）兼用各种表达方式，以叙述、描写为主，以议论和抒情为辅

消息和通讯都属于记叙文，以叙述描写为主。消息以叙述为主，需要的时候也有少量的描写，除了述评一般不用议论，抒情更是不用。而通讯也是以叙述为主，但较多地运用描写，叙述和描写常常结合在一起，一边叙述一边描写，和消息不同，议论和抒情比较常用。通过叙述

描写表述客观事实、揭示事实的内涵是通讯的基本表现方法，而用议论和抒情来表现作者对客观事实的主观感受也是常见的。

（二）在叙述人称上灵活运用

记叙文中都有一个叙述人称的问题，叙述人称实际上是个叙述角度的问题。用什么人称，就是站在什么角度来展开叙述。

消息一般都用第三人称，记者在报道过程中充当隐身人的角色，他不直接在新闻报道中出现，即使是记者亲历或目击的事实，表述时也用“记者”，为了更客观，把第一人称转化为第三人称。

而通讯中第三人称经常使用是不必说的，第一人称的大量使用，以记者采访为线索直接提供记者所见所闻所感，可以说是通讯的一个特点，也是通讯中的一大宗，诸如访问记、目击记、见闻录都是此类。

第一人称叙事，大多是记者的角度。但也有用报道对象的角度，用报道对象的口述，也即报道中的“我”不是记者，是报道对象。1996年4月8日《广州日报》的《下辈子，我们还当母子——一位痛失儿子的母亲的自述》是一篇较为典型的作品。

通讯也有用第二人称的。如新华社通讯《绿色丰碑前的沉思——追记“包山大户”李金耀》（《1988年新华社好稿选》），通过对我国第一个“包山大户”李金耀事迹的追述，深刻地揭示了我国农村十年改革取得的成就和所经历的曲折。记者对报道对象有多次采访，写这篇通讯是第三次采访，当时李金耀已不在人世。这篇通讯写作上最大特点就是采用第二人称，记者站在报道对象的墓前，和人物展开了一段面对面的谈话，且叙且议，感情真挚。

以下是通讯的第一部分：

秋风瑟瑟，细雨蒙蒙，我们第三次登上马山，来到你的身边。

记得第一次来的时候，你领着我漫山遍野地跑，看你刚植下的树苗，瞧你临时搭盖的棚舍，谈你包山后的心情和打算。临下山，你激动地说：“五年后，你们再来看看。”

真的过了五年，我们第二次上山。又是你领着我们，从这座山头的松树林，跑到那座山脚的果树园，直到我们跑不动了，你才收住脚步，笑着说："那好，下次再来吧。再过五年，我要用山上的龙眼、柑橘、杧果、枇杷招待你们。"

一晃五年过去了，我们三度上山时，却不见你迎出。在一片苍翠的松树丛中，我们找到了你的坟墓。你，福建省第一个"包山大户"，就长眠在被你亲身绿化的山冈上。

你人去了，身后留下了一座青山，也留下了一笔债务。

有的人看到了青山，说你是千千万万家庭林场的先驱和榜样；

有的人看到了债务，说你终究没有逃脱失败的厄运。

不论是生前或死后，人们对你总是毁誉不一……

通讯在叙述人称上的灵活运用，不仅表现在叙述人称的多样性上，还表现在人称的灵活变换上。先用第一人称，然后变换成第三人称；或在第三人称叙述中，突然插入第二人称。为了内容的需要，在叙述中变换角度，这是常有的。

（三）在篇幅上没有严格限制，可长可短

一般来说，通讯的篇幅比消息长，但它也有比较短的，甚至二三百字。一般通讯数千字，但也有长至十几万的。大部分通讯在报上一次登完，但也有长篇连载的，也有系列报道的。所以通讯在篇幅上也是比较自由灵活的。

（四）在结构安排上灵活多样

在结构安排上，相对来说消息写作形式比较固定，当然不是没有变化，但通讯的结构，由于内容的丰富性，在形式上提供了更为广阔的展开天地。通讯中最常见的形式是纵式、横式以及纵横结合式。除了这些常见结构类型外，还有一些特殊的结构形式，如蒙太奇结构、时空倒错结构以及一些其他各种创新结构。

（五）语言上更富有文采

通讯的语言和消息相比较，除了具有准确、新鲜、具体、通俗这些基本要求外，更有修饰性，更有文采，更富有作者的个人特点。

消息和通讯是新闻报道中两种基本文体，两种不同的报道类型。通讯作为新闻报道的常用文体，它具有与消息不同的特点。通讯是运用多种表现手法比较详细深入报道新闻事实的一种新闻文体。

第二节 通讯报道形式

对通讯的分类，常见有两种方式。一种以内容分，区分为人物、事件、工作、风貌四种基本类型；一种以形式分，区分为集纳、访问记、特写、速写、新闻故事、巡礼、纪行、侧记、札记、散记等诸种类型。我们在这里提出另一种分类方法。综合报道视角、表达方式、结构特点等多种依据，从形式上可以把通讯作品分为五种基本类型：见闻式通讯、访谈式通讯、情节式通讯、综述式通讯、述评式通讯。

一、见闻式通讯

见闻式通讯的主要特点是直接写出记者的所见所闻。这种通讯的主要构成材料是记者见闻。从报道视角看，是记者的耳闻目睹；从表达方式看，是描述的手法，可以是叙述多于描写，也可以是描写多于叙述；从结构特点看，多以记者活动为线索。当一个记者亲历了事件的全过程，或同步采访了事件的全过程，掌握了基本上能反映事实全貌的第一手材料，他便可以采用这种方式来进行报道。

吕岩松的《我亲历中国使馆被炸》是一篇见闻式的通讯报道，他以第一人称的笔法把自己的亲身经历和所见所闻如实在文中披露，真切感人。由于他亲历了整个事件，写的是自己的所见所闻，所以他的这篇作品是对此事件最权威的报道，比转述别人所见所闻要有力得多。这篇作品在5月9日的《环球时报》上刊出后，引起强烈反响，新华社向全国广播，有上百家报纸转载，中央电视台在黄金时段用一个多小时的时间播出了作者口述稿件的录音。

2000年2月25日，《南方周末》策划了三篇关于春节民工潮的系列报道，都属于见闻式通讯报道。其中《去离家2500公里的厚街》写得尤为精彩。与《我亲历中国使馆被炸》不同的是，这篇见闻式通讯报道用第三人称。之所以用第三人称，是因为作者不是亲历而是观察。作者虽未直接在作品中露面，但作品中处处有作者的眼睛，观察冷静而客观。

见闻式通讯的长处在于：

1. 报道的主体材料是记者直接目击和耳闻的第一手材料，具有不可比拟的可信性。这种可信性首先表现在主要材料是第一手材料，未经任何中间环节，直接源于事实，是最真实可信的材料；其次，记者的观察不同于一般人的观察，记者的观察是职业的观察，他对对象的观察是有目的的，因而也是细致、周全的。

2. 现场感强。因为事件是记者所亲历，或参与其中同步采访，现场的一切细节都为记者所亲身接触。亲身接触必然感受较深，写出来会更有感染力。

3. 可以比较自由地直接抒发感受，写出对事实的看法。当记者写出自己的亲历之后，接着写自己对见闻的感受，十分自然，感想和事实联系密切，易为读者接受。

这类通讯可能存在的局限是：一个人的目光，一个人的视角，所见有限。但是这种局限，可以通过添加背景材料来解决。通过添加背景材料，可使材料的时间跨度增大，不局限于一时；可使材料的空间跨度增大，不局限于一地；可使材料深度增加，不局限于表面。

见闻式通讯是一种很自然贴切的写作方式：记者看见了什么、听见了什么、想了什么，如谈话般娓娓道来。这种方式可以说直接从散文演变而来，产生得比较早，中国古代一些纪实作品作为通讯的萌芽，都是用这种方法写作。如《扬州十日记》《嘉定屠城记》等。被公认为最早的通讯，王韬的《扶桑游记》，也是一部见闻式的报道。见闻式通讯一直是通讯中的大宗。

二、访谈式通讯

访谈式通讯的主要特点是以采访对象的谈话构成通讯主要内容。记者如不能亲身经历新闻事件，只有事后通过有关当事人获取材料。在这种情况下，如果直接引述采访对象的谈话，就有了访谈式通讯这种类型。从报道视角看，以采访对象的视角为主；在人称表述上，有转换人称的特点。

1999 年 5 月 21 日《南方周末》登载的事件通讯《瞬间的魔鬼》，报道发生在广东省遂溪县城月镇潭葛村的龙卷风灾害。这篇通讯就是用访谈方式报道的。除了开头结尾是记者概括交代事件发生的地点、时间、损失情况等，中间主体部分是由三个采访对象的谈话构成。一个是城月镇副镇长徐勇军，当天下午两点，他带着十几个人到潭葛村委会检查工作，遇到龙卷风的时候，他正在村委会办公楼里，他叙述了他所看到的一切。另一个是潭葛村委会妇联主任庞春鸿，当时正在一家小店打扑克，风掀走了房顶、吹倒了墙，她被压在了一张断了三条腿的床下。她叙述了她所经历的一切。还有一个人是潭葛村的村民陈南养，当时他四处躲避，被碎石、瓦砾压在路边的沟中。他也谈了他的见闻。像这样以实录采访对象谈话为主要内容的通讯形式，就是访谈式通讯。

自述体的通讯，也是一种访谈式通讯。这种通讯，记者仅在篇首三言两语简略交代采访对象的情况，通篇由采访对象以第一人称叙述所见所闻或亲历的事实。

访谈式通讯的长处在于：

1. 可信性强。访谈式通讯的可信性主要在于：一是访谈对象是直接接触新闻事实、真正了解情况的人；二是记者对访谈对象的原话直接引录，减少了中间环节，保持谈话的原始风貌，呈现第一手材料性质；三是材料来源清楚，什么话是什么人说的，有根有据。

2. 报道角度比较广。无论是报道一个人、一件事、一个问题，都可以采访各种各样的人——不同身份及不同见解的人。每个人都有一个特定视角，视角多了，汇集在一起，就有可能使报道更全面一些。通讯《瞬间的魔鬼》中几个当事人对龙卷风的描述是不一样的。副镇长徐勇军看到的是："一条巨大的黑云像个黑柱子，从天上一直接到地上，并且不停地在空中旋转、翻滚，那些被卷起的树叶、纸片等杂物，与天上的黑云连在一起，也在跟着旋转。"妇女主任庞春鸿看到的是："黑压压的，甘蔗叶、街道上的杂物被卷在一起，像一群苍蝇"。村民陈南养看到的是："就像原子弹爆炸时的蘑菇云，中间好像还卷了一棵树"。

描述不同，是因为角度不同：徐勇军从远处看，庞春鸿从屋里向屋外看，陈南养向上看，自然所见不同。正是报道了不同角度人们的不同所见，才得以把瞬息万变的风象准确地表述出来。所以访谈式报道能够通过对不同对象的采访，获得一个比较广阔的报道角度，以使报道更加全面。这在一些社会问题的报道中尤为突出。

2004 年 8 月 28 日《人民日报》的工作通讯《联星村里的笑声——宁夏农村税费改革纪事》报道农村税费改革给农民带来的好处。记者来到宁夏回族自治区贺兰县金贵乡联星村，采访了村民马建国、纳建林，村会计吴学国、联星村党支部书记杨占明、贺兰县分管农业的副县长吴万军、宁夏回族自治区专门分管农村税费改革的财政厅副厅长李彦凯，直接间接引述他们的谈话，用这些当事人的亲身体验，列举了农村税费改革给农民带来的实惠以及给农村工作带来的好处。由于采访的对象处于不同的社会位置，使得报道有较为全面的视角。

访谈式通讯可以说是最具新闻特点的：它不依赖于文学的叙事方法，也不依赖于历史的叙事方法，而表现出新闻的独特的叙事方法。这种叙事方法，体现了新闻活动的原貌——记者和访谈对象接触的来龙去脉；体现了新闻事实获得的途径——当事人对事实的直接叙述；体现了新闻用事实说话的基本原则——以采访对象的谈话客观描述当时情景；体现了新闻事实的立体表述——不同当事人对事实不同角度的描述。这种方法形成之后，越来越发展为新闻报道的重要叙事方法。

三、情节式通讯

情节式通讯的特点，是用文学的手段，把事实材料组织成有头有尾、具有生活本来形态的完整故事，读起来如同小说一样。如果说见闻式通讯是散文方式在新闻写作中的应用，那么，情节式通讯便是小说方式在新闻写作中的应用。

这里关键是对情节的理解。《辞海》解释情节是“叙事性文艺作品中人物的生活和斗争的演变过程，由一组以上能显示人物和人物、人物和环境之间的错综复杂关系的具体事件和矛盾冲突所构成，用以展示人物性格和表现主题。它以现实生活中的矛盾斗争为根据，经过作家艺术家的集中概括并加以组织结构而成。一般这包括开端、发展、高潮、结局等组成部分，有的作品还有序幕和尾声”。从这个解释我们可以看出，情节有这样几个特点：

1. 情节是一个完整的发展变化过程；

2. 情节由一组以上具体事件构成；

3. 描写具体情景，过程通过情景展开。

中国新闻奖的获奖作品《车到柳园》，正是这样一件典型的作品。作品报道的是某地震队测量分队队长李忠红的家庭亲情及其对事业的兢兢业业的精神。李忠红所在地震队隶属于石油地球物理勘探局第二地质调查处，单位地点在河南开封，自己是敦煌人。从1991到1997年，他多次进疆施工，在塔里木勘探石油，来来回回路过距敦煌126公里的柳园车站，却很少有机会回家，大多是家人接到电话后带了东西到柳园车站来看他。记者以此为描写切入点，写出主人公李忠红对家庭的牵念，这是一位尽心于工作的测量工作者对家庭的满含愧疚的牵念。整个作品通过主人公来来去去在柳园车站和家人会面等情景描写，把一个动人的故事描述出来。

情节式通讯的写作方法，从报道视角看，记者以第三人称的角度叙述事实，却能切入事件中人物的内心；从表达方式看，以描写为主，注重展现事实的情景；从结构来看，情节运动是其主要线索，展示的是人物活动的逻辑。

这类通讯的长处是形象、生动、感染力强。

它的缺陷对于通讯报道来说，至少有两点值得讨论：

1. 材料来源不清楚。情节式通讯展示人物活动的逻辑，写出人物之所想、所言、所行的必然性，但并不交代是从何处获得这些材料的。

2. 细节会不会失真。情节化作为一种文学手段是和想象、创造联系在一起的，因为它需要事物运动中的一切必要的细节，而新闻写作对事实的采撷，很难拉起一条原始的链条。是否可以依靠想象进行连缀？很多用此种手法写作的通讯都存在这个问题。

所以，在使用情节化的方式写通讯时，要严肃考虑一个问题：在构思情节时会不会违反新闻真实性原则？

由于情节式通讯有这样的局限，所以这种方式不适于写作重大题材的新闻报道，而适于写作非重大题材的、人情味浓厚的新闻报道。并且在情节式通讯报道中坚持真实性原则是非常重要的。

四、综述式通讯

综述式通讯，是把关于一个事实的多方面的材料综合在一起，或者按照过程，或者按照事实的各个方面，以第三人称的角度，对事实展开叙述。如《雪山的呼唤》《关于牛的亲子鉴定》都是这样的作品。

综述式通讯的特点：

1. 叙述的手法为主。其他手段，如描写情景、直接引用采访对象的谈话，是次要成分。

2. 第三人称为主。不论是作者耳闻目睹的材料，还是从采访对象那里获得的材料，都转化为第三人称的叙述。

3. 结构多样。见闻式通讯，一般按记者经历事件过程的顺序或按记者采访的顺序叙事。访谈式通讯一般以谈话的角色变换来组织材料。情节式通讯通常按人物命运发展顺序，多是纵式结构。综述式通讯，可以是纵式的，描述过程；也可以是横式的，叙述事实的各个方面。

综述式通讯与情节式通讯类似之处：

1. 不论是作者耳闻目睹的材料，还是作者从采访对象那里获得的材料，都转化为第三人称的叙述和描写。

2. 表述事实完整的过程，由于首尾完整，综述式通讯经常被称为“始末”“纪事”“纪实”等。

3. 完整的过程也是由一系列单独事件构成。

但综述式通讯与情节式通讯有根本区别：

1. 情节式通讯描写为主，展开事实情景为主；综述式通讯叙述为主，表述事实过程为主。

2. 情节式通讯注重展开人的心理活动，综述式通讯注重写人的行为活动。

3. 情节式通讯以形象思维为主，综述式通讯以逻辑思维为主。

见闻式通讯吸收了散文的手法，情节式通讯吸收了小说的手法，都是借鉴于文学的叙事手法。而综述式通讯则更近于历史的叙事手法：注重事实来龙去脉的表述，在概述的基础上，点缀某些有寓意的细节。

综述式通讯的长处在于：

1. 条理清晰，便于读者了解人物、事件的整个过程和整个情况。

2. 综合材料比较多，在清楚地表述时间跨度大空间跨度大的复杂事件上有优越性。

3. 手法多样，表现力较强，适用面广。

综述式通讯的缺点是：如不善穿插，易流于呆滞。所以写这类通讯在写清事实的基础上穿插有意义而生动的细节是必要的。

五、分析式通讯

分析式通讯不但叙述事实，而且重在分析事实，揭示事实的内涵，表达对事实的看法。这是分析式通讯的根本目的。这类通讯和述评消息有类似的性质，也可以叫述评通讯。

看下面的通讯：

英年早逝忧思录

刘洪涛

今年第一季度，北京大学有三位正处于个人事业巅峰状态的中年教授不幸病逝。白发人送黑发人在中国知识界似乎早已是平常之事，但当记者细查那一个个英年早逝的人生档案时，深深为其中蕴含的复杂而深刻的社会及历史内涵而震惊。

国际惯例将四十五岁至六十岁定为中年时期，北京大学这个年龄段上有高级职称的老师在九十年代已有十六人逝世，中国人民大学去年有三人病逝，有些高校不愿透露数字，但谁也不否认，高校英年早逝已成为人们不得不重视的普遍现象。

让我们看一下今年北大的早逝者。

佘树森，中文系当代文学教授，终年五十六岁。著作等身，被公认为有影响的中国散文研究专家。

赵济平，中文系古典文学教授，终年五十六岁。才华横溢，其宋诗和明清小说研究的精辟见解为同行津津乐道。

魏敏，法律系国际法权威教授，终年六十三岁。与同事一起创建了中国大学的第一个国际法专业。

北大一位系主任说，中年教授尤其教学力量极强的北大教授去世的巨大损失，不是说用多少钱可以弥补的，而是这些研究领域在若干年内出现无人填补的空白，对学生、对后人、对事业都无法交代。

考察这些不幸者的人生履历，会发现这一代知识分子具有相似的经历。

他们均毕业于五六十年代，风华正茂时赶上“文革”，被下放农村劳动；浩劫之后，拖着长期营养不良、劳累过度的羸弱身躯返回校园，为挽回损失拼命工作；浩劫造成人才断层，他们便历史地成为教学科研甚至管理的骨干；他们收入微薄，家庭负担沉重，生活清贫……这一切使他们积劳成疾，但他们有太强的事业心和责任感，多年所受教育而形成的行为规范使他们“轻伤不下火线”。他们桃李满天下，研究成果卓著，但他们自己却过早地耗尽了生命。

北大无线电系副教授杨同立病倒在讲台上后不治而逝；魏敏教授长期肝脏不好，做第三次大手术时竟是自己乘公共汽车去医院，佘树森教授住院当天还登台讲课……

许多教师都痛心地说：增加教育投入的呼吁已有多年，至今状况并未改善多少，一个副教授的月薪仅够买十只鸡，经济基础决定着人的社会地位，如是，知识分子怎能受到尊重呢？

如果一味地指责教育投入过少也未免有失偏见，在过去的五年中，国家财政和社会各界对教育的投入达三千二百亿人民币，比上一个五年增加了一千七百一十亿，但为什么看不见明显的社会效益呢？

根本原因是教育界冗员过多，庞大的行政队伍占用了有限的教育资金。

仅以北大为例，有教员二千六百多名，行政人员五千多，还雇了两千左右的临时工，学校要支付九千到一万人的工资，九千多人平摊以两千多教师的名义要来的经费。许多教师没有办公室，拥挤而狭窄的住房同时还是办公室、会客室、书房……一些理科老师在北大没有实验室，只能去校外。

一位系主任说，北大目前最迫切的问题是裁减冗员。

北大两位年轻教授不约而同地指出，来自方方面面的压力造成中年教师思想烦扰、心灵压抑，这是促使他们早逝的内在原因。

老教授吃的苦不比中年人少，但老人比中年人长寿，为什么？

老教授在三四十年代择业自由，束缚不多，而且在新中国成立前后，就已奠定了学术地位，事业上的压力相对较小。而五六十年代培养的知识分子吃“铁饭碗”，事业的成功、生活的幸福都要从这唯一的途径获得，事业上既有要超过老一代的愿望，又要迎接青年一代的挑战。他们对职称、住房、收入看得很重，将著作视若生命。从某种意义上说，老教授从兴趣出发做学问，而他们做学问则更多地与个人切身利益相关。他们只知勤奋，不会修身养性，不会消遣，对社会分配不公等不合理现象有愤怒却又无可奈何，想超脱而不能，这所有的压力都集中于他们一己之身、汇于斗室之中，形成这一代所特有的巨大“焦灼感”，他们怎能不精疲力竭呢？

（中新社 1993 年 4 月 10 日电讯稿）

分析式通讯的特点是：

1. 在报道目的上，以揭示事实内涵为宗旨。一般通讯的报道意图在事实来龙去脉及情景上，也提供意义，但不能说报道目的在此。分析式通讯叙述事实目的就是为了让读者了解事实背后的潜在信息。所以过程、情景在这里是不重要的，经常看不到情景描写，也没有过程，更多是相关事实的叙述和必不可少的数据。

2. 在材料运用上，注重各种与事实有联系的材料的运用。分析式通讯，报道主旨在于揭示事物内在联系，所以摆出相联系的各种事实是必要的，通过各种事实的对比，衬托事实的意义。这是分析式通讯揭示事实内涵的主要手段。

3. 在表达方式上，叙述和议论并重。其他类型的通讯，也会有议论，但一般比较少，而分析式通讯由于它的报道目的决定其往往有较重的议论成分，常常是夹叙夹议，叙中有议，议中有叙。这是分析式通讯揭示事实内涵的辅助手段。

4. 结构一般是事理结构，鲜明地体现作者思路。这也是分析式通讯揭示事实内涵的一种手段。

【思考与训练】

1. 形象性是不是通讯的基本特征?
2. 通过阅读作品切实了解通讯的文体特点。
3. 分析下编中通讯作品报道形式的特点。

第十二章

通 讯 结 构

【本章内容提要】

通讯结构遵循的是反映新闻事实内在联系、服从于表达主题的需要以及完整严谨、匀称起伏的原则。

通讯结构的基本形式有三种：纵式结构按事件发展或事理递进安排层次，横式结构按空间变换或按事物不同侧面安排层次，纵横交错式结构则既考虑材料的纵向联系，又考虑材料的横向联系，适于表述较为复杂的事实。

通讯的双线索结构指的是两条叙事线索同时展开的一种结构形式，它的优势是现场感强、叙事有波澜。

第一节　通讯结构原则

一、反映新闻事实的内在联系

通讯写作对象是新闻事实，新闻事实本身有其自身的内在联系，对事实的这种内在联系，也就是事实内部“条理性”的认识越清晰、越透辟，反映起来也就越清晰、越有层次。作家孙犁在谈一般文章写作的结构时曾说：“作品的结构不单是一个形式的问题，也是内容的问题。因为一篇作品既是描写一个事件，那事件本身就具备一个进行的规律，一个存在的规模。作者抓住这个规律，写出这个规律，使它鲜明，便是作品的基本结构。”（孙犁《谈结构》）构思通讯的结构，也是这个道理。以表现事物发展过程为特征的通讯结构，反映的是事实固有的发展的阶段性、秩序性；以表现空间变换为特征的通讯结构，反映的是事实固有的横向联系；而以表现事理为特征的通讯结构，反映的则是事实固有的因果联系。

二、服从于表达主题的需要

新闻是一种精神产品，是记者对新闻事实能动认识的结晶。因此，通讯的结构也不能只是新闻事实原有秩序的简单复制，而需要作者根据表达主题的需要加以妥帖巧妙的安排。通讯《她的中国心》，报道一个日本战争遗孤乌云在中国成长的历程，中日建立邦交后到日本寻亲找到唯一的亲人哥哥之后，哥哥留她定居日本，但她执意回来了。事实本身呈现不断发展变化的过程，为反映事实这种内在联系，作品采用了纵向的结构，这是顺理成章的。但作品又不是从头到尾地叙述这种发展变化，而是把纵向的几十年的过程截为两段：一段从乌云乘坐飞机从中国飞往日本寻亲至乌云提前从日本回来，这一段是主要的叙事线索；另一段是这之前的乌云在中国的整个经历，作为副线索穿插于主线索之中。记者采取这样一种结构方式，正是为了表现作品的主题：在乌云的躯体里，虽然流淌着日本人的血，但却跳动着一颗中国人的心。

三、完整、严谨、匀称、起伏

所谓完整，是指线索连贯，有头有尾。首先，构成报道的各个局部应该结合成一个完美统一的整体。报道中的各个部分是适应报道的整体而存在的，它们彼此之间具有深刻的内在联系和巧妙得体的外部组合，共同表达着一个主题，体现着作者完整的思路。其次，构成报道整体的各个局部要相对齐备，不可无故残缺。

所谓严谨，是指报道各部分之间有严密的逻辑联系，不得出现互相矛盾或互不相干的现象。段落精当，层次井然，段落间过渡紧凑，层次间组织严密，前有交代，后有照应。

所谓匀称，是指各个部分在报道结构中所占的地位要适当。根据表达主题的需要和报道容量的大小，各部分应有一定量的比例，如首、身、尾相比，身要占较大篇幅。因此，行文中要尽力做到详略得当、轻重合理、疏密有致、首尾相应，使报道结构匀称和谐。

所谓起伏，是指结构安排上注意形成变化，有波澜曲折。

第二节　通讯结构基本形式

一、纵式结构

通讯的纵式结构是指按照时间顺序、事物发展的顺序或作者对事物的认识顺序进行谋篇布局的结构方式。这是一种发展地、延伸地、递进地组织材料的方法。当一个新闻事件的发展主要体现为时间上的变化而不是空间上的变化，而且这个新闻事件头绪也不是很多的时候，纵式结构理所当然地会被采用。纵式结构一般又可分为四种：

（一）按时间顺序组织材料

以时间向前运动组织材料。特征是标明年月日，以此维系材料。通讯《战火映红巴格达夜空》，就是按时间顺序来组织材料的。这篇作品是《文汇报》的高级记者郑若麟在海湾战争爆发的第一天写的报道。

全文分六部分，有六个小标题：

——是不是“狼来了”？

1991年1月16日晚时间20点~23点50分

——“这回可是真的！”

0点02分~0点45分

——五角大楼宣布攻击十分成功

1点06分~2点08分

——美军雷达干扰了“飞毛腿”

2点40分~4点20分

——投在伊拉克的炸弹总梯量超过了广岛原子弹

5点26分~11点45分

——萨达姆跪地祈祷，防空警报又响了

10点06分~16点50分

从这些标题中，可以看到时间向前推进的次序。各部分内部也以时间顺序维系材料。

记者写这篇战争报道，并没有在现场，但是采用时间顺序结构的方法，有效地把各家媒体报道的各种材料组织起来，视野非常广阔地报道了战争爆发的第一天读者希望了解的几乎各个方面的情况。记者在报道中选择的时间点，都是事态变动的重要环节，这样不仅有效地组织了材料，而且体现了战争推进的紧张节奏和气氛。

这种时间顺序的结构方式，好处在于：省去了段落之间的过渡性文字，表述流畅自然，明快简洁，层次分明，脉络清楚；另外还能造成一种紧张、向前推进的感觉。

（二）按事件发展顺序组织材料

时间顺序强调的是时间向前运动，事件发展顺序强调的是事件发展的不同阶段向前运动。《南方周末》通讯《关于牛的亲子鉴定》，报道云南农民赵文兴为了找回失牛打官司的故事。通讯三部分内容：第一部分叙述赵文兴的小牛丢了并到处寻找；第二部分叙述赵文兴找到了小牛却被邻村的毕万福告上法庭，被认定牛不是他的；第三部分叙述赵文兴倾家荡产借高利贷花7000元为牛做亲子鉴定陈述法庭，最终牛归原主。整个通讯报道呈现按事实发展的阶段陈述事实的纵式结构。

用这种结构方法，为了突出某些内容，或者为了避免呆板，可以调整叙述的顺序。有时可以把事实的结局放到开头陈述，有时可以把事实的精彩片断放到开头陈述，有时也可以时前时后叙述形成跳跃性。

（三）按记者采访顺序组织材料

按照记者一路采访所见所闻把各方面的事实串联起来，这是见闻式通讯经常采取的结构方式。采取这种方式，通常是出于这样一些考虑：

1. 事实比较复杂，头绪多、人物多、场面多，以这种结构方式处理材料易于化繁为简、清晰明了。

2. 不需要突出事件的过程，突出的是记者对事件内幕及原因的调查了解，以纪实的方式展示调查的过程，以增强新闻的说服力。

3. 非事件性新闻没有具体过程，不可能按过程去构思，以记者采访为线索把有关新闻事实的各种材料——印象、感受、故事、访谈等连缀起来，形成报道整体。这样可以写得比较具体生动，不致空洞抽象。

4. 强调记者对事实的见闻，在报道事实的同时，侧重表述记者对事实的感受。

（四）按事理递进顺序组织材料

事物是多层次的，有些报道不只是一般地陈述事实，还要对事实进行深入的分析，挖掘事实的原因，组织材料时也顺理成章地由表及里、由因及果，形成事理递进的顺序。这种结构形式在一些工作通讯、社会观察通讯中比较常见。

登载于1992年11月14日《铜陵报》的工作通讯《醒来，铜陵》，探讨铜陵在取得初步成就的基础上怎样进一步发展的思路，全文分四个部分。第一部分“十年磨剑锋自出”，写中国共产党十一届三中全会以来，铜陵人改革开放取得可喜成就；第二部分“同处一江景不同”，把铜陵和沿江的其他城市相比较，运用一系列数据分析存在的差距；第三部分“剔肤见骨找病根”，用具体事实为铜陵诊断出一个又一个“病灶”：以经济建设为中心的观念不强、商品经济观念薄弱、精神状态不振作、改革意识不浓等，总而言之，思想不够解放；第四部分“解放思想是先导”，这部分激情地呼吁铜陵人进一步解放思想、更新观念，呼吁铜陵人醒来。这篇工作通讯四部分之间的关系是事理递进的顺序。

采用这种结构方式的优点在于能让读者清晰地看到作者的思路，理解作者的意图，跟着作者的思路一步步加深对事物的认识。但用这种结构写通讯，注意不要出现逻辑混乱的问题，思路要清晰。

二、横式结构

通讯的横式结构是指按空间变换或按事物不同侧面来安排材料的结构方式。横式结构体现了事物之间和事物内部的横向联系。一般所写，是涉及一个中心的几个方面，这几个方面的关系不是延续的、发展的，而是并列的。横式结构也有不同的形式，比较常见的有这样一些：

（一）按空间变换组织材料（空间并列）

围绕一个中心，把不同地点的事情联系起来，形成一个整体。这种结构方式又叫“移步换形”式结构。

澳门回归，新华社发了两篇通讯：《莲花绽放不夜天》《喜见红旗飘镜岛》，都是采用这种“移步换形”的结构。

《莲花绽放不夜天》，先是用抒情的笔调写出 1999 年 12 月 20 日零时，当鲜艳的五星红旗和澳门特别行政区区旗在澳门升起，澳门进入了一个新的历史时期，下面就以空间转换的方式写出了在这个历史时刻澳门各处的欢庆情景。

——站在澳门半岛的最高点东望洋山顶俯瞰澳门，看澳门溢光流彩的全景。

——走在澳门大街小巷，到处五彩缤纷，到处是欢庆的人群。

——作为澳门社会活动的中心地带的市政厅广场，彻夜灯火辉煌，人声鼎沸，一片欢声笑语。

——在政权交接仪式现场，当五星红旗和澳门特别行政区区旗冉冉升起时……

——有500多年历史的妈祖阁前聚集了众多的澳门居民……

——澳门最北端的关闸……

——望厦社区的几条主要街道上……

——在澳门最具特色的标志性建筑之一大三巴牌坊……

…………

通过这种结构，写出澳门全城欢庆的情景。

运用空间转换结构，要注意方位之间的有机联系或承接性，否则，结构易松散。

（二）按事物不同侧面并列构架（方面并列）

事物有许多侧面，有些事物各个侧面具有相等的重要性，它们之间是一种并列的关系而不是承接的或递进的关系，并列结构的通讯就是试图将这些事物的各个侧面一一反映出来。

《人民日报》记者孟晓云的通讯《变化就在你身边——从衣食住行看中国》（1991年9月5日《人民日报》），运用典型的材料，采用夹叙夹议、点面结合的手法，把改革开放之后与人们生活密切相关的衣、食、住、行四个方面的变化一一展现在读者面前。整个报道分四个部分。从服装看变化：色彩缤纷的世界；从餐桌看市场：丰富多样的选择；千万间广厦的诉说；一个新的挑战——速度快者得生存。这四个方面反映的是同一事物的不同侧面，呈现并列关系。

要注意的是：这种结构承上启下、一气呵成比较困难，需要作者构思时深思熟虑，抓住事物横向联系的逻辑关系。否则，便成了七拼八凑垒起来的积木。

方面并列的结构，可以写事件、社会现象，也可以写人。如新华社通讯《步鑫生的"上下内外观"》（1984年4月1日）由四部分内容构成：对下——不怕后进群众吵闹；对上——不怕错误领导的压力；对外——不怕社会上的闲言碎语；对内——不怕亲友的劝阻。这四部分内容从四个并列的方面展示人物敢为人先的精神。

（三）按照不同人物并列（人物并列）

有的通讯以一个主题写若干个人物，每个人物的事迹构成一部分内容，形成人物并列。

新华社通讯《我这十天——三位基层代表的所想所做》报道三位人大代表在人大会上的活动和感受，采用的是这种人物并列的结构，三个小标题分领三个并列部分——彭复生：一句话，就是忙；王玉梅：记了一本大会实录；董伟平：肩上的责任沉甸甸。每一部分是对一个人物的展示。

三、纵横交错式结构

通讯的纵横交错式结构指既考虑材料的纵向联系又考虑材料的横向联系、既显示事实的发展变化又显示事实不同的方面的一种结构方式。

当通讯报道的新闻事实头绪繁多、时间跨度大、空间变换也比较频繁的时候，单单使用纵式结构或横式结构就很难把主题表现好。于是，记者把纵式结构和横式结构结合起来，取两者的长处，形成一种比较复杂的通讯结构——纵横交错式结构。这种结构的特点是像一张网，将复杂的新闻事件有条不紊地表现出来，疏而不漏。

（一）时间和空间交错

这是一种时间和空间并重的结构方式。讲到这种结构方式，一般都要提到 1960 年 2 月 28 日《中国青年报》的通讯《为了六十一个阶级弟兄》。通讯讲述的是山西省平陆县 61 名民工食物中毒，后在多方支援下脱险的故事。通讯的主线索是按时间顺序安排的纵线——从 2 月 2 日到 2 月 5 日事件的进展情况；同时作者又从横向按照空间的变换描述了不同地方、不同单位关注和支援“平陆事件”的情况。如此复杂的新闻事件如果不是用这样的结构来写，就很难把新闻事件的各种头绪写清楚。

（二）过程和事理交错

这是一种事实过程和事理并重的结构方式。2000 年 5 月 9 日登载于《光明日报》的通讯《电脑游戏：瞄准孩子的“电子海洛因”——由一母亲控诉引起的暗访》，通过记者对电子游戏厅的三次暗访，揭露电子游戏厅以电脑游戏毒害青少年的内幕。记者组织报道材料以三次暗访为根据，全文由三个部分构成，即“第一次暗访”“第二次暗访”“第三次暗访”，每一部分都详述每次暗访的来龙去脉，但由于每一次暗访都有特定的目的，所以每一部分都有特定的内容。“第一次暗访”是记者对电脑游戏室的一般情况的观察：电脑游戏室分布的地区、密度，最火爆的营业时间，游戏室的主要玩客，游戏室是否合法经营等。“第二次暗访”是记者通过上瘾的孩子了解他们通过什么渠道知道这些游戏室并迷上电脑游戏，从而导致各种社会问题。“第三次暗访”是记者通过经营游戏室的老板了解他们作为经营者的心态是怎样的。每个部分都有内容的侧重点。所以这篇通讯各部分材料之间的联系，既有纵向联系，又有横向联系。这样的结构，也是一种纵横结合式结构。

第三节　通讯双线索结构

通讯的结构非常丰富，特别是近年来出现一些新的形式，主要表现在线索的变化上，仅用纵式、横式、纵横结合式难以完全概括。

记叙文都有一个记叙的线索，对于那些时空跨度不是很大、人物活动比较集中、事件过程不是很复杂的事实，用单线条记叙就足够了。但对于那些时空跨度比较大、人物活动比较分散、事件过程比较复杂的事实，用单线条可能会觉得力不从心，就需要用多个线索来进行叙述。所以，记叙文的结构，从叙事线索的多少而言，有两种结构，一种是单线索结构，一种是多线索结构。通讯也是一样，也有这样两种结构。

一、单线索结构

所谓单线索结构，就是一条叙事线索贯穿于通讯的首尾。单线索记叙的好处是清晰、简练，一目了然，也易于掌握。

单线索结构法还有一种特殊的情况：事件本身比较复杂，并不是单线索的，但记者用一种特殊的方法，把它编织成单线索。这种特殊的方法，就是以记者的采访行踪作为叙事的线索。这样，不论事实如何复杂，都可以用单线索去叙述。这样的单线索有它不可替代的优越性。它既可把复杂的问题“简单化”，又使读者读了以后有身临其境的感觉，从而增加报道的感染力。

二、双线索结构

在文学的叙事中，经常采用多线索结构法。如小说、戏剧、电影中经常使用。这样的叙事更丰富、更有动感。通讯中两条以上的线索很少见，大多是双线索。所谓双线索结构，就是两条叙事线索贯穿于通讯的首尾，并且互相交错。

在通讯中，双线索结构也有多种形式：

（一）同时平行的两条线索互相交错

这种形式的特点是：通讯有两条叙事线索，这两条线索同时向前发展，又因为处在同一事件中，时常交错在一起。

通讯名篇《为了六十一个阶级弟兄》，如果从叙事线索的角度分析，也是一种双线索结构。这篇通讯有两条明显的叙事线索，一条是山西平陆 61 个民工食物中毒需用特效药，平陆县委向北京卫生部、特药店求援及所做的各种救援工作；一条是北京卫生部、特药店接电话后紧急行动起来，及时把药送往平陆，使病人脱险。而每一条线索又涉及很多人物和事件，头绪纷繁，枝丫百出。

（二）现在过去的两条线索互相交错

这种形式的特点是：把一个事件的发展过程截为现在和过去两个时段，而以叙述现在事实为主，在叙述现在事实的同时，不断插入对过去事实的回忆。这样，既完整地勾画出事实整个过程，又突出了新近的事实，增强了新闻的新鲜感与现场感。

登载于 1995 年 6 月 6 日《贵州日报》的人物通讯《师魂》，成功地采用了这种结构方式。报道显然有两条叙事线索：一条是现在的线索，从 1994 年 10 月 14 日至 1995 年 5 月 25 日记者采访田沛发，这个过程较短，半年的时间。笔墨集中在 10 月 15 日田沛发与歹徒搏斗的事件上。一条是过去的线索，从1966年田沛发初中毕业开始当民办教师至出事之前。从事实本身来看，可以是一条线索，但作者写作时，把这条线索截断了，变成了现在和过去两条，并以现在为主线索，把过去穿插到现在中去，使两条线索交织起来。好处就是把最具新闻性的一段突出出来，叙述也更有变化。

这种结构法，也有人称作“时空倒错结构”。由于现在时间和过去时间交叉叙述，时间上一会儿现在，一会儿过去，空间上也是一会儿此地，一会儿彼地，很有点扑朔迷离的感觉，仿佛时空表述上完全没有规律。

（三）不同角度的两条线索互相交错

这种形式的特点是：对一个事件的发展过程有两个角度的陈述，每个角度的叙述构成一条叙事线索，互相交错在一起，起着互相补充、互相深化的作用。

登载于2003年8月23日《南方周末》的通讯《死囚遗书》，报道昆明市的民警杜培武的妻子被杀之后，杜培武遭刑讯逼供定为杀人死罪，直到公安机关破获一杀人抢劫团伙，杀人凶器自行暴露，杜培武的冤情才被解除。通讯叙事时，用了两条线索，一条是整个事件进程，一条是杜培武的日记所披露的他在这一事件中的心理过程。记者通过这样两条线索，既展示了事情的来龙去脉，又揭示了受冤枉的人悲愤的心情以及作为当事人对冤案的思考，内容丰富，表述清晰而有变化。

下面是其中一部分：

[现在，……我最放心不下的还是睿睿，这么小就成了孤儿，他太可怜了，而且，我的冤案不知会对他的成长产生什么样的影响……我死后，请父母把我的骨灰带回山东老家，葬在爷爷奶奶的坟旁……1999·4·12]

从测谎的当天晚上开始，办案人员给杜培武戴上了脚镣，喝令他交代杀害“二王”的犯罪过程。他们用手铐将杜的双手呈“大”字形悬空吊在铁门上，吊一段时间后，在脚下塞进一个凳子，以换取杜的“老实交代”。杜不断地声称冤枉，这又被认为是“负隅顽抗”，审讯人员便又猛地抽掉凳子，让杜突然悬空，如此反复……这仍然不能令杜培武屈服。审讯人员又用高压电警棍逐一电击他的脚趾和手指。那些审讯人员有的跟杜培武熟悉，他们在用刑的时候，冷冷地对杜培武说："对不起了！"

这一幕并非发生在某个秘密场所，而是在公安局的大院里上演，杜培武早已变了调的、令人毛骨悚然的惨叫声，使得许多正直的警察不寒而栗，他们中的有些人后来挺身而出，作为指控秦伯联等人刑讯逼供的证人。

[今天又有一批人"上路"了。从1998年7月19日我被送进来至今，已见到5批人"上路"了……面对这样的情况，请家人把我最后穿的衣服准备好，送来给我……1999·4·19]

酷刑下，杜培武被迫低下了不屈的头颅，他开始"供述杀人的罪行"。

"为了不挨打，我不仅要按照审讯者的要求说，而且尽可能地揣摩他们的意图。"杜培武说。

编好了"杀人现场"，"杀人枪支"的下落却苦了杜培武。他"交代"了一个地方，刑警们马上就押着他去找，找不到就吊起来一顿毒打。杜培武绞尽脑汁想了一招——"枪被拆散，沿途扔了，扔到滇池里去了……"

[我常在梦里与家人相见，可家人的容貌越来越模糊，特别是睿睿，样子就更模糊。爸、妈，是否能把家里人的近照带来让我看看，我想，在我走之时，总要让我清清楚楚地记得家里人的容貌吧。1999·4·28]

1998年7月19日，杜培武被送回看守所。专案组的其中一个小头目警告说："如果翻供小心收拾你！"

从6月30日到7月19日整整20天，杜培武基本没有睡过觉，"跪在地上回答问题就是最好的休息，也只有这个时候我才能缓一缓，补充一下体力。"

其间，杜培武于1998年7月2日被刑事拘留。他认为，从4月22日至7月2日一共70天被限制人身自由属于非法拘禁。

这个时候，身为警察的杜培武已经不像样子了：目光呆滞，步履蹒跚，两个手腕和双脚踝均被手铐、脚镣吊烂、化脓，手背乌黑，肿得像戴着拳击手套似的。

几天后，杜培武慢慢缓了过来，他写好了《刑讯逼供控告书》，交给驻所检察官范显忠，这位检察官当着上百名在押疑犯和管教干部的面，为杜拍下4张伤情照片。这4张照片以后起了很大的作用。

（四）个别和一般的两条线索互相交错

这种形式的特点是：通讯报道有两条线索，一条线索叙述新闻事实中的个别情况，一个人或一个家庭的命运；一条线索叙述新闻事实的一般情况，事实的整体面貌及有关数据等。两条线索穿插起来，使事实的报道既见广度，又具深度。

下面是这种结构很典型的一篇报道：

世界最佳急诊室

［美］　乔恩·富兰克林

阿伦·多尔夫

“大多数的人并不死于意外或心脏病猝发，”考莱（R. Ad－sm Cowley）医生道：“意外或心脏病猝发会产生休克，也就是血液循环迟缓或停顿，而休克才是真凶。”

考莱医生是马里兰州巴尔的摩市马里兰急救医药服务的创办人。通常大家称这机构为“休克猛烈创伤所”。他和他的同事在这全世界最先进的急诊室（叫作“猛烈创伤中心”），和休克英勇作战。考莱说：“人在生命最终的时刻是非常忙的，必须发生许多事然后才死。虽然如此，我们还是要尽快抢救。假使有人发生了意外，而我能在一小时之内为他止住流血，恢复血压，大概便能保住他的性命。这一小时我称之为黄金小时。”

距休克猛烈创伤所不远，在巴尔的摩环城公路上，有个年轻妇人驾着一辆蓝色跑车紧随在一辆送面包的货车后。她座位上的安全带松垂在下面，但她那七个月的儿子却稳坐在安全座中。突然她转进快车道，准备超越前面的货车。不料快车道上停着一辆抛锚的汽车，她看见时，已相距太近。她的跑车在路上只留下了三米长的刹车印，就撞上那辆老爷轿车。

那时是4时37分。黄金小时开始。

在美国大多数地区，因车祸而多处受重伤的人，有百分之八十死亡。但是在附属巴尔的摩市马里兰大学的休克猛烈创伤所，医疗人员已将死亡率减至百分之十八，其中包括大多数急诊室曾列为到院时已经死亡的伤者。

在环城公路上，一名州警设法从车中救出那失去知觉的妇人，一个路人把啼哭的婴儿抱过去。州警伸手到妇人颈项探索脉搏，喷出的血溅污了他的制服。

他终于摸到了脉搏，跳得快而微弱。死亡的过程已开始扰乱她的代谢机能。她深陷于休克之中。

一架州警的直升机停止搜索盗劫疑犯，以每小时一百九十公里的速度向车祸现场飞去。

那时是4时40分，进入黄金小时已三分钟。

这独特的急救机构是考莱医生在1961年创办的。他相信即使受了重伤，只要能止住休克，便有生存之望；主要关键在血压，血压与休克的关系是：

一个人在意识到意外即将来临时，哪怕是极短暂的意识，也会将强力的化学物释入血液，改变血流的方式。血冲往头部，思索加快。据意外事件中生存的人说，当时时间变慢，各种事情的发展——冲面而来的汽车的颜色，道路护栏的详细形态——都会在急速动作的脑中留下不灭的印象。接着是撞击，血管破裂。动脉像爆了的车胎，顿失压力。脑细胞没有正常血液循环供应氧，四至六分钟内便死去。肾脏可以支持一小时以上。

在少妇遭遇车祸的现场，一名医护人员把担架推进直升机，自己也跟着跳进机内。直升机发动时驾驶员拿起麦克风。休克猛烈创伤所的各扩音器都播出了他的声音："八分钟内有一名伤者入院。"

时间是4时43分。

考莱根据研究休克的心得，建立了后来成为世界救护系统的模范。在马里兰州，直升机载着受过急救训练的州警总是将意外受伤的人直接飞送休克猛烈创伤所。在那专抢救治疗猛烈创伤者的五层楼大厦中，医生和护士迅速而彻底地救治最严重和最复杂的猛烈创伤。

4时53分。担架推进创伤中心二楼消毒的入院处，两名外科医生、两名别的医生和三名护士早已在那里等候，他们将满身血污的受伤妇人移到一座钢台上。

入院处的小组人员都过来环立在伤者的四周。

麦克阿伦医生说："传统的医疗程序，是记录经过，检查伤者身体，做各种试验，作出诊断，然后治疗。"在休克猛烈创伤所创办的最初十年中，麦克阿伦医生差不多一直是考莱的主任麻醉师，他说："假使按照这方式照料伤者，手术未完，人便可能已经死了。休克创伤小组不同，他们一面作诊断，一面进行使伤者复苏和治疗的工作。"

4时57分。看护在塑胶病况牌上写下无名氏，女，第四十四号。一名资深医生迅速记下妇人的外伤，察看破损的脸和脱臼的膝。她腋下有许多气泡，显示肺已穿破。最险恶的症状是她的收缩血压，应该至少一百二十，但现在只有六十。她可能是血向胸腔或腹腔流。

麻醉师在她气管中插入一支塑胶管。现在他将管的另一端接连在呼吸器上。呼吸器立即代替她进行呼吸。

两分钟后，医生将一支大注射器的针插入妇人的右腹股沟，探寻深藏的隐静脉。这条静脉平时并不难找，但休克时会瘪下，不易找得到。后来注射管出现了一股血流。针管吸满血液后，医生拔出注射器，交给在一旁等待的化验师。化验师接过血样，就跑步而去。

一位医士将血压传感器插进妇人右腕，另一位医生将监视管插入静脉，通入心脏。在头的上方，仪表和阴极射线管开始记录心跳和血压。

钢台上挂着瓶盛的血和血浆，塑胶管插在伤者的手臂和腿里。血和血浆慢慢地注入妇人体内，她的血压开始上升。

"人并不死于灾祸，"考莱说，"他们是因为急救者在作战时忽略了一点小问题而死的。"

5时07分。注入的液体那么多，照理血压应快速升高得快些才对。可能是她正在内出血。外科医生说："要做刺腹放液检查才行。"

他在肚脐下切开一个小口，插进一根塑胶管。把一瓶清盐水全从管中注入，然后将空瓶放在地上，让盐水流回瓶中。如果她内出血，流回去的液体会是红色。

1970年初期，刺腹放液检查曾引起很多争论，因为那要在诊断还未作出之前便先洞穿腹部。考莱不理会这一点，照样做刺腹放液检查，因为此法准确省时。后来，附近的约翰霍普金斯医学院所做的研究终于证实他的做法正确。因为由于没有及早发觉内出血而枉死的车祸受伤者太多了。

5时15分。入院处的扩音器宣布已与伤者的丈夫取得联系。护士把病况牌上写的“无名氏”擦去，改写上伤者的姓名年龄。

她上星期刚满二十八岁。

考莱称创伤为“年轻人的病”。在美国，大多数受伤的人年龄都在四十岁以下。虽然死于心脏病和癌症的人较多，但死者的年龄较大。

5时20分。外科医生跪着看鲜红的液体滴入地上的瓶中。他道：“快办手续。”

在入院处附近，护士向伤者的丈夫解释必须立刻做手术。她把同意书推到他面前。他迟疑片刻，签了同意书。

“她醒过来后，”他对护士道，“请告诉她孩子平安。”

在手术室中，医生用刀从胸骨至盘骨割了一长条切口。

在黄金小时只剩两分钟时，医生夹住了喷血的动脉，血压即刻上升。

很多在休克猛烈创伤所入院处救活的伤者，在移入普通加护病房后，会因休克的续发影响而死亡。但是休克猛烈创伤所自有一个十二张床的复苏室，是个人造子宫，能将生命维持到伤者能自行恢复。

在加护复苏室中，护士开动呼吸器，准备给那位从手术室推来的妇人使用。这时，休克猛烈创伤所的扩音器响了。

“十分钟内将有一名伤者入院。”

（原载美国《读者文摘》1981年6月号，选自《外国新闻通讯选评》）

报道有明晰的两条线索，一条线索叙述考莱医生的学说、他创办的诊所所使用的独特方法和成效；一条线索叙述一个受重创妇女如何在急诊抢救下生还。

双线索结构通讯的优势在于：

1. 现场感强。“单线索过程”的方法基本上是一种事后的叙述法，即使是描写正在进行的事情时，它多半也是类似英语动词的“过去进行时”时态。“双线索过程组接”的方法基本上是一种现场描述法，它用文字提供给读者的场面是正在进行的，它多半类似英语动词中的“现在进行时”的时态。

2. 富有变化。两条线索变换叙述，形成叙述的节奏和波澜，读者阅读有一种紧张感，也有一种新鲜感。

【思考与训练】

1. 通讯的结构和消息的结构相比有什么特点？

2. 通讯写作采用结构形式的依据是什么？

3. 怎样写好通讯的开头与结尾？

4. 通讯结构的基本类型有哪几种？

5. 分析作品《联星村里的笑声》（414 页）的结构特点。

6. 分析作品《伍皓同志》（378 页）的结构特点。

7. 分析作品《一个藏族村庄的圣诞节》（412 页）的结构特点。

第十三章

各类通讯写作

【本章内容提要】

人物通讯是以人物为报道对象的通讯品种。人物通讯的写作，要求写出人物的基本情况、写出人物的特点、写出人物的精神风貌、写出人物的社会联系。

事件通讯是以新闻事件为报道对象的通讯品种。事件通讯的写作，要求叙事清晰、描写情景、交代人物、显示意义。

风貌通讯是以地方风貌为报道对象的通讯品种。风貌通讯的写作，要求写出见闻、写出特点、写出变化、写出情趣、写出感受。

工作通讯是以工作中的经验和问题作为报道对象的通讯品种。工作通讯的写作，要求提出问题有现实性、运用材料有典型性、分析事实有逻辑性、表述事实有生动性。

社会观察通讯是对社会生活中的新现象、新变化、新观念、新问题进行分析报道的通讯品种。社会观察通讯的写作，要求记者深入调查、掌握确凿的材料并用多种手法充分展现事实。

第一节　人物通讯写作

人物通讯是以人物为报道对象的通讯品种，具体说，就是用详尽生动的笔墨描述人物事迹，展示人物精神面貌，从而使读者比较深入地了解所报道的人物。

一、人物通讯的写作对象

在新时期，人物通讯有着较为广泛的报道面，大致有这样几类：

（一）先进人物

先进人物有特定的内涵，通常是指站在时代潮流的前面，出色地完成党和政府的中心工作，成为推动工作开展的典型人物。

报纸除了具有传播信息的功能外，还具有教育的功能。先进人物代表了社会积极的一面，对这些人物进行报道、宣传，写出他们不同凡响的业绩、不同凡响的精神境界、不同凡响的人生道路，可以给人们树立一个人生的榜样，带来某种人生启迪。所以新中国成立以来乃至改革开放以来，我们的人物通讯都是以报道先进人物为主流的。

虽然人物通讯可以说一直以报道先进人物作为主流，但自改革开放以来，先进人物的写作已有明显的两大突破：一是对先进人物的认识上，不再完全局限于政治标准和道德标准，而是突出了人物在经济建设中的实际作用，看人物在新的历史条件下能否推动经济建设向前发展，是否有利于发展生产力，这是思想上的解放。二是对先进人物的报道注重多层次、多角度，走出"高大全"的报道的旧模式，这是业务思想上的解放。所以尽管现在报道人物仍以先进人物为主，但先进人物的面貌已与旧时不同。

人物通讯《马永顺：无愧于大森林》《师魂》《北京有个李素丽》《雪山的呼唤》等都是对先进人物的报道。

（二）杰出人物

杰出人物指人群中有不平凡的作为并有出色品格的人。这些人不一定能用“先进”概括，先进人物可以是杰出人物，杰出人物未必是先进人物。如2001年9月6日《南方周末》登载的《沈阳出了个反腐老干部周伟》，写的是沈阳离休老干部周伟反腐败的事迹，从1995年起周伟和一些老干部在一起组织上报材料100多次，1998年向中央举报马向东、慕绥新问题，受打击报复，被开除党籍，送劳教两年，但老百姓把他看作英雄一样。再如2002年1月4日《南方周末》登载的《一个农妇与400万节废电池》，写的是河南新乡市一个普通农妇田桂荣，丈夫是新乡市电池销售大户，从1999年田桂荣知道废旧电池污染环境的危害后，生意之外，开始回收电池并进行宣传环保，至记者报道之日，已积聚50多万吨、400多万节废旧电池，却无处可送。这样的人物说是“杰出人物”更确当。

（三）著名人物

凡是著名人物，不论是政界的，还是经济界的，或是文化界，或是体育界的，都是公众想了解的对象。所以人物通讯常常以他们作为报道对象。人物通讯《王蒙其人》和《冰心的心事》，报道对象是著名人物。

（四）新闻人物

新闻人物指因为当前新闻事件而成为公众瞩目的人物。如1999年4月30日《南方周末》上登载的通讯《一条深藏不露的蛀虫》，报道对象是因贪污而落马的前兰钢集团公司总经理张斌昌。这人因为贪污巨案成为重大新闻事件的主角，因而成为众人关注的新闻人物。

（五）特异人物

特异人物指的是有奇特事迹的人物。如2000年3月《今晚报》登载的《他是鸟的朋友》，报道对象是一个能够与鸟交流的奇人阎福兴。这个人从小在山里放羊，和鸟交上了朋友，他能听懂几十种鸟的鸟鸣，并能模仿鸟的鸣叫和鸟交流。人物非常有特异性，所做的事为读者闻所未闻，因而常常对读者特别有吸引力。

（六）平凡人物

平凡人物指的是一般的平民百姓。平凡人物越来越成为人物通讯的关注点，很多媒体都很重视这方面的报道，如中央电视台《东方时空》中“讲述老百姓自己的故事”栏目。《新安晚报》曾有一个栏目叫“芸芸众生”。在“芸芸众生”栏目中，写过在街头替人缝补衣服的补衣女，写过公共汽车上的售票员，写过修复档案的工作人员，还写过专门为别人道歉的道歉公司的小姐，都是一般的平民百姓。这类通讯重在写平凡人物平常生活状态，其意义在于：平民百姓的生活是我们社会生活的重要一面，通过这种报道可以使读者了解各种各样人的生活，由此更深入地了解社会。

把人物通讯报道对象概括为如此几类，未必十分恰当，某些人物类型之间会有交叉，目的在于表明人物通讯报道面的广泛性。

二、人物通讯写作的基本要求

（一）写出人物的基本情况

不论写哪一种人物通讯，人物基本情况都是必需的。人物的基本情况指一个人的年龄、性别、出身、职业、家庭等。人物基本情况的介绍，一般都在叙事中自然而然交代出来。如《雪山的呼唤》中，开始的一段这样写：

——在起伏的群山中，一匹枣红马逶迤而行。马背上的人身着白衣，红十字药箱在马背上分外显眼。高原的阳光升起来了，强烈的紫外线照射着他古铜色的额头。他凝望远方，期望着牧民帐篷的出现。在这片荒凉而沉寂的大山中，他已经整整走了36年，他熟悉每一顶帐篷，就像熟悉每一座雪山。在柯尔克孜民歌中，他被称为“白衣圣人”。他就是新疆克孜苏柯尔克孜自治州乌恰县人民医院院长吴登云，今年已经59岁。从小桥流水的江苏扬州到“万山之祖”的帕米尔高原，他实现了一生中最富传奇色彩的跨越。

这一段在概括叙述吴登云一生事迹的同时，也具体交代了吴登云的一些基本情况：年龄、出生的地方、工作的地方、职位、到边疆的时间等。

《车到柳园》是一篇情节式通讯，介绍人物的基本情况是在情节展开中进行的：

这是1993年9月22日晚19时。由郑州开往乌鲁木齐的97次快车，应正点到达兰新铁路甘肃省境内的最后一个大站——柳园车站了。

柳园是座荒僻小站。被2256地震队测量分队长李忠红感觉为“大站”，是因为，柳园其实是旅游重镇敦煌的火车站，而敦煌又是李忠红的家。李忠红年迈的父亲母亲，李忠红的二哥、五哥、三姐和小弟，都住在敦煌。

他已一而再、再而三地过家门而不入，该受单位表扬了：1990年，他由石油物探学校毕业等待分配，抽空回过一趟家；1991年，分到石油地球物理勘探局位于河南开封的第二地质调查处后，于当年春节回了第二趟家；但此后3年，他3次随队往返于河南和新疆，6次途经柳园，却未能再回过家。

当然，与家里人会面的机会还是有的。1992年大年初六，2256队再次进疆。接到他的电话后，父亲即派三姐和五嫂赶到柳园，在站台上与他见了一面，并递给他许多吃的。他下车抱了抱五哥和五嫂刚满两岁的儿子——他的小侄子。两岁的小侄名叫“旭旭”，刚学会叫“叔叔”。旭旭羞怯地伏在他怀里叫了他，叫得他很惬意。他问及父母身体。三姐说：“都好着呢，说不用你操心，你好好工作就行。”

现在，李忠红是第4次进疆，第7次途经柳园。

…………

在通讯的开头部分就把人物的基本情况、大致经历交代出来，在此基础上展开人物事迹，顺理成章且脉络清楚。

交代人物的基本情况不是填写个人履历表，不是什么都写，取舍详略，通常与报道主题有关，选取能帮助读者理解人物的材料。

(二) 写出人物的特点

和写人物传记不同，人物通讯要抓住人物特点去写，只有写出人物的特点，才能在有限的篇幅中给读者以深刻的印象。人物特点指人物独特的事迹、独特的言行、独特的思想、独特的个性。

如《雪山的呼唤》这篇通讯，对事实的选材注意抓住特点，把特点突出的事实放在前面，给读者印象深刻。

在引言中，通讯讲了这么一个事实：生长在小桥流水扬州的吴登云，到地处祖国最西端的贫困高寒的帕米尔高原上的乌恰县，36 年，在这里治病救人，兢兢业业地工作，这里的柯尔克孜族人民用民歌歌唱他们心中的圣人。

在第一部分讲了两个事实，一个是他为了医治病人，先后无偿献血 30 余次，总计 7000 多毫升。另一个事实是为了救一个烧伤的两岁的幼儿，他从自己腿上割下了 13 块邮票大小的皮肤为病人进行移植。

通讯一开始，就用特殊的事实紧紧抓住了读者。天下医生很多，好医生也不少，但有谁能为病人输那么多血，有谁能割下自己的皮去救治一个两岁的孩子，又有谁能使一个民族发自内心地歌唱他？这必定是一个不平凡的人。正因为这些事实有特点，所以给读者印象深刻，使读者深深地信服。

（三）写出人物的精神面貌

人物通讯不仅要写出人物的行为事迹，做什么，怎么做，更重要的是写出人物的行为依据：他为什么这样做，是什么思想支配他这样做。这样写，使人物事迹更有合理性，更有可信度；另外，使人物报道更有深度。

著名记者郭梅尼写过很多有影响的人物通讯，她对“写过程还是写精神”这个问题有深刻体会。她写过一篇文章专门谈这个问题，她在文章里这样说：“我认为，除了专业学术刊物以外，报纸上刊登的人物通讯，主要是颂扬一种精神，传播一种思想观点，从而引导人们走好人生之路。由于对这个根本目的不明确，不少人物通讯仅仅停留在新闻人物创造某一成就或产生某个先进行为的过程和现象上面，而不能深入人物的思想深处，揭示人物做出这个成就、产生这个行为的思想原因。这样的人物通讯，既不能从思想上给读者以启示，又不能从感情上打动读者，当然，也就不会产生强烈的社会反响，收不到好的社会效果。”

我们在写人物时，要注意写出人物行为内在的动因。因为任何人的行动都不可能是盲目的，必然受到自己内心某种观念的支配。而这种观念又不是凭空产生的，而是人物生活经历的一种反映。这使得某些人物通讯必须描述人物过去的生活经历。

在关于何家庆的大量通讯报道中，很多通讯都写了这样一段材料：

在何家庆保存完好的一份清单里，清楚地记录着他自小起，国家、老师、同学对他一点一滴的资助：

"1955 年 9 月编入永安街小学许维实老师班，许老师送旧胶鞋一双，练习簿四本，学费全免。"

"1956 年 2 月许老师班，学费全免，送旧胶鞋一双，洋袜子一双，练习簿三本。"

"7 日，不知名同学送来棉裤一条。"

"1966 年元月送助学金 7 元 8 角。"

"本月十日张爱坤同学的母亲送平蓝单裤一条，短裤两条。"

…………

一条一条，一桩一桩，连何家庆参加工作后单位送来的救济金、救济物资都记录上了。这是何家庆的父亲在香烟盒上，用那颤颤巍巍的笔迹记录下来的。最后，老人写道："读共产党的书，拿着共产党的钱，好好学习，努力向上，以求深造，成长之后，要成顶天立地之业。"

"受人滴水之恩，当以涌泉相报。在我处于困难的时刻，是人民帮我渡过了一个又一个艰难困苦，至今我不能忘记。我是个教师，人民信赖我，我当为人民服务。"正是这种看似简单的报恩思想，支撑着何家庆教学之余一生的科技扶贫路。

（《八千里路云和月》，载 2000 年 4 月 28 日《安徽科技报》）

这段材料在整个报道中是很突出的。首先有特点，令人难忘；其次，揭示了人物行为的内在逻辑：什么思想支配他做出了这样不平常的事迹，这种思想又从何而来。有了这段材料，何家庆的行为有了合理的说明，更具令人信服的力量。这段材料在报道中真正起到了画龙点睛的作用。

写人物的内心世界，要写得合情合理，符合生活逻辑。特别是写先进人物不能拔高神化，他的所有想法都要符合人之常理，这样才能为读者所真正理解、接受。《雪山的呼唤》在这方面处理得较好。如写吴登云为病人输血。第一次输血在 1966 年冬天，一位产后大出血的克尔克孜妇女，奄奄一息，要救她的命，只有输血，但医院没有血库，当地克尔克孜族人把血液看成是灵魂的聚集，从未听说过输血。在这种情况下，吴登云别无选择，给病人输了300毫升的血，救活了病人。第一次献血就是这样开始的。献血之后，吴登云去挑了一担水，感觉很好，头未晕，腿未软，他心里很高兴：自己献出的是一点血，别人获得的却是生命和健康，这是天底下最值得做的事。从那以后，他便把献血当成自己的又一个天职。在他的感召下，他的子女都无偿献过血。乌恰县有1000多名机关干部职工参加了“永恒血库”的志愿者活动，从而储备了一支献血大军。当记者采访他时，他对记者说：“我是不得已。一个生命濒危的人躺在你面前，你能忍心不管吗?”这里，通过人物的行为、人物的心理活动、人物的语言，为我们写出了一个非常亲切的先进人物。他的所想所做都是在情理之中，合乎人物的内在逻辑。

（四）写出人物的社会联系

人物不能脱离特定的时代而存在，人物的行为、思想都和他所处的社会密切相关，要深刻地反映人物，就要注意写出人物的社会联系。所谓社会联系不仅仅指人物和周围人的关系，更重要的是当时重大的社会事件在人物身上的影响、他对这些事件的态度、他与当时社会思潮的联系，等等。也就是说，不是孤立地写一个人，而是写一个特定社会中的人。写出了人物的社会联系，才能写人物的社会意义，这是人物通讯的根本目的。人物的社会意义是人物通讯的生命所在。

《雪山的呼唤》虽然没有专门的笔墨写社会背景，但从人物的经历中，社会对人物的深刻影响显而易见。吴登云作为那个特定时代的一个热血青年，他所做的一切都反映了那个时代的精神特质，是那个时代的潮流所致。吴登云与周围群众的关系也体现了一种社会联系，吴登云全心全意为牧民服务，牧民也向他呈现了巨大的爱心，这种割舍不下的东西使他永远留在了边疆。读者因为了解人物而了解人物生活的时代，而由那个时代更深入地了解人物。《雪山的呼唤》的社会意义在于，肯定吴登云产生于那个时代的人生价值。吴登云23岁离开了他美丽的家乡扬州，来到了地处祖国最西端的帕米尔高原，一过就是36年。当年他初到乌恰的时候，县医院只是12间低矮的土房（也是解放后盖起来的），连他在内，一共3个医生，医术不高明，设备极其简陋。而36年后，吴登云任乌恰县医院的院长，在他的苦心经营下，县医院盖起了一排排的新房，绿树环绕，培养了大批民族医生，乌恰不再缺医少药。当年他到乌恰的时候，连扁桃体切割手术都要做两个小时，而36年后，他已成长为一个技术全面又过硬的医生、医院的领导，救治过无数病人。乌恰人民非常爱戴他，在他们的民歌中称他为“白衣圣人”。吴登云的人生是非常有光彩的。今天虽然时代不同，但那个时代产生的这个人物以及他的人生观、价值观是值得肯定的。

第二节　事件通讯写作

事件通讯是以新闻事件为报道对象的通讯品种。具体说，事件通讯是对具有比较重要社会意义的、受到公众普遍关注的新闻事件进行详细深入报道，报道事件的起因、过程、结果及其内幕，以揭示其意义。

一、事件通讯的写作对象

（一）有历史意义的重大事件

有些事件在历史进程中有地位，这就是有历史意义的重大事件，这些事件是事件通讯不可忽视的写作对象。详细地去记录这些事件，为读者及时提供必需的信息，为历史留下可靠的材料，是记者的责任。如事件通讯《我亲历中国使馆被炸》《战火映红巴格达》都属于记录有历史意义的重大事件的通讯。

（二）重要活动的场面情景

各级政府、各种社会团体组织的以及老百姓自发形成的一些有新闻价值的活动，包括工程建设、重要会议、纪念日庆典、文化体育盛会等活动，对这些活动的场面进行如实的纪录，也是事件通讯的重要内容。登载于1997年7月1日的中新社通讯《影响深远的历史瞬间——香港政权交接仪式现场纪实》、2001年12月18日《人民日报》登载的《美国观众震惊了——记南京大屠杀史实展在旧金山举行》，都是属于记录重要活动场面情景的事件通讯。

（三）受众关注的新闻事件

当前发生的、受众瞩目的、较为显著的事件，也是事件通讯关注的对象。如2001年10月23日《环球时报》登载的《在绑匪手里的69天》，2004年3月16日新华社的通讯《亡命天涯也枉然——缉捕重大杀人犯罪嫌疑人马加爵纪实》，记录的都是当前受众瞩目的新闻事件。

（四）有社会意义的事件

有一些事件不一定有历史意义，不能说是重大事件，但是可以较为鲜明地反映我们所处的社会面貌，有一定的社会意义，这样的事件也是事件通讯的写作对象。如2000年4月28日《南方周末》登载的《关于牛的亲子鉴定》，2001年12月10日《解放日报》登载的《一人受害百人帮，一个毛贼陷汪洋》，2002年3月14日《中国青年报》登载的《弱势群体素质提高　受骗打工妹从容自救》，记录的都是有社会意义的事件。

（五）重大的灾难和事故

如《南方周末》通讯《瞬间的魔鬼》，2002年6月20日《南方周末》登载的通讯《网吧生死劫》，都是关于重大灾难和事故的事件通讯。

（六）富有人情味的事件

如1990年3月10日《新华日报》登载的通讯《老台胞寻女奇遇记》。

（七）有新闻价值的历史事件

有些历史事件虽年代久远，但因为是从未披露的内容而具有新闻价值，依据一定的新闻由头，仍然有报道价值。如《北京青年报》通讯《202个墓碑的秘密》。

二、事件通讯的写作要求

（一）叙事清晰

事件通讯的基本内容是新闻事件，所以，叙事清晰是事件通讯写作最基本的要求。无论是什么性质的事件，都有一个来龙去脉，有起因，有发展，有转折，有变化，有结局。对这些关系事件过程的因素要交代清楚，叙事才能清楚。

各种通讯表述方式各不相同，有的按时间顺序叙事，有的则采取倒叙、插叙，有的用对话方式叙事，但不管采用什么方式，对事件过程的各种因素交代都必须清楚，使读者读过之后，确切了解事件的来龙去脉。

（二）描绘情景

情景是事件的横截面和具体形态，是自然环境、社会环境、人物活动、事件演变的总和。描绘情景就是描写现场具体情况，这是受众对事件新闻要了解的一个重要内容。但不可能什么都具体描绘，要选择那些关键的、信息载量大的事件情景加以描绘，显示事件的形态、性质、色彩、声貌等特征，给人以身临其境的感觉，重要的是让读者了解事件的详细情况。

消息写事件也要有情景，但通常受篇幅限制，比较简单。通讯因为容量大，在这方面开拓的空间较大。

看《我亲历中国使馆被炸》中的情景描写：

——当时屋里漆黑一片，我们还没来得及点蜡烛，小赵刚刚走进卫生间洗手，我正好站在卫生间的门外和她说话。我们还没对那声巨响有所反应，就看到我前面的屋顶轰然塌落，钢筋水泥的碎块从我眼前十几厘米的地方落下。紧接着，第二次爆炸声又响起，只见整个使馆大楼内一片白光，不是红光，而是爆炸近在眼前时发出的那只刺眼的白炽灯一样的白光。

——这时，住在同一楼道的3个人中有两个也出来了，大家手拉手，互相搀扶着迈过废墟。这时门都已经炸掉了，什么都看不清，滚滚浓烟散着涩涩的苦味，呛得我们眼睛都睁不开，也喘不过气来。当时没有水，也根本找不到毛巾捂嘴，只能用手捏着鼻子往楼下走。可楼梯已经炸毁了，有的楼梯栏杆已经没了，我们只能拉着从房顶掉下来的、被炮火烧得烫手的钢筋一步一步往下挪。

——北约的第二轮轰炸又开始了。距使馆不到1000米、位于多瑙河畔的南斯拉夫大旅馆被数枚导弹击中而彻底毁掉了，另外市区内的总参谋部和内务部也再次被炸。还有其他几个目标也被炸。这时我们感觉整个世界都在颤抖，四处都在爆炸，大家不知道该逃向哪儿。所以有很多人只好原地卧倒。

——其中曹已神志不清，我一见他的面就问：老曹，邵云环在哪儿？邵云环是老曹的爱人，也是新华社记者，我们当天下午刚刚一起从另一个被炸城市尼什回来。老曹听了一点反应都没有，只是一遍又一遍地边哭边说："我的鞋子呢？我没有穿鞋，我没有穿鞋。"情景惨不忍睹。

情景描写的地方都是事件关键点：爆炸的情景、人员伤亡的惨状。有了这些具体情景的描写，事件才更清晰，也更生动鲜活。

（三）交代人物

人物通讯以写人为主，事件通讯以写事为主。但是事在人为，人与事向来都是密不可分的。所以事件通讯不论是记叙大事或是小事，一般都要写到人，这是不言而喻的。但同样写到人，有些事件通讯写得活，能给读者留下深刻印象，有些则一般化。所以这里就有一个如何在叙事中写好人物的问题。

为什么事件通讯离不开写人物？首先，事件的发展变化通常都是由人的行为决定的，只有写出人的相关活动，才能把事件的来龙去脉交代清楚；其次，事件因为对人产生了影响，才具有了报道的意义和价值，只有写出人的感受和人的遭遇才能写出事件的意义；再次，人是事件中有色彩和生命力的因素，只有写人，事件才能写得生动，并且富有人情味。

要在事件通讯中写好人物，关键要明确写人的目的是为了写事。在此原则下，首先注意"以人记事，以事带人"。事件通讯既然是以写事为主，人物就不应该是中心，不能喧宾夺主，以写人代替写事，而应该通过对事件发生、发展、结束过程的描述，将人带叙出来，使人物和事件有机地融合在一起。其次，注意以人物在事件中的地位决定人物的主次。再次，事件通讯中的人物也应该是鲜活生动的，这样才会有感染力。

（四）显示意义

事件通讯的新闻价值，在于事件内蕴的意义。所以，叙事不能就事论事，而要把事件放在时代的天幕上观察、评判，深入发掘并表现事件所蕴含的先进思想、闪光精神或者警训意义。

事件通讯呈现意义可以直接用记者简短的议论点明，也可以用新闻人物的话点明，但最主要的方法是寓理于事，通过事实的叙述，使事实蕴含的情理自然而然显示出来。

过程、情景、人物、意义，可以说是事件通讯的要素，写作时要从这几方面去考虑。

第三节　风貌通讯写作

风貌通讯是以地方风貌为报道对象的通讯品种。风貌通讯所反映的风情状貌，大多是概略的、轮廓画式的，所以有时也称作概貌通讯。其中不少作品，是旅途所见、所闻、所感的记录，所以有时也称旅途通讯。

风貌通讯是通讯体裁中最早出现而又运用较多的一种类型。它的渊源可以追溯到我国古代的山水游记，是游记文学与新闻报道的结合体。虽然现代风貌通讯对古代游记文学的写作技巧有所继承，但它与古代游记文学有着本质上的差别：它不是文人墨客为记述个人经历和抒发个人感受而作的，而是同其他通讯体裁一样，是新闻传播的工具。

一、风貌通讯的写作对象

（一）建设成就

有一类风貌通讯侧重于写国家建设的成就。登载于 1995 年 4 月 9 日《人民日报》的通讯《山也还是那座山》，报道吕梁交城是个多山缺水行路难的地方，人们长年只吃土豆和莜麦，骑着毛驴进山出山。交城人在农村改革的新形势下，在县委的领导下，几经努力，引水上山，种上小麦、水稻，修通了公路，农民生活与往日大不一样。登载于1995年5月5日《人民日报》的通讯《海岛从此不荒凉》，报道山东三联公司在田横岛开发建设融经贸、购物、文化、度假为一体的现代化海上都市，使海岛发生巨大变化。这些都是侧重于一个地方建设成就的风貌通讯。

（二）社会状况

有一类风貌通讯从社会角度综合地写当地政治、经济、文化及人民生活情况。如范长江的通讯名篇《金张掖的破产》，从各方面写张掖：写它的历史，曾是中国西北军事和商业的重镇；写它的地理特点，有西流的黑河，有四时带雪的大山，有牦牛番氓出入；写经济的凋敝，宽阔的大街上的商店很少开门；写人民生活的悲惨状况，没有裤子穿的朋友太多，北风怒号的寒夜，他们蜷缩在不挡风的墙角巷弯，用白天捡来的木片燃着了以对抗残忍的寒冷。笔触涉及一个地方多方面的情况。穆青的通讯《救救非洲》，从其在非洲大陆所见的干旱情况写起，然后由干旱及饥饿，由饥饿及沙漠化，由沙漠化最后追溯到非洲贫困的根源是殖民主义对非洲疯狂的资源掠夺，层层深入地报道了非洲的整个社会状况。

（三）民情风俗

有一类风貌通讯侧重于写一个地方民间的生活、文化传统，反映当地老百姓的生活观念和情趣。2002年1月17日《环球时报》登载的通讯《印第安人活得挺滋润》，是对当地印第安人的生活状态的报道，写他们特有的饮食、衣着、住房等方面的习俗。2002年3月3日中新社通讯《古尔邦节——买束花儿把年过》，报道新疆人民爱花的风俗。它们都是侧重描写一个地方民情风俗的风貌通讯。

（四）名胜古迹

有一类风貌通讯侧重于写一个地方的名胜古迹。有一些地方以其历史文化遗迹或以其美丽的自然风光成为人类文化的标志，成为人们旅游的胜地，这些地方的古刹庙宇、亭台楼阁、奇异风光成为风貌通讯描写的重要内容。如穆青的通讯《水城威尼斯》《金字塔夕照》，新华社记者冯健的通讯《千岛湖水绿如蓝》，《人民日报》通讯《走近平型关》，中新社通讯《在哈密鸣沙山领略雄奇》，都是侧重于描写名胜古迹的风貌通讯。

（五）异物特产

有一类风貌通讯侧重于写一个地方的异物特产。如1999年8月21日中新社通讯《探访东北三宝》，报道鹿茸和人参的生产情况、历史典故及相关知识。2002年6月25日中新社通讯《亲身体验坐羊皮筏子漂流千年》，通过记者在甘肃亲身体验坐羊皮筏子，写羊皮筏子这种交通工具在当地千年的演变。2002年9月4日《扬子晚报》的通讯《百年酒窖溢馨香》，写记者在江苏宿迁参观了两个百年老酒窖：洋河酒厂和双沟酒厂的百年老酒窖。主要篇幅是关于这两个老酒窖的见闻，然后解释老酒窖对于制造优质酒的意义，都是侧重描写一个地方异物特产的风貌通讯。

风貌通讯写作范围较为广泛，除了以上主要的五种内容外，其他如著名的机构、建筑、店铺以及一些展览会、博览会的面貌等，都是风貌通讯写作的对象。

二、风貌通讯的写作要求

（一）善于观察，写出见闻

风貌通讯目的是让读者了解记者所去地方的情况，如果只是抽象地写，对读者必然缺少感染力。所以记者必须提供感性的材料，才能使读者对当地情况如闻如睹、感同身受。而且，记者的见闻，是对一个地方现状的描述，是风貌通讯中重要的新闻内容。因此，记者在写风貌通讯时，一定要对所去的地方做仔细的观察，把所见所闻具体形象地写出来。这部分内容构成风貌通讯的基本内容。

看下面的通讯：

水城威尼斯

穆　青

威尼斯是世界著名的水城，它的美是水和桥构成的。今天，它是世界上唯一没有汽车的城市。

我们从米兰到威尼斯的夜晚，一下火车，天正落着小雨，走出站台便听到水声拍岸，浪花就在我们的脚下飞溅。安莎社的朋友们开来一艘小汽艇，正在码头上等候我们。他们风趣地说："这就是我们威尼斯的汽车。"

船在弯弯曲曲的水道上行进，两岸闪烁着路灯，大片大片的雨丝在灯影里飘落着。从一些黑洞洞的建筑物里，偶尔也透出星星点点的灯光，在水面上摇曳着长长的光影。一路上我们只觉得头顶上闪过一座座小桥，但记不清数目，也看不清都是些什么形状。

我们住的欧洲旅馆，好像就在水里盖起来的，它在自己的大门口建造了一座活动的码头，当我们提着行李踏上这摇摇晃晃的码头时，我突然感到这不是在上岸，而是登上一艘更大的航船。

第二天一早起来，我推开窗子，只见窗下就是一条开阔的水道，大小船只不断地来来往往。这就是威尼斯著名的大运河。对岸是一个古老的教堂，建筑得很漂亮，阳光在它的塔尖上闪耀。几只白色的海鸥上下飞翔，三四个披着黑纱的修女，正在教堂的门口悠闲地散步……好一幅幽美的画图啊！

我兴致勃勃地跑下楼去，想站在旅店的码头上看看两边的风景，谁知清晨潮水上涨，码头已浸在海水里。旅店主人不得不在码头上又架起木板当作浮桥，让客人们上下船时通行。旅馆东西两侧的餐厅，因为突出水面，潮水涨上来，大部分桌椅都泡在水里，成了名副其实的水上餐厅。

按照当天的日程，上午我们要到圣马可广场参观，向导领着我们从旅店连接陆地的后门走出去。街上这里那里还积存有未退尽的潮水，人们都穿着长筒皮靴走来走去。狭窄的街道上还到处搭着木板，看来这种便桥家家都有准备，一旦水漫过来，家家搭起木板，纵横相连，整个街道和城市又可通行无阻了。

当威尼斯最著名的圣马可广场第一次出现在我的眼前时，我完全被它出乎意料的美丽怔住了。这个古老的广场是由教堂、钟楼和其他相称的建筑物所组成，它们造型的优美、和谐，石雕的生动、逼真，可以说是古罗马建筑中少有的杰作。当时，蓝天白云，阳光灿烂，广场一半以上的地方还浸在潮水里。建筑物的清晰的倒影，加上周围咖啡馆的露天陈设，游人们鲜艳的衣着，五光十色，上下辉映，形成了一幅极其迷人的图画。广场上，母亲们带着孩子在水中嬉戏，年轻人脱去鞋袜来回奔跑；大群大群的鸽子，时而簇拥在地上觅食，时而又带着扑扑拉拉的振翅声，飞满整个广场的上空。

据当地向导告诉我，圣马可广场平时就很漂亮，很多人称它是威尼斯的明珠。但他认为最美丽的还是上潮的时候，一片潮水如同在广场铺上一面巨大的镜子，使所有建筑像镶嵌在水晶或玻璃中间，显得更加玲珑剔透，光彩照人。只是这种情景很难遇到，威尼斯虽然每天都有落潮涨潮，但出现水漫广场的景致，一年最多也不过几次。大家都认为我们运气实在太好，恰恰就在我们到达的第二天一早，威尼斯就以它最友好、最美丽的面貌接待了我们。

圣马可广场面临大海，是游人聚集的中心。一七九七年拿破仑进占威尼斯后，垂涎这里的景色，赞叹圣马可广场是“世界上最美的广场”，因此曾下令把广场旁边的总督府改为行宫，至今人们还把它叫做拿破仑宫。广场上的圣马可教堂，也是意大利著名的建筑。它是为《马可福音》的作者、圣徒马可兴建的。据说威尼斯人把圣马可当作保护神，教堂内有圣马可的陵墓。圣马可教堂最引人注目的：一是内部墙壁上用石子和碎瓷镶嵌的壁画；一是大门顶上正中部分，雕有四匹金色的奔驰着的骏马。可惜我们去的时候，教堂正在修缮，四匹马只剩下一匹，其他三匹不知搬到哪里去了。

广场周围，开设有许多饭馆和咖啡店，桌椅就露天摆放在广场上。白天，游人们在这里用餐，夜晚更是喝咖啡、听音乐最好的场所。据说，每当夏季游人最盛的时候，广场上夜夜灯光灿烂，乐声四起，歌声笑语彻夜不息，使这个美丽的广场，更增加一层迷人的色彩。

我们在威尼斯访问了两天，曾多次乘船经过市区，饱览了这座水城大街小巷的特殊风光。有些水道比北京的小胡同还要狭窄，两条船不能并开，只能单行。街道两旁都是古老的房屋，底层大多为居民的船库。连接街道两岸的是各种各样的石桥或木桥。它们高高地横跨街心，一点也不妨碍行船。据说威尼斯一共有四百座桥梁和一百七十多条水街。纵横交错，四面贯通，人们以舟代车，以桥代路，陆地、水面游人熙攘，鸽子与海鸥齐飞，形成了这个世界著名水城的一种特有的生活情趣。

威尼斯还有一种古老的游览船，名叫“贡多拉”，船身狭长，首尾翘起，最适宜在狭窄的水巷中行驶。这种船，大多漆成黑色。艄公身着黑白相间的传统服装，头戴有红色帽箍的草帽，他们用单桨划船，操作非常熟练。到这里来旅游的人，如果时间充裕，往往喜欢雇只这样的小船，穿街过巷，缓缓而行，听听艄公的歌唱，饱览水乡的景物，真是别有一番风韵。

有一次，我们乘船路过马可·波罗的故居，这是一所古老的黄色的小楼，门前一座很大的石桥，名字就叫马可·波罗桥，桥头上钉有牌子。向导告诉我，这里现在住着居民，没有对外开放，只能在外面看看。遗憾的是这里十分狭窄，我们在船上没有合适的角度，结果连张照片也没有拍上。

威尼斯前不久才和我国苏州结为姊妹城，因此他们对中国客人特别热情。在我们所接触的意大利朋友中，包括威尼斯市长和夫人，都一再向我们询问苏州的情况，想了解苏州和威尼斯有哪些相似，有哪些不同，他们都知道“上有天堂，下有苏杭”那句话，都希望有机会能到苏州去看看。市长说，他正在准备组织到苏州访问的代表团，为难的是，向他报名的人实在太多了。

在谈到对中国的友好感情时，许多威尼斯朋友都感到自豪。他们说威尼斯是马可·波罗的故乡，他就是从这里走向中国的，在意中两国之间铺设了一条悠久的友谊之路。中国朋友应该了解威尼斯人对中国这种特殊的感情。

这话讲得多么朴实亲切呵，至今它还在我心头萦绕。

（1979年底）

穆青的这篇风貌通讯主要构成材料就是记者在威尼斯新鲜的充满感触的见闻，这些见闻的表述使得威尼斯这个遥远的西方城市在读者的眼中具体鲜活起来。

（二）精选材料，写出特点

任何事物都有特点。每一个地方也都有不同于其他地方的特点，作者只有抓住特点去写，才能使读者耳目一新。地方特点主要指一个地方独特的历史、独特的风物和独特的民情。

《水城威尼斯》读后令人难忘，写作上有独到之处：一是见闻鲜明，把读者带入记者描述的情境之中；二是感受鲜明，把记者美好的感受传递给读者；三是特点鲜明，始终围绕着“水”着笔，把五光十色的水城景象特点鲜明地呈现在读者面前。

通讯《山也还是那座山》报道交城今昔变化，用对比手法，也是善于突出当地独特的风物民情，并用当地民谣描述，地方色彩很鲜明。通讯描写当地的地理环境：山地占了全县总面积的92%，不长小麦和玉米，只吃莜麦和土豆，山路七扭八歪。记者写交城的路：晴天“磕磕碰碰的石头破了哥哥的脚”，雪天“滑溜溜的坡坡咬伤了妹妹的腿”；写交城的水：“交城的山来，交城的水，不浇交城浇文水，灰毛驴驴上来，灰毛驴驴下，一辈子也没有见过那好车马。交城那个大山里，没有好茶饭，只有莜面饽饽饽，还有那山药蛋”；写交城人莜麦为主食：“没吃上莜麦面饽饽饽怨我不仁义，吃饱了肚子再捎上半袋袋盼你把我心上记”；写当地以灰毛驴为主要交通工具，灰毛驴是旧时财富的象征：“叫声妹妹你别急，哥哥给你挣头灰毛驴”。记者把这些独特的民情风物写足了，然后笔锋一转，写农村改革之后，当地人几经努力，在山里种成了小麦、水稻和蔬菜，吃上了白米白面，过去出门靠灰毛驴，现在村村通路，不少农民买了机动车，有了机动车，农民的农产品可以轻易地拉出大山，获得更丰厚的收入。虽然是一篇侧重于报道建设成就的风貌通讯，但又注重从当地独特的民情风俗落笔，所以能够趣味盎然，引人入胜。

（三）纵深开拓，写出变化

风貌通讯是新闻报道，风貌通讯的新闻性主要表现在两个方面：一是异常性，异地不一样的风貌给予读者的新鲜信息；二是时代变迁带来的地方新貌。所以风貌通讯经常要写出一个地方的历史演变，从历史演变中给予读者关于一个地方的新鲜信息。《水城威尼斯》没有历史演变的内容，仅仅是现实见闻，因为它是以异常性取胜的风貌通讯。而《山也还是那座山》以历史演变为写作的主要线索，因为它的新闻性主要体现在历史演变上。

而写变化，主要靠纵向的对比。通常有两种方法，一种是记者曾经访问过此地，把现在的印象和过去的印象相比较。

2002年4月26日新华社通讯《三访丹增旅馆》，写记者三次访问日喀则的丹增旅馆，亲眼看到了这家私人旅馆的发展。在茶马古道上，从拉萨到日喀则，再到中尼边境的樟木口岸，已成为西藏的黄金旅游线。多苏·丹增先是一名马车夫，赶着马车跑买卖，之后买汽车跑运输。当他看到家乡的外国游客日渐多了起来，就在过去驿站马厩的旧址上，建起了一幢三层藏式楼房，挂出了“丹增旅馆”的招牌。记者在1987年到日喀则采访时，这家还比较简陋的西藏首家私人旅馆，虽然开张了仅一年，但在国内外旅客中已小有名气。记者第二次到丹增旅馆是1992年。这时的丹增旅馆已是自治区旅游定点的民营涉外单位。在这前一年，丹增投资30万元，把原有的土木结构房屋改为钢筋混凝土结构，改善了卫生设备，新建了7间藏式客房，架设了电视卫星接收天线。丹增接待记者非常热情，如同老友，并向记者谈了自己的经营之道。10年之后，2002年4月初，记者又一次到日喀则访问了丹增旅馆。这时多苏·丹增已去世几年，接待记者的是他的女儿索珍。索珍在经营旅馆上更有新的想法。她已连续两年带着印刷精美的小册子，到成都参加西南旅游年会，推销丹增旅馆和日喀则景点。随着前来住宿的外国游客增多，旅馆的设施也更加齐全，索珍在旅馆内又添置了小型的洗澡室、咖啡厅，并在临街门面开设了旅游商店，出售各种旅游纪念品。记者把三次访问的见闻材料放在一起比较，衬托出丹增旅馆日新月异的变化。

还有一种方式。记者过去不曾来过，是第一次访问，他在作品中作纵向对比的时候，主要靠搜集材料。范长江《金张掖的破产》用来与今日张掖作比较的材料来自于对古代文献的研究：

每一个到西北游历的人，最容易听到本地人所谈的俗谚之中，总短不了“金张掖，银武威，秦十万”这一条表示甘肃最富庶地区的语句。他们的意思是说：张掖，武威，和天水（即秦州）是甘肃省首屈一指的财富地方，特别是张掖，要算第一。

就是从历史上看，张掖在西北民族关系上，也曾有过重要地位。二千年以前，这里还是突厥族的匈奴占领的地方。汉武帝时，霍去病赶走了祁连山北的匈奴，汉民族才扩张到弱水流域来，设立武威、张掖、酒泉、敦煌四郡，把这地方改为内地。张掖一郡，特别重要。所以取名“张掖”的意思，是“张”中国之“掖”，西通西域，以断匈奴与藏族的联合。

不过，汉民族以后，并没有把这个地方巩固发展下去，唐朝时回纥占了张掖一带，宋朝中叶，藏族的西夏又代替回纥入据这块地方。一直到明朝，汉民族在这里的社会基础才算巩固，树立了健全的军事政治组织。明代防御蒙古民族，从西北到东北造成一条长城，又把长城分为七段，设七个边镇，任防守之责。另设两个策应的边镇，共为九镇。其最西的一镇叫“甘肃镇”，镇地就在张掖。

清代的疆域远比明代为广，蒙古新疆尽入版图，张掖在军事上的地位，已丧失其“西北重镇”之资格。一方面突厥族之回族，自明末已与汉族混居至复杂之程度，而且在军事上回族已取得相当力量，距今约三百年前清顺治时代，回籍军官米剌印以张掖为根据，联络西北回民暴动，满洲人费了很大的力量，才算平定下去。自此以后，张掖在军事上政治上再没有表现过重大的关系。

如果我们离开张掖城十数里路，再来纵览张掖的风光，我觉得明代郭登的《甘州即事》一诗，形容得非常恰当：“黑河如带向西来，河上边城自汉开；山近四时常带雪，地寒终岁不闻雷。牦牛互市番氓出，宛马临关汉使回；东望玉京将万里，云霄何处是蓬莱？”他这首诗有点代表东方人怀慕乡土之思。

本来中国内地乡间流传着一句俗语说：“天下无水不朝东。”照内地的经验看来，所有的河流都大体以东的方向流到海里，然内陆的河流却并不一定是这样，张掖的弱水（即黑河）就是向西流的。所以他说：“黑河如带向西来”了。

在如此背景材料的衬托下，再写今日张掖之凋敝，给人的印象就十分深刻了。

(四) 旁征博引，写出情趣

如何增强风貌通讯的可读性，记者是否善于运用背景材料增加相应的知识至关重要。在写作风貌通讯的时候，笔触要活泛，要善于构建一些知识性的关联，善于选择一些与主题有关的地理、历史、传说、典故等背景材料，穿插到作品中，常常既可以扩展主题的容量，又可以加强作品的趣味性。

如中新社通讯《探访东北三宝》，用了相当多的知识性背景材料。开头先解释"东北三宝"是什么。主体部分主要写对鹿茸和人参的探访。写探访鹿茸的过程中，插叙了：①鹿茸产于梅花鹿好于马鹿，而梅花鹿大部分都存养在西丰，西丰的鹿茸是最优质的。②鹿茸的割茸最佳时节在阳历六月到八月间，割鹿茸一天中最好的时间是在凌晨四点。③西丰古代是皇家猎苑，养鹿以供御猎，成就了今日的产业。④梅花鹿的皮、血、肉等全是有用之物，而鹿茸尤为珍品。⑤鹿茸的割制方法、价格、用途。而写探访人参的过程中，插叙了：①关于人参的有神秘色彩的传说。②引《奉天通志》说明吉林通化所产人参是极品。③挖参的历史从女真人开始。④园参的开发从清道光始。⑤引《满族实录》，说明人参加工由清太祖首创。在这篇报道中，记者采访只是一个线索，用这个线索把有关东北三宝的常识串联起来介绍给读者才是真正的目的。

中新社通讯《亲身体验坐羊皮筏子漂流千年》，其中介绍羊皮筏子的制作："制作羊皮筏子，需要很高的宰剥技巧，从羊颈部开口，慢慢将整张皮囫囵个儿褪下来，不能划破一点地方。将羊皮脱毛后，吹气使皮胎膨胀，再灌入少量清油、食盐和水，然后把皮胎的头尾和四肢扎紧，经过晾晒的皮胎颜色黄褐透明，看上去像个鼓鼓的圆筒。用麻绳将坚硬的水曲柳木条捆一个方形的木框子，再横向绑上数根木条，把一只只皮胎顺次扎在木条下面，皮筏子就制成了。羊皮筏子体积小而轻，吃水浅，十分适宜在黄河航行，而且所有的部件都能拆开之后携带。"这样的知识穿插在作品中，使读者觉得很有趣味，因而兴味大增。

风貌通讯应该既提供关于一个地方新鲜的信息，又提供相应丰富的知识。这样的风貌通讯才饶有情趣，令人爱读。因此，写作风貌通讯要求记者掌握丰富的知识。这不仅依赖记者平时的勤于学习、善于积累，还要求写作时有针对性地搜集材料。

（五）缘物寄情，写出感受

风貌通讯以叙事为主，但可以较多地发表议论和抒情，使通讯叙议结合，情景交融。作者要尽量进入角色，做到物我相融。一般地说，风貌通讯所写的风貌，是作者经实地采访、自己深有感受的。所以在向读者介绍时，会较多地带上主观的感受，感情色彩比较浓厚。作者也不应该是纯客观的记录者，而应该是有所褒贬、有所爱憎的。这样的作品才有感染力。

第四节　工作通讯写作

工作通讯是以工作中的经验和问题作为报道对象的通讯品种。具体说，就是通过对事实的报道，总结工作中的有效经验，揭示工作中亟待解决的问题，以达到示范工作、推动工作开展的目的。

工作通讯有两个突出特点：一是问题性。凡工作通讯，都要提出问题，至少包括一个问题，所以它的写作思路基本上就是提出问题、分析问题、解决问题。介绍经验的工作通讯，也包含着问题，介绍经验就是提出解决问题的方法。二是指导性。工作通讯由于它提出工作中亟待解决的新问题以及总结工作中的新经验，所以它对解决工作中的问题以至社会上的问题都有很强的指导性，对广大关心这些问题的读者认识这些问题也具有很强的指导性。

一、工作通讯的写作对象

（一）报道工作中政策贯彻情况

一般地报道国家政策的贯彻情况，包括取得的成绩、带来的影响、人们的反映，等等。

2004 年 8 月 28 日《人民日报》工作通讯《联星村里的笑声》(414 页）通过对各级干群的访谈，报道了宁夏回族自治区推行农村税费改革两年后农村以及农民生活的三种变化：农民负担减轻了，干部工作好做了，农民种田的积极性提高了。这是一篇报道政策贯彻情况的工作通讯。

（二）总结工作中成功经验

经验性报道是我国新闻媒体特有的品种，这是由我国媒体的性质和任务决定的。报道典型经验，除了采取经验消息的形式以外，工作通讯也是一种常用的形式，它篇幅更长、容量更大、时效上更具有宽容性，可以更有深度。

2002 年 9 月 12 日《人民日报》工作通讯《难题是如何破解的》，主要总结河北省涉县对国有中小企业进行改革的经验。国有中小企业改革最大的风险也是难点有三个，一是国有资产流失，二是银行债权悬空，三是职工下岗。但河北省涉县从 1998 年起，采用股份制改造、租赁、联营、破产、产权转让等多种形式，对全县 56 家国有中小企业进行改革。据河北省在涉县召开的"中小企业改革与发展研讨会"上的资料显示，改革 4 年来，涉县国有资产不仅没有流失，还比改革前增值 2%；银行债务不仅没有逃废，全县 6 家银行的经营效益还提高了 9%；职工不仅没有下岗，改革前的下岗职工还有 90% 以上重新上了岗。涉县为什么能破解三个难题，推进改革？经验主要在三方面：坚持市场化原则，妥善处理各方利益关系，让受益方合理分担改革成本。

1991 年 9 月 22 日《工人日报》工作通讯《"斗鸡"上海滩》，报道上海荣华鸡由于善于学习、善于创新，又勇于竞争，在上海滩与享誉世界的肯德基一决高低，创下佳绩。通过对比叙事，把荣华鸡成功的经验巧妙地表述出来。

（三）反映工作中的问题和教训

这种类型的工作通讯比较多地体现在调查性报道上，这是近年来越来越受到青睐的一种报道形式。它的报道内容更侧重于揭露问题，展开批评。

1996 年 4 月 25 日《人民邮电报》的工作通讯《我们离市场还有多

远》，报道的是邮电部门新开办的“鲜花礼仪电报业务”中存在的问题。记者采用的是“现场实验”的方法，亲自去办这件事，了解其中的真实情况。他所采访的鲜花礼仪电报业务，按记者的说法，给人很温馨的感觉，但是当记者亲身经历这件事的时候，温馨的感觉却荡然无存，碰到很多让他不解和烦心的事，记者在这篇工作通讯中一边叙述事情的经过一边评析，指出这项业务存在的许多问题。

2001 年 12 月 12 日《中国青年报》的工作通讯《扭曲的政绩观导致腐败》，报道山西省沁水县的反常现象：端氏镇政府耗费巨资盖起了全县第一的办公楼，使农民负担也位居第一，而领导干部却认为这是干部的政绩。端氏镇所在的沁水县是全省重点扶持的贫困县，一年的财政收入还不到 130 万元，除去干部、老师工资与办公费，所剩无几，却耗费了 450 万元巨资盖起了建筑面积 4200 平方米的办公大楼，80 个办公人员人均面积 50 平方米，耗费的巨资只有从农民身上以各种方式来获取，造成农民生活水平进一步下降，老百姓怨声载道。而这一切都源于扭曲的干部政绩观。这里揭示的问题在当今社会是很有代表性的。

（四）剖析工作中的难点问题，探讨对策和解决的方法

这种类型的工作通讯属于问题研究性的报道。它不仅通过调查，展现出工作过程中的各种问题和矛盾，还要对此进行分析与解剖，找出问题的原因，探寻可能的解决方案。一般来说，它的选题要扣住工作中的“老大难”问题和大众舆论关注的“热点”问题。

新华社 1994 年 4 月 12 日工作通讯《菜价追踪》，是记者针对当时北京市菜价上涨的情况进行的问题研究性质的报道。记者从蔬菜的产地开始，行程千余里，对菜农、蔬菜购销公司、批发商、菜贩各个环节都进行了深入调查，掌握了翔实的第一手数据，找出不合理环节。其报道核心就是找出问题症结在什么地方，怎样解决才是抓住要害的。

1995 年 7 月 2 日《经济日报》工作通讯《深圳特区还能特下去吗》，也是属于问题研究性质的报道。在新的形势下，深圳特区面临种种不可回避的困难和考验，如何看待这些新出现的问题，记者概述了来自各方面截然不同甚至相反的意见，反映了记者对特区问题的清醒认识。

二、工作通讯的报道方式

（一）报道型

在通讯中主要是陈述事实，把成就或经验或问题摆出来。这类报道，有时也有分析，有议论，但基本内容是报告事实。上面述及的《“斗鸡”上海滩》《我们离市场还有多远》《菜价追踪》《联星村里的笑声》这几篇通讯，都是以报道事实为主的报道型工作通讯。

（二）研究型

这一类通讯，重心不在于提出问题，而在于分析事实中存在的规律，分析的色彩比较重，经常夹叙夹议，逻辑性强。例如《醒来吧，铜陵》《深圳特区还能特下去吗》都是属于研究型的工作通讯。

（三）札记随感型

写的是所见所闻所感。有的侧重于“记”，纪实性较强；有的侧重于“感”，议论色彩较浓，但有别于研究型。后者多是对重大的全局性的问题，进行横向纵向探讨，以事实作依据，论证性较强；而前者，多是记者本人对一些具体见闻所发的感想、评论。这类报道不必有很系统的材料，就是针对一点看到了，想到了，就说出来了。涉及工作情况的采访札记、采访日记、记者手记、记者来信、调查附记都属于这一类。

下面是一篇记者来信：

湿地被开垦　生态遭破坏

内蒙古南海子湿地面临窘境（记者来信）

本报记者　辛　阳

近日，记者来到位于内蒙古自治区包头市东河区、黄河北岸段的南海子湿地。蓝天白云，成群的羊儿，勾勒出一幅美丽的牧羊图。透过如画的风景，记者却感受到湿地生态遭破坏的隐忧。

南海子湿地自然保护区总面积1585公顷，集城市、湿地、黄河为一体，是我国距离城市最近、面积最大的湿地，2001年被内蒙古自治区政府批准为自治区级湿地自然保护区。在多样的环境中生长着36科

93属137种野生植物，栖息停歇的鸟类达14目25科77种，其中有珍稀鸟类遗鸥、黑鹳、大天鹅等。

在南海子湿地，记者看到许多湿地已经被开垦用作农田，有的刚刚开垦过还没有种植，当地农民在湿地放牧羊群。一条环城公路把南海湖和核心湿地从中断开，原为一体的天然湿地被一分为二，破坏了原有的生态平衡。在保护区的渔场区，村民还建起了砖窑，把鱼池里的黄泥挖走作为砖坯或者用来盖房。距离保护区不足600米的西坝王大营子村，居然建起了煤炭市场。平时，这里大小煤车来来往往，尘土、煤灰四处飞扬，整个保护区弥漫着污浊的空气。

南海子湿地自然保护区负责人虞炜忧虑地告诉记者，如今的南海子湿地生态系统大范围遭受破坏。目前，已有300多公顷、近40%的湿地被掠夺式开垦和放牧。一些草、灌木甚至乔木濒临死亡或已经死亡。栖息的动物数量迅速下降，特别是鸟类大量减少。由于污染、无序围垦耕种和粗放管理，湿地已经出现板结、沙化、盐碱化现象。尤其是保护区以西的防洪坝内的湿地，长期处于一种无人管理的状态。

（2004年7月14日《人民日报》）

这篇通讯内容是有关工作的，形式是随笔式的。

三、工作通讯的写作要求

（一）提出的问题具有现实性

现实性，就是指具有普遍意义和迫切意义。工作通讯很明确是为了解决实际问题的，一般都应当有的放矢，有感而发，针对性强。问题抓得是否具有现实性，决定了整篇通讯的生命力。只有抓准了问题，工作通讯才能真正发挥它的指导作用。

（二）运用材料要典型

工作通讯本质上是一种新闻报道，提出问题、分析问题、解决问题是在对事实的报道基础上进行的，工作通讯不应该是空洞的议论。所以收集典型生动的事实材料是写好工作通讯的关键。

（三）分析事实要透彻

在大量占有事实的基础上，对事实进行深入细致的分析，是揭示事实典型意义的重要一环，也是写好工作通讯的重要一环。

工作通讯的分析是对事实的分析，对事实的分析就是使事实条理化，关键在于把事实的关系摆清楚，让读者从事实的逻辑关系中了解事情的实质。

（四）表述力求生动

工作通讯是谈经验、谈问题的，比起人物通讯、事件通讯、风貌通讯来，题材的生动性要欠缺一些，处理不好，会写成工作总结式的，或像论文式的。工作通讯作为一种大众传播形式，必须考虑大众口味，让大众喜闻乐见。

怎样把工作通讯写得让人喜闻乐见，其实还是怎样使作品具有可读性的那些道理。就写工作通讯来说，有这么几点要注意：从读者的角度去写作；多一些感性的材料；多一些知识性材料；形式上多一些变化。

第五节　社会观察通讯写作

从内容上传统通讯分为四类，即人物通讯、事件通讯、风貌通讯、工作通讯。但改革开放之后，通讯写作的内容和形式均有变化，总体上看更加新闻化，从内容上看涉及面更广，有关社会现象和社会问题的报道大为增加，这是过去四类通讯不能概括的。习惯上，一些学者仍把这些内容的报道归于工作通讯，但实质上不同，所以也有一些学者提出新的归纳，如艾丰对通讯分类时加了一个“问题通讯”，中国人民大学刘明华教授主编的《新闻写作教程》则提出了“社会观察通讯”新的一类。随着这一类新型通讯写作实践的丰富，确实应该对其报道规律进行认真的研究和总结。

看下面这篇报道：

考研族流行心态：恐惧社会

本报记者　周欣宇

1月16日晚12时，清华大学附近一间8人间的地下室，吉林大学法律系的贾小莉收起考研资料，准备休息。为报考清华大学法律系研究生，她逃课来北京复习已半年，每天只睡四五个小时。

"终于快苦到头了！"离考试只剩下几天，贾小莉感到从未有过的轻松。但她转念一想：我为什么考研？想来想去，答案只有一个：恐惧社会。

贾小莉的同屋都是考研族。她把自己的想法说给大家听，结果激起强烈的共鸣。"社会太复杂，我太单纯，肯定适应不了，还是在学校多待几年吧！""社会越来越看重高学历，不考研肯定没前途。"……

考研临近，记者在采访中发现，许多考生考研是因为担心自己适应不了未来社会的要求。

天津大学的佟林说，一个本科生，不是名校的、专业又不热，即使现在找到了相对满意的工作，将来还是会有很大的压力。他考虑到，中国加入WTO以后需要的是高层次的复合型人才，而自己在本科时学到的知识在深度和广度上都不够，如果机会降临，担心自己抓不住。

与贾小莉等人的长远恐惧相比，中国人民大学法律系一位姓黄的同学对社会的恐惧更加现实。他觉得现在本科生就业环境太差，能力再强、再努力，也很难找到理想的工作。"读研就大不一样了。可以缓冲就业压力。"

中国政法大学毕业的牛燕，本科学的是法律专业，原本想毕业后直接工作，但大四面临各种各样的招聘考试时，却突然决定考研。"因为我发现这是其中最简单的一种考试。"她说，"考研究生虽然也很苦，但读书对我来说不是难事，而参加招聘考试却不仅只靠学识和能力，让我心里没底。"

北京大学的张俊去年本科毕业时，以专业第一名的成绩被上海奥美公司选中，她同时考取了本专业的研究生。几番思量以后，她"痛苦"地选择了读研。

张俊直言，选择读研实际上是对就业、对社会的逃避。“虽然我没有步入社会，但社会上的纷乱复杂、悲悲喜喜听得多了。校园里有书读、有梦想、有朋友，何必自找苦吃、过早为生计操心？辛苦的日子以后长着呢。”

人民大学的赵阳想法更实际：“现在本科和硕士相比，也许你的能力不比他差，但是在别人眼中你就是矮一截，涨工资，出国培训，你付出的不比他少，甚至更多，但你就是没机会。所以，不读不行啊！”

为什么恐惧感如此普遍地伴随考研的学生？中国人民大学研究生院副院长刘大椿分析，随着高校扩招幅度的增大和高层次人才在就业和发展方面优势的凸显，从90年代后期开始，研究生报考数量急剧膨胀，这是高校毕业生开始出现“恐惧心理”的明显标志。计划经济时代，拿到本科学历就可以高高在上、一劳永逸，根本不可能产生“恐惧感”，因此它是市场经济的产物，并且将随着市场经济的不断深化日益突出。

他指出：“存在一定的恐惧心理是正常的，但更重要的是如何战胜恐惧。因为逃避恐惧而考研，成功了也不意味着他一定有美好前途。因为社会竞争越来越激烈，各种困难将环环相扣，不可能永远地逃避下去。反之，敢于战胜恐惧和困难，不读研也同样有巨大的发展潜力。”

（2002年1月19日《中国青年报》）

这篇报道把它归入传统任何类型都是不妥当的，这就是一篇社会观察通讯。

一、社会观察通讯的特点

所谓社会观察通讯，就是对社会生活中的新现象、新变化、新观念、新问题进行分析报道的通讯品种。

社会观察通讯有以下几个特点：

第一，报道视野比较广阔。报道的内容不是社会中的某个人、某件事、某个地方或某一方面工作的经验和教训，而是从整个社会的角度考察普遍存在的现象和问题。

第二，对现象和问题的报道是观察和思考的性质，不追求“终极性结论”。和传统的通讯相比，在报道理念上有较大创新。

第三，记者自主性强，自主设立议题，自主地调查。

社会观察通讯和工作通讯有相类似的报道内容，但以上的特点，把工作通讯和社会观察通讯区分开来。社会观察通讯也不同于"深度报道"，社会观察通讯可以只是呈现现象，也可以深入挖掘本质。《考研族流行心态：恐惧社会》就只是一般地剖析考研学生的心态。

二、社会观察通讯的采写要求

第一，深入调查，掌握确凿的材料。

第二，用多种手法充分展现事实。

【思考与训练】

1. 如何认识人物通讯在新闻报道中的地位？

2. 各种不同对象的人物通讯是不是有不同的写作侧重点？

3. 写平凡人物意义何在？

4. 表现人物有哪些具体的方法？

5. 选择一两家有代表性的报纸，量化分析其人物通讯的篇数、在各类通讯中所占比重、人物通讯的报道对象的类型，提出自己的看法。

6. 阅读下编中的人物通讯，分析各篇的写作特点。

7. 自己确立写作对象，自己采访获取材料，写一篇人物通讯，并写一篇采写札记。

8. 阅读下编中的事件通讯，分析各篇写作特点。

9. 采写一篇事件通讯，并写一篇采写札记。

10. 阅读下编中的风貌通讯，分析各篇写作特点。

11. 采写一篇风貌通讯，并写一篇采写札记。

12. 阅读下编中的工作通讯，分析各篇写作特点。

13. 阅读下编中的社会观察通讯，分析各篇写作特点。

14. 分析工作通讯与社会观察通讯的区别。

15. 社会观察通讯的社会功能是什么？

16. 采写一篇社会观察通讯，并写一篇采写札记。

第十四章

专访和特写写作

【本章内容提要】

专访是对特定的采访对象进行专题访问的纪实性报道，是一种记言的新闻体裁。其特点突出体现在一个“专”字上：专门的采访对象和专门的话题以及谈话纪实的专项内容。

专访的对象通常是新闻事件中的新闻人物、具有新闻因素的知情人、与某个话题有关的权威人士。

专访因其内容侧重点不同可以大致分为人物专访、事件专访、问题专访、科学专访四类。

专访的写作，要求写好“新闻由头”、突出访主的真知灼见、再现现场情景、组织穿插相关的背景材料。

特写是一种描绘性新闻。它用描写的手段，抓住新闻事实精彩的片断，作突出的细致的描绘，以达到再现事实的目的。特写具有新闻性、形象性、聚焦性、现场性、透视性等基本特征。

特写的写作，要求选择重大题材中富有特征性和透视力的片断，进行形象的描绘，写出感受，力求情景交融，增加作品的感染力。

第一节　新闻专访写作

一、专访的文体特征

（一）采访对象的显著性和权威性

被采访的对象，是事先经过精心研究和选择后确定的，通常都是受众关注的人物或对受众关注的事件和话题有发言权的人。从采访对象看，人物通常具有显要性或具有权威性；从新闻来源上看，具有单一性，或专门性。

专访的对象通常是这样一些人物：

1. 重要新闻事件中的新闻人物

某人一旦成为新闻人物，他们的经历、爱好、感受、见解以至家庭情况都为广大读者所感兴趣。所以专访的眼睛要紧紧盯住近期发生的重大新鲜的事件及有关的重要人物，及时捕捉，挖掘出新闻背后的新闻。

2000 年 5 月 31 日《南方周末》的专访《玉珠峰归来者有话要说》，访主于澎潮是登山队中生还的队员之一。当年 5 月 1 日，凯图登山俱乐部组织了一次业余登山活动，攀登青海境内的玉珠峰，结果遭遇了大风暴，加上缺少经验和纪律，导致 5 人死亡，1 人重伤，在当时是比较引人注目的新闻事件。

2000 年 10 月 12 日《南方周末》的专访《李昌平：要给农民国民待遇》，访主李昌平，曾经是湖北省监利县棋盘乡乡党委书记，面对农民负担沉重等问题，给国务院领导写了一封信，引起国务院的重视，引发了监利县大刀阔斧的改革。而李昌平也由于种种原因辞职离开监利到深圳打工，成为轰动一时的新闻人物。

2000 年 11 月 16 日《南方周末》的专访《对死亡说些什么》，访主陆幼青，癌症患者，当医生断言他剩下 100 天日子的时候，他于 2000 年 8 月 3 日动手写名为《与死神相约》的日记，在著名的文学网站"榕树下"连载，引起了媒体和公众的极大关注。记者撰写了这篇专访，让人们对陆幼青有更深入的了解。

这种新闻事件中的新闻人物经常成为专访的对象。

2. 非新闻人物却具有新闻因素的知情人

有些人虽然并非新闻人物，但他与人们关注的某一事件、问题、人物有密切关系，能够提供一般人所不能提供的情况，包括历史情况和现实情况，特别重要的是掌握某些内幕情况、未经公开的情况。

2000 年 10 月 12 日《南方周末》的专访《彭德怀在朝鲜停战后的第二天》，采访的对象是萧全夫将军。1953 年 7 月 27 日，中国人民志愿军司令员兼政治委员彭德怀，在板门店停战协定签字仪式上签字，29 日，彭德怀到板门店前线秘密视察了中国人民志愿军第 46 军的前沿阵地。这是彭德怀离开朝鲜之前最后一次到前线，但是由于历史的原因，彭德怀视察板门店前线的具体活动情况至今仍鲜为人知。在纪念抗美援朝 50 周年之际，记者专访了知情人萧全夫。萧全夫当时是中国人民志愿军第 46 军军长，陪同彭德怀视察了开城前线。萧全夫并不是新闻人物，但对于彭德怀视察开城这个事件，他是个具有新闻因素的人。

2001 年 10 月 26 日《人民日报》专访《见证者说——访章含之女士》，访主章含之，在 30 年前，当中国恢复在联合国合法席位时，她以中国代表团副代表身份出席了联合国大会。章含之作为这一重大事件的见证者而成为专访对象。

像这样的有新闻因素的知情人也常常成为专访的对象。

3. 与某个话题有关的专家、学者、领导等权威人士

当某一问题为社会广泛关注时，人们很自然地想了解权威人士的看法，特别是社会上对某一问题有争议、有歧义时，这种访问就更为迫

切、更为必要。这些专家、学者、领导都是某方面问题的权威人士，最有发言权的人。

2001年11月15日《南方周末》的《中国加入WTO后的就业问题》和2001年1月14日《南方周末》的《听证会尚可进一步完善》，这两篇专访的访主都是专家、学者、领导等权威人士。

《中国加入WTO后的就业问题》，访主是劳动与社会保障部劳动科学研究所就业与劳动力市场研究室主任莫荣。就业对每一个人来说都非常重要，中国失业人数逐年增加，入世将给中国就业带来什么？是机会还是激化就业矛盾？莫荣对这个问题作了具体分析。莫荣是这方面的专家，他进行了长期的研究，掌握大量可靠资料，他谈的这些对受众起到了很好的排疑解难、开阔思路的作用。

《听证会尚可进一步完善》，访主是著名行政法专家马怀德。2002年1月12日，中国历史上第一个公开举行的全国性价格听证会——铁路价格听证会在北京举行。这是一件有历史意义的事件，从1998年《价格法》把听证制度引入价格决策程序，到铁路价格听证会的举行，价格听证制度可以说真正拉开了帷幕。但因为是新生事物，所以是不完善的。因此，在肯定、关注的同时，也有很多不同意见。马怀德作为著名行政法专家，他谈了几点对听证会的看法，较有说服力。这种专访可以引导人们对问题有个正确的认识。

（二）采访话题的专一性和深入性

专访报道的内容具有专题性，写人不必写全部事迹，记事不必从头说起，谈问题也不必面面俱到。从上面提到的这些专访来看，内容都是比较专一的。如《玉珠峰归来者有话要说》主要围绕山难原因而谈；《对死亡说些什么》主要谈病人面对绝症的内心世界；《彭德怀在朝鲜停战后的第二天》主要谈板门店停战签字后彭德怀对前线的视察情况；《中国加入WTO后的就业问题》主要谈就业问题；《见证者说——访章含之女士》所谈是当年中国代表团参加联合国大会的情况；《听证会尚可进一步完善》主要谈存在的问题。总的来说，专访内容不要求广，但要求有深度。谈人，要谈出人物内心的真实想法；谈事，要谈出事件背后深层次的东西；谈问题，要谈出独到见解。

（三）谈话内容的纪实性

谈话内容的纪实性指专访的内容主要记载人物谈话并且通常采取实录的方式。专访是一次访问的纪实，访问在专访形成中有重要作用。这种重要作用体现在两个方面，一是专访依靠一次专门的访问获取材料，二是专访内容是对一次专门访问的如实记录。而对专门访问的如实记录，侧重于对访问谈话的记录。

一次访问有三个密切相关的要素，一是谈话内容，二是谈话情景，三是谈话背景。这都属于专访记录的内容，但核心内容是记者和访谈对象的谈话内容。

所以，专访的特点，就体现在一个"专"上，专门的采访对象，专门的话题，专门的内容。所谓专访，用一句话概括，就是对特定的采访对象进行专题访问的纪实性报道。

二、专访的类型

就内容侧重点不同，专访可以分为四类：

（一）人物专访

这类专访重在写人，报道意图在表现人物。通过某一专题的谈话，介绍某个人物的经历、爱好、感受、见解等。可以是新闻人物自己谈自己，也可以是熟悉新闻人物的人谈新闻人物。

和人物通讯相比，人物专访更注重新闻性，对新闻人物最具有新闻性的一个特定方面进行"专题"访谈，并擅长挖掘人物的内心。《李昌平：要给农民国民待遇》《对死亡说些什么》属于人物专访。

（二）事件专访

这类专访重在写事，通过专题谈话，介绍某一新闻事件或历史事件。表述的中心不在于人，而在于事件本身。

事件专访不同于事件通讯，事件专访不是对某一事件过程的再现，而是针对事件的意义、内幕、原因而进行的专题访问。它主要是通过采访事件的参与者、目击者或见证人来"复原"和"剖析"新闻事件的。《玉珠峰归来者有话要说》专访玉珠山难的当事人，探讨山难发生的原因所在，《见证者说——访章含之女士》专访知情者了解当年中国恢复联合国合法席位时中国代表团参加会议的情况，都属于事件通讯。

（三）问题专访

这类专访重在阐明受众关注的某一“热点”“焦点”问题，有人称之为“探讨性专访”或“探索性专访”。专访的对象要求必须是对问题熟悉并有独到见解的权威人士。目的是帮助读者排疑解难，或者开阔思路。《中国加入 WTO 后的就业问题》和《听证会尚可进一步完善》属于问题专访。

（四）科技专访

这类专访重在阐述当前重要科技成果。主要是通过特定人物的采访，给予读者关于某些科学成果的知识，使读者真正地理解这些科学成果的意义所在。如 2000 年 6 月 26 日，美、日、法、德、中 5 国科学家向全世界公布人类基因组工作草图。对这件有重大意义的事，一般公众由于不懂而不能了解其意义。2000 年 6 月 27 日《成都晚报》登载的专访《基因专家杨焕明妙趣横生话基因》，通过生动有趣的访谈，为读者解开了基因之谜。

三、专访写作的要求

（一）写好富有吸引力的“新闻由头”

一篇专访的出现，总要有它的必然性和逻辑性。为什么记者要就某个问题去采访某个人，和当前的人、事、问题有什么联系，都是有它的新闻根据的。在写专访的时候，一定要写出这种新闻根据。这也就是新闻由头，新闻由头一般在开篇的时候就要指出，所谓“开宗明义”，一开始就让读者了解报道的针对性。

专访的新闻由头，一般有这么几种情况：

1. 抓住读者关注的新闻事件作为由头

有的专访是针对当前的某个新闻事件而采写的，作品中，通常都要明确交代这个新闻事件，使读者了解专访与这个新闻事件的联系。

如《玉珠峰归来者有话要说》是这样交代新闻由头的：

——当玉珠峰山难在人们心头留下的酸楚还时时会扯动出阵阵心痛

时，记者采访了此次活动的亲历者之一、刚刚从山上归来的于澎潮，试图通过一个痛苦经历者的叙述，告诉后来者一些极有价值且用鲜血和生命换来的经验和感触。

2. 抓住当前读者比较关心的问题作为由头

如《中国加入WTO后的就业问题》是这样交代新闻由头的：

——一个月后，中国将正式成为WTO成员。对于任何一个普通人来说，就业是立命之本，近年来，中国失业人数逐年攀升，入世将给中国人就业带来什么影响？带来的是巨大的机会还是会激化就业矛盾？11月9日，在中国签署加入WTO议定书的前一天，本报记者就此采访了劳动和社会保障部劳动科学研究所就业与劳动力市场研究室主任莫荣。

3. 抓住纪念日作为由头

纪念日是对某一历史人物或某一历史事件的纪念。随着时光的推移，今天的人们对过去的人和事不一定了解或了解不多，在纪念日时重温过去的人和事，帮助人们了解纪念日的含义是有意义的。所以在纪念日的时候，常常会做一些专访，专访的对象通常是参与历史事件的相关人物，或是与历史人物有联系的人，请他介绍与纪念日有关的内容。这样的专访通常都以纪念日作为由头，如专访《见证者说——访章含之女士》即以纪念日作为由头。

4. 以报纸的专访栏目作为由头

有一些报纸设有本报专访或者类似性质的栏目，这种栏目通常在特定的时间、特定的版位上，有特定的内容，内容也都涉及焦点话题。这个栏目就成为专访的由头。如《光明日报》2000年在科教文卫的专版上设“大学校长访谈”栏目，每周一期，每期发一篇大学校长的专访，请他们谈教育问题、大学建设等。这样的专访常常不特地说明由头，因为专栏本身已做了说明。

（二）突出访主的真知灼见

如前所述，专访在内容上有一个重要特征，主要是采访对象的谈话实录。在报道专访对象言谈时，要点就是要突出访主的真知灼见。所谓真知灼见，就是访主新鲜的、独到的、有思想深度的见解。

要做到这一点，有这几个方面要注意：

1. 采访时，要注意专访对象的内心真实想法，特别是与众不同的独特想法。

2. 写作时，必须进行精心选择，去掉枝节的、次要的、重复的成分，留下重要的、精华的部分。

3. 对访主的真知灼见，在表述时要设法突出。

首先，把真知灼见作为报道中心，所有材料围绕它去组织。

其次，把要点提出做成标题，引起人们的注意，也起到提醒作用。

再次，用叙述方法的转换来突出精华的内容。

（三）生动地再现现场情景

对现场情景进行一定的描写，可使专访生动一些，耐看一些，富有人情味一些，特别是那些人物专访，现场描写对人物展示可以说是必不可少的。

现场情景包括多方面的因素：

（1）描写人物外貌、神情、举止，让人物活动起来，让读者看到一个活生生的人。

（2）描写访谈的环境，衬托主人公的性格和心境，让读者看到人物生活的环境。

（3）描写人物有个性的谈吐，让读者能听其言而知其人。

1997 年 4 月 26 日《文汇电影时报》所登载的程明的专访《赵丽蓉：不能让热爱我的观众失望》，对赵丽蓉富有性格特色的语言，作了非常生动的描写：

……虽然我拍的戏不多，但我不胡来，拿不准的不拍，哪怕是得罪人。我这么大岁数了，在哪出戏上弯下去，再起来就没时间了，真砸了，挺好的人缘儿也没了。我们老家有句俗话：一个弹儿打一只鸟儿，打不着，何必玩花架子哩？……

……小品这个艺术，它和影视表演不一样，是“特别节目”，尤其是春节晚会的小品，10 分钟的时间，包袱要一个接一个，多火也不嫌火，出门就得“大咔嚓”，这叫“顶门包袱”，你说这人要掏出多少东西？现在的观众，水平又高……倘若没高招，谁瞅你的？……

口声描摹很精彩，听了这种语言，她那个人就活脱脱地出来了。但这种描摹有个先决条件：采访对象语言上确实有特点，另外所写专访必须是以展示人物为中心的。如果在事件专访和问题专访中做这种展示没有意义。

（四）用背景材料丰富专访内容

有时需要在专访中对人物、事件、问题做全面的介绍，而访谈内容受话题的限制，不可能涉及较广，可采取交代背景的方法，使专访的报道内容更加丰富。

看下面的专访：

“三·八”前夕访女作家霍达

本报记者　潘仁山

“三·八”前夕，记者走访了全国政协委员、中年女作家霍达。43岁的霍达，正是年富力强、创作旺盛之际。但我见到她时，却感到她比去年明显地消瘦，而且神情疲惫。这也许是她那锲而不舍、夜以继日的笔耕所致吧？

龙年新闻人物　三度榜上有名

霍达是近年来文坛上引人瞩目的作家之一，以博学、多产而著称。她的作品，题材包容历史与现实，体裁涉猎小说、报告文学、影视文学和散文，迄今已发表三百万字。尤其可贵的是：她在多方面都卓有成就，屡屡获奖。八十年代初，她的电视剧《鹊桥仙》获全国优秀电视剧奖，电影剧本《我不是猎人》获全国优秀少年儿童读物奖。而在1988年的全国第四届文学评奖中，她的中篇小说《红尘》和报告文学《万家忧乐》同时获奖，并且是本届唯一获得双奖的作家。嗣后，她的报告文学《国殇》又在“中国潮报告文学征文”中获奖。一年之中，三度榜上有名，实属罕见。这标志着霍达这位中年作家在创作上趋于成熟。“月到中天分外明”嘛！

霍达却未因此而喜形于色，望着墙上冰心同志赠给她的题字“淡泊以明志，宁静以致远”，淡淡地一笑：“文章本是寂寞之道，获奖不是目的，但获奖也从一个侧面反映了一个作家的作品引起了社会的共鸣。我收到的许多读者含泪写来的信件，比奖状还要使我动情。这种知音的感应，更加激励我不能放弃一个作家的历史使命感和民族责任感。”

的确，读她的作品，我们不仅为《红尘》那冷峻辛辣的笔致和《万家忧乐》、《国殇》那如泣如诉的真情而慨叹，更为那洋溢于字里行间的忧患意识和激愤之情而引起强烈的共鸣。一条古都小巷，弥漫着愚昧而狡诈的封建氛围，一个天真善良的弱女子被善于瞒和骗的人物所绞杀；一群无权无势、人微言轻的小人物被“倒爷”们坑得苦不堪言而又欲诉无门；一批正值中年的知识分子在劳累、贫困和苦闷中早早地结束了宝贵的生命，“出师未捷身先死，长使英雄泪满襟”！难怪，年近九旬的冰心老人要含泪写下《我呜咽着重新看完〈国殇〉》。这些，都强烈地震撼着我的心，并且由此也更认识了他的作者和代言人霍达。一个作家，手中只有一文笔，但它有千钧的重量，那就是：历史和民族赋予的重任！

五十万言巨著　一颗赤子之心

1987年，霍达在《长篇小说》杂志发表了53万字的巨著《穆斯林的葬礼》。去年，该书已由北京十月文艺出版社出版，并即将被译成英文、日文、乌尔都文，向国外发行。中央人民广播电台录制全书录音，在文学节目中连播。几家电影厂、电视台争相洽谈拍摄，许多报刊予以转载或发表评论文章，社会反响强烈。许多作家、评论家、穆斯林学者和广大读者都给予高度的评价，认为这是反映回族人民的历史和现实生活的长篇小说中一部成功的力作，为回族立传，不但在少数民族文学中，而且在全国新时期文学中都具有独特的历史地位和审美价值。

对此，霍达自己又是如何认识的呢？她说：“我热爱自己的民族，犹如女儿热爱母亲。回民族既柔韧又刚烈，在七百年的历史中经受了深重的苦难。我盼望她强大，盼望整个中华民族繁荣昌盛。这本书不是为了写苦难，而是写文化，写伊斯兰文化和华夏文化的撞击和融合，最终通过文化来塑造人，抒写人对于人生真谛的追求，困惑和主体意识的觉醒。我呼唤一个大写的‘人’从历史深层走出，重塑民族魂，和天下列强对话，在世界民族之林中立于不败之地！”

她说得颇为激动，由此可以看出这位平时温文尔雅的女作家性格中刚烈的一面。为了完成这部巨著，她动用了半生生活积累，又花费了数年时间，致力于民族史、宗教史、地方志和行业史的研究，踏着主人公原型的踪迹，实地考察，采访了众多的回、汉族同胞，含着泪水，写成了这部催人泪下、感人至深、发人深思的巨著，寄托着对国家、对民族的未来的希望，跃动着一颗拳拳的赤子之心。

杜鹃啼血　又谱新篇

就在创作任务繁忙的1988年，霍达还完成了两部电视剧。一部是应谢晋之邀，将报告文学《国殇》改编为剧本，另一部是受北影之托，把中篇小说《红尘》搬上银幕。已多年不"触电"的霍达不负众望，在短短的时间内，已将两部剧本完成，即将投入拍摄。这其中，不仅是因为上影、北影数顾"茅庐"，盛情难却；同时，更是霍达不忍心辜负广大观众的期望。原来《国殇》将拍摄成电影的消息见报后，许多中年知识分子写来情真意切的信，向作者和导演"致敬"，"十二万分地感谢"，感谢他们为抢救中年知识分子而呼号，为振兴中华而呐喊。这，怎不激起霍达义不容辞的创作激情？

我见到霍达的时候，她刚刚从外地采访回来。原来，她正在着手采写一篇新的报告文学——《民以食为天》，为搜集第一手素材，她先后走访了新疆、宁夏、辽宁、河北、山东、江苏、安徽等许多地区，深入到基层政府和农户。

"民以食为天嘛！"她动情而又严峻地说，"中国有八亿农民，吃饭要靠他们。现在全世界的农业都面临危机。中国的粮食不解决，靠谁养活11亿张嘴？"从她的言辞，我感受到了她那一颗沉重的心。一位以民族、国家的兴衰为己任的作家，早把自己的辛苦疲劳置之度外。我衷心祝愿她：征途上，要多保重。

（1989年3月8日《光明日报》）

这篇专访，对人物的谈话选择较精，每部分只突出人物的一句话，其他用背景材料、用记者的评述，既全面地介绍了人物，又突出了人物的真知灼见。

第二节　新闻特写写作

新闻特写，是用描写手法对新闻事实精彩片断进行集中突出描绘以再现新闻事件某种情景的新闻报道体裁。

特写是从通讯中分化出来的一种文体。关于新闻特写的分类，目前新闻界看法不尽一致，有两种看法：一种把特写区分为两类，一类是特写性消息，一类是特写性通讯，特写性通讯就是一种“特殊的通讯”，“中国新闻奖”也是把特写看作一种特殊的通讯。另一种看法把两类特写放在一起，不加区分，通称为新闻特写，是和通讯并列的独立体裁。报纸上和广播电视节目中直接以“特写”命名的，常体现了这样一种看法。我们认为特写确实有自己的特点，应该成为独立的体裁。

它和一般消息相比，更形象，视觉效果好。消息一般以叙述为主，有一些消息特别是动态消息也有现场比较形象的描写，但比较零碎、粗略，三言两语而已，不居于主要地位。

它和一般通讯相比，更集中、简练、形象。我们说通讯这种文体，既要报道事实，又要提供情景和意义。提供情景，离不开描写。但报道事实，需要叙述事件完整的过程，仅仅描写是不够的，主要还是叙述。通讯除了叙述事件完整过程，常常还要提供相关情况，解释事实，分析事实，所以通讯的表达方式，除了叙述、描写，还要有说明、议论甚至抒情，有形象，但不构成主要内容。特写则注重于再现新闻事实的情景，放大新闻事实中有意义、有影响、有情趣的片断，表现手法上以描写为主。通讯往往要反映较完整的事件、较长的过程，向人们展示事实的纵剖面；新闻特写则抓取现实生活中的一两个场面、一两个镜头，充分地展示事实的横剖面。因此，特写比通讯写得集中、更形象化。另外，特写和通讯相比，新闻特写的新闻性更强，一般是对较为重大事件的快速反映。

下面是新华社记者写的一篇新闻特写：

千载难逢的1分50秒

——漠河日全食与彗星同现奇观目击记

邢路续　陈凯星

这是一个“千年等一回”的神奇瞬间。

3月9日9时7分40秒，被称为我国北极的黑龙江省漠河县，霎时天昏地暗，本世纪最后一次日全食此时正笼罩着这里。

这时，月球的身影已将太阳完全遮蔽，平日无法直视的太阳，变成圆圆的大黑球，挂在幽蓝的天幕上。

瞬间过后，它的左上边缘出现了3个璀璨的亮点，似珍珠，如钻石。这就是天文学上所讲的贝利珠，是月球上的环形山缺口偷偷地泄出的太阳光华。

此时，在主观测点漠河县三中操场上，原来被严寒冻得不住跺脚、呵气的数千观众，个个都屏住呼吸凝神观看。一只只望远镜、照相机同时聚焦一点。

数秒之后，贝利珠消失，太阳散发出团状光雾，亮亮的，像戴上一顶帽子，这就是日冕。它在向两边扯动，呈梭子状包裹着太阳，就像一只硕大的眼睛，俯视人间万物。

“我看见了！我看见海尔—波普彗星了！”许多人仰头指着天顶，兴奋地叫喊。更多的盯久了日全食的人们，一时无法适应黑暗，焦急地翘首搜寻。与神女般若隐若现的海尔—波普彗星相比，清晰的水星亮晶晶地伴在“黑日”的旁边，金星、木星也同现天宇。

日全食即将结束时，在太阳左下方，又一次出现了光芒夺目的贝利珠。两秒钟过后，太阳终于挣脱黑暗，光芒复归大地。

在这短短的1分50秒钟内，中国科学院、北京天文台、南京紫金山天文台、南京大学天文系的科学工作者，利用计算机分别得到了太阳活动的完整图形和曲线。

北京天文台课题组刘玉英对记者说：“为了这一瞬间，我们准备了180多个日日夜夜。这一刻虽然短暂，但我们对自然的热爱、对宇宙的探索却是永恒的。”

（新华社哈尔滨1997年3月9日电）

一、新闻特写的特点

（一）新闻性

它必须提供新闻事实，事实要素俱全，报道迅速及时。1997 年 3 月 9 日日全食和彗星同现天宇的千古奇观，新华社记者既写了消息，又写了特写。我们比较两篇作品，就可以发现，对于新闻事实基本信息，两篇都做了介绍，只是各自报道侧重点不同，对事实的反应速度也是一样的迅速。新闻特写作为一种新闻报道，通常以较为重大的新闻事件的现场情景为报道对象，要迅速及时、真实准确，符合新闻写作的基本要求。

（二）形象性

它是一种描绘性新闻，形象地再现新闻事实某一特定的场景，给人以立体感和画面感。描写是特写的主要手段，形象是特写的主要成分。《千载难逢的 1 分 50 秒》主要的篇幅就是描绘日全食与彗星同现“千年等一回”的神奇景象，比起消息中的描写更细致，主要以事物的形象取胜。

（三）聚焦性

它不写事实全貌，只摄取事实典型和精彩的片断，即对事实的主干部分加以特别凸显。所写的内容一般都凝聚在某一点上，不能分散，除了这个点、这个片断，内容不旁及。上海复旦大学叶春华教授编著的《新闻采写编评》说特写的基本特征就是：焦点加文采。这个概括确实突出了特写的主要特点。

（四）现场性

新闻特写是一种现场报道，特写所呈现的形象性是作者对现场情景的如实描绘，作者必须在现场采访，是新闻事实的现场目击者。

（五）透视性

虽然新闻特写只取事实的片断，但这个片断是凝聚事实精髓的片断，具备透视全局性或本质性内容的功能，因此，新闻特写比其他新闻文体更强调“以小见大”的传播效果，通过对事实片断的细致描绘，使读者能够更深入地了解新闻的精髓。

二、新闻特写的分类

新闻特写有两种基本类型：

（一）人物特写

截取人物活动的一个片断、一个侧面加以描绘，形成人物特写。看下面的特写：

死到临头原形毕露——阴阳界上的恶魔张君

陈　青

冰凉的脚镣拖着冰凉的地面发出冰冷的声音。

9时30分，张君从重庆一中院左侧太平门被押进审判大厅。在高大威猛的法警中间，他是那样的渺小；在数百名旁听者愤怒目光的逼视下，他是那样的怯懦；在庄严肃穆的审判台前，他是那样的虚弱。

头发乱糟糟的，眉毛往下耷着，未剃胡须；双眼极少转动，整张脸灰扑扑的，毫无表情；上身穿一件半新半旧的暗蓝色牛仔衬衫，下身穿一条黑色裤子，脚蹬白底黑面布鞋。与一审嚣张的模样相比，二审中的张君完全没有了魔头的“神采”。旁听席上有人说，此时看到的张君其实只是一个躯壳，他自己也明白其实此时他已死了。

二审审判长宣读了长达40多页的终审判决书。在1小时25分的时间里，张君这个昔日狂魔的头，始终低垂着。

“请全体起立！”10时25分，张君案二审正式宣判。审判大厅肃然无比。

“……请一中院对张君等验明正身，执行枪决，立即押赴刑场！”正义之声在法庭回荡。

冰凉的脚镣重新拖响冰凉的地面。当张君与记者擦肩而过的瞬间，记者看见他面如土色，这个曾自吹从不知恐惧为何物的魔头，现在双脚已几乎不能站立。

刑车风驰电掣而去。张君，这个曾令多少家庭不幸破碎的冷血恶魔，将永不复存！

（2001年5月21日《楚天都市报》）

（二）场景特写

截取新闻事件的关键性场景，加以描绘，反映新闻事件，形成场景特写。《千载难逢的1分50秒》是典型的场景特写。

三、新闻特写的写作要求

（一）选择重大题材中富有特征性和透视力的片断

由于新闻特写的特点，不是所有新闻都适合用特写。特写在选材上通常有两点需要考虑：

一是选择重要的事件进行报道。一般来说，特写都是涉及一些比较重要的新闻。教材中提供的新闻特写的范文《千载难逢的1分50秒》报道罕见的天象，《红场易旗纪实》报道1991年12月25日晚7时红场降下了飘扬72年的苏联国旗，《别了，“大不列颠尼亚”》报道1997年7月1日香港的降旗升旗仪式，《梦碎雅典》报道一个具备夺冠实力在最后一次比赛中仍然悲剧性地失败的选手，《33级台阶走45分钟》报道人大代表、著名经济学家萧灼基教授在人大会堂的台阶上接受记者采访的情景，《呼伦贝尔草原的白灾人家》报道武警官兵对内蒙古重灾区的灾民实行救助的情景，都是较为重要的新闻。

二是选择有透视力的片断。新闻特写不写事实全部，只写一个片断，写什么片断要仔细斟酌。通常这个片断应该是最能反映新闻精髓的片断。《千载难逢的1分50秒》所报道的新闻事件，有很多相关内容作为一般的消息写作必须涉及：为什么千载难逢？为什么选择漠河作为观测点？对于天文学有什么意义？有哪些人到漠河观测或观赏？等等。新华社的消息稿都写到了。作为新闻特写，没有必要涉及很多内容，特写只是精细地也精彩地描写了日全食形成及和彗星同现的情景，而这也是这个新闻事件最具新闻价值的内容。抓住了具有透视力的片断，新闻特写才能产生较大影响。

（二）对精彩片断展开形象描写

新闻特写是一种再现现场的描绘式新闻，决定了它对所选取的富有特征性的有透视力的片断，必须展开形象描写，使读者对新闻的精彩片断留下深刻印象。只有这样，新闻特写才能达到放大、突出某些事实片断的目的。

（三）写出感受，情景交融，增强作品的感染力

梁代文论家刘勰在《文心雕龙·情采》中说："繁文寡情，味之必厌。"这意思是，文章写得繁丽，但缺乏思想感情，味道必然差，大凡好的文章，都是"情动于中而形于言"的。新闻特写主要运用描写的手段，好的描写，不是仅仅写眼睛看到的，重要的是写眼睛看到并且心中有感的。写出有感受的场景，才能既报道了事实，又有感人的力量。

《千载难逢的1分50秒》，描写十分精彩，把日月星辰写得如同人间活物，生机勃勃。之所以能如此，就在于记者写作中倾注了对自然景观的美好感受，做到了情景交融，正因为情景交融，才非常有感染力。

【思考与训练】

1. 怎样理解专访的"专"？
2. 各种不同类型的专访内容的侧重点是什么？
3. 专访采写成功最基本的条件是什么？
4. 分析作品《对死亡说些什么》（468页）的写作特点。
5. 阅读近日的报纸，寻找3篇新闻专访，具体分析其写作的优劣。
6. 采写一篇专访。
7. 新闻特写与通讯的区别是什么？新闻特写的传播侧重点是什么？
8. 新闻特写的写作要领是什么？
9. 阅读近日的报纸，寻找3篇新闻特写，具体分析其写作的优劣。
10. 采写一篇特写。

下编

新闻作品阅读

七年上诉冤屈未伸张

新华社石家庄 2001 年 11 月 18 日电（“新华视点”记者）河北省丰润县大令公庄部分村民，7 年前在村委会选举时因按自己意愿投了票而遭打击报复，经新华社记者报道后，引起河北省委、省政府的高度重视。

然而，记者近日到这个村回访时，一进村就被群众团团围住，村民们哭诉：“为俺村上百号人的事，惊动了上上下下一二百名干部。大伙告状花了 18 万多元，咋到如今还是没讨回公道？”

1994 年，大令公庄村在村委会选举时，百余名村民没投上级指定候选人的票，先后有数十位村民被县政法机关个别人和村干部打伤、打残。1999 年底，记者报道了此事后，河北省委随即派出由省委督察室、纪检委、政法委等 10 个部门 22 名工作人员组成的调查组。经过 2 个月的调查，花费几十万元，调查组形成了长达 113 页的调查报告，同时向市、县交办了原村治保主任杨金明非法拘禁殴打村民案等 24 个问题。

省委调查组的报告公布后，村民们拍手称快：“事情终于弄清了。”

唐山市领导也认为，这个报告“经得起事实的检验，经得起时间的检验，经得起法律的检验，经得起群众的检验”。

为落实省委调查组交办事宜，唐山市委成立了由6位市领导任组长和副组长的领导小组，成员由市里11个部门的主要领导组成，仅地厅级干部就有8人；领导小组下设4个工作小组和一个办公室，“专班”人员近30人。如此庞大的队伍，再加上丰润县委县政府、七树庄镇的两套“配合班子”，在长达一年多的“落实”过程中，其吃、住、行开销，据说也是一笔“令人咋舌”的数目。

至于“落实”的结果，唐山市、丰润县有关负责同志不约而同地表示，省里交办的问题已彻底解决，对省里重点督办的杨金明案也做了严肃处理。各部门还出示了厚厚一沓“落实报告”。

可是，大令公庄村民对处理结果并不满意。他们说，为了“申冤”，7年来又是卖房子，又是卖牲口卖粮食，其实要求很简单：挨打受罚要有个说法，打人凶手要受到制裁。可如今，村民们却被告知，“打，是过去的事，现在又不疼了。再告，也没什么好下场。要拿回罚款，必须先写检讨”。至于打人的杨金明，虽然受到党内警告处分，却成了村里新任的党总支书记。

村民们茫然地问记者说：“解决俺村的问题还有没有指望？还要再花多少钱啊?!”

（来源：新华社，2001年11月18日，第12届中国新闻奖一等奖）

我省交通图五年七变

本报讯（记者　石　磊）　祖籍沧州的郑先生在沪经商数年，前不久他从上海返乡，连遇两个“没想到”。

一是石家庄到沧州的高速公路上舒适、快捷、干净的旅途让他连说“没想到过去要走六七个小时的路现在只用3个小时”。

第二个没想到就是他离家前买的1996年版的《河北省地图册》已失去了作用，因为里面的河北交通图上，只标有京石和石太两条高速公路，而现在连沧州这个号称“交通死角”的地方都有两条高速公路穿过。

5月17日，记者特地从河北省测绘局要了一张2001年版的河北交通图送给了郑先生。原河北省制图院总工程师师云杰介绍说："近几年，我省公路建设，特别是高速公路建设速度太快，交通图每年都要更新，有时一年要更新2次。从1997年到去年年底，河北交通图一共出了7版。"

对照新旧两张地图，我省高速公路飞速发展的步伐跃然纸上：从1996年底的"一横一竖"，到2001年底初步形成以北京为中心，石家庄、天津为枢纽，辐射10个中心城市和秦皇岛、京唐、天津、黄骅4个港口以及大同、阳泉两个煤炭基地的"两纵两横"开字形布局的高速公路主骨架，我省已建成高速公路13条（段）。

省交通厅有关负责同志说，为打破经济发展的"交通瓶颈"，我省近几年加大了公路建设投资，1997年到2000年几乎每年投资都近130亿元，从1996年到2001年底我省已完成公路投资639亿元，新增高速公路1332公里。1999年全省高速公路突破1000公里，跃居全国第二位，2001年，通车里程达1563公里，继续保持全国第二。交通，正在成为我省国民经济的先行官。

省会到全省任意一个省辖市的车程均在6小时以内，目前我省路网平均车速已由1996年的30.2公里/小时提高到53.8公里/小时，"走高速"成为人们驾车出行的首选。

高速公路的快速延伸，带动了公路客运、货运的大发展和水平的提高。"高速直达"的出现，尤其激活了客运市场的一潭死水，也彻底改变了人们的出行观念。

这种伴随高速公路而生的新型陆路运输方式，以其及时、快捷的优势，吸引了大量客源，迫使"铁老大"放下了架子，民航降低了门槛。

截至今年3月我省高级客运班车已达1169辆，客座32520个，配备空调、电视、卫生间等设施的"豪华大巴"，让人们体验的是先进的客运工具，"航空式服务"的出现，让乘客越来越深地感觉到当"上帝"的味道。

（来源：《河北日报》，2002年7月11日，第13届中国新闻奖一等奖）

暴雨天气今午后突袭北京城　古老京城成水乡泽国

中新社北京七月十日电（记者　吴庆才）　十日下午，北京城上空突然电闪雷鸣，暴雨如注，不一会儿工夫，古老京城便成水乡泽国。

下午四时许，一直阴沉的北京城上空突然电闪雷鸣，粗大的雨点顿时将京城“淹没”，一道道闪电如银蛇般不时划破天际，滚滚雷声震得停车场里的私家车警报直响。今天恰逢周末，不少在外游玩的行人躲避不及，被倾盆而下的大雨淋了个透心凉，在王府井附近的一座大厦旁，几名年轻女子被一个突如其来的响雷吓得尖叫不已。骤雨滂沱中，城市街道顿时变得人影稀疏。

六时许。大雨仍未有停歇的意思。记者在北京南城的一片小区看到，这里已然成了江南水乡，行人们高高卷起裤角，在淹至小腿的积水里小心翼翼地探索着回家的路。不时驰进小区的一辆辆汽车拉起的长长水线，车灯在雨雾中显得格外“迷茫”。在小区的一个拐角处，到处是被风雨打断的残枝断木，一个自行车车棚被掀掉屋顶横在路中央，几名居委会的大妈正在冒雨指挥小伙子们清理“路障”。

气象部门预测到了此次降雨天气，但没料到是场大暴雨。北京市气象局首席预报员孙继松告诉记者，此次强降水天气主要是由降水系统前的一种局地对流天气引起的，暴雨主要集中在城区，降水量达到了五十毫米左右。不过专家表示，此次强雷阵雨天气并不反常，七、八月份是北京雷阵雨高发期，其原因是这个时期北京的地面温度较高，只要一有弱冷空气南下，就特别容易引发雷阵雨天气。

据预测，此次雷阵雨天气还将持续两天。专家提醒市民，雷电灾害被联合国有关部门列为“最严重的十种自然灾害之一”，每年北京都会发生许多雷电灾害，因此市民要特别注意防雷防雨。

（来源：中新网，2004 年 7 月 10 日，第 15 届中国新闻奖三等奖）

刘翔夺金　创造世界高栏史传奇

新华社大阪8月31日体育专电（记者　杨明　肖春飞）　起跑，刘翔落后！50米，刘翔落后！80米，刘翔依然落后！

大屏幕中的刘翔咬紧牙关、双眼爆出血丝，拼命地追赶着领先的美国名将特拉梅尔。

距离在一厘米一厘米地缩短，终点在一米一米地接近。还剩最后一个栏了，刘翔还在苦苦地追赶，他和特拉梅尔相差半个身子。

只有奇迹，似乎才能挽回刘翔当晚在世界田径锦标赛男子110米栏决赛中的"颓势"，而奇迹居然就在这瞬间出现！

最后10米，刘翔宛如霹雳雷神，以惊人的速度冲刺。撞线时，人们惊呆了，就在这短短的10米内，刘翔居然明显地超越了特拉梅尔，冠军最终属于刘翔！成绩是12秒95！刘翔欣喜若狂！

这个胜利使刘翔成为世界高栏历史上，唯一将世界纪录、奥运冠军和世界冠军称号集一身的传奇明星，其"大满贯"成就超过了英国的杰克逊、美国的阿伦·约翰逊等巨星。这个胜利也结束了中国田径八年在世界锦标赛上"零金牌"的尴尬。12秒95是今年世界第二好成绩，也是刘翔第五次跑进13秒大关。

在这场竞争空前激烈的比赛中，特拉梅尔以12秒99的成绩赢得银牌，他的同胞帕内以13秒02的成绩获得铜牌。赛前对刘翔威胁最大的古巴新锐罗伯斯仅获第四名，成绩为13秒15。中国另一名选手史冬鹏跑出个人最好成绩，以13秒19列第五名。

这场大战前充满变数。刘翔被分在最靠边的第九道，这是一条几乎从没产生过世界冠军的跑道。刘翔的对手极其凶悍，两届奥运会亚军特拉梅尔今年曾跑出过12秒95；罗伯斯则在今年赛事中战胜过刘翔，决赛前竞技状态奇佳。

刘翔当日提前两小时就开始热身，国内预测他夺金牌的呼声给了他空前的压力。"我非常紧张，以前比赛中从没这样紧张过，"刘翔赛后透露。他甚至赛前哭了起来，他解释说是过于激动，"我对自己说一定要跑出来，我必须要夺冠军”。

刘翔起跑没有优势，前三栏起码有三名对手在他前面，最后一栏前依然没有优势。“幸亏我最后冲刺不错，最后一栏下来，我知道领先了一点点。要不是太紧张，今天应该能跑到12秒90左右，”刘翔赛后说。

孙海平教练赛后动情地说：“这是我带刘翔这么多年最不容易的一场胜利。这次大赛刘翔的压力很大，我也是第一次看到他这么激动，刘翔太不容易了。”

刘翔承认，这是他拼得最狠、最残酷的一次比赛，“非常不容易，太棒了！太棒了！太棒了！”

（来源：新华社，2007年8月31日，第18届中国新闻奖三等奖）

哈尔滨一6岁女孩被辗车轮下，在这千钧一发之时——

40市民抬高公交车半米救女童

（记者　刘福国）4月9日16时，在哈尔滨市香坊区省儿童中心对面马路上发生了惊险和感人的一幕：一名6岁女童因捡纱巾不幸被辗在行驶的公交车车轮下，车上乘客和过往行人奋力将公交车抬起，从车轮下救起了受伤的女童。

据目击者介绍，事发当天，这辆公交车刚刚驶离省儿童中心的站台，突然，前方一名已经走到马路中央的小女孩回身去捡掉落的纱巾，结果瞬间就被撞倒并轧到了车轮下面。司机发现撞人后紧急刹车，并和车上的乘客一起下车找人。下车后人们发现，被撞的小女孩一条腿被轧在左侧的前车轮下面，其头部和上半身都在车底下，车稍微一动就会威胁孩子的生命。当时小女孩连声都不出不知是死是活，司机手足无措被吓哭了。

小女孩被撞在车下了，瞬间周围群众围了上来，看着车下的小女孩大家的心都揪了起来。时间一分一秒地过去，大家焦急地你一句、他一句地想办法，最后有人提议最安全的办法就是将车抬起来。

围观者中不知谁喊了一句，大家一起快抬车吧，围观的40多名群众马上响应起来，为了防止拉拽过程中对女孩的二次损伤，一位在公安系统工作的男同志凭着丰富的经验，和其他两名男乘客自告奋勇，钻入车底下救人，在众人的齐心努力下，公交车被抬起半米高，爬到车下的三位男同志抱住女孩头部，轻轻拽着女孩的上衣和裤子，慢慢将其从车轮下拽了出来。

小女孩被救出后哭了起来，一直为女孩安危担忧的群众听到哭声，悬着的心终于落了地，大家不由自主地鼓起掌来。随后，这名受伤的女孩坐上了热心市民提供的车来到医院，经过医生检查，这名女童左胫骨开放性骨折，没有生命危险。

受伤女孩的爷爷告诉记者，他的孙女叫亮亮，只有6岁，当时他领着孩子过马路，走到马路中间时，孩子突然转身回去捡被风吹掉的纱巾，结果出了事。

女孩的爷爷在得知孩子没有生命危险时老泪纵横，他激动地说："好心人啊，是哈尔滨的好心人救了孙女一命!"

（来源：《中国妇女报》，2008年4月11日，第19届中国新闻奖三等奖）

从一项沉睡31年的田径校纪看

体育设施好了　学生体质弱了

本报讯（记者　花木嵯）　"56.4秒，少年男子组400米纪录保持者李文家，1977年4月创造纪录。"8月15日，当记者在西宁市某中学今年田径运动会的秩序册上看到这段文字时，深感惊讶。不仅因为这一项目的校纪录是31年前创造的，而且学校的多项田径比赛纪录都是上世纪七八十年代的。

有人说，纪录是对当前选手的激励，是留给后人打破的。那么，为什么我省一些中学的田径纪录却多年无人打破呢?

"这几乎是每所学校都存在的问题，教育主管部门和社会评判一所学校教育质量好坏的标准是文化课的成绩，学校对体育课不重视，学生自然应付了事。”一位体育老师无奈地说，“过去，孩子参加体育锻炼的积极性很高，体育课是很多学生最喜欢的课程，而在近二三十年中，随着升学压力的增大体育课常常被占用，孩子的眼镜片越来越厚，身体越来越胖。就拿初中和高中的校田径队为例，在校运动会后，体育老师会选拔获得名次的学生参加校田径队，这在过去是一种荣誉。但是，现在学校田径队从过去长期的集训变成了比赛前的临时突击，尽管这样，一些家长还是不愿意让孩子参加田径队，认为每天的集训太浪费学习时间。”

青海省体育局体育竞技处处长王志强告诉记者，体校的生源主要来自我省各个中小学的体育特长生，在应试教育体制下，家长不愿意让孩子参加体育比赛，体校招生老师也很难发现好苗子，体校生源明显不足。记者从1997年出版的《青海省志·体育志》中发现，截至1993年底，我省田径男子100米、200米、跳高、跳远等纪录都是在1980年创造的。现任青海省体育局局长冯建平在1980年创造的我省400米栏、400米、110米栏的纪录到目前都无人打破。

近年来，我省不少学校不惜巨资建起了塑胶操场，操场变漂亮了，体育课却成了一门无足轻重的课程。从2007年起，省教育厅出台《关于初中毕业升学考试与普通高中招生制度改革的指导意见》，其中明确提出，“初中毕业生的体育考试成绩按比例计入初中升学考试总成绩”，这对于长期处在弱势地位的中小学体育课来说，无疑是利好消息。

（来源：《西海都市报》，2008年8月18日，第19届中国新闻奖三等奖）

高层论坛上开场白越扯越离谱

80分钟客套话惹恼千余听众

（记者　任锐刚）昨日上午，当千余名听众坐在蒙自红河会堂，等待着听取国家发改委宏观经济所副院长陈东琪的讲座时，想不到讲座开始前多位人士的客套话竟足足讲了80分钟，引起了众多听众的反感和愤怒。

客套话讲足80分钟

此次举行的是2008年下半年中国民营经济形势分析、预测高层论坛，按照原定议程，在举行了简单开幕式后，上午10点钟就由陈东琪主讲“中国经济形势分析及预测”，讲座的时间是两个小时，而参加听讲的除了来自全国各地的200多位民营企业家外，还有红河哈尼族彝族自治州的党政领导及多部门人员、民营企业家、各县市领导等，全部听众近1300人。

记者了解到，多数听众都极少有机会参加如此高层次的讲座，因此，大家都盼着讲座尽快开讲，可是，讲座前的几位人士的开场白、致贺词等的客套话，都是对红河、蒙自的接待表示感谢、对红河的赞美等，还有对自己领导的恭维等，让听众从等待、不耐烦、烦躁，到有人离场抗议甚至愤怒不已。客套话比原来预计时间多了80分钟后才结束，主持人又让大家休息10分钟。

怕听废话听众骤减

记者在会场看到，听得不耐烦的多名听众一会走出会场又走进来，有的则打起了瞌睡，有的在小声地批评，有几人甚至想站起来打断主席台上的讲话进行抗议，但却被旁边的人劝下了。

一位干部说，客套话三五句就完了，怎么能如此长地耽误上千人的时间。还有人说，大家都是冲着专家的讲座来的，要客套就私下客套去。

到了11时20分，主讲的陈东琪终于登场了。主持人介绍说，他是头天晚上从深圳乘飞机到昆明，凌晨4点多才到蒙自的。由于时间紧，讲座时间延长到12点半。这样，原本准备讲两个小时的内容，陈东琪只得加快语速，抛弃了许多内容后，匆忙在12点40分结束了讲座。而因为语速太快，许多听众听得一头雾水。

当天下午，因为害怕又听到的是客套话，结果来听讲座的人少了数百人。

（来源：《春城晚报》，2008年8月29日，第19届中国新闻奖三等奖）

河北大学两女生被撞1人死亡 肇事者自称官二代

中新网10月18日电（记者 吕子豪） 河北省保定市急救中心17日晚间证实，位于此间的河北大学新校区16日晚被肇事轿车撞伤的两名女生中，一陈姓女生于17日傍晚经抢救无效死亡，另一重伤者脱离危险转院治疗。

据目击者介绍，16日晚21时40分许，在河北大学新校区易百超市门口，一辆牌照为冀FWE420的黑色轿车撞倒两名穿着轮滑鞋的女生后，司机不但没有停车，反而继续去校内宿舍楼接女友。返回途中被学生和保安拦下，但该李姓年轻男子却高喊“我爸是李刚!”

事发现场，肇事车辆前挡风玻璃当场撞碎，两被撞女生一人昏迷，一人倒地不能动，昏迷女孩头部有血迹。事发后，有学生去通知校警卫室，有学生去通知校医，有学生拨打了110、120，也有学生记下肇事车辆车牌号。

保定市公安局北市区分局百楼派出所17日下午向记者证实，16日晚该所确有值班民警出警到该事故现场，但称对肇事者身份不清楚。随后记者来到保定市交警二大队事故中队值班干警处，被告知当晚处理事故的两名值班干警还未回来，具体情况仍不清楚。

17日16时30分许，记者来到保定市急救中心。在三楼ICU重症监护室外，有近20名男女学生焦急等待。据一女生介绍，正在抢救的女生为河北大学工商管理学院大一新生，姓陈，20岁，现在仍未脱离危险。另一名女生左腿骨裂，已脱离危险并转院治疗。当现场一男生约记者出来介绍详细情况时，遭一自称学校老师的男子阻拦，并称等有结果再说。

另据河北媒体报道，两名女生被当场撞飞，随后落在车的挡风玻璃上。在被拦截后，该肇事者口出狂言称：“有本事你们告去，我爸爸是李刚。”

两日来，该事件引起此间网民广泛关注，网民纷纷在论坛和贴吧中声讨肇事者。经记者多方了解，该肇事男子的父亲确为保定市某公安分局副局长。

（来源：中新网，2010年10月18日）

我古生物学家解开鸟类“手指”进化谜题

本报北京6月18日电（记者　齐　芳）　如果鸟类由恐龙进化而来，翅膀源于恐龙的前肢，那鸟类翅膀末端保留着的三根“手指”，是恐龙前肢五指的中间三指，还是前三指？由我国科学家领导的国际小组在新疆准噶尔盆地的侏罗纪地层中发现了一种奇特的小型恐龙——“泥潭龙”，并通过对其“手部”的研究提出“外侧转移假说”，认为鸟类保存的是第二、三、四指，解决了鸟类起源的重要问题。

该研究成果发表在今天出版的《自然》杂志上。

鸟类恐龙祖先的前肢有5个“手指”，可鸟类翅膀末端只有三根趾骨。古生物学资料显示，在向鸟类的演化过程中，它们的两个外侧两指（相当于人类的无名指和小拇指）首先退化并消失。但现代发育生物学研究却表明，鸟类保留的是中间三指，退化消失的是最外侧和最内侧的“手指”（相当于人类的大拇指和小拇指）。这一冲突成了少数科学家质疑鸟类恐龙起源假说最有力的证据。

由中国科学院古脊椎动物与古人类研究所徐星研究员领导的国际小组发现的“泥潭龙”让科学家们看到了解决问题的曙光。

泥潭龙属于兽脚类恐龙，具有不同寻常的“手部”结构。虽然它像很多其他早期兽脚类恐龙一样保存了四个“手指”，但是其第一指却严重退化了，第二指发育突出。这显示了一种与其他早期兽脚类恐龙完全不同的“手指”退化模式。

综合新的古生物学资料和现代发育学资料，科学家们提出了“外侧转移假说”来解释恐龙“手指”的演化。他们认为最早期兽脚类恐龙退化了最外侧的“手指”，但随后伴随着恐龙猎食行为的变化，第一指也退化消失了，也就是说，包括鸟类在内的具有三个“手指”的僵尾龙类所保存的其实是第二、三、四指，改变了关于僵尾龙类保存了第

一、二、三指的传统观念，这样，存在于古生物学和发育学资料之间的矛盾就消除了。

（来源：《光明日报》，2009年6月19日，第19届中国新闻奖二等奖）

全球最快列车驰骋南中国

本报广州12月26日电（作者　樊小虎　高李鹏　刘爱平）　今天9时08分，全球最快列车首次驶过毛泽东故乡湖南湘潭，在这位开国领袖诞辰116年的纪念日里，世界里程最长的高速铁路——武广高速铁路投入运营。

9时，标有"G"字头的高速列车同时从广州、长沙、武汉三地首发。武汉广州间旅行时间由11小时锐减至3小时。

"才饮珠江水，又食武昌鱼。"带着父母和女儿去登黄鹤楼的李惠芳兴高采烈地说："我们全家以后会常坐高铁到沿线景点旅游。"她在广州一气买了4张首发列车的VIP车票。

武汉首发高速列车刚启动，湘潭籍教师周天慧就在车厢里展开自己特制的书法作品，以"主席诞辰纪念日，高速铁路武广行；天上人间同比快，车轮滚动半空云"的诗句表达内心难抑的激动之情。

这条时速350公里的高速铁路，全长1069公里，比世界上一次建成里程最长的西班牙马德里至巴塞罗那高铁长出400多公里。

17天前，这里在试运行时曾创下重联列车394.2公里的世界高铁最高时速。

武广高铁沿线重峦叠嶂，高速列车风驰电掣，穿越226座隧道，跨过684座桥梁。与去年8月在华北平原通车的京津城际铁路相比，武广高铁在速度、技术、难度上都堪称"升级版"。一位铁路专家形象地比喻为"短跑变长跑加跨栏"。

从此，武广沿线亿万百姓将享受"快旅时代"的惬意生活。两年后，京广高铁全线通车，首都到南海之滨只需8小时。

一个月后，虎年春运将临。广州市主管交通的副市长甘新不禁感慨："武广高铁让老百姓对不一样的春运充满期待。"

铁道部部长刘志军称，到2012年，我国以“四纵四横”客运专线为骨架的高速铁路里程将达到1.3万公里，铁路运输“瓶颈”制约基本缓解。

武广高铁投入运营后，“你高铁了吗”已成为网上媒体的一句流行语。

（来源:《人民铁道》，2009年12月27日，第20届中国新闻奖二等奖）

中国政府为遭受“野生动物灾害”的农民买单

新华网兰州8月27日电（记者　张文静　聂建江）甘肃省陇南市文县桥头乡建华村的村民蒲德昌近日领到了一笔1200多元的补偿款。这笔补偿款是当地政府为他的3亩小麦被野生保护动物毁坏而给予的补偿。

“这点钱并不多，但对靠土地生活的我们来说很重要。”蒲德昌说。今年5月，他家长势良好的小麦被附近山林里的野猪再一次严重“偷袭”。

和蒲德昌一样，陇南市文县还有很多居住在林区的村民面临着尴尬的情况：保护动物野猪、黑熊、羚牛等经常侵入庄稼地，他们却无计可施。

陇南市野生动植物保护管理站副站长牛宝华说，近年来，陇南多个县区都面临着野生保护动物为害村寨的窘境。这些野生保护动物每年不同程度地造成全市小麦、玉米、洋芋等农作物、经济林果和药材损失面积约9万亩，造成直接经济损失达2000多万元。

甘肃很多野生动物栖息比较集中的地区均面临这样的难题。2010年底，甘肃出台《甘肃省陆生野生保护动物造成人身伤害和财产损失补偿办法》，对陆生野生保护动物造成的人身伤害和财产损失给予资金补偿。

素有“动物宝库”之称的文县成为甘肃首个试点区域，这个县有40多种国家一二类重点保护动物。文县桥头乡建华村、铁楼乡和中寨乡麦家沟村24户村民于近日总共拿到了7万余元的补偿款。

不少接受采访的村民表示，如果没有政府的补偿，或许他们只能放弃现有的土地。但目前的补偿款不能完全满足当地群众的损失，不少村民还期待政府能探索出更好的办法，在保护野生动物的同时，维护他们的生命财产安全。

（来源：新华网，2012年8月27日）

2012年诺贝尔文学奖：中国，莫言！

新华社斯德哥尔摩10月11日电（记者　和　苗　刘一楠）　瑞典文学院11日宣布，将2012年诺贝尔文学奖授予中国作家莫言。

瑞典文学院常任秘书彼得·恩隆德当天中午（北京时间晚7时）在瑞典文学院会议厅先后用瑞典语和英语宣布了获奖者姓名。他说，中国作家莫言的“魔幻现实主义融合了民间故事、历史与当代社会”。

瑞典文学院当天在一份新闻公报中说：“从历史和社会的视角，莫言用现实和梦幻的融合在作品中创造了一个令人联想的感观世界。”

诺贝尔文学奖评委之一、瑞典汉学家马悦然在接受新华社记者专访时说，莫言是一位很好的作家，他的作品十分有想象力和幽默感，他很善于讲故事。此次莫言获奖将会进一步把中国文学介绍给世界。

莫言出生于1955年2月17日，原名管谟业，山东高密人。他1981年开始发表作品，一系列乡土作品充满“怀乡”“怨乡”的复杂情感，被称为“寻根文学”作家。

他的主要作品包括《丰乳肥臀》《蛙》《红高粱家族》《檀香刑》《生死疲劳》《四十一炮》等。其中，《红高粱家族》被译为20余种文字在全世界发行，并被张艺谋改编为电影获得国际大奖；长篇小说《蛙》2011年获得第八届茅盾文学奖。

（来源：《中国青年报》，2012年10月12日）

亚洲最大火柴厂宣告破产　河北泊头拟建火柴博物馆

中新社泊头9月6日电（肖光明　陈　昊　申玲敏）伴着一场颇具寒意的秋雨，河北泊头火柴有限公司最后一批设备的资产处置拍卖会6日在泊头举行。这意味着曾经是亚洲最大的百年火柴生产厂在瑟瑟秋雨中彻底成为历史。

河北泊头火柴有限公司前身为泊镇永华火柴股份有限公司，始建于1912年，时任民国代总统的冯国璋以四万元现洋入股公司，改写了国人依赖“洋火”的历史。1948年泊镇永华火柴股份有限公司成为晋察冀边区乃至全国最早的公私合营企业之一。1950年5月泊镇永华火柴股份有限公司归属国有。“泊头火柴”加快了发展步伐，迅速成长为中国乃至亚洲最大的火柴生产厂家。

中新社记者当天冒雨探访了这座承载着几代中国人对火柴记忆的百年老厂。坐落在河北省泊头市市区中心地段的泊头火柴有限公司，一座不太显眼的牌楼上书写的“泊头火柴厂”字迹仍清晰可见。以火柴厂命名的“火柴厂街”上，稀稀落落的商贩在路边销售着日常产品，一些火柴厂退休的工人三五成群地在路旁打着扑克。

中新社记者走进泊头火柴有限公司，原来繁忙的厂房车间里大部分设备已被拆除运走，只剩下了少量的生产原料。少量车间内还保留着排列整齐的生产机器，但也已锈迹斑斑。占地100多亩的厂区里，散落的原料和破旧的运输器具依稀可见当初生产高峰时的繁华。如今厂区内路两旁杂草丛生，甚至有人在厂区内养上了羊。

据泊头火柴有限公司办事处人事科科长郭希安介绍，他1981年来到该厂工作，对工厂有很深的感情。据郭希安回忆，1988年到1998年是工厂最繁忙的时候，当时有3000多工人，每天三班倒加班加点地生产，年收入可达五六千元人民币。随着时代的发展，特别是打火机和电动点火设备的普及，火柴的生存空间变得越来越小，火柴厂于2006年宣布停产。

58岁的刘建国是泊头火柴厂的老员工，一家三代都是火柴厂的工人。刘建国说，他1971年到火柴厂参加工作，在厂里一干就是30多年。在上世纪七八十年代工作最忙时，春节只能休息三天。“当时的火柴厂街上是整个泊头市区最繁华的地方，每天下班的时候，卖东西的小商贩就挤满了街道，特别热闹。”

51岁的王炳华是1977年到泊头火柴厂上班的，在厂里工作整整30年。王炳华回忆说，火柴厂最繁忙时，她所在的车间有700多人。“当时跟朋友介绍自己时，只要说是泊头火柴厂的员工，没有人不知道。”说起这些，王炳华很是自豪。对于火柴厂的破产，王炳华很是伤感，“有着一百年历史的工厂破产了，工人们都很伤心，它是几代人的心血。”

就泊头火柴有限公司工业遗产保护问题，泊头市文物保护管理所所长李元华透露说，当地将设立专门的火柴博物馆。当前首要问题是把泊头火柴厂的工艺、设备尽量保存下来，目前设备已经保存了一部分，但因实际条件不成熟，火柴博物馆做到何种程度还无法估计。

（来源：中新网，2012年9月7日）

牧民开始用卫星放牧

本报11月21日讯（记者　哈丹宝力格　海　鄰）“图门桑，牛群已离开您的牧场，在伊克尔湖东南约3.5公里处。”11月20日下午，鄂尔多斯市杭锦旗牧民图门桑看了一眼手机上的短信，急忙骑上摩托，向着伊克尔湖方向疾驰而去。在卫星放牧系统应用之前，图门桑为了找寻在沙尘暴中迷失的牛群，曾在草原上转了整整15天。

目前，杭锦旗已有4个牛群、2个驼群、1个马群受到卫星的守护。卫星放牧系统开始在内蒙古草原逐步推广。

卫星放牧系统的一部分制成项圈套在牲畜颈上，一部分安置在卫星数据服务站，另一部分则是游走于浩瀚太空的卫星。华东师范大学专家王远飞说：“运用遥感、卫星定位、地理信息化等技术的卫星放牧系统，在我国首次应用，必将推动我国现代草原畜牧业的发展。”

有关数据显示，2010年我区因灾死亡牲畜近20万头（只）。失去了看护的畜群，会在一场沙尘暴中惊慌失措，消失得无影无踪；会因突降的暴雪，刨不出一点干草，冻饿致死。图门桑说："一场大雪之后，你总会听说谁家的牲畜找不回来了，谁家的牲畜死掉了。"

杭锦旗农牧业局朝鲁介绍，卫星放牧系统应用之后，牛羊的移动路线一览无遗，会通过互联网或手机短信告知牧民。现在，畜群就像图门桑手里牵着的一只永远也飞不远的风筝，每隔三四天他才会去看上一眼。

科技逐渐将原本脆弱的畜牧业生产武装到牙齿，同时节省了养殖成本，减少了人力物力投入。图门桑不再雇人放牧，节省下每月3000元的支出。在失去牛倌的情况下，图门桑第一次不必和牛群紧紧拴在一起，多出了时间从事第二职业。他说跑运输每天可以给他带来100多元的收入。

（来源：《内蒙古日报》，2011年11月23日，第22届中国新闻奖二等奖）

"本地企业发展快，群众都坐着火车又回来了"

火车站见证兰考经济变迁

本报讯（记者　童浩麟）　12月2日下午3点15分，兰考县南彰镇徐洼村村民李麦花在新疆摘棉94天后，乘坐K1352次火车回到了兰考。

94天挣了6100元，比去年少了2000元。"今年全国涌到新疆摘棉的人有70多万人，比去年又多了10万。"李麦花说。

"今年兰考到新疆摘棉的明显减少。"兰考县火车站总支书记何金峰说，"从火车站出发摘棉的约为1.8万人，比去年少了8000人。"

兰考县劳动和社会保障局统计数字显示，在2008年达到18万人次峰值以后，兰考劳务输出总数逐年回落。今年前10个月，兰考就地转移劳力6万人，本地就业和外出务工人数比例达到了74：26。

"兰考的劳务经济，已从劳务输出进入到回乡创业和带动就业层面。"兰考县劳动和社会保障局局长孔留书说，"劳务经济的变化和本地经济发展密不可分。”

自2008年起，兰考县委、县政府每年春节都举办“返乡创业明星评比活动”，在评出的52名创业明星中，无一不是上世纪90年代从兰考走出去的务工人员。

第五届创业明星古顺风回报家乡的是投资1.5亿元的生态农业科技园。“公司已促使2500亩土地实现流转。”古顺风说，“1亩地2万元的效益，完全可以让村民不出村就挣钱。”

在古顺风生态农业科技园打工的城关镇姜楼村村民有470人，人均月收入1600元。“在家门口就能养家，还能顾家，俺咋还会舍近求远外出打工呢?”村民齐庆竹说。

“兰考火车站虽然是陇海铁路线上一座普普通通的县城车站，但却见证了兰考人民生存的几次改变。”焦裕禄纪念园管理处副主任董亚娜说，“1962年焦裕禄来兰考的第一天，在火车站看到外出逃荒的群众直流泪。上世纪90年代，百姓又一次坐上火车离开兰考，兰考进入劳务输出时代。”

“17年共介绍了2万多人外出打工。”作为兰考最早从事劳务输出的游富田说，“因为本地企业发展快，群众都坐着火车又回来了。今年我就不再介绍劳务外出了。”

“随着当地企业用工越来越多，企业用工空岗、用工备案在我局频率越来越快，从2010年的一年4次，发展到现在的一月一报。”孔留书说。按照规划，未来5年，兰考企业将全部消化本地富余劳动力。

2011年，兰考县财政一般预算收入完成5.1亿元，同比增长76%，由2008年的全省排名第103位上升到第42位；固定资产投资完成63.5亿元，增长30.7%，增幅居全省10个直管县第一位。

（来源：《河南日报》，2012年12月3日，第23届中国新闻奖一等奖）

先看病后付费　医患两相宜

山东省济宁市率先推行“先看病后付费”诊疗模式，68万余人受益，无一例恶意逃费。

本报讯（记者　解希民）　12月14日上午，家住山东省济宁市市中区唐口镇魏楼村的崔秋宝，突发自发性气胸被家人送到济宁市第二人民医院。分文未交，医院便为他办理了住院手续，并很快做了手术，这让崔秋宝感到很欣慰。

崔秋宝的“欣慰”源于济宁在全国率先推行的“先看病后付费”诊疗模式。截至目前，全市262家医保定点医疗机构已全面实施这一模式，累计受益人群68万余人，没有出现一例恶意逃费的现象。

济宁市辖12个县（市、区），总人口843万人，其中农业人口576万人。以往当群众患重症急需住院时，因一时难以筹集大额费用而影响救治。调查显示，济宁城乡居民因医疗费用过高无钱治疗或停止治疗的占困难群众的23%。为有效解决这一问题，从2010年12月起，济宁在其所辖的兖州市中医院试点实行“先看病后付费”模式，对参加医保、新农合的患者，在住院时无须交纳押金，只须出示医保证和身份证，并与医院签订协议即可住院；出院时，只需向医院支付医保报销后自付部分，特困患者可分期还款甚至减免。

“先看病后付费”实施一年后，兖州市中医院平均每月门诊量、住院量分别上升到1.8万人次和1350人次，同比增加176%，医院业务收入增长近130%，且无一例恶意逃费患者。在总结试点经验基础上，从2012年2月起，济宁在全市推广“先看病后付费”模式。

作为“先看病后付费”的受益者，兖州市颜店镇颜家村村民颜廷申体会颇深：“现在医院不问病人有钱没钱，先给看病，俺们再也不会像以前那样因为一时凑不齐钱而耽误治病了。”

兖州市中医院院长孔庆民说，医院刚开始推行这一模式时有顾虑，担心患者欠费。但在实行过程中发现，不仅没有恶意逃费的情况，医患关系也明显缓和。

“住院费用中，医保患者一般能报销70%以上，即使有人逃费，医院也能收回成本。”济宁市第二人民医院院长武文华说。

据了解，为保障“先看病后付费”模式的实施，济宁财政设立了100万元专项资金，用于补助防范医疗机构因“三无”病人、恶意逃费患者带来的运行风险。同时，设立了1000万元的大病救助资金。此外，医疗机构还建立了不良诚信记录，恶意逃费患者将被纳入“黑名单”。

“‘先看病后付费’让群众真正享受到了医改成果和实惠，是医院回归公益性的体现。”济宁市财政局局长张茂如表示。

山东大学公共卫生学院教授徐凌忠认为：“这一模式如果能在更大范围内推广，对医院、大众以及整个医疗环境无疑是一件好事，也是一项多赢的改革模式。”

目前，山东已在县级及县以下医疗机构全面实施“先看病后付费”模式。

（来源：《中国财经报》，2012 年 12 月 20 日，第 23 届中国新闻奖三等奖）

结婚花销步步攀升　年轻一代“婚不起”现象普遍

中新社兰州 1 月 12 日电（记者　张道正）“都愁死了，想不到结个婚这么麻烦，父母都要去贷款了。”供职于兰州某家传媒公司的王强愁容满面，坐在记者面前一支接一支地抽烟。

王强来自甘肃农村，大学毕业后换了好几个工作，相比较兰州的高物价，大多工作薪水都不算高。他今年 28 岁了，在父母的催促下匆匆相亲准备结婚，然而，大量的花费让他愁肠百结。

时近中国传统节日春节，新一轮的结婚潮又在中国大地展开，像王强一样“遭遇”的年轻人相当普遍。

在兰州市城关区民政局婚姻登记处，一对即将步入婚姻殿堂的新人谈起高额的结婚费用也是犯愁：“动不动就要花钱，事又多，好复杂。我们俩本来想去旅游一下就可以了，亲朋都不愿意。”

甘肃省社会科学院 1 月 8 日发布《甘肃蓝皮书 · 甘肃舆情分析与预测（2013）》指出，2012 年社会热点调查数据显示，有接近半数的被访对象感觉物价大幅度上涨，他们的家庭已经难以承受物价造成的巨大压力。

对当今中国的城市年轻人来说，结婚要买房、买车、拍婚纱照、办婚礼等，每一项的背后都需要大笔资金的支持。随着物价的快速上涨，婚宴、婚庆、婚纱照等各种费用也水涨船高。“婚不起”，渐渐成为越来越多中国年轻人的共同感受。

在微博上被网友们广为转载的一个帖子称，爷爷娶奶奶只用了半斗米；爸爸娶妈妈只用了半头猪；我结婚却要用爹娘半条命！

这个带点戏谑的帖子却道出了一个事实，中国人的结婚成本在快速增高。记者在兰州一家大酒店进行了采访，2010 年时婚宴普遍一桌是 800 多元人民币，2011 年时涨到一桌 1500 多元，2012 年涨到一桌 1800 元左右，且要至少 20 桌才起订。除了婚宴外，还有婚庆、婚纱、照片、酒水、喜糖、喜烟等各项支出，一般也需要三四万元。

微博上一对 80 后小夫妻晒婚礼账单，令众网友唏嘘。他们未买房已花 43 万。而网友"老赵和小于"则贴出了无意中保留下来的 1981 年 10 月婚礼账单，各项花费加一起才二三百元。

2012 年，电视相亲节目《非诚勿扰》引起中国全民关注。节目上，一名 22 岁的模特这么样说："宁愿坐在宝马里哭，也不坐在自行车后座上笑。"

"不是不想结婚，是结不起啊！"许多在城市夹缝中生存的"80后"待婚族们如此感叹。

兰州大学哲学与社会学院副教授牛芳表示，导致中国年轻一代"婚不起"的原因大概有三：物价上涨有点快，父母之命不可违，攀比炫富心理。

牛芳指出，时代发展不同，改革开放后，中国社会经济高速发展，人民的生活水平也随之提高，伴随着物价上涨，结婚成本水涨船高，这是自然而然的道理。但物价增长过快也是事实。

牛芳说，应该看到，现代婚礼给年轻人带来的巨大压力，有一些是父母对传统习俗的固守，也有些是有攀比炫富心理，把婚礼也当作社交的一部分，通过婚礼来炫耀自己的经济实力和社会地位。爱面子的中国人让结婚花销步步攀升，一路疯涨，令想结婚、需结婚的年轻人望之却步。

牛芳表示，当代人个体差异大，贫富差距大，有人为结婚花百万千万，有人结婚简朴素雅，都无可厚非。但结婚应量力而行，将感情因素放在首位。奢华的婚礼只能满足一时的虚荣，真正过日子，还需要真情维系。

（来源：中国新闻网，2013 年 1 月 12 日）

通 讯

雪山的呼唤

——记为民爱民的好医生吴登云

白剑峰　胡晓梦

清晨，帕米尔高原还在沉睡。白色的雾霭笼罩着高耸的雪峰，清澈的河水漫过戈壁滩上的胡杨林。

在起伏的群山中，一匹枣红马逶迤而行，马背上的人身着白衣，红十字药箱在马背上分外显眼。高原的阳光升起来了。强烈的紫外线照射着他古铜色的额头。他凝望远方，期望着牧民帐篷的出现。在这片荒凉而沉寂的大山中，他已经整整走了36年。他熟悉每一顶帐篷，就像熟悉每一座雪山，在柯尔克孜族民歌中，他被称为“白衣圣人”。他就是新疆克孜勒苏柯尔克孜自治州乌恰县人民医院院长吴登云，今年已经59岁。从小桥流水的江苏扬州到“万山之祖”的帕米尔高原，他实现了一生中最富传奇色彩的跨越。

乌恰县地处祖国版图的最西端，是我国最晚送走太阳的地方。全境海拔在1700—6146米之间，属高寒山区，风大氧少，紫外线强，自然环境恶劣，至今仍是国家级贫困县。这里生活着4.3万各族人民。其中柯尔克孜族占总人口的72%。

吴登云眷恋这里的土地，眷恋这里的雪山，眷恋这里的人民。正如柯尔克孜族人民献给他的民歌《清泉水》中所唱：你和帕米尔高原各族人民的友谊，就像慕士塔格峰下的清泉水，源远流长……

吴登云先后无偿献血7000多毫升，超过了一个成年人全身血液的总量。为了抢救烧伤的婴儿，他割取自己腿上的13块皮。

他的生命在民族兄弟的身上延续……

奔腾的克孜勒苏河日夜流淌，滋养着草原上的民族。吴登云的鲜血一次次地流进民族兄弟的体内，他先后无偿献血30余次，总计7000多毫升，超过了一个成年人全身血液的总量！

他献出了全身的血液，又再生了全身的血液。一声声婴儿的啼哭，一声声老人的欢笑，都是他生命的延续。

那是1966年冬天，一位患功能性子宫出血的柯尔克孜族妇女住进了乌恰县人民医院，她脸色苍白，双眸无神，一下床，没挪几步便直冒虚汗，这是严重的贫血。望着奄奄一息的病人，年轻的医生吴登云认为，别无选择，只有输血。

然而，一座大山深处的简陋医院，连一些常见的医疗设备都没有，哪里有什么血库呢？何况，柯尔克孜族人把血液看成是灵魂的聚集。对输血闻所未闻，讳莫如深。怎么办？吴登云决定抽自己的血。

当吴登云伸出自己的手臂时，连护士的手都在发抖。很快，300毫升的热血静静地流进了病人的血管。病人的眼眸亮了，惊喜地说："我的身上长力气了！"

第一次献血就这样开始了。吴登云试着出去挑了一担水，头未晕，脚未软。他暗喜：自己献出的只是一点血，别人获得的却是健康和生命，这是天底下最值得做的事情。从那时起，他便把献血当成了自己的又一个天职。

60多岁的库尔班大叔至今难忘：1978年，他的小女儿玛依诺尔刚刚出生3天，呼吸困难，昏迷不醒。在医院里，吴登云紧张地进行了抢救。病人急需输血，可喀什地区医院的血库又远水不解近渴。吴登云急得团团转，情急中果断地挽起袖管，请护士抽自己的血。护士知道他一个月前刚给病人输过血，谁也不愿帮忙。无奈，吴登云又喊库尔班帮忙。库尔班也不干。情急之下，吴登云自己将注射器绑在床头上，然后艰难地把针头扎进手臂，再用手按住针头往外抽，针管里很快注满了殷红的血。随后，150毫升“救命血”缓缓流进了婴儿的体内。热血驱走了死神，库尔班的热泪沾湿了胡子……

去年5月，波斯坦铁列克乡牧民买买提明和他29岁的儿子来到了乌恰县人民医院。阔别20余年，他不知多少回梦见救命恩人吴登云。尽管岁月流逝，但在穿白大褂的人流中，他还是一眼就认出了那张和蔼的脸。父子俩翕动着嘴唇，抖动着肩膀，同时扑向吴登云的怀抱，一任激动的泪水长流，久久不愿放开……

1971年12月1日，买买提明两岁的幼儿在玩耍时扑进火堆烧伤。买买提明心急如焚，怀抱幼儿骑着骆驼走了两天，才来到乌恰县人民医院。经检查，幼儿全身三度烧伤，50%的皮肤被烧焦，生命垂危。

面对惨不忍睹的小生命，吴登云感到阵阵揪心。10多天的抢救，使幼儿渡过了休克关和感染关。接下来，就需要进行创面植皮了。但是，幼儿自身的完好皮肤所剩无几，谁又忍心过多取用那些细嫩的皮肤呢？于是，吴登云首先想到了鸡皮。他买了4只大公鸡，将鸡皮覆盖在幼儿的创面上。可惜，手术没有成功。

失望之余，吴登云把目光投向了幼儿的父亲。当买买提明听懂了医生的意思后，惊恐万状。大山里的牧民对现代医学一无所知，以为割皮就是割肉，吓得连连后退。

这时，吴登云又想起了曾经看到的一篇报道，汉族医生李贡为抢救一位藏族姑娘，用自己的皮肤为姑娘植皮，并获得成功。为了幼儿的生命，只有割取自己的皮肤了。

“什么？割你的皮肤？你疯了？不行不行！”几名护士坚决反对吴登云的“荒唐”想法，他们谁也不愿配合。怎么办？自己动手。

吴登云在酒精里泡好一只刮胡刀片，坐下来，挽起裤腿，注射麻药。他先从两条大腿上取皮，由于皮肤无法绷紧，几块皮都不理想。随后，他又在小腿上注射了麻药，果断下刀，效果不错……10 分钟后，他一共从腿上 4 处割下 13 块邮票大小的皮肤。接着，他又拖着麻醉的双腿走上手术台，把自己的皮肤移植到幼儿身上。

献血，植皮，这些听起来似乎悲壮之极的事情，在吴登云的记忆里，却早已淡如云烟。他甚至连病人的名字都想不起来了。他总是说："我是不得已。一个生命垂危的人躺在你面前，你能忍心不管吗？"

在吴登云的感召下，他的子女都无偿献过血。乌恰县有1000 多名机关干部职工参加了"永恒血库"志愿者活动，从而储备了一支献血大军。

"马背医生"吴登云踏遍全县的山山水水，
给草原人民带来生命的阳光。
对贫困的病人，他充满了关爱之心……

1963 年初夏，一列火车呼啸着停靠在乌鲁木齐站。江苏扬州医学专科学校的 90 多名毕业生满怀豪情，好奇地审视着这片神秘而广袤的土地。他们都是立志扎根边疆的热血青年。

然而，没过几天，所有人的新鲜感都被大漠的黄风吹散了。当听说地处帕米尔高原的乌恰县需要两名医生的时候，同学们沉默不语。憨厚的吴登云勇敢地举起了手。当时，吴登云把南疆想象得很美。

一辆满载旅客的敞篷大卡车颠簸了7 天之后，停在了路边。满面尘土的吴登云背着行李，边走边打听乌恰县人民医院。在 12 间简陋的土房子前，他停住了脚步。他简直不相信自己的眼睛，难道这就是自己选择的地方。当晚，他被安排住在一间土房子里。屋里只有一只炉子，连放木箱的地方都找不到。窗外起风了，高原的风像咆哮的野兽，屋里的煤油灯忽明忽灭，陪伴他的只有孤独的影子。不知为什么，他的眼泪淌了下来。他想起了扬州的"二十四桥明月夜"，想起了家乡鲜嫩的莲藕，想起了远在天边的父母……在这凄清的高原之夜，他真的有些后悔。

吴登云穿起白大褂上班了。当时，医院连他在内只有 3 名医生，而病人却是一个接一个。医院不分科，来什么病人都要看。一位柯尔克孜族牧民骑了3天3夜的马，将一名胃穿孔的病人抬了进来，家属苦苦哀求医生救命。吴登云一时竟急得束手无策，大汗直淌。他刚刚走出校门，只懂得一些书本知识，哪里做过胃穿孔手术啊？而其他两位医生也直摇头，满脸的无奈。后来，病人痛苦地死去了。

这件事深深地刺激了吴登云。他开始养狗，每月从微薄的工资里挤出一点钱，用于买狗食。当狗长大后，他就在狗身上开刀，一遍遍地做颅、胸、胃、肠、肾手术。因此，他说他的狗是“天下最不幸的狗”。为了救急，吴登云常常在诊台上放一大摞医学书籍，随时阅读。病人来看病，他常常是现翻书，现查找，然后“对号入座”。在吉根乡的一间土房子里，他曾借助窗户透进来的一缕阳光为牧民做扁桃体切除手术，由于不熟练，整整两个小时仍没做完，但淳朴的老乡却安慰他：“别着急，慢慢做。”吴登云为此十分感动。他下决心要当一位医术过硬的全科医生，解除乡亲的病痛，报答他们的厚爱。

为了提高医疗技术，吴登云先后到喀什人民医院和扬州大学医学院附属医院两次进修。他白天在外科进修，晚上去妇产科，周日又去牙科，恳求各科医生多教自己一点“绝活”。就这样，他对烧伤科、泌尿外科、胸外科、神经外科等知识都有了一定程度的掌握，成了边疆最需要的全科医生。

乌恰县山高路远，地广人稀，牧民缺医少药。从60年代初到80年代末，吴登云每年都要花三四个月的时间到牧区巡诊和防疫。他骑着马，背着药箱，翻山越岭，风餐露宿，遭遇雪崩、洪水的险情时有发生。有时为了一个病人，往往要走几天的山路。一次，他在山区巡诊，由于极度疲惫，不知不觉在马背上睡着了。结果，摔下山沟，全身受伤，连眼睛都青了。但是，正是他和那只小药箱，却给牧民的帐篷带去生命的阳光。“马背医生”吴登云足迹踏遍全县9个乡的30多个自然村，成了农牧民心中的“圣人”。

平时，只要有病人求医，无论多远，吴登云总是随叫随到。一天晚饭前，有人捎口信说乔拉斯塔村有位柯尔克孜族妇女难产，眼看就不行了。吴登云抓起药箱就骑马上路了，天色渐暗，岔路纷多，吴登云迷路了，走着走着又回到原地。他心急如焚，强迫自己冷静下来，仔细辨认地形，盯住远处的一座山快马加鞭，终于在黎明前赶到了。当时，产妇已大量失血，心力几近衰竭。一阵紧张的忙碌后，毡房里终于传出了婴儿的长啼。而此时，吴登云已是20多个小时水米未沾了。

多年来，吴登云养成了一个习惯，每天晚上临睡前，一定要查一次病房，否则心里就不踏实。对于那些危重病人，他总是反复观察，仔细询问，生怕有半点闪失。86岁的宗教人士塔力甫阿訇一生一世都铭记这样一件事：1987年3月，他在地里劳动时，突然肚子痛，被儿子送到医院。当时，值班医生诊断后，认为是一般病情，住几天院就好了。一天深夜，他突感疼痛难忍，吴登云闻讯赶来，确诊是疝气。当时正值停电，吴登云一面急忙找人发电，一面吩咐两名医护人员准备手术。此时已是凌晨3点，吴登云亲自主刀，手术进行了4个小时。术后，吴登云一直守在病床边观察。病人苏醒了，他才露出欣慰的笑容。

乌恰县是个贫困县，对于那些无力承担医疗费的病人，吴登云也充满了仁爱之心。他当院长后规定：凡确属贫困户的病人，医院只收取药费，免除其他一切费用。他说："只要有百分之一的希望，我们就要尽百分之百的努力，不能因为钱而误事。"有些老乡连药费也出不起，吴登云就让他们秋天把羊卖给医院，或者随时来打点零工，充抵药费。

干火云出生于湖北省武穴市的农村，父母早逝。1984年他投奔老乡来到乌恰县，在一家砖厂当小工。1989年，他突然胃痛，昏倒在路边。后被及时送到医院抢救。当他苏醒之后，坚持不住院，他说："我的收入只够勉强糊口，没钱支付医疗费。"吴登云了解情况后说："治病要紧，钱以后再说。"

经过抢救，干火云脱离了危险。一个月后，医院决定为他做胃切除手术。在没有亲属签字的情况下，吴登云安慰他说："你只管放心，我亲自主刀。"手术从下午6时开始，结束时已是深夜。为了避免意外，吴登云彻夜未眠，一直守护在病床边。

住院期间，干火云吃饭、护理是医院包下来的。治疗费用包括3次输血1700毫升也是医院垫付的，吴登云还把自己200元钱送给他当营养费。当他出院时，共欠下医院2500元钱。

由于胃切除了2/3，干火云身体虚弱，不能干重活，生活失去保障。吴登云时不时去看望他，每次都要留下一点钱。后来，又让他去医院看大门，使他有了稳定的收入。这次经历对干火云是刻骨铭心的。他说："我真没有想到世上还有吴院长这样的好人。"

为了降低医疗成本，吴登云总是认真算计每一分钱。他把药品的进价压到最低；医院的所有药用棉签，都是他们亲手制作的。

一场地震将乌恰县夷为平地。在灾后重建中，
吴登云推出了"十年树木计划"和"十年树人计划"，
4万棵白杨长高了，一大批柯尔克孜族医生成长了……

1985年8月23日傍晚，乌恰县发生了7.4级强烈地震，整个县城被夷为平地。在一片废墟中，失去家园的人们痛哭失声，不知所措。

危难时刻，出任乌恰县人民医院院长不到一年的吴登云迅速组织起医疗队，赶赴受灾现场。不到半个小时，100多名伤员被抬到医院。但医院的土房已经全部倒塌。当他看到一名被砸得血肉模糊的群众时，立即脱下自己的衣服，盖在伤者的身上，然后轻轻俯下身，口对口做人工呼吸……当晚，天下起了雨，吴登云只穿着一件衬衣和白大褂，冻得牙齿直打哆嗦。在随时会有余震发生的危险中，他来回奔波于断壁残垣间。刚把病人抬进新搭的帐篷，又到废墟中挖掘药品、绷带、夹板……直到天色微明，才在树林里露天躺下。

一个"帐篷医院"奇迹般地矗立在废墟上。震后第2天，他们就恢复了门诊，第10天，就开展了各种手术。病人们说："有吴院长在，我们啥也不怕！"

灾后重建医院，困难重重。吴登云提出了"十年树木工程"。为了给病人创造一个优美的环境，他带领全院职工在寸草不生的戈壁滩上植树。新城没有土，全是石头滩，他们就到7公里外的老城去拉，一个树坑一个树坑地垫土。他们还从雪山下挖了一道10多公里的引水渠，浇灌树木。经过6年的奋战，共种活4万棵白杨，不少已经亭亭如盖。为了方便大山里前来就医的柯尔克孜族老乡，医院还搭了一间漂亮的毡房，里面铺着地毯，放着被褥，病人家属可以免费住宿。

然而，医院面临的最大困难还是人才短缺。近年来，这里先后共分配来 10 多名汉族医生，但全都“飞”走了。怎么办？要彻底改变当地医务人才短缺的状况，出路只有一条：立足实际，培养一批土生土长的柯尔克孜族医生。

他找乌恰县委每一位常委倾诉他的想法，并拿出了详细的“十年树人计划”，得到了一致的赞同。很快，吴登云就马不停蹄地到各乡镇卫生院物色人才，并选派了首批柯尔克孜旅医护人员外出进修。

10 多年来，吴登云先后送出 26 名柯尔克孜族医务人员进修，目前全院 70% 以上的医务人员都是少数民族。过去，这家连阑尾炎手术都做不好的医院，现在除了开胸、开颅手术不能做，几乎所有的常规手术都能开展，医疗水平在边疆县级医院中遥遥领先。

吴登云和柯尔克孜族医生有一种特别的感情，他鼓励他们大胆做手术，术前帮助制定严密的方案，术中在一旁当助手，术后再参与总结经验。每次下乡巡诊，他都要到乡村卫生院所进行业务指导。有的民族医生汉文水平不高，写出的论文往往是一堆临床病例素材，他看后觉得有价值，就抽出时间来帮助整理成文。经他指导和推荐，几位柯尔克孜族医生的论文第一次在国内医学刊物上发表。

现任县人民医院副院长的海拉提难忘这样一件小事：一个周末，他为一名支气管炎患者做完检查，没有来得及书写病历，就和朋友们玩去了。星期一早晨，吴登云来查房，发现这个病人的病历是空白，十分生气。他狠狠地盯着海拉提，用力将病历摔到一边，说：“你就这么对待我们的病人？”海拉提满脸通红，从此再也不敢疏忽大意。后来，他才知道，吴登云当时正在暗暗培养他这名柯尔克孜族“技术尖子”，如此严厉苛刻是因为爱之太切。

在高寒的帕米尔高原，一排排白杨树长高了，一批批柯尔克孜族医生成长了。

但是，由于经费匮乏，医院的医疗器械还相当落后。吴登云只要有机会到乌鲁木齐，总要到医疗器械商店转一转。他做梦都想有一台分辨力较高的 B 超、自动生化分析仪、血球计数仪，以及一部救护车。他常常像个孩子似的扳起手指头来无限神往地数着：“这些加起来也就是

60 万元，但对我们贫困地区的医院来说，却是一个天文数字。”

吴登云几次想离开高原，回到魂牵梦绕的江苏水乡，
但他忘不了一双球鞋，忘不了老乡的深情。
他留下了，他的子女也留下了。为了病人，
女儿长眠在帕米尔高原……

每当风起的月夜，独对孤灯，吴登云总有一缕扯不断的乡愁。故乡，有他童年的梦想，有他牵挂的亲人……

1969 年 7 月，吴登云正在偏远的吉根乡牧区巡诊。邮递员送来紧急电报：“母亲病危”。天遥地远，他恨无双翅飞回母亲身边。于是，骑快马赶到乡里，口述电报：“全力抢救”。同时，寄回 100 元钱。两天后，邮递员又送来电报：“母亲去世”。他在山上哭了一天，然后写信给亲人：“请把母亲的骨灰保存好，我回去后再安葬。”

1986 年初，家乡的弟弟来电说：“父亲病危，千万回趟家与老父见一面。”吴登云再也不愿留下终生遗憾了，他立即启程。抵家的那天，父子俩执手相看，泪眼蒙眬。父亲患的是胃癌，在病痛的煎熬下已经骨瘦如柴。父亲说：“总算把你盼来了。”几天里，吴登云和父亲朝夕厮守，彻夜长谈。他还亲手给父亲熬鱼汤，可惜父亲已难以进食。此时，震后的乌恰县正在紧张地重建家园，吴登云的目光中不时露出几分不安。父亲觉察了儿子的心思，说：“自古忠孝不能两全，你早点回去吧。寄几张孙子的照片给我。爹想看看他们。”数月后，父亲溘然长逝。噩耗传来，肝肠寸断的吴登云给家乡亲人写了一封信，希望在父亲的坟茔前栽一棵常青树。

随着时光的流逝，吴登云的思乡之情也越来越浓。他几次想离开这个边陲小县，落叶归根。可徘徊又徘徊、犹豫再犹豫。他不知该怎样面对柯尔克孜族老乡热切的目光。

1980 年，扬州医学院附属医院烧伤科急需人才，家乡的同窗为他联系好了调动事宜，说是“一路绿灯”。吴登云把手续揣在怀里好几天，怎么也没有勇气掏出来。

1986 年 10 月，江苏高邮县政府给吴登云寄来一封沉甸甸的信，热情洋溢地说家乡求贤若渴，希望他能回去工作，同时还附了一份调动表。这次，吴登云的心弦真的被拨动了。

一位县领导得知消息后，诚恳地说，“你回故乡的心愿我完全理解，人非草木，孰能无情？但乌恰需要你呀，我代表4万乡亲恳求你留下。留下来吧，好兄弟！”

听了这一席肺腑之言，吴登云想了很多。他回忆起了自己的青少年时代，回忆起了一双球鞋……

他出生在一个农民家庭，家境困难，是党把他培养成一名医生。上初中那年，高邮发大水，他家的20多亩稻田全部被淹，颗粒无收。为了让他上学，父母卖掉了仅有的8只小公鸡。学校了解到他的经济状况，每月给他7元助学金，帮助他实现了求学梦。上高中后，他一直在享受一等助学金。在大学里，他没有蚊帐，老师给他送来一顶。有一次，班主任看见他的鞋子破了，就主动给他买了一双球鞋。他十分珍爱这双鞋。除了上体育课，平时宁可光着脚，也舍不得穿。事隔几十年，吴登云仍清晰地记得那双鞋是力士牌的，他把这双普通的球鞋看成是党的关怀和恩情，至今念念不忘。没有党，哪有他啊！年轻时，他心潮澎湃地读过吴运铎写的《把一切献给党》，他立志做一个吴运铎那样的人。

他还想起了大山深处淳朴厚道的柯尔克孜族乡亲。每次到牧区巡诊，老乡总把最好吃的东西端上来。晚上，他的被褥总是铺得最厚，而老乡宁可自己挨冻。有一次，他的脚冻伤了，老乡毫不犹豫脱下大衣，给他暖脚；过河的时候，不会游泳的老乡却坚持要在前面为他探路……如今，无论他走到哪里，总会有相识和不相识的老乡拉住他的手说：“吴院长，你还记得我吗？你治过我的病哩！”

血浓于水。他离不开这里的民族兄弟，就像民族兄弟离不开他。乌恰县缺医少药的状况还没有改变，崇山峻岭里的老乡还呼唤着他，他怎么能走呢？在家乡，他这样的医生有很多；但在乌恰，他这样的医生只有一个。

吴登云留下来了，他的3个子女也都留下来了。吴燕是吴登云心爱的女儿。在父亲的感召下，她成为乌恰县人民医院的一名“白衣天使”。一位患宫外孕的柯尔克孜族妇女失血休克，吴燕毫不犹豫地挽起袖管，献血250毫升，而那时她自己也刚刚分娩不到40天；为了挽救患者的生命，她共4次累计献血1000毫升。一对柯尔克孜族双胞胎小女孩提起她便泣不成声；新来的护士做静脉穿刺不过关，吴燕就伸出手臂，忍痛让她一遍遍地练习……

然而，这样一位可敬的天使，却不幸地离开了人世。1997年5月的一天，吴燕正在家里休假。吴登云要她护送一位患癌症的柯尔克孜族民警去乌鲁木齐，因为她熟悉那里的医院。到了乌鲁木齐后，吴燕安排好病人，经查，病人已是癌症晚期。乌鲁木齐的医生建议尽快准备后事。于是，吴燕又匆匆地护送病人上路了。没想到，在返回乌恰的途中，不幸遭遇车祸，29岁的吴燕永远地闭上了聪慧美丽的双眼……

5月23日凌晨6时，噩耗传来，吴登云如闻晴天霹雳，泪如泉涌，瘫倒在地。

以后的日子里，吴登云经常独自来到家附近的一片杏树园里，手抚杏树，眼睛就湿润了。他想起了爱女小时候在杏树下玩耍的情景，想起了爱女爬上树干摘杏子吃的音容笑貌。抚摸着树干，就如同抚摸着女儿的身躯。女儿之死成了吴登云心中永远的伤痛。

但是，他并没有感到孤独，感到绝望。他知道，在大山深处，还有无数挚爱着他的民族兄弟；在风雪高原，还有成千上万他挚爱着的人民。他们就像一座座雪山，是他坚实的依靠和力量的源泉，他们的呼唤，支撑了他几十年无悔的岁月。

延绵的雪山下，河水淙淙。胡杨以顽强的生命力送走了又一个冬天。在帕米尔高原，吴登云如同不屈的胡杨，倾诉着对雪山的无尽眷恋……

（来源：新华社，1999年6月21日，第10届中国新闻奖二等奖）

日本关东军覆亡中的嘎丽娅之死

朱永红

5月20日，黑龙江省绥芬河市，33位苏联红军战士栽下了嘎丽娅喜爱的白桦树；中国抗日老战士也来了，他们栽下了嘎丽娅喜爱的云杉。有心人把白桦树和云杉组合成了汉字“唇”，蕴含着中俄两国人民一衣带水，唇齿相依。

在反法西斯胜利60周年之际，绥芬河市人民纪念着和平使者嘎丽娅，并筹备建立以她名字命名的公园。

60年前，抗战胜利前夕，出兵中国东北的苏联红军包围了日军在天长山构筑的要塞，日军拒不投降，要塞里的日本妇女和儿童面临与日军同归于尽的命运。这时，17岁的中俄混血儿嘎丽娅走进要塞，劝说日军保全要塞里妇女儿童的生命，缴械投降。

但是这位少女最终一去不返，人们说，她是被绝望的日军残酷杀害。8月15日，走投无路的日军走出天长山要塞投降。

传说中的嘎丽娅

海拔719米的天长山位于绥芬河市阜宁镇。夏日，这里外表平坦，绿色葱茏，如果不是当地人介绍，根本想不到这是亚洲最大要塞群。

天长山要塞群处中俄边境，与东宁要塞群共同构成日本关东军对阵苏联的东部防线，在当时号称“东方马其诺防线”。

1945年8月9日零时10分，苏联一百五十多万军队从东、北、西三个方向，在四千多公里的战线上越过中苏、中蒙边境，向日本关东军发动突然袭击。

当天，绥芬河市城区被苏军攻克，但天长山要塞内的日军还在负隅顽抗。

这个要塞内有以石岛长吉为首的450名日军，也有佳津磨街长带领的150名日本百姓。苏军不忍平民在战争中伤亡，在对天长山要塞发起进攻前，曾派人前去劝降。

在绥芬河市多位老人一直述说的故事中，中俄混血儿嘎丽娅就是在这次劝降中作为特殊军使而被日军杀害。

黑龙江省抗日战争史研究会副会长周义民整理了嘎丽娅的民间传说，其中以付庆双老人讲述的情节最为传神。

按付庆双老人所述，当时苏军想找个懂日语的人前去劝降，有人推荐了嘎丽娅。嘎丽娅的母亲不同意，嘎丽娅却说，要塞里面还有我的日本同学呢。

据后来的证据表明，要塞里有些日本小孩确实是嘎丽娅的朋友，其中一个日本男孩还暗恋嘎丽娅，在进入要塞之前给嘎丽娅写了封信，表白了这段感情，并祝嘎丽娅和其男友幸福。

根据付庆双的说法，嘎丽娅总共上了三次天长山。第一次谈判后，日本军官说次日早上 9 点答复。

第二次，日本军官说再给一些时间准备，答应下午 3 时放下武器投降。第三次上去的时候，日军突然开枪射击，将同去的苏军打死，嘎丽娅被拖进了山洞。

山下的苏军等了一个晚上不见人下来，知道坏事了，于是下令炮轰。

后来两个从要塞里活着跑出来的日本女子说，嘎丽娅被拖进要塞后被关在地下仓库里。等苏军发动进攻时，嘎丽娅把汽油桶点燃，炸毁了要塞，与日军同归于尽了。

传说的最后说，战争结束后，人们在山上找到了嘎丽娅的红头巾，却一直没找到人。

传说中的嘎丽娅，是一个美丽的女神。周艾民形容说，她的两眼流动着一个妙龄少女的清纯和天真，还有过早成熟的容貌和身段。她有明亮而有神的眼睛，微微翘起的鼻头和棱角分明的嘴角，高挑的眉宇间，透出少女的几分刚毅、执着。

一段被湮没的历史

史实中的嘎丽娅当时究竟是怎样的？

在战事记录中，这位少女只是一个战争失踪人员，仅在绥芬河市地方志上有这么一段：“8 月 11 日或 12 日苏军围剿退守天长山地下工事的日军残部，日军顽抗。居民张焕新女儿嘎丽娅经苏军动员，担任军使去天长山筑垒向日军劝降，日军不降，下午再去劝降，未归。苏军炮击数小时后，日军残敌全部毙命，嘎丽娅亦牺牲，时年仅 17 岁。”

民间一直没有放弃对真实的嘎丽娅的追寻。2003 年，绥芬河市电视台在俄罗斯找到了嘎丽娅的弟弟张树列，这位 74 岁的老人是嘎丽娅唯一在世的直系亲属。

在嘎丽娅生活的时代，位于中俄边境的绥芬河市由于商业繁华而吸引了十七八个国家的人移民这里，华俄文化成为这个城市的主流文化。

嘎丽娅就出生在一个华俄家庭，她的父亲张焕新是山东掖县人，1911 年随叔叔闯关东，在苏联库页岛和黑龙江一带做小买卖，后来皈依东正教。

嘎丽娅的母亲菲涅，则是白俄后裔，后流落到我国黑龙江，成为俄国侨民。经教友介绍，这一对“难民”在认识四个月后结婚。先后生子张国列、张义国，女儿嘎丽娅和最小的儿子张树列。

由于家境较好，张家的孩子都受到了比较好的教育，生于 1928 年龙年的嘎丽娅，就精通中、俄语言和日本话。

张树列回忆，1945 年 8 月 11 日，他陪妈妈刚走过铁路，就被几个苏联红军拦住了，让他们到红军司令部登记。不远处的嘎丽娅于是追到花园街红军司令部看看发生了什么事。

大约等了二十多分钟，一个名叫什瓦特钦可夫的红军军官出来问：“你们中间谁会说日本话？谁说得好？”有人推荐了嘎丽娅。

嘎丽娅被军官带到司令部里，约二十多分钟的时间，她出来了，对妈妈说：“红军让我当翻译，上北山（当地人对‘天长山’的叫法）劝日本人投降，山洞里有很多日本老百姓。”嘎丽娅的妈妈一听，什么也没说出来就哭了。

嘎丽娅劝妈妈说：“不要怕，有红军在，我和日本人谈完了就回来。”嘎丽娅的妈妈摘下自己新的红头巾，又摘下嘎丽娅头上旧的白头巾，哭着说：咱俩换换。母女俩又抱着哭了一阵，嘎丽娅吻了一下妈妈前额，说了声，放心吧妈妈，我去去就回来。

张树列说，嘎丽娅跟着拿白旗的苏军军官，沿花园街一直往北走，拐过机务段就看不见人影了。

嘎丽娅这一去就没有回来。张树列说，第二天，红军炮击北山，山上像大爆炸一样，震得地都发抖。

战事结束后，张家和嘎丽娅的同学、朋友、老邻居，三个一帮，两个一伙，上山去找，找了一个多月，光张树列自己就找了三十多次，也没找到嘎丽娅的任何遗物。

要塞已被完全炸毁，有人找到一条红头巾，嘎丽娅妈妈说不是嘎丽娅戴的那条。

勋章应该属于嘎丽娅

很多年后，嘎丽娅二哥张义国的妻子在俄罗斯听说，带嘎丽娅去劝降的苏联军官还活着。他的名字叫菲多尔琴科。

1946年，这位带这支小分队前去劝降的苏联军官，因这次劝降行动获得一枚红星勋章。在缄口三十多年后，他曾两次在电视节目中讲述了嘎丽娅的事迹，并认为自己因此次劝降而获的勋章应该属于嘎丽娅。

嘎丽娅的家人曾连续三年给这位事件的见证人写信，但一直没有回音。2004年1月，绥芬河电视台来到俄罗斯找到他的家，才知道菲多尔琴科已去世多年。

菲多尔琴科的儿媳霍列金娜曾多次听公公谈起那段往事。她说，菲多尔琴科当时带着一个十几人的小分队保护嘎丽娅前去劝降。但日军不让苏军靠近，只令嘎丽娅一人前往，小分队只好隐蔽在树林里等待消息。

日本人也派了一支小分队，谈判地点距苏军小分队也就四五十米距离。当时没有风，山林里很闷热，说话和争吵的声音不时传来，还可以看到嘎丽娅的身影，但菲多尔琴科他们听不懂日语。

谈判结束了，在嘎丽娅往回走的时候，日军突然开枪扫射，嘎丽娅被当场杀害。菲多尔琴科的小分队一面还击一面撤退，直到苏军的炮弹飞进要塞。

菲多尔琴科的妻子阿列克谢耶芙娜说，当时嘎丽娅喊了一个多小时，但日军就是不派人谈判。又过了约半小时，日军回复说，只允许嘎丽娅一人进入军营，否则拒绝和平谈判。

菲多尔琴科根据国际军事谈判惯例要求平等谈判，但未果，只好征求嘎丽娅的意见，嘎丽娅一听掉下了眼泪。在菲多尔琴科的鼓励下，嘎丽娅说“我去了可能回不来了”。于是走入日军要塞。

菲多尔琴科等了三个多小时，不见嘎丽娅出来，接着传出一声刺耳的枪声，随后一片死寂。

又过了半小时，突然冲出一队日本士兵，朝着菲多尔琴科的小分队射击，小分队两人被打死，三人被打伤，只好撤出了日军阵地。

据黑龙江省社科院历史所研究员王希亮说，他赴日讲学时，曾看到一部日本天长山要塞老兵的回忆录，讲到杀害嘎丽娅的经过。书中说，嘎丽娅劝降时，日军中的主战和主降两派发生激烈斗争，最后以主战派枪杀嘎丽娅而结束。

劝降少女正在热恋中

据张树列回忆，去劝降那天，嘎丽娅穿的是浅黄色的布拉吉，没穿长筒袜，穿了一双短腰的拉带布鞋，没戴新头巾，是一条平时戴的红头巾，有暗花，带毛边，有一米见方，是其男友鲍力斯送的。

去劝降时，这位17岁的少女正在热恋之中。

张树列说，鲍力斯也是一位白俄后裔，家里很穷，但嘎丽娅却很爱他。她从不明说，而是默默地关心他。那时嘎丽娅经常偷着把面包用布巾包起来，然后绑在家里的狗脖子上。等看到鲍力斯的时候，嘎丽娅就把狗打发过去，鲍力斯就会解开狗脖子上的布包，拿出面包。

在这位老人的记忆里，姐姐嘎丽娅皮肤白净，不爱化妆，从不抹粉、抹口红。她的头发不黑也不黄，头发稍有点打卷。嘎丽娅衣服并不多，但她会穿、会搭配，最喜欢各式各样的头巾、披肩，总是显得非常漂亮。

绥芬河市是一座与俄罗斯接壤的边境城市，在上个世纪初，因商业繁华而吸引了十七八个国家的人移民这座城市。

嘎丽娅从小与很多国家的朋友生活在一起，因热心勇敢富于正义感，她也是小朋友中的“小太阳”。

据张树列回忆，1943年7月，张家邻居家的一个日本小男孩被日军军车剐倒，造成右臂骨折，需要大量输血。后经检验，只有其父和嘎丽娅的血型相同。嘎丽娅向护士谎报自己年龄，给这个男孩输了血。

结果时间不长，嘎丽娅父亲被日本人以苏联间谍的罪名抓了起来，幸而这个男孩出面解释详情，才获得保释。

1944年秋天，嘎丽娅在上山采野果时，碰上一伤员，那人向她详细了解了日军部署情况。因为有日本人，他们只好下午才拿药来给这人治了伤，然后用树叶盖上，说好第二天再送吃的来。

第二天他们上山后，再也没找到那人，下山时还被日本宪兵队盯上，幸亏日本宪兵最终没有发现这位伤员，他们才幸免于难。

嘎丽娅人长得聪明漂亮，虽然已经有了男友鲍力斯，但一位白俄富人的公子仍然穷追不舍，一个名叫一郎的日本男孩也暗恋嘎丽娅。

张树列说，苏军出兵后，日本侨民都躲到要塞里去了。在一郎走之前，通过张树列给嘎丽娅写了封信。

信的大意说，他是日本人，不可能把爱献给嘎丽娅，也得不到嘎丽娅的爱。他是大日本的青年，在祖国需要他的时候，他要去参战，保卫日本，保卫满洲……

嘎丽娅去劝降之前，男友鲍力斯已参加了苏联红军。这一年冬天，鲍力斯写信来问嘎丽娅的近况，才知道年轻的恋人已被日军杀害。

蒙尘多年的和平天使

1945年8月15日，天长山要塞的日军投降，仅余26名士兵。

这时，苏军已推进至佳木斯、牡丹江一线，日本天皇也通过广播发布了投降诏书。

至8月30日止，在中国东北和朝鲜北部的关东军全部解除武装，苏军对日作战结束。在为期十余天的远东战役中，苏军共歼灭日军67万多人，击毙日军83700多人，缴获大炮1565门、坦克600辆、飞机861架以及不计其数的轻武器。

战后，天长山要塞投降的26名日军被遣送回国。苏军也很快撤离。没有人为嘎丽娅的事作证。

战事结束后，嘎丽娅的死就成了一个悬疑，更没有人追认她为烈士。虽然张家曾多次致信苏联外交部，但一直杳无音信。

在嘎丽娅前往天长山劝降的前一天，她的三个兄弟也被打破了生活的宁静。

第一个离家的是老二张义国。他担心女友丽达，冒着炮火上街，碰上苏军，苏军军官发现他懂三国语言，于是拉他参军，为苏军当向导和翻译，并帮助辨认中国人和日本人。

第二个离家的是老大张国列。苏军成立了绥芬河市红军司令部，急需翻译，张国列被拉去做了翻译。

接下来，最小的张树列也被拉到红军司令部当翻译，但因他不会写汉字，三个月后被辞退。

1946 年 5 月，张国列被派到铁路警察队做翻译。张国列不去，擅自跑到哈尔滨做自己的生意，结果这个具有中国国籍的人被苏军以日本特工的罪名抓到苏联判了十年刑。

老二张义国的经历更有戏剧性，因为与团长的女儿恋爱，而他是白俄后裔，自然被棒打鸳鸯。张义国不听劝阻，于是被军事法庭判了十年刑。

中苏关系恶化后，有俄罗斯关系的张家再次受到冲击，成为苏修特务。

1970 年 8 月 11 日，距嘎丽娅劝降日军整整 25 年，张焕新夫妇被下放到牡丹江市宁安县交由农民监督劳动，两人死后分葬中俄两地。

如今，嘎丽娅在人间留下的只有一张照片，是与其长兄张国列的合影，摄于 1943 年。张国列先赠其朋友米苏林，嘎丽娅走后，米苏林将其返赠张家。

但在绥芬河，有关嘎丽娅的传说一直都在流传。有人为嘎丽娅写出了长篇小说，有人为嘎丽娅塑造了一组雕塑。绥芬河还有了一条“嘎丽娅路”。

周艾民说，嘎丽娅是反法西斯战争中唯一一个非军人女性和平使者。“她是和平的天使。”

（来源：《新京报》，2005 年 7 月 8 日）

伍皓同志

邓 飞

早上九点多，伍皓坐到了自助餐厅里。这位身材矮小、脸上刮得干干净净、无框眼镜后透着坚定自信的年轻人，自2008年12月成为云南省宣传部副部长以来，就一直是中国最受关注也是最受争议的宣传部官员。

他的“改行”只是一项临时任务：宣传树立一个新的典型。伍是一个人数高达30余人的采访团总指挥，他和他的团队已在距昆明近600公里的保山待了20天，此刻，与他同坐一桌的是重要的搭档——保山市委宣传部长、《云南日报》负责人。

伍皓的盘子里放着两块红薯、两节玉米，他微笑着细嚼慢咽，同时语速缓慢地与陪同者交流，伍口才并不很好，他讲了一个笑话，一个姓王的人吃了八个鸡蛋，人称王八蛋，于是旁听者笑了起来。期间，他的司机悄无声息地给他端来一碗米粉，还递给他三粒小药丸。

约9点半，伍皓和他的团队从云南省保山市的一个酒店出发，前往四十余公里外的善洲林场，这个林场的名字来自他们要宣传报道的对象：杨善洲。

一

杨是原保山市市委书记，他在任期间就以清廉克己闻名，被称为“草帽书记”，1988年杨退休后，回到大山里组织造林6万亩。

报道杨的团队成员来自云南省委组织部、宣传部和当地媒体，分为理论组、摄像组等数个小组，计划用30天时间集中采访，最后用新闻报道、历史纪录片、诗歌、电影等多种方式来展现一个最新人物典型，方案自然是伍皓定下的。

在扬名全国之前，伍皓已有极为丰富的宣传树立典型经验。

这位在西藏待了长达8年之久的前新华社记者，参与了援藏干部孔繁森和扎根西藏的气象工作人员李金水两位全国著名先进人物的宣传报道，尤其是在后者的先进事迹宣传中，伍皓曾写了一篇长达8000字的报道，并因此获得西藏自治区首届“十佳新闻工作者”称号。

事实上，伍皓本人就曾是先进典型。

1988年以四川达县状元身份考入北京大学的伍皓，在1989年的政治风波后，与他的不少同学一样，在这个曾为风暴漩涡中心的校园一片沉寂时，陷入了“如何报效祖国”和毕业后“怕得不到合理使用”的迷惘，1990年2月，他参与起草了致时任总书记江泽民的一封信。

3月23日，11位参与者意外受江泽民之邀做客中南海，座谈原定一个小时，但兴致极浓的江泽民一口气谈了4个小时。

听闻总书记亲口讲述自己的成长经历，令伍皓热血沸腾。不久，他又写了决定他命运的第二封信，收信人是时任西藏自治区党委书记的胡锦涛。立志建设边疆的伍皓很快收到了胡锦涛的亲笔回信，西藏方面很快为他安排了西藏大学的一个任教机会。

接下来，伍皓又写了第三封信，收信人是新华社的领导人郭超人，伍皓向这位老学长表达了更愿意到新华社当记者的愿望。于是，1992年毕业的伍皓成为新华社驻西藏记者。这是北大10年来第一位毕业后直接去西藏的学生。毕业前，伍皓作为学生代表，在怀仁堂再次见到了江泽民。

三封信决定了伍皓的人生轨迹。

伍皓进藏后，其表现无愧于毕业前立下的誓言。当时新华社记者派驻西藏，采取轮换抽调制——一般为期1年半左右，长则3年左右，而且多为老记者。当时应届毕业生直接去西藏的极为罕见，而伍皓在西藏一待8年，则是更罕见的异类。在伍皓这个年龄，它还意味着耽误了恋爱结婚的机会。

伍皓在西藏期间是新华社最勤奋、出稿最多的记者之一，业务表现也颇为出众。西藏8年期间，多次获得新华社内的好稿奖，此奖虽为内部奖项，但新华社总计约有1500名记者，每年中英文发稿量高达400万条，因此多次获得内部社级奖项殊为不易，大部分记者终其一生也难获此奖项，而伍皓还两次受到新华社社长的通令嘉奖。

在西藏期间，伍皓曾遭车祸，同行者一死一伤，因身材袖珍而被甩出窗外的伍皓，虽一度昏迷不醒，但幸得上苍眷顾，竟成为唯一平安无事的幸运儿。

二

在距林场还有17公里的山路上，车窗外每隔几米就可以看到一朵碗口大的白色纸花扎在路边的树干上。随行人员告之，这是附近村民感念杨善洲的自发举动。一路烟不离手的伍皓遂一脸凝重地感叹：周恩来总理去世时，人民群众在十里长安街上挂满白花，一个官员只要真心诚意为老百姓做了事，就会被老百姓记住。

11点钟，采访团抵达此行的目的地——善洲林场总部。

这个位于山间一小块平地的林场总部小而简陋，当年杨善洲等人充当办公室的平房，现在已辟为纪念馆，墙壁上挂着宣传杨的照片、文字资料。而杨最初搭起的那个窝棚，则是这个展览馆的一部分，窝棚里有一张木头和树枝搭起的床，床上铺垫着龙须草，当年杨曾在这个窝棚里吃住了7年。

在随行人员陪同下，伍皓参观了小小的展览馆后，与同行者一起在庭院里看杨生前接受采访的录像。画面中，杨朴素如老农民，他是个典型的旧式传统干部，在谈到其清正简朴努力工作的动力时，杨以一个淳朴农民对世界的理解说："我不想干不好工作，被捉了去坐牢。"听到这句话，伍皓也忍不住和其他人一起哈哈笑了起来。

杨善洲是一个清教徒式的先进典型。当地资料称，杨1988年退休后，不肯搬进省城老干部中心接受国家养老。他回到了自己的老家大亮山——那里曾是一片原始森林，后遭1950年代大炼钢铁时期毁灭性的砍伐，杨也曾是砍伐者之一。他发誓用余生再造一片森林。

为实现其愿望，杨曾把地委大院里两棵龙柏盆景带回林场移栽，还一度在保山市区、施甸县城水果摊边捡拾果核。施甸县委书记得知后，叫一个副县长去劝阻老人，说县里一定会安排一笔经费来帮助购买树苗。老人拒绝，说县里太困难，能够省一点就是一点。

20年后，杨亲手栽种的松树在公路两侧已经成林，整齐挺拔，光线漏进林子，纯洁温暖。伍在马路上站定，仰脸深深呼吸了一下，既像自勉又像鼓动属下地感慨道，一个人只要有强大信念，将爆发出怎样一种力量，将怎样改变世界！

也许只有伍皓才会当众发出这样的感叹。曾与伍皓同学和共事的人均认为，仿佛是为弥补他的身形不足，他生来就有一股令人生畏的强大自信。

今年40岁的伍生于四川达县的一个贫困乡村，父亲是乡镇农技站的农技员，母亲是乡村民办教师。高考被北大录取那年，伍被乡亲视为天上文曲星下凡，不日一定将成为大人物，他们愿意凑钱来帮助伍购买到北京的火车票。

但走出北京站后，伍皓才领略到令人头皮发紧的另一个世界——他孤身一人，甚至连问路都不会；更大的打击来自一个个见多识广的生于城市的同学，晚上宿舍讨论，那些不断被谈起的外国名人他闻所未闻，他插不上一句嘴。

但是，在3个月埋头图书馆如饥似渴的苦读后，伍皓不但能参与宿舍里的夜谈会，并成为主讲。接下来，伍成了学校校刊记者团的团长。

多年来，伍皓强烈且不加掩饰的进取之心，往往会在旁人眼里显得不合时宜而鲁莽可笑。曾与伍皓熟识的人说，伍皓最让人感叹的是，他明知自己经常是周围私下议论甚至取笑的对象，依然对自己坚信不疑，从不打算改变自己的行为方式。

伍皓坚信自己是被老天眷顾的人。他承认高中时数学不好，每次只能拿到总分120中的80多分，但高考时数学试题过于简单，他竟然拿到了115分，他这才有机会鲤鱼跳龙门。

但献身西藏后，老天对他的眷顾实在不多。1998年3月，伍皓在付出异于常人的努力后，终于获得西藏自治区党委政策研究室挂职机会。与在内地发展顺畅的同学相比，伍皓不但经济上不富裕，而且仕途上的进展亦只算平平而已。

到了1999年，伍皓在西藏待的时间已达内地援藏干部的8年极限。伍皓此时应有资格调回北京在新华社总社工作，但当年把他当成憨直、忠诚、勤奋、好学的苦孩子而怜惜赏识的老领导，在他的“超长期服役”期间已纷纷退休。

是年10月，伍皓转调入新华社云南分社，任政文采访部主任。

此后，伍皓在新华社云南分社各部门缓慢升迁，历6年之久，才获副总编辑一职（此职位原名采编室主任），行政级别副处。此前，伍还曾于2002年6月主持创办新华社云南分社的《云南内参》，但这份内参刊物后来被批评和地方过于密切，或将损害新华社国家耳目的功能，被统一裁撤。

以伍皓的学历、经历、业绩，实在算不得上天眷顾。曾与他共事的同事分析说，如果无意外，伍皓或许将在50岁上下时，得以资历升迁至云南分社副社长这个级别，以副厅级官员终老，事业上难得有一番作为。

伍皓这次要树立的典型，某种程度上与他有相似之处。伍皓对物质殊少追求，早些年，老同学聚会，在大城市发展的同学衣着光鲜，腰挎大哥大，伍皓则看上去又土又穷，但伍皓丝毫不以为意，他坚信自己的选择，热情不减。

老天不负有心人。2008年7月19日中午，伍接到来自云南省政法委书记一个语气紧张的电话，称孟连发生大规模骚乱，省委书记白恩培指令政法委和新华社一起来处理该事件，并称是省委书记点名要伍参与报道。

之前不久，一李姓女子在贵州瓮安县溺亡，警方称是自杀，导致数千人上街，焚烧公安局大楼和其他两栋政府大楼。中央要求各地吸取瓮安事件教训。

伍带着一名记者迅速赶到孟连。在新华社云南分社期间，伍皓曾操持《云南内参》数年，不但擅长报道正面典型，更因熟知官场运作规律，亦长于娴熟采写负面报道。他很快作出结论：孟连事件刚发生时也就是一件小事，但当地党委政府把它定性为“一小撮农村恶势力操纵的事件”，引发了大规模的聚集和对抗。

伍皓建议用一种公开、透明的报道办法写出民众的抱怨，他甚至引用云南省委副书记李纪恒的话来嘲弄一些官员：“说话没人听，干事没人跟，群众拿刀砍，干部当到这份上，不如跳河算了！”

伍的报道显然安抚了民众，较快满足了民众诉求，很快平息事端。

后来，伍概括说，一壶已经烧开的水，如果你还捂着盖子，壶底都可能会被烧穿。但如果揭开盖子，可能会烫一点手，水就变成蒸汽消散。

省委书记对平息孟连事件极为满意。3个月后，伍被调任云南省委宣传部副部长，由一个副处级干部越过正处，直接变成副厅，对38岁的伍皓来说，它不仅意味着仕途上的惊人一跃，更是人生翻开了全新的一页。

三

中午13点，在当地领导陪同下，伍皓一行到一个农家乐午餐，施甸县委书记已经提前在此等候。餐桌上，众人继续谈论杨善洲当年的清廉事迹。坐在县委书记一旁的伍皓很少发言，只是倾听主方谈当地工作，但主方介绍当地一道特色菜，强调它由生肉做成，没吃过的人最好不要吃，免得上吐下泻时，伍皓立即来了好奇心，夹了一筷子仔细品尝。

14时许，伍带着采访团来到了杨的老家——杨退休后终于攒钱修盖了一栋小楼房。玉米铺满庭院，在冬日暖阳下金黄一片，一条黄狗懒洋洋趴着，杨的妻子和长女一直生活在这里，杨拒绝将她们变成城市居民，他认为这是可耻的以权谋私。

伍皓在众人簇拥下，上前和坐在屋檐下等待的杨妻握手，先嘘寒问暖，然后郑重陈述杨善洲同志先进感人事迹的重要性和积极意义。待随从人员递上礼物后，进入采访议程。

杨的妻子被扶进堂屋，接受采访团的慰问和采访。这个时候，伍皓才忙里偷闲与《凤凰周刊》记者上到二楼狭小堂屋，他低头寻了一把小板凳，讲述他这些年来在昆明的生活。

伍皓谈到了他与杨的对比。因为杨一生都在做无可非议的好事——拒绝以权谋私、一身正气、退休后还帮助民众，他理所当然得到体制的褒奖。但伍认为他不同于杨的是，他在做一些开创性的事情，也是效忠国家，但充斥着风险。他需要保全自己，然后谋求下一步发展。

伍曾在微博里公开他的一条官场法则："第一时间给上司发了短

信，报告已回到昆明。”他总结说，要让自己的行踪始终在你上司的视线之内，不要让你的上司觉得你是一只掉线的风筝，不能够时时掌握；由衷钦佩你的上司及身边所有人，从他们的言行中发现对自己的启迪等。

然而，熟悉他的人认为，这恰好是伍皓从来就不太懂得官场法则的证明，一个简单的常识是，一个局级官员居然如此直白公开地讲述不应说出口的官场法则本身就是官场大忌。

一些熟悉伍皓行为方式的人认为，这种对心计从来不加掩饰的拙朴真锐之气，正是伍皓别于常人的特征之一。他的可爱与可恨，皆来于此。

伍皓从他个人很快谈到了他在“躲猫猫”事件中的考验和经验。这桩他就任宣传部副部长才3个月就发生的事件，让他一举成名，而此事操作过程中的破冰意义和技术失当，使伍皓无论在民间还是官场从此成为争议性人物。

2009年2月，云南晋宁县看守所一牢头在惩罚新犯人李某时，致李死亡。但警方竟然称李和人玩“躲猫猫”游戏，撞墙而死，这个离奇的解释引发全国民众的愤怒。

网民不但将昆明改称“昆暗”，甚至有人到昆明试图维权。伍皓和云南省政法委、公安厅负责人沟通后，主动邀请网友成立“躲猫猫真相调查团”，以第三方的形式介入调查。

伍皓当然知道最大的阻力来自哪里，他精心准备了一套官方说辞为自己的行动护法：国家一切权利属于人民，执政党的十七大报告也强调最广泛动员和组织人民依法管理国家事务和社会事务，管理经济和文化事业，要保障人民的知情权、参与权、表达权、监督权。

伍皓此举得罪部门利益在所难免，事后有官员曾在夜宵摊拍桌子大骂伍是一个麻烦精、一个试图扩大宣传部门权力的野心家、一个刚挤进官场就可以对同僚下手捅刀子的阴谋家。

伍皓对此早有预见，民心是他背后的靠山，但他未曾考虑周全的问题是，真相调查团因为成立仓促，法律支持不够，且遭遇基层官员的竭力抵抗。调查团无法进入事发监室，更无法执行原定调查计划。

网友们大失所望，对宣传部门的积怨再度泛起，认为伍皓虽然不像旧式宣传官员一样对舆论使出拖、堵、删等手段，但同样糊弄民众，令民众无法接近和获得真相，也不是好东西。

伍第一次遭遇内外交困，甚至不得不公开自己的网上聊天记录，力证组建网友调查团确是他的偶发奇想，而非阴谋诡计，证明他是一个诚实追求真相的前新闻工作者。但伍的自证清白却又被批评暴露了其他网友，未经他人同意就公开聊天记录，至少是一种失礼。

尽管伍皓第一把火煮成了夹生饭，但“躲猫猫”事件最终还是以公众满意的结局收尾，而素来胆大高调的伍皓多少有所收敛。

两个小时，在伍皓的讲述中悄然流逝。作为带队的最高领导，楼上的伍皓要回到同志们中间去了。在杨家，还有一个最后的仪式需要伍皓来完成。在摄像机面前，他打开一幅表现“向杨善洲学习”的藏头诗书法，让一名男子用当地方言念诵了一遍，然后送给杨妻。

四

告别杨家后，伍皓又和同志们乘车到十余公里外的抚忠祠。这里曾是明朝名将邓子龙当年与缅甸军队作战的指挥所。万历年间，邓活捉了缅军数头大象，交将士分而烹食之。建国后，农民们冲进祠堂，把这里改造成为村学校。杨善洲们曾在此求学。

杨的一部分骨灰葬在祠堂庭院里一棵玉兰树下，杨希望和自己的儿时偶像朝夕相伴。

在祠堂的厢房里，摆放着一名本地籍部级官员的照片和生平介绍，据称是建国以来施甸最大的官员。伍不由感慨，云南一直未走出大官员，而周边诸省都走出至少是政治局常委的大人物。

作为一个云南省主要的宣传官员，伍皓现在不是当年那个随时虚心请教、一脸诚恳而热切的小朋友。在保山先进事迹采访过程中，他穿一件低调却面料上乘的官员夹克衫，头发一丝不乱，背着双手，在众人的簇拥下缓步前行，他的神情淡定、朝四面微笑，等不同的人伸手过来，他再握。

熬过了一年考察期顺利转正后，雄心勃勃的伍皓再度高调起来。

2009年10月，昆明市人大常委会表决通过《昆明市预防职务犯罪工作条例（草案）》；同年，伍皓在全国率先建立网络发言人制度，要求一起新闻事件中的相关单位派出人员在网络上实名、及时、全面地公开信息。

这两仗，伍皓赢得干净漂亮，一下奠定了他良好的口碑。体制外和网上先前质疑他的人，无论依然对他抱有多大的保留态度，但均无法否认，伍皓推动的是历史性的进步。

伍皓对自身宣传部门的反思，始自2009年8月26日云南陆良一煤矿发生的群体性事件。当时村民打伤7名民警，砸坏11辆警车。有云南媒体报道称"不明真相的群众在一小撮别有用心的农村恶势力煽动下，围攻煤矿施工人员和公安民警"。

长期新闻记者出身的伍皓，对这种腔调极为愤怒。

伍认为宣传部门应从传统职责向新职责转变。他的依据是，2008年6月，胡锦涛总书记在视察《人民日报》时称，新闻宣传工作应宣传党的主张、弘扬社会正气、通达社情民意、引导社会热点、疏导公众情绪、搞好舆论监督。

伍认为现在的新闻宣传仅仅做到了前面两句，对舆论监督则是捂盖子，力求家丑不可外扬。胡的后面四句话则是党中央交给宣传部门在新时期的新职责。

伍皓不止一次强调他的网络发言人绝不等同传说中的"五毛"——他解释说，一些地方无法做到信息公开，只好花钱雇请一些人假冒民众，每发一帖获利五毛钱，他们发帖搅浑水，可以胡说八道来混淆视听，而网络发言人因为要公开实名，说出的话就要经得起检验，要负责任，也就更能保证信息真实。

在各类汇报材料里，伍总是不厌其烦讲述一个道理——无论做了一件多么恶劣的事情，最后只要诚实公开真相，诚实处理，努力满足相关民众的正当诉求，就会平息事端。相反，如果做错事，还试图掩盖真相，推卸责任，视民众如木鸡笨鹅，一定就会出大事。

从孟连事件、小学生卖淫事件、纸币开手铐后用鞋带自缢事件、陆良警民冲突到昆明拆迁户自爆煤气罐，云南丑闻不断，但均未爆发重大群体事件。伍总结称，这正是上述处理措施的功效。最后，他成功说服了高层。

伍现在得到更多权力，除分管新闻之外，又增加了管理网络舆论。

因为推动信息公开和立法保护媒体采访权，伍被视为一名不可多得、富有革新意识的新式宣传官员而获得较多褒奖，媒体更愿意鼓励他喷发更多创意，一举改变传统的宣传系统，为媒体谋取更大权益空间。

在2009年各大媒体的年终盘点榜上，伍被《新周刊》评选为“2009十大猛人”之首，《南风窗》“2009为了公共利益年度人物榜”，《南方周末》“年度人物候选”，《时尚先生》“新中国60周年新锐榜”评选伍皓为“政界新希望”，《都市快报》等媒体也将他列入评选为年度人物候选。

即便抚忠祠再度激起了伍皓内心的不灭雄心，他也不能在此久留——天色已晚，县委书记已在另外一处农家乐备好了丰盛的晚餐。

晚宴备了酒水，伍皓自然是各路地方官员敬酒的焦点，但伍皓不善饮酒，且不长于言辞，他以微笑接受大家的敬意，话不多。

熟悉伍皓的人都认为伍皓交游广阔，但伍皓本质上是一个内向甚至木讷的人，并不长于酒席这种社交场所。在采访团这一天的行程中，伍皓的话都不多。偶尔，他也会拿出手机给旁边人分享收到的新段子，不过，与其说他是个轻松随意的人，不如说他希望自己是这样的一个人。

在餐桌前等上菜的那短短几分钟，伍皓和他的下属们打了一手源自四川的“干瞪眼”，他对此显然要远比酒席更应付自如，出牌冷静而大胆，最后以一张“2”获胜。

五

晚上7点，酒宴即结束。平时，伍皓会让大家在晚饭结束稍事休整后，开会认真讨论宣传报道方案的各个细节，因为接受本刊采访，伍皓在大家回到下榻的酒店后，破例没有开会讨论。

通常情形下，伍皓每天晚上会在网上熬到凌晨2、3点才睡。也许中共官员中找不到第二个像他这样的资深网虫。与大多数公务员通常喜欢上新华网、人民网不同，伍皓最喜欢上的是凯迪网和天涯，这两个以

"右派大本营"著称的网站是窥探真实民情舆论的最佳去向。此外，对一个保有顽固新闻记者习惯的人来说，这里也是各种社会突发事件新闻的最重要集散地。他可以随时知道网民现在在关心什么。

2009 年 11 月，微博兴起，它被视为颠覆传统论坛的新型网络民意平台。以前曾实名上网参与讨论的伍皓，这次又用自己的名字开了一个微博，成为中国首位实名开微博的厅级官员。

伍皓试图将影响力渗入体制外的民间社会，看上去还很成功——他的平民出身、北大教育背景、新华社记者经历、一名高官的随意亲和，都是亮点。他还学习西方政客们秀自己的女儿，自嘲经常被家中悍妻辱骂殴打，很快获得数万粉丝，一呼百应。这种官员身份的网络意见领袖，也许全国找不到第二个。

在一些警惕舆论管制的人看来，伍皓这种行为出格的官员，或许才是具欺骗性的"敌人"："之前，从表面看，他是在迎合民意，但实际上他才是真正在操弄民意的人。"

在推出一系列促进政府信息公开化、透明化的措施后，伍开始表现出"钳制媒体"的一面。

2009 年 10 月，云南省委宣传部征集 100 名"媒体义务监督员"，称借助社会力量，加大对新闻媒体的监督力度，狠刹有偿新闻、虚假报道、低俗之风、不良广告四大恶疾——民众监督媒体，确为正当之举，且中国媒体的确有诸多腐败问题，但因这些监督员均由宣传部掌控，伍被指责"借公众之手给媒体戴紧箍咒"。

11 月 7 日，伍推动云南省委宣传部、省新闻工作者协会、省新闻学会发起"让党放心，让人民满意——云南新闻界'做负责任媒体'"承诺宣誓活动。

云南媒体每一个老总都须在会场上表态，最后带着该媒体人员，紧握右拳齐齐宣誓称将摈弃血腥、灰暗和低俗，提供理性、阳光、积极的新闻，传播主流价值观，把握正确的舆论导向。

伍最后陈词称，做负责任的媒体，归根结底是要对党和人民的事业负责。他把党和人民的事业比作枝繁叶茂的大树，而新闻工作者应是树上的啄木鸟，负责把枝干和树叶上的霉斑晾晒出来，清除害虫。

伍特别强调，啄木鸟不是要把这棵参天大树啄得百孔千疮，甚至连根基都动摇。

“媒体啄木鸟论”遭遇互联网网友强烈抨击。在西方媒体理论中，媒体是站在国家之船上的瞭望者，或是天然监督、制约和鞭策政府的第四股势力，为什么中国的媒体只是一只啄木鸟，只能捉虫？

由此，无数人深信伍皓在尝试以新的手法来实现对媒体的精细化控制。伍被骂成“超级五毛”或者“五毛党党魁”。

伍在微博上很快遭遇众多网络意见领袖的质疑。

网络意见领袖王小山是伍的一个网络仇人，两人从未见面，却一度天天公开掐架。伍说他可以容忍质疑，而且要从中学习质疑的精神与思维模式。而吵吵架更多是培养某种网感，锻造一种互联网抗打压的能力。“就像一个不懂水性的人，必须要到河里游，呛几口污水都没关系。”

由此，网友对伍皓多了一个新的惊叹——他在互联网上已经磨砺得皮糙肉厚，不畏惧和反击任何人的攻击、辱骂和嘲弄，“简直刀枪不入，水火不侵”。

2010 年 4 月 22 日下午，在北京参加厅局级干部培训的伍皓受邀到人民大学演讲，主题是政府信息公开和新闻传播。伍皓未曾想到的是，刚端坐台上，还没说完开场白，突有三人上前向他头顶抛撒大把五毛纸币，他们试图通过这一行为艺术来提醒社会注意：伍皓还是一个混淆视听的“五毛”。

最近一次冲突的主角，则是另一个网络意见领袖“五岳散人”，他较早就在微博上放言，见了伍皓，一定操家伙砸他。

11 月 21 日，“五岳散人”等一干人在昆明一个茶楼聚会，当主办方向伍皓发出邀请后，伍皓由妻子驾车赴约。但落座说完一段开场白后，做东的网友“边民”就宣布，现在轮到伍的仇人“五岳散人”发言了。“五岳散人”端起一个杯子，喝光水，向伍皓砸过去。

当然，杯子不会准确击中伍皓。

2010 年 12 月 1 日晚，仰坐在施甸红星花园大酒店舒适的皮沙发上，伍点着烟，很淡定地说，他进去后纹丝不动，早知道散人要用器物砸他，但他就是稳如泰山。

《凤凰周刊》记者提醒他，现场目击者均作证他当时躲闪了，还很敏捷。伍面有讶色，一口烟闷在嘴里，“是吗？是不是真的？喔，那可能是我的本能反应吧。”

最后，他还是吐露他对网友们的一个期许：“就算你们不同意我的言论，也不必对我动手动脚吧？何况，大家都是文明人，都在追求民主、宽容和自由。”

或许伍皓料想不到的是，他的两次屈辱遭遇，反倒赢得一些原本反感他的人的同情：无论是向他撒钱还是砸杯子，都是一件绝对安全的英勇行为，因为伍皓没有能力危及他们的安全。

在体制内，“粗暴践踏了官场潜规则”的伍皓，同样是个孤独者，只有少数视他为改革希望的年轻官员才对他心生敬佩，不少人预测，这个不受欢迎的家伙迟早会混不下去。

此前几天，伍皓在微博里宣称将改行当记者，并将在微博消失一段时间，立即引发一阵猜测：看来，这个不按中国官场牌理出牌的家伙终于在这个位置上待不下去了。

不过，看起来伍皓食言了。在保山采访期间，他还是忍不住抽空发了几条微博。伍皓的世界里，或许一半的成就感来自网上，他有大群粉丝，他在网上教人写新闻，甚至教人写诗、写剧本。

沉浸在网络成就感中的伍皓突然被打断，一位干部进来报告说，他们发现杨善洲老人并非完人，相反杨在退休送别会上还承认了自己的几个问题。譬如，杨承认只会种田种粮食，缺乏发展经济的意识，当年他还曾反对建保山机场，称占用了农民太多粮田。这个土改队员出身的书记坚信工农干部忠诚可靠，知识分子不可靠，安排他们到了偏远乡镇。

伍耐心听完汇报后，说要容忍并如实写出杨善洲老人的缺陷，要写一个有血有肉的人，这样才能被民众接受，而不能像多年前，一写典型就写出一尊高大全的神。

伍的见识令该干部心悦诚服，离去。

2010年12月13日，全国网络工作现场办公会将在云南举行，它对中国网络舆情将有深远影响。

成功树立过无数先进典型并且将继续塑造无数作品的伍皓，也许一生中最成功最杰出的典型作品，正是一个“非典型”宣传官员：伍皓同志。

（来源：邓飞博客，2011年1月3日）

我亲历中国使馆被炸

吕岩松

5月7日是中国外交史上，也是中国国际新闻报道史上最黑暗的一天。以美国为首的北约国家发射了5枚巡航导弹，击中我驻南斯拉夫联盟大使馆，造成严重的人员伤亡和物质损失。

钢筋水泥的碎块从我眼前十几厘米的地方落下，整个使馆大楼内一片白光，我意识到，使馆大楼被击中了。

5月7日晚上，北约再次摧毁了南斯拉夫供电系统，贝尔格莱德一片漆黑。中国驻南斯拉夫大使馆的工作人员只能通过无线电关注势态发展。大家坐在院子里，一边看北约飞机轰炸和市联盟防空炮火的还击，一边讨论形势。我跟大家说，《环球时报》非常关心中国使馆工作人员现在的生活和工作，希望写一篇有关他们的文章。一位年轻的外交官建议说，最好是每人拍一张头像的照片，然后每人自己写一段话。我觉得这是个非常好的主意。大家打算明天就开始动手写。我可以赶在下周一发回《环球时报》，做一个整版。可是，现在这个计划永远不会实现了，因为已经有2人牺牲，20多人受伤。

说起来也是不幸中的万幸。晚上11时半，潘占林大使见天色已晚，而且天气又变得很凉，就劝大家早点休息，第二天好早点起来工作。于是大家返回了楼上宿舍。没想到大使的这句话救了我们十几个人的命，因为北约随后发射的几枚战斧式导弹正好落在我们刚刚坐过的地方。如果我们晚一步上楼的话。大家肯定就都没命了。另外，北约对南空袭以来，大家一直警惕性很高，一开始都住在地下室（使馆简陋，没有防空洞)。但空袭已经持续了40多天后，大家又开始回自己的房间里休息，当然这也是为了更好地工作。现在看来，如果大家昨晚还是住在地下室的话，也肯定全军覆没了，一枚导弹的落弹点正好是地下室，现在地下室已经被彻底地摧毁了。

大家听了大使的话，陆续回楼休息。我和夫人小赵刚刚上楼没有一分钟，就听到了一声巨响。当时屋里漆黑一片，我们还没来得及点蜡烛，小赵刚刚走进卫生间洗手，我正好站在卫生间的门外和她说话。我们还没对那声巨响有所反应，就看到我前面的屋顶轰然塌落，钢筋水泥的碎块从我眼前十几厘米的地方落下，紧接着，第二次爆炸声又响起，只见整个使馆大楼内一片白光，不是红光，而是爆炸近在眼前时发出的那只刺眼的白炽灯一样的白光。这时我意识到，使馆大楼被击中了。

我们来不及多想，出于一种本能，迅速走到窗前拿起照相机、摄影包和海事卫星电话朝门口冲。这时，住在同一楼道的3个人中有两个也出来了，大家手拉手，互相搀扶着迈过废墟。这时门都已经炸掉了，什么都看不清，滚滚浓烟散着涩涩的苦味，呛得我们眼睛都睁不开，也喘不过气来。当时没有水，也根本找不到毛巾捂嘴，只能用手捏着鼻子往楼下走。可楼梯已经炸毁了，有的楼梯栏杆已经没了，我们只能拉着从房顶掉下来的、被炮火烧得烫手的钢筋一步一步往下挪。

大家镇定之后开始清点人数，发现缺了4个人，一个是新华社记者邵云环，一个是光明日报记者许杏虎和夫人朱颖，还有使馆武官任宝凯。

来到院子后，我们先看了一下情况，发现整个使馆的院子正燃着熊熊大火。使馆地下室的车库里面有很多战备储备汽油，厨房里还有一些煤气罐，也在陆续地爆炸。这种情况下，大家根本没办法进去救人，但大家谁都不能走，一定要等到把同志们救出来后一起走。但后来情况实在太糟了，大家只好在浓烟中摸着栅栏绕过弹坑，然后翻出院墙，用手机打电话叫救援人员。

这时候南斯拉夫方面的救援人员也赶到了，当时使馆跑出来的人还很少，不到10个人。大家非常焦急地问其他人的情况怎么样，好多人冲回院子来回喊。楼上还在继续着火，大约还有20人被困在里面没有出来，大家为此非常紧张。这时从2楼传出呼救声，有四五个人在呼救。浓烟呛得他们喘不过气来。一些人拿着床单和窗帘绳往下爬，有个同志下到一半的时候床单断了，他从二楼的高处跌下来，造成骨盆破裂，伤势十分严重。有些人在下楼的时候被划伤或烫伤。

这时，我们又发现5楼还有一些人根本没办法下来。轰炸之后，他们没有忙着自救，而是冲进办公室，抢救国家财产。由于没法带着这些东西下楼，他们宁可待在楼上等着救援人员来接他们。过了很长一段时间，才有云梯把他们救了下来。从5楼一共救下了3个人。

这时，院子里的伤员已经很多了，使馆一秘曹荣飞和另一名外交官郑海峰满面鲜血。其中曹已神志不清，我一见他的面就问：老曹，邵云环在哪儿？邵云环是老曹的爱人，也是新华社记者，我们当天下午刚刚一起从另一个被炸城市尼什回来。老曹听了一点反应都没有，只是一遍又一遍地边哭边说："我的鞋子呢？我没有穿鞋，我没有穿鞋。"情景惨不忍睹。很快救护车把他们都拉到医院去了。另外，使馆办公室主任刘锦荣受了重伤，一只胳膊折了，头部也受了伤。虽然伤势很严重，却依然守在现场问其他人怎么样了，直到大家把他抬到救护车上。还有几个同志没有穿鞋，据他们回忆，当时刚刚躺到床上，就听到一声巨响，只看见窗户向床上飞来，他们本能地滚向床的另一侧，而这时，门和柜子又在导弹的冲击波之下从四面压过来，很多人就是在这种情况下死里逃生的。还有几个受轻伤的，文化参赞刘鑫泉也受了伤。

大家镇定之后开始清点人数，发现缺了4个人，一个是新华社记者邵云环，一个是光明日报记者许杏虎和夫人朱颖，还有使馆武官任宝凯。大家非常焦急地向救援人员指这几个人的住处，希望能尽快去救他们。但使馆内部的煤气罐和汽油桶还在不停地爆炸。北约的第二轮轰炸又开始了。距使馆不到1000米、位于多瑙河畔的南斯拉夫大旅馆被数枚导弹击中而彻底毁掉了，另外市区内的总参谋部和内务部也再次被炸。还有其他几个目标也被炸。这时我们感觉整个世界都在颤抖，四处都在爆炸，大家不知道该逃向哪儿。所以有很多人只好原地卧倒。不过，使馆同志还是比较镇定的，大家始终在一起没有分散。大使也一直在使馆院子旁边指挥救援。

爆炸后我的第一个感受就是对不起自己的夫人。我们是记者，我们牺牲是职业的需要，但我们不应该把自己的夫人也拉进来。

新华社记者邵云环是第一个被抬出来的。她住的房间正好是北约导弹击中的地方，据救援人员讲，她的床已经被炸飞了，门没了，墙也没了。救援人员在二楼找到了邵云环的尸体，把她绑在担架上，从二楼慢慢运了下来。她的双脚光着，头发散落在脸上，一只胳膊显然是断了，在空中荡来荡去。她应该是在被炸后的第一时间内死亡的人。我一直等着在第一时间内拍她的照片，但当我看到她的尸体时，我怎么也控制不住自己的情绪，禁不住放声痛哭。

由于北约总是在一次轰炸之后紧接着再次轰炸同一目标。为了安全起见，救援人员都撤出了使馆大楼。许多使馆同志心里非常焦急，不少人在没有任何仪器和防护措施的情况下要自己冲到楼里救自己的同事。其中一个在使馆工作多年的雇员叫布什科，身背一个氧气罐，爬到光明日报记者许杏虎的屋子里沿着墙壁摸了一圈，但没摸到人。当时楼里还燃着大火。爆炸声不断。我想小许如果地下有知也应该感到欣慰，因为有这么好的南斯拉夫人为了救他而不顾自己的生命安全。

由于北约轰炸太猛，为了避免更大的伤亡，一些不必要的人员都临时撤到了附近的一个饭店。其他人员包括大使、参赞李银堂以及蒋晓军等同志一直坚守着，死也不愿走。他们说，我们还有 3 个同志不知下落，我们死也不能走，死也要死在一起。

几十小时后，北约的轰炸渐渐向郊外转移了。南斯拉夫的救援人员又来了。凌晨3点多钟，终于找到了光明日报记者许杏虎的尸体。小许是我在南斯拉夫最好的同伴，我们两个一直是在北约轰炸后第一时间内同时到达轰炸现场的人。他比我还小一岁，为人特别厚道。他是家里的独生子。他年老的父母至今生活在江苏农村，靠他姐姐照顾，有时还要靠他接济，家里生活很困难。能看得出来，小许死得很痛苦，手还是那种剧烈挣扎的样子，衣服也都破了。

又过了一个小时，小许的夫人朱颖也被找到了，这是个 1971 年才出生的女孩，特别活泼可爱，我们都把她当小妹妹看待。她死得更惨，从二楼炸到了地下室。爆炸前 15 分钟我们还和朱颖在一起谈笑，她一直说无论仗打到什么程度，只要记者站需要她，她一定不会离开的，她会一直陪着许杏虎。而且还说，他们打算这次回国休假时生一个孩子。她的确帮了小许很多忙，发电子邮件，开车，上街洗照片。我的夫人也一样，北约轰炸以来，许多使馆人员的夫人都撤离了，但她们怎么都不走。

昨天爆炸后我的第一个感受就是对不起自己的夫人，小许也对不起他的夫人。我们是记者，牺牲是职业的需要。但我们不应该把自己的夫人也拉进来。我想我们是太自私了，只顾自己的事业。其实我们都知道留下来的危险有多大，战争就是战争。（本报曾几次希望采访吕岩松的夫人赵燕萍，但都被小吕拒绝了，他说，“有的同志已经牺牲了，而我们还好好地活着，我们还有什么好说的呢，要说就多说说那些死去的人吧。”）

武官任宝凯，是最后一个被找到的。大家在医院里和楼里各处找了很久，一直没有找到，可以说是活不见人死不见尸。后来大家不甘心又把南斯拉夫的救援人员找了来，反复说了半天，援救人员才同意再进楼里寻找。上午 8 时 15 分，任武官终于被找到了，他穿着短衣短裤躺在自己的床上。这时距使馆遭轰炸已经 9 个小时了。任武官被抬出来的时候身上没有任何受伤的痕迹，但头部好像受了伤，脸上满是泥土、鲜血和被呛时呕吐出来的白沫。当时，他已完全失去了知觉，只有一些呼吸。但医生表示，有希望把他救活。

当使馆还在坍塌、煤气还泄漏、情况还很危险的时候，张宏天、胡铁、李宪增、朱瞻宇、朱树海等使馆工作人员一次次冒着生命危险进到使馆里面抢救国家财产。陈波、吴旭欣两位女外交官则非常尽职尽责，以女性特有的细心默默收拾着破碎的家园。

北约的这次轰炸是有目的、故意的。
他们蓄意用5枚战斧式巡航导弹
从不同的角度轰炸中国大使馆，想把生活
在这里的所有人置于死地。

目前，几个受轻伤的已经脱离了危险，邵云环的丈夫曹荣飞伤势很重，但已没有生命危险。他现在双眼看不见，但神志已经清醒。他清醒后的第一句话就问：邵云环在哪儿？大家都不敢告诉他真相，只是说邵云环受了点轻伤。但他已经开始怀疑了，“为什么她受了一点轻伤就不来看我？”现在大家已经不知道下一步该怎么对他说了。办公室主任刘锦荣的伤势也比较重，他以前在伊拉克时有过战争经验，战争爆发以来，他一直安慰大家，给大家无微不至的照顾。昨天我和小许、邵云环去尼什采访，他怕我们路上没汽油，特地拿下一桶油放在我的车上。要知道，战争时期的汽油是多么的珍贵啊。回来后他还埋怨我们没有再多带一些油。他还特别关心我们的工作，一再叮嘱我们注意安全，就像一个厚道的老大哥一样。他是上海人，在东北插过队。现在他还在医院治疗，已经没有生命危险了。

北约的这次轰炸完全不是误击，而是有目的、故意的。他们蓄意用5枚战斧式巡航导弹从不同的角度轰炸中国大使馆，想彻底摧毁这座大楼，把生活在这里的所有人置于死地。他们的情报很准确，知道大使官邸在什么地方。有一枚导弹是投向大使官邸的。他们是经过精心策划的，这很明显。首先，使馆的位置非常空旷，旁边没有任何军事目标。如果说是误击的话，5枚导弹从不同方向击来，其中两枚是从使馆的两个角切入的，还有一枚是直接从5楼打进地下室的。也许他们知道使馆的人平时总在地下室里躲藏。还有一枚是打向大使官邸的，现在官邸已被炸毁，好在大使幸免于难。还有一枚是从邵云环家那边打过来的。弹坑直径达10米，有2米多深。

我们想跟国内的同胞说，北约完全不是误击，你们千万不能相信他们，要记住我们同胞的血和泪，他们是有意在屠杀我们，摧残我们。昨天南斯拉夫外长约万诺维奇和塞尔维亚政府总理马里亚诺维奇以及其他南斯拉夫的高级官员，在中国使馆被炸后都迅速赶到了现场，对中国使馆被炸表示同情和慰问并谴责北约的暴行。外长约万诺维奇说：今晚，北约对另一个国家开战了。作为一个中国人，我们应当正确理解他的这句话，也许他有他的想法和角度，但我觉得他这句话是正确的。因为从国际法上讲，一个国家驻外使馆的楼盘院落都是该国领土。北约此次轰炸的，其实是中华人民共和国的领土，炸的是中华人民共和国的同胞。

当地的华人表现出了极大的爱国热情，
他们捐钱捐物，他们是有骨气的中国人。

9 日下午，上百名华人举着巨幅的中国国旗和“血债要用血来还”等标语在贝尔格莱德举行示威游行。他们的许多标语写得很有水平。我觉得国内一些人对在外经商的华人的一些偏见应该通过这一事件有所纠正。他们的良知与爱国热情令人感动，数千名南斯拉夫人也加入了他们的队伍，为他们鼓掌、助威，许多路过的汽车纷纷鸣笛以示声援。

一个叫傅明的北京世界贸易中心的工作人员一直在使馆帮忙，做一切他能做的事。他还买了一大包衣服给大家换洗。我想说，他只是众多华人中的代表。我们大家平时也许对旅外华人有偏见，但我想这次我们应该有一个清醒的认识：他们的钱来得很不容易，但今天他们不少人掏出大把的美元、马克给我们。虽然我们不会收，但他们在关键时刻所表现出来的同胞之情令我们感动。

被炸当晚在中国使馆的 30 名外交人员和记者目前共有 3 人牺牲，20 多人受伤，其中两人重伤。伤者目前正在贝尔格莱德医院接受救治。据悉，中国已派一架专机前往南斯拉夫进行救援。

5 月 9 日，中国驻南斯拉夫大使馆的国旗依旧在废墟上飘扬，在蓝天下、在烈火与浓烟的衬托下，五星红旗显得十分的悲壮，十分的醒目。(本文根据吕岩松电话录音整理)

(来源：《环球时报》，1999 年 5 月 9 日)

火车惊魂记（乘务员版）

刘 冰

2006年4月9日14时19分，由乌鲁木齐开往北京西站的T70次列车正点驶出乌鲁木齐站。

负责本次列车的是北京车队乌鲁木齐客运段京4组。

列车长李玉新瞟了一眼车厢的电子显示牌，天气预报刚好出现——今天夜间：中到大雪；明天白天：小雪；最高气温：-1°C，最低气温：-4°C；风力：5级西北风……李玉新摇了摇头，心里嘀咕：这个月份下大雪不多见。

凭他多年跑车的经验，只要乌鲁木齐下雪刮风，那“百里风区”的风肯定小不了。列车几个小时后将会到达风区。

“百里风区”是指兰新铁路红旗坎—小草湖—红台—大步—十三间房—红层—了墩全长123公里的区间。这里一年360天中有300多天都在刮风，12级大风经常刮起。

但李玉新万万没想到，此次经历的沙尘暴，是他10多年的列车生涯中从未遇到过的。

9日18时24分，列车开出鄯善车站。

21岁的餐车主任孔秀丽嘱咐餐车服务员准备开饭。列车左侧窗外呼呼作响，小石子“噼里啪啦”拍打着车体。风越刮越大。

厨师杨旭在厨房操作台忙得应接不暇，外面越刮越大的风并没引起他太多的注意，因为这里几乎天天刮风。他只是从“老铁路”那里听说过，这里风大时石块可以击碎列车车窗，甚至可以掀翻列车。但自己跑车3年，从没遇到过风沙击碎车窗玻璃的事。据说最近一次类似事故的发生距今已有10多年了。

机车司机吉冠旗说，他接到鄯善车站的通报：风区小草湖一带风力为37.5米/秒（编者注：37.0米/秒以上为12级以上大风），按这个风速，他认为，列车限速60公里/小时通过风区没有问题。可铁路上却有9级风限速、11级风停轮的明确规定。

19 时 20 分，列车驶进小草湖车站，这时风速已达到 41.5 米/秒。按规定此时列车必须停轮。

19 时 22 分，列车临时停在距离鄯善站 50 公里外的四等小站小草湖。

此时，小站的四道上停着一列油罐车，T70 进入二道。吉冠旗有意将列车和左侧的油罐车并排停靠。他想，这样可以借油罐车遮挡一下由列车左侧袭来的风沙。

列车刚刚停稳，餐车服务员闫中丽发现，靠餐车后台方向左侧的第二个车窗的外层玻璃不知什么时候被风刮起的石子击碎了。她赶忙跑过来告诉正在开票的孔秀丽。

“赶快让吃饭的旅客往后坐，说不定什么时候，第二层玻璃就会被击碎了。”孔秀丽和几个餐车服务员开始劝正在用餐的旅客远离那个外层被击碎的车窗。

“赶快通知车长。”不知谁喊了一声。

19 时 30 分左右，列车长李玉新赶到餐车。

李玉新刚要过去查看被击碎的外层玻璃，只听“嘣”的一声闷响，里层钢化玻璃被风掀落在车内。车内顿时黄沙弥漫，细小的石子夹带着比指甲盖还要小的碎玻璃碴儿在车厢里乱飞。能见度只有几米。

当第二块车窗外层玻璃被击碎时，餐车厨师杨旭正在炒菜，听到外面闫中丽喊玻璃烂了时，他还探出头来看了看。他想，这种被风沙击碎玻璃的事时有发生，但要想把双层钢化玻璃都击穿不是件容易的事。可当他再看外面怒吼的狂风时，心也不禁紧了起来。

“几分钟后第二层玻璃就碎了。”杨旭说，“当时感觉车体比原来晃得厉害了，人影都看不清了，只感觉呛得透不过气来。”

他听见列车长大喊：“赶快把火灭了！”

杨旭顾不得其他，连忙把餐房门关上，而后将炉灰压到炉中，又拿了盆水浇在上面。

19 时 37 分，将餐车一些物品安置好后，李玉新要求大家撤离餐车。

餐车弃守。

此时，31 岁的乘务员李奕正在 14 车厢当班。

“当时就感觉到外面风大，车体比平时晃得厉害。”听说餐车的玻璃被击碎了，李奕心里一紧，“我当时感觉事情有些严重。”

“我正和另一个列车员说餐车的事时，就听到车长办公席旁边的玻璃‘嘣’的一声，只见外层玻璃裂了，我们一面通过车长办公席的对讲机将情况报告车长，一面赶忙上前疏散旁边的旅客。”李奕回忆道。

就在这时，从 15 车厢传过话来：“15 车厢左侧两块外层玻璃被风打碎了！”

几乎是同时，从 16 车厢也传过话来：“16 车厢一车窗单层玻璃被风打碎了！”

“报告，17 车厢也有一块外层玻璃碎了。”

……

短短几分钟，李玉新的对讲机不时传来各车厢车窗玻璃被击碎的报告。

李玉新一算，已有 14、15、16、17 四节硬座车厢和 12 号软卧车厢的部分车窗玻璃单层被飞石击碎，情况已非常严重了。他决定启动防风灾应急预案。

19 时 40 分许，列车开始广播：“严禁吸烟，禁用明火，注意安全”。

20 时 20 分左右，15 车厢一块玻璃被石头击穿。

狂风卷着沙石灌入整个车厢。尖叫声、呼喊声、风声混杂在一起。

很多乘客用毛巾捂住口和鼻。

李玉新连忙赶到 15 车厢，要求乘务员赶紧将旅客向两边的 14 和 16 车厢转移。

20 时 35 分，还没等 15 车厢的人全部转移完，16 车厢的玻璃也被击穿了。

“也许是左侧有油罐车遮挡的原因，当时 4 号至 9 号硬卧车厢的车窗玻璃没有破损，被击碎的车窗多是硬座车厢。”李奕回忆说，“当时车里有些混乱，所有人通过被击碎的车窗时，都得弯下腰，捂着脸，小石子就像子弹一样打在脸上，非常疼，根本就不敢睁开眼。”

20时40分左右，李玉新把列车上的“三乘一警”召集到一起。

“我们遇到了百年不遇的大风的袭击，现在情况紧急，必须把硬座车厢的旅客全部向卧铺车厢转移！”李玉新下达命令。

他们让旅客把行李从行李架上拿下来，放到座位下面或空地上，把所带的食品和贵重物品随身带上，在乘务人员的指挥下向相对安全的硬卧车厢转移。

20时50分，14车厢的几位旅客说什么也不走。

“我当时都急了。”李奕说，当时车厢里有80多位旅客，有一部分已经转移到相邻的车厢，当15和16车厢的玻璃被击穿后，很多旅客又返了回来。

“大家拿上自己的物品，向硬卧车厢走，必须马上离开这里！”李奕和另一位列车员不停地大喊。

“风这么大，玻璃会不会全碎？都碎了可怎么办？”一位女乘客拉住李奕不停地问。

“让我们去卧铺车厢，那么多人，我们怎么睡觉？我们的行李丢了怎么办？我不去。”从新疆伊犁来的一位刘先生和7位旅客用毛巾捂着脸，死活不挪地方。

“乘务员，我们自己成立自救队，你们需要时，我们可以帮你们。这风没什么可怕的。”一位旅客安慰李奕。

21时10分左右，列车长李玉新赶到14车厢，劝说7位旅客离开。

“这风没你们想得那么可怕，我们不怕。”一位旅客说。

“你们可以不要命，但我们要对你们的生命安全负责！”李玉新急了，对着旅客喊起来。见列车长发了火，几位旅客不情愿地拿着自己的随身物品离开座位。

“在旅客转移过程中，不时可以听到玻璃被击碎时发出的闷响声，像小礼炮的声音。”李奕描述着当时的情形。整个车厢都弥漫着沙土，土味很重，呛得人透不过气。旅客们低着头，猫着腰，用东西遮着脸，从打碎的车窗旁慌忙地跑过。

21时35分，李玉新得知硬座车厢又有多块玻璃也被击穿。

站在座席上指挥旅客转移的李玉新暗自庆幸转移旅客的决定。就在这时，6 号卧铺车厢乘务员报告：6 车厢的部分车窗单层玻璃也被击碎。

李玉新一惊，他透过车窗看到车外狂风呼啸，飞沙走石，遮天蔽日。

22 时 05 分，机车司机吉冠旗和冯兵接到指令：限速 20 公里/小时，驶离小草湖车站。列车在此滞留了 2 小时 35 分。

开车前小草湖车站特意派了两名添乘人员上车协助查看线路。

“当时列车前方几乎什么都看不见，外面一片漆黑，石子打在机车上，像下雨一样。”吉冠旗回忆说。当时他们 4 人都盯着车灯照亮的前方，缓慢地开动。

就在列车开动时，9 车厢乘务员哈斯也提·尼亚孜刚回到宿营车躺下。

“眼睛还没合上，从发电车方向数第四块车窗的双层玻璃就被石头击穿了。”哈斯也提拿起被子去堵车窗，“车厢里什么都看不清了，被子刚堵上去，一下就被风卷走了，细沙碎石打得人睁不开眼。”

就在几位乘务员封堵宿营车车窗时，从卧铺车厢陆续传来车窗被击穿的消息。

“旅客要紧，放弃宿营车！”列车长要求列车 33 位乘务人员全部行动组织旅客开展自救。

22 时 20 分左右，宿营车上的乘务员什么也没拿，回到了各自的工作岗位。

哈斯也提赶到 9 车厢时，车厢里的玻璃还没破，她忙着安置从其他车厢转移过来的旅客。“一个格档里最多的安排了 15 名旅客。”下铺挤着 10 位，中铺上坐了 5 位。

“过了不到 20 分钟，车厢左侧一方的 11 块车窗玻璃就有 7 块被陆续击穿了。”哈斯也提说。当第一块玻璃被击穿时，车厢里一片慌乱，孩子的哭声和女人的叫声不断。但每一块玻璃被击碎后，就有旅客和乘务员拿着棉被堵上去。

“我们把棉被一头搭在毛巾架上，而后用身体压住，一床被子根本不行，被子堵在上面很兜风，人被吹得像个不倒翁似的，根本站不稳。”哈斯也提回忆道。

一个车窗用三床棉被封堵，有的用了五床。“人用背压在上面稍不用力，风就会把棉被卷走。”哈斯也提说，“棉被被风卷走时，在车外的空中飘得就像手帕一样，迅速便消失得无影无踪了。”

被子厚了无法固定，有人出主意用行李架上的行李压住被子的一头，而后铺下来。为不使行李掉下来伤着人，让一些女旅客坐在中铺用脚踩着行李。

“我们刚堵上这块车窗，又有玻璃被击穿，几乎车厢里所有的棉被都用上了。”将近零点时，9 车厢左侧的 11 块车窗玻璃都被击穿了。

此时，最紧张的人莫过于车辆乘务长黄辉。

发电车的车窗玻璃也碎了，沙石袭进控制屏。黄辉和其他 5 位乘务员急了：如果细沙进入控制屏里，就有可能发生短路，造成列车停电。如果这时候没有电，没有供暖和供水，689 位旅客挤在漆黑一团的车厢内，将会出现怎样的后果？他们连忙用棉被一边封堵车窗，一边用毛巾、纱布将控制屏上的缝隙塞住，以防细沙侵入。

当餐车第一块玻璃被击穿时，黄辉带着人拿着列车上准备的备用有机玻璃前去封堵。

“这种备用玻璃平时用还行，可遇上这样大的风，根本无法用。”当黄辉和几个人试图将 90 厘米×70 厘米的备用有机玻璃安装到车窗上时，强烈的风把有机玻璃瞬间吹成了弧型。经过多次努力，有机玻璃根本无法固定，最后只好放弃。

黄辉带着几位检车人员对硬座车厢电茶炉实行断电。行李车留一人，硬座留一人分别看车。

3、11、14、15、16、17 号硬座车厢被放弃，所有旅客向 4、5、6、7、8、9 号车厢集中。

11 车厢一位刚做完手术的维吾尔族乘客被安排在广播室；8 车厢一个出生刚 3 个月的婴儿和母亲，17 车厢一位 70 多岁的脑溢血患者，4 车厢一位哮喘病患者和一位孕妇被安排在软卧的包厢。

据列车长李玉新透露，有一位领导让出了自己的软卧包房。

“当时列车上最安全的地方就是广播室和软卧的包厢。”李玉新说。

据黄辉描述，当时车内可以清楚地听到沙石击打车体发出的巨大声响，车体被吹得左右摇摆，就像发生了地震一样，真怕列车翻了。

10 日 0：00 时到 0：50，列车运行方向左侧的 189 块车窗玻璃全被击穿。

此区间，列车行驶近 3 小时。

10 日 1 时 01 分，列车临时停在十三间房车站。

风丝毫没有减弱的迹象。

"旅客和乘务员用棉被、毛毯、铺套等物品，遮盖窗口，并用自己的身体挡在上面，筑起一道道人墙。当时的情景非常感人。"当列车长决定放弃宿营车后，担任列车售货员的周晓燕被安排到 4 号车厢组织自救。

周晓燕当时只穿着一件衬衣和一条单裤，她站在车厢一端组织旅客封堵车窗。过堂风从车两端穿过，风夹着沙石打在人脸上生疼生疼的，冷飕飕的风直往人衣服里钻。

"我当时感觉是被风吹透了，浑身直打战，一点都不夸张。我当时都能听到自己牙齿打架声音。"周晓燕说，"当时车厢内的情景就像电影里看到过的鬼世界一样。"

"虽然车窗都被棉被堵上，但车厢里仍沙尘弥漫，人在车厢里影影绰绰，车窗上飘着白色的布条。这些布条是旅客们将被单撕成条，用来系绑堵在窗上的棉被用的。地上满是杯具和装着各种食品饮料的塑料袋。外面的风发出吓人的叫声。"这情景让周晓燕无法忘记。但很多旅客当时的表现更让她难以忘怀。

"一位武警战士看着也就 20 来岁，从 10 日零时左右，就开始用身体抵着窗口的棉被，一站就是 10 个小时，别人换他也不下来。"周晓燕说，自己也用身体挡在车窗前 3 个小时，下来时，腰背冰冷，仿佛整个上身不是自己的，两条腿直打哆嗦。

4 车厢有一位加拿大人，足有 1.8 米高。他也和其他旅客一起用身体扛压棉被。他还不时地同身边一位懂英文的旅客交谈："新疆的风太热情了，这辈子头一次遇到这么大的风，回国后要给家里人讲讲。"他在被换下来时，还不停地用 DV 拍摄着眼前发生的一切。

“和这位外国人比起来，我们有些旅客的表现实在让人脸红。”周晓燕气愤地说。在大家拿着棉被争着堵车窗的过程中，竟有一个青年人一个人盖着三床被在铺上睡觉。

“我们凭什么要给这样的人堵车窗？他不堵，我们也不堵。”一些旅客实在看不下去，纷纷从窗口退下来。人一退下来，几个车窗上堵着的棉被迅速被风卷走。乘务员苏红梅忙劝大家赶紧堵车窗，但没人理睬她。她只好自己拿着棉被上前封堵。一些旅客看到苏红梅的举动，又默默起身重新堵在车窗上。

10日2时58分，列车停了近2小时后再次启动，驶出十三间房小站。

列车刚开出小站，机头动力间的四块玻璃全部被击碎，左侧操纵室二室的玻璃也被击穿。

“这时我们四人都很紧张，连忙用毛巾把电器框绑死，加强密封度，生怕沙土进去。同时将操纵二室的电断了。”吉冠旗、冯兵和两名添乘人员站着，用毛巾捂在脸上，眯着眼盯着前方。

“后来我们就把毛巾丢在一旁，整个脸都麻木了。”吉冠旗说，“当时我们想冲过这个区域。”

几节硬卧车厢内，压堵车窗的人墙轮番上阵。

这时，从行李车搬来20块隔水板。2米×1.5米的板子压在车窗的棉被上，然后用铁丝固定，效果比人压在上面要好多了。

但把这些隔水板从列车尾部的行李车搬到列车前端的卧铺车厢，中间要经过四节硬座车厢，一节餐车，一节软卧。

“这些隔水板每块都有40至50公斤重，平时两个人抬都非常吃力，抬着这么大的板子，要通过几节没了玻璃的车厢，实在是太难了。”乘务员李奕描述当时的情景，“板子在通过硬座车厢时，兜风兜得厉害，板子左右摆，两个人很难控制，只好把板子立在地板上，一点一点推着向前挪”。李奕他们负责把隔水板搬运到9车厢，而后再由9车厢向其他车厢转运。

最难通过的是车厢两头的门，车厢内风大，拉开门十分困难，风把车门吹得来回摆，稍不小心就重重地打在人身上了。

餐车厨师杨旭用围裙包着头搬运隔水板。他说："最可怕的就是细沙碎石，打在脸上像被粗砂纸打过一样，睁开眼睛都是件难事。"他搬了五趟隔水板，当最后一趟把板子运到9车厢时，他都站不起来了。

隔水板解放了很多旅客，但20块太少了，光硬卧车厢被击穿的车窗就有60多个。

3时35分，列车已开出十三间房20多公里了，再有4公里就到红层小站了。

吉冠旗控制着机车，以极低的车速向前行驶。车灯照着前方，但肉眼已经看不到车轨了。

"当时的能见度只有5到10米，沙土断断续续盖着路轨。"吉冠旗全神贯注，突然，他感觉前方路轨上有一堆黑乎乎的东西，凭感觉他果断地紧急停车。

3时37分，列车在距离红层车站4公里处停车。

吉冠旗立即从列车右侧跳下车，趴在地上向机头爬行。他拿着手电筒凭经验和感觉检查走行部有无破损，部件有没有脱落丢失。当他确定走行部完好，没有部件损坏和丢失，这才回到车上用电台向红层站值班员汇报，同时请求封闭线路，请求救援车救援。

风越刮越大。车体也晃得越来越厉害。很多旅客担心车会被吹翻。

5车厢一位旅客感觉事态越来越严重，写下了遗嘱。

乘务员李奕也感觉事态越来越严重。几位乘务员私下担心列车会被吹翻，于是向列车长建议：是不是把硬座车厢右侧的车窗玻璃打碎，让风对流，减少兜风。

李玉新想了想说：再等一等。

4时15分左右，6车厢的部分旅客支持不住了，开始拆卸中铺的铺板，将这些铺板用被单撕成的布条固定在车窗上。

"6号车厢有几位搞建筑的工人，他们随身带着钳子等工具，很快就卸下了16块铺板。"乘警杨宏臣立即将这一情况报告给列车长。

"要不要制止？这可是破坏列车设施。"乘务员请示。

"现在什么都不重要了，旅客的生命最重要！有责任我来负。"李玉新回答。

其他没有工具的车厢，三个年轻的旅客一起用肩猛力一扛，中铺的铺板就松动了。没多长时间，6 节硬卧车厢的 146 块铺板被卸下。

很快，6 节硬卧车厢都用铺板挡好。

列车长让乘务员将列车上仅有的几箱方便面分发给旅客。

直至 10 日 17 时左右，清理线路沙土的机车终于赶到。

19 时 25 分，在此滞留了 16 个小时的列车开出红层车站。

22 时 01 分，T70 次列车满目疮痍地驶进哈密车站。

哈密站运用车间总支书记德来提早早就守候在站台上了。站台上风很大，有七八级。德来提说，自己当时身穿棉衣，温度在 0℃左右。

“呜……”T70 次列车缓缓驶向站台。远远望去，列车车厢一侧布条飘扬，棉絮在空中飞舞。“真是太惨不忍睹了，干了几十年铁路，还没见过这样的车体。”从车外看，车窗上的棉被都被石子打得千疮百孔，棉花露在外面，“像从战场上下来的一样。”德来提说。

旅客从列车上下来，个个蓬头垢面，像一尊尊兵马俑。这是旅客下车后留给德来提的印象。

从 9 日晚，哈密车站就接到抢险命令，他们一直在待命。前方列车上不时传来坏消息。从 9 日发生沙尘暴开始，哈密车站已滞留了 5000 多名旅客。车站压力非常大。很多工作人员已经一整天没有休息了。

全车间 170 多人全部参加抢险，30 人被分为 8 个组去全市各处寻找五合板。带队的车间副主任许海荣说：“我们买来 598 张五合板，差不多把整个哈密市建材市场所有的五合板都买光了。还买了 600 根铁锹把和 300 卷透明胶带。”

许海荣说：“我们把五合板一分为二，将板子挡在车窗上，车内用两根木棒，车外也用两根，再用铁丝穿起来固定，用胶带把缝隙处糊住，这样风就吹不到车内了。”

“我们能出动的人员都出动了，100 多名员工把列车上 689 名旅客安置在车站候车室的二楼。”哈密车务段负责旅客的安置。党委书记余振民说：“我们为旅客准备了 800 多套食品。当天下午把哈密市几乎所有馒头店的馒头都买来了。”据车务段工作人员说，因为车务段没有那么多棉被等卧具，他们只好从一些宾馆借。

一部分人安置旅客，一部分人上车清扫车厢，附近部队也派出30多人帮助清扫。一位车务段工作人员说，车上有些车厢的沙土最厚的地方达30多厘米，满车到处都是沙土，要想彻底清理干净几乎不可能，我们只能做到基本清除。

余振民说，在休整这段时间里，自己除了布置安排旅客吃喝休息外，更多的时间是在接受质询和做解释工作。

刚开始旅客的情绪还好，还没从惊恐和疲惫中缓过来，但时间不长他就发现气氛不对了。“很多旅客情绪变得激动起来，有的提出要求补偿，还有的旅客要求换车体，部分旅客要求退票……”他称自己的嗓子都快说哑了。

“这样的车我们不上！为什么不能换车体？我们花了钱，就应享受到相应的服务，这样的车我们怎么坐？”旅客们把余振民围在中间。

余振民解释道：“哈密站不具备换车体的条件，也没有车体可换，要换车体得从乌鲁木齐调。现在线路上已经滞留了很多车，就是没有车停在路上，发车体过来也得十几个小时。从兰州发也是一样。这样会耽误大家更多的时间。”

“一些旅客表示理解，也有一些旅客对我的话不以为然。他们说要打官司。现在的旅客维权意识强了。”余振民说。

11日凌晨3时左右，列车破损的200多个车窗都用五合板封堵上，车内清理整备工作也已结束。

但这时有部分旅客拒绝上车。车站工作人员展开说服工作。

“请你们先上车看看，看了再说，如果看完不满意给你们退票。”余振民带着几位旅客代表上车。

在余振民看来，多数旅客对他们的工作还是理解和认同的。在进行了一段时间交涉沟通后旅客们纷纷上车。

有7名旅客退票。其中加拿大旅客准备换乘飞机，而另6名旅客打算乘后面的火车。

在列车临开前，又有3名旅客下车。

凌晨4时，T70长鸣一声，缓缓驶出哈密车站。

李玉新流着泪望着哈密车站。“我当时控制不住自己，当得知我们车组还要继续运行时，我们近乎绝望了，很多乘务员都哭了……”李玉新事后说，“近40个小时连续工作，又饿又冷又困，大家疲惫极了。到北京还有40个小时的旅程，能撑下来吗?”

“他们令我感动!”从哈密站上车全程添乘的乌鲁木齐客运段党委书记牛权这样评价身边的乘务员。

列车从哈密开出后，为了安抚旅客情绪，列车为每一位旅客送饭，一直送到终点北京。“这些饭都是免费的。”牛权说。

列车到达嘉峪关车站时，车站及时送来了大量药物和食品。

4月12日20时10分，T70次旅客列车，经过78小时的苦难跋涉，缓缓驶进北京西客站。

站台上的人们，惊异地注视着这列千疮百孔的特殊列车：左侧车窗全被木板封闭着。

下车的旅客和迎接的亲人拥抱在一起，很多旅客失声痛哭，也有一些旅客在列车前合影留念。

半小时后，列车开往北京客运段维修机库。北京客运段出动200多人对列车进行了抢修。3个多小时后，T70次列车抢修完毕。

13日凌晨1时，列车开出北京西客站，向乌鲁木齐方向驶去……

（来源：《中国青年报》，2006年4月19日）

山也还是那座山

安　洋

吕梁是座沉重的山，交城又困在那山窝里。

吕梁百姓的话，“交城自古就是个苦叫的鬼地方”。

先说那山，一座套着一座，海拔高度由1000米盘旋到2886米，吞食了交城县总面积的92%。绵绵的霜冻期，小麦、玉米在这里扎不住根，莜麦和土豆是山里人果腹的主食。

再说那路，七扭八歪，晴天“磕磕碰碰的石头挤破了哥哥的脚”，雪天“滑溜溜的坡坡咬伤了妹妹的腿”。婚丧嫁娶，走亲串户，就只好苦了那不会说话的灰毛驴。

回头再看那水，交城河年流量不下4亿立方米，但一拐弯便顺势而下，交城人只能眼巴巴地望着浇了山下的文水县。于是有了那首苦涩的歌，“交城的山来，交城的水，不浇那个交城浇文水，灰毛驴驴上来，灰毛驴驴下，一辈子也没有见过那好车马。交城那个大山里，没有好茶饭，只有莜面考佬佬，还有那山药蛋”。

粗涩涩的莜麦考佬佬，白生生的薄皮山药蛋，气喘喘的矮头灰毛驴，滋养了一茬一茬的交城人，构成了交城山民独有的风俗和文化。

那莜麦，生长期短，一亩地能收四五十公斤就算高产，但老百姓把它看得特珍贵，人来客往“没吃上莜麦面考佬佬怨我不仁义，吃饱了肚子再捎上半袋袋盼你把我心上记”。娶媳妇嫁闺女吆唤乡亲们，“满山的朋友你都来，莜面米酒让你喜开怀”。

记者在王氏沟的王二狗家做客，主人家先把莜麦加热水和成团，然后把面团擀成薄片片，用两个手掌一片一片地搓成3寸长的空心小卷卷，再一个靠一个地立在笼里蒸一会儿，揭盖后热腾腾的考佬佬端上炕，蘸着肉丁做成的酱，那味道真是香，王二狗说：“原来可没有这么好的调料，化上碗盐水水就算了。”

交城山里土豆垒成了山，地里、院里、窑里都是土蛋蛋，老百姓离不了可又吃不完。抗日战争时，山里有民谣，“胡家沟里的山药蛋，砸死三个日本大坏蛋，雪片密的山药蛋，打败了鬼子手里的真子弹”。当年参战者刘交虎老人说这可是一个真的故事。

至于那灰毛驴，旧时可不是家家都有的，那是财富的象征：“叫声妹妹你别着急，哥哥给你挣头灰毛驴”，“金山银山妹不想，只求坐上毛驴颠一颠”。

尽管这里山水秀丽，民风质朴，文化诱人，交城人却长期没有挣脱贫困落后的枷锁。

交城人视农村改革为“天赐良机”。“山不转水转，水不转人转”，认着这个死理，他们几经努力，终于让小麦在交城寒冷的大山里长起来了。这种夏播小麦，6月底播种，国庆节收割，亩产125公斤。1982年在古洞道、燕家庄、水峪贯栽种小麦成功，逐步推广到山顶的横尖岭。全县年产150万公斤小麦，使山庄窝铺上的家家户户天天都能吃上白面馍。双龙村的索二新，去年10亩麦地“除吃除喝，还落了万数来块钱”。

1992年，寒地水稻又在大山里栽种成功，亩产400公斤。山上10个乡镇全部种上了水稻，总产达190万公斤。白花花的大米喜得交城人说了话，“南方人精贵，吃的就是这东西呀!”

县委、县政府还在山里推广了8000亩地膜覆盖玉米，亩产达650公斤；又资助农民建起了2400座日光节能温室，长起了西红柿、黄瓜、豆角、西兰花，农民冬天里都能尝上鲜。安定村的夏有珍告诉记者：“第一次看到满枝的西红柿，我哭了一场，心里说不清的滋味直往上反。”

在大山之外，这些事可能平常得不足挂齿，而在交城海拔2000米以上的大山里，有了小麦，有了玉米，有了稻子，有了蔬菜，以往可真是不敢想呵!

交城县委书记兼县长王宝生是位38岁的年轻人，整整两个冬季，他都是在修路工地上度过的。在他手里，交城272个行政村终于实现了“村村都通机动车，二级乡路连成网”的夙愿。“撇开别的不说，光土豆下山就了不得，上山拉的是两毛五一斤，送下山是4毛钱一斤，每户至少都有万数来斤。”今年刚出正月，寨上乡庄头村240户人家，拉土豆下山，家家都拿到了1000多元的现钱。张三娃得了4000多，“咱有车，突突突一下山就涨了价”。像张三娃那样的农用车，在交城的山里去年一下就增加了3500辆。喘了一辈子气的灰毛驴，终于有了歇脚的日子。

山里的乡镇企业日新月异，近几年的利税都上了亿，县委、县政府正一点一滴铆足劲，准备带领群众“一斧一斧劈山引回交城的水”。

交城的山水依然，考佬佬、山药蛋仍在，古朴的民风未变，而交城的人则正在走出交城山。

（来源：《人民日报》，1995年4月9日）

一个藏族村庄的圣诞节

穆 谦

2005年10月10日，26岁的约瑟和25岁的特丽莎有了他们的第二个孩子。约瑟的叔叔奥斯汀给这个男孩起名为弥额尔。12月25日，弥额尔在茨中的天主教堂接受了洗礼。

茨中是云南省迪庆藏族自治州的一个小村庄，它坐落在澜沧江畔、横断山脉脚下。茨中村居住着1101位村民，其中大部分是藏族。

藏族人起约瑟、特丽莎这样的名字或许显得有些奇怪。大约在100年前，这里有一些村民开始信奉天主教。从那以后，他们就不再使用喇嘛给起的藏名，而改用天主教的教名。

圣诞节的时候，在外工作的茨中人都回到茨中来庆祝圣诞。汉森在迪庆州的首府香格里拉做导游，今年28岁。为了回家过圣诞节他请了8天的假。汉森说他从小就和父母一起在教堂里祈祷，后来他到昆明的云南省民族中等专业学校上学，开始更加深入地了解天主教。现在他每天都读一会儿中英文对照的《圣经》。

汉森说："其实基督教和佛教都在教人做好事，它们只是在形式上有所不同。"

今年圣诞节，汉森把他的女朋友鲁茸卓玛带回了家。鲁茸卓玛来自香格里拉的一个信奉藏传佛教的家庭，这是她第一次过圣诞节，觉得很有意思。

19世纪下半叶，巴黎外方传教会开始在云南西北部的德钦县活动。1866年在巴东、1867年在茨姑、1872年在阿墩子（即现在的升平镇），他们分别修建了教堂。然而，法国传教士的工作在这片盛行藏传佛教的土地上并不顺利。1905年发生了一次名为"驱洋教"的运动，两名传教士被杀，茨姑的教堂也被烧毁。

清政府为此支付了赔款，而传教士用赔款修建了茨中教堂。茨中教堂1914年落成，并成为"云南铎区"主教礼堂。

茨中教堂的钟楼高三层，是一座哥特式建筑，而它的顶层却是飞檐瓦顶的中式亭阁。站在这里可以俯瞰整个茨中村。

虽然外国传教士在上世纪50年代初离开了中国，但天主教却在茨中扎下了根。现在茨中村共有233户人家。在教堂所在的澜沧江西侧有130户，其中89户都是天主教徒。

茨中村既有天主教徒，也有藏传佛教徒，不过他们之间并没有明显的界限。无论天主教徒还是佛教徒都会一起庆祝宗教节日。“圣诞节的时候，佛教徒帮着我们准备庆祝仪式，还跟我们一起唱歌、跳舞、吃饭。唯一的区别是他们不去教堂祈祷。我们在佛教节日的时候也是这样。”汉森说道。

圣诞前夜，教堂前面生起了篝火，村民们不论信仰、年龄、性别都围着篝火边唱边跳，欢度节日。

“我们的客人从远方来了。在这个吉祥的日子里，我们相聚在天主堂。是天主的恩宠让我们共度圣诞。”村民们用弦子这一康巴藏族喜爱的歌舞形式来表达圣诞的主题，而佛教徒也和天主教徒一起歌唱。随着圣诞老人的出现，晚会达到了高潮。圣诞老人是茨中天主堂的会长奥斯汀扮演的，他把礼物洒给欢呼雀跃的孩子们。

人们载歌载舞直到午夜时分，这时爆竹声响起，宣告弥撒时间的到来。村民们纷纷走入教堂。

茨中没有固定的神父。今年圣诞节茨中村从大理请来了杨红昌神父主持弥撒。杨红昌是一位苗族神父，他对于在少数民族中传教很有经验。

杨神父说：“在云南西部，几乎所有的天主教徒都是少数民族。在我去过的村子里，有些还没有通电，也没有公路。”

在传教的工作中，语言是一个问题。杨神父用汉语布道，而很多茨中村民只能听懂其中的一部分，不过杨神父说即使有些人不能完全听懂他讲的话，他们也会在心中感受到上帝。“对世界上所有信仰耶稣基督的人来说，今天是喜悦的一天。”杨神父说道。

有时候，少数民族的风俗习惯也是一个问题。在弥撒进行的时候，非天主教徒仍然在教堂外面唱歌跳舞，而有些天主教徒也还在那里，他们喝了太多的酒而忘记了弥撒。

“我后来批评了那些忘记做弥撒的教友，”杨神父说。“天主教徒可以喝酒，但是不应该喝太多酒，否则就会有问题。”

当年，法国传教士带来了天主教，同时也带来了葡萄种子和酿酒的技术。现在葡萄种植和酿酒仍然是村民们的一项重要收入。弥撒中使用的红酒也是本地酿造的。

在做弥撒的时候，村民们用藏语来诵读经文和演唱圣歌，但是他们使用的文本却是用汉字书写的。教堂里的大部分人都拿着一本刊有经文和圣歌的书，书的封面是一幅茨中教堂的照片。

在茨中村，76岁的萧杰一或许是与教堂最密不可分的人。他的父亲是四川的汉族天主教徒，后来跟随外国传教士来到了茨中，在这里遇到了萧杰一的藏族母亲。他们在教堂里结了婚，并在教堂里生活了25年。萧杰一的父亲从前为外国传教士做翻译。受父亲影响，萧杰一不仅会讲汉语和藏语，还学会了法语和拉丁语。

在上个世纪90年代，萧杰一看到很多年轻的教友不会诵读经文，于是他就开始用汉字来标注藏语经文的发音。萧杰一经常在教堂里带领着教友们一起诵读经文和唱圣歌。他说：“到现在每个人都能诵读经文和唱圣歌了，我心里特别高兴。”

当藏语的圣歌回荡在教堂里的时候，男人们浑厚的声音和妇女们高扬的声音交织在一起，从很远的地方都能听到。

（来源：《中国日报》，2006年，第17届中国新闻奖二等奖）

联星村里的笑声

——宁夏农村税费改革纪事

杜峻晓

从2002年开始，宁夏回族自治区在全区推行农村税费改革。两年多过去了，农村税费改革给农民带来哪些好处？8月18日，记者来到贺兰县金贵乡联星村。

马建国：以前交农业税和“三提五统”用了14袋小麦，今年只用了5袋小麦。农民负担比改革前减轻了70%。

马建国是联星村农民，家里4口人。提起农村税费改革带给农民实实在在的利益，马建国拿烟的手有些颤抖，双眼一下子就湿润了。

马建国清楚地记得，他2001年到粮站出售小麦时，用小四轮拉了14袋子小麦，每袋子小麦100斤，就是1400斤。小麦卖完后，扣完农业税和“三提五统”的钱，能够装进马建国口袋里的只有不到30元。马建国感慨地说：多亏我家离粮站近，午饭是赶回家吃的，如果在街上吃饭，身上那点钱就所剩无几了。今年就不一样了，只用小平车拉了5袋小麦，扣除应交的农业税款，粮站还找给他每斤2毛2分5。马建国算了一笔账，农村税费改革前，他每年要交的农业税款加上“三提五统”得800多元，现在只要交220元就够了。改革前后相比，差距真是太大了。

吴学国：不再交“三提五统”，农民的负担大大减轻。以前收各种税费隔年都收不完，现在10来天就交齐了。

联星村会计吴学国给记者列出村民金希伏家在税费改革前应交的“三提五统”清单：公积金、公益金、管理费、教育附加费、民兵训练费、优抚费、计划生育费和道路修建费，合计404.1元。吴学国扬扬手里的清单说，农村税费改革后，就意味着金希伏家的这400多元不用再交了。减负就是增收，就相当于金希伏家无形中多收入了400元。实际上也不是金希伏一家，全村的720个农户都是这样的。

吴学国摁了摁手里的计算器说，税费改革前，联星村农民人均负担需要200多元，现在只要35元左右就够了，亩均负担需要436元，现在如果加上政府发给的粮食直补金和化肥补贴，亩均负担只有92元。

这位曾为征收“三提五统”和各种税费伤透了脑筋的村会计无奈地说，以前，为了收那些钱，不知磨多少嘴，跑多少腿，常常是今年的钱到明年还收不完。现在只有农业税了，那是农民应当交的，联星村今年收农业税只用了10天时间。

纳建林：对种地投入更多，撂荒地不再荒了。农村税费改革调动了农民种粮和农业结构调整的积极性。

谈到自家的种粮计划，村民纳建林就显得兴奋不已。这位年轻人乐呵呵地说，农村税费改革后，农民负担减轻了那么多，现在，他一心想的就是多投入、多产粮。镇上良种站推广什么新品种，他总是花大价钱买回来，头一个试种。书店里进了农业技术方面的新书籍，他都要买一本，仔细钻研。纳建林说，原来他有2亩地撂荒了，现在他在撂荒地上又种上了水稻。

陪同记者采访的贺兰县分管农业的副县长吴万军介绍说，农村税费改革的成功实施，调动了农民种粮和农业结构调整的积极性。今年，贺兰县粮食种植面积发展到近50万亩，比去年增长2.3%，仅小麦播种面积一项就比去年增长了3%。贺兰县紧靠银川市，发展蔬菜种植有得天独厚的条件，目前，该县的二代日光温棚已发展到12万间。该县农民还进一步优化蔬菜种植布局，增加弓棚香瓜、冷棚韭菜、麦套螺丝菜、地膜茄子、地膜土豆等特色菜种植面积，上半年完成蔬菜产值3300多万元，比去年增长了10.8%。

杨占明：过去因为收费“吃饭没人让，狗咬没人挡，进门就抬杠”，现在村民脸上笑容多了，还请喝酒哩！

农村税费改革密切了干部与群众的关系。提起这档子事儿，联星村党支部书记杨占明就咧开嘴笑了。

过去因为收取“三提五统”的事儿，杨占明可没少得罪人，弄得村干部和群众之间的关系非常紧张。有时候在张家收钱呢，李家知道了，就把门一锁躲了。那次他到一个农户家里去收费，刚进门，家里的小孩子就跑着给大人报信去。杨占明不好意思再进门，扭头就走。杨占明笑说，因为收费，我们村干部成了“吃饭没人让，狗咬没人挡，进门就抬杠”的主儿，有时候在巷里碰上个村民，还没张口说话呢，对方先开腔了：我家的“三提五统”已经交了！搞得人怪不好意思的。

农村税费改革后，原来的“三提五统”不收了，村民们乐了，脸上有了笑颜，时不时地买几瓶啤酒，把杨占明请过去，跟他喝几杯。

李彦凯：农村税费改革规范了农民与国家、集体之间的分配关系，促进了基层组织职能和干部工作作风的转变。

李彦凯是宁夏回族自治区专门分管农村税费改革的财政厅副厅长。他说，实行农村税费改革后，明确了农民应尽的义务，规范了涉农收费行为。农民对国家只缴纳农业税，对村集体只缴纳农业附加税，并承担生产公益事业“一事一议”筹资筹劳，理顺了国家、集体和农民三者之间的分配关系，有效遏制了农村“三乱”。同时，规范了农业税收征管，农民凭纳税通知书依法纳税，提高了透明度，增强了依法纳税意识。

李彦凯对记者说，改革前，农村税费征收环节多、工作量大，乡村干部“一年四季忙，只为收钱粮”，工作难度大。税费改革后，征收项目减少，集中服务，程序简化，工作量大大减少，把乡村干部从大量的琐碎事务中解脱出来，使他们有精力和时间去研究如何发展农村经济、为农民提供服务、为群众办实事，促进了干部作风的转变。

（来源：《人民日报》，2004 年 8 月 28 日）

国内建筑为何如此短命

丛玉华

“我们有 5000 年的历史，却少有 50 年的建筑”

76 岁的沈阳市民赵永明，几年来，四处追着看建筑爆破现场，他想把“老沈阳的背影留在脑海里”。

4 月 28 日，他站在一排刚吐着绿芽的人行道树前，亲眼看见了 18 层的辽宁省科技馆背负着 126 公斤炸药，被整体爆破的情景。从底部开始，这座高楼先是一层层坍塌，塌到第 6 层时，剩下的 12 层直挺挺地向后倒下。只用了 6 秒钟，年仅 23 岁的科技馆就与人世“永别”了。

白发人送“黑发人”，这不是老人的第一次了。

2007 年 2 月，赵永明目睹了投资 2.5 亿元兴建的沈阳五里河体育场“夭折”在 18 岁。2008 年，他赶着告别 23 层的天涯宾馆。2009 年 2 月，他又眼睁睁地看着亚洲跨度最大的拱形建筑、只有 15 岁的沈阳夏宫 2 秒钟内变成一堆废墟。

事实上，老人很清楚，“辽宁科技馆之死”只是近年来全国“短命建筑死亡名单”里墨迹未干的最新一行。

2006 年 10 月，“坚固得像碉堡一样”的山东青岛市著名地标建筑青岛大酒店被整体爆破，建成仅 20 年。

2007年1月，浙江杭州西湖边的最高楼——浙江大学湖滨校区3号楼被整体爆破，建成仅13年，爆破当天，众多师生蜂拥而至，有的放声大哭。

2010年2月，江西南昌著名地标五湖大酒店被整体爆破，建成仅13年；3月，落成不满10年、耗资3000多万元的海南海口“千年塔”沦为了“短命塔”；7月，位于北京建国门黄金地段、建成刚20年的凯莱大酒店停业拆除，而一年多前，该酒店还投资了上千万元进行重新装饰和布置。

更令人痛心的是，有的建筑“出生即死亡”。安徽合肥维也纳花园小区1号楼，在正常建设了16层而尚未完工时被整体爆破。按市政府的说法，该小区影响了合肥城市景观中轴线的山景。这个16层的庞然大物“死亡”时，不足一岁，还是“婴儿”。

国家住房和城乡建设部副部长仇保兴曾表示，我国是世界上每年新建建筑量最大的国家，每年新建面积达20亿平方米，使用了世界上40%的水泥、钢筋，建筑的平均寿命却只能维持25~30年。而根据我国《民用建筑设计通则》，重要建筑和高层建筑主体结构的耐久年限为100年，一般性建筑为50~100年。

同时，另一组数据显示，英国、法国、美国的建筑统计平均使用寿命分别为132年、85年和80年。

浙江大学公共管理学院教授、博士生导师范柏乃感慨：“我们有5000年的历史，却少有50年的建筑。”

别了，“楼坚强”

在从事爆破工作、戴着安全帽的毕国成眼里，相比那些“楼脆脆”“楼歪歪”，1982年开工、1988年建成、拿过鲁班奖的辽宁科技馆，实在是个“楼坚强”。它的钢筋含量是普通建筑的150%，剪力墙和钢筋密度之高远远超出预料。因此，原定的1200余个炸药孔被迫扩充到了1889个。

这样的“钢铁战士”死在自己手上，连毕国成都很心疼。

可在范柏乃看来，很多建筑不是倒在爆破工手上，而是倒在对政绩工程和 GDP 盲目追求的某些人手上。

学者通常把国内建筑短命现象的原因，归纳为“四说”：“质量说”“规划说”“政绩说”“暴利说”。范柏乃认为“政绩说”更值得关注。

课堂上，每次讲到新近“死亡”的“短命建筑”时，范柏乃说自己从农村学生眼睛里看到了很复杂的东西。农村大学生问他，为什么一个农民建一座房子要用掉二三十年的心血，而政府对一个造价几亿元的楼说拆就拆？

“这严重损害政府在公众心目中的形象。”他说。

北京大学城市与环境学院博导董黎明承认，有时候，我们的规划本身患了“近视”，缺乏远见，但说到底，更大的问题出在“政府想法太多上”。

一届政府一个想法，规划改来改去。所以有人称：“规划规划，纸上画画，墙上挂挂，橡皮擦擦，最后全靠领导一句话。”人们把“规划跟着领导变”形容为“三拍”：一拍脑袋，就这么定；二拍胸脯，我负责；三拍大腿，又交学费了。

“美国，换个总统，还是美国，我们的城市，换个领导，就要变个样。”范柏乃说。

在他看来，为了给大拆大建找“好听、动人”的理由，政府越来越学会了包装，造概念，什么“标志城”、“月光城”、CBD、CLD，反正，“拆一次创造了 GDP，再盖一次又创造了 GDP”。这正如经济学家凯恩斯著名的“挖坑理论”，当国家经济萧条时，雇两百人挖坑，再雇两百人把坑填上，一挖一填间创造了就业机会，带动相关产业发展，可社会财富并没增加。

在这些政绩工程里，一些建筑不得不“被死亡”。比如武汉首义体育培训中心综合训练馆，投入使用仅仅 10 年，便被拆除，理由是该馆位于即将动工的辛亥革命博物馆和纪念碑之间，不得不为武汉耗资 200 亿元打造的“辛亥革命百年纪念计划”而“献身”。

范柏乃表示，其实，这些建筑就算已过时、建筑功能发生改变，本也可以做到“二度开花”，比如上海的新天地、北京的 798。

一些建筑完全可以“不死”，比如，原来的大学搬走后，可协商转让给中小学使用；有些空置的办公楼可改为商务楼或廉租房。“可政府就是不干这些‘傻事’，而是炸楼把地卖给开发商。”

很多时候，一个个画着圆圈打着叉的“拆”字背后，还隐着另一个字：利。多数“短命建筑”的背后，都有房地产开发的身影。五里河体育场拆除后，以16亿元的价格进行地块拍卖，投资19亿元新建一座奥林匹克中心。13岁的浙大湖滨校区3号楼被拆后，其置换出的土地以24.6亿元的天价整体出让用于商业开发。

不难猜到，一些“短命建筑”身上有腐败基因。比如，著名的“楼脆脆”事件中有“官员股东”，而且检察机关发现房企的董事长侵吞4000多万元国资。再如，某市的“世纪巨蛋”因结构性重大安全隐患被拆除，人们叫它“腐败巨蛋”。

专家感慨，现在城市大拆大建，政府只算经济账，不算文化账、历史账、人情账。而且经济账也算的是个人的“小账”、区域的“小账”，就没算全国的“大账”。如果全国能提高建筑40%的使用年限，以2006年全国房屋竣工面积为例，每年可为国家节约资金约234.14亿元，使用年限增长20年共节约资金约4682.86亿元。

范柏乃说，“短命建筑”是老话题了，这几年两会年年提，批评声一片，可地方政府还是“比谁拆得快”，刹不住车！

“人民的参与是最好的保障”

6秒钟让辽宁科技馆消失得足够彻底，它留在查号台的3部电话号码，当天再拨打时已不复存在了。

一些市民以自己的方式向这个“老朋友”告别。有些人早上5点就来看它最后一眼。一位68岁的老人以为爆破在6点钟进行，当他5点50分赶到时，看到那栋熟悉的大楼已经不见，懊悔万分，嘴里不住念叨：“太遗憾了，太遗憾了……”

告别也在网络上进行。有的网友把这个冰冷的钢凝混合物拟人化：“1988年出生，小80后，年仅23岁，正值青壮年……”有的网友感慨：“才23岁的楼龄啊，啥罪没有，说判刑就判刑，而且是死刑，立即执行，没有二审。”有的网友很气愤：“这炸的不是楼，是钱！”还有的网友热衷讲道理："市规划建设，是摆积木吗？一个受尊重的国家，不是建筑多高多新，而是有令人尊重的价值观!"

走遍了大半个地球的中国城市经济学会秘书长刘维新说，他从没看到世界上任何一个国家像中国现在这样大运动式地"拆了建、建了拆"。建筑是用石头写成的史书，中国"建筑短命"现象严重违背城市建筑发展的规律，没有文化积淀的城市不是城市。

有网友评论说：我们活活把中国建筑这部"古代史"写成了"现代史"。

在巴黎，拆一幢房屋比建一幢要难得多。初到巴黎的中国人常常惊叹：古老的建筑躯壳里，竟有着如此现代化的生活设施，卫生间安装了防漏电的人感应开关，厨房现代化厨具一应俱全。

英国同样如此，连电线杆都受保护。有的案例让人动容不已：英格兰东北部的纽卡斯尔有一座现代艺术博物馆，它是由面粉厂改建而成的。仅仅为了保留面粉厂的墙体和上面硕大的"波罗的面粉厂"字样，英国人竟花费了7500万英镑，而推倒重建只需3500万英镑。

刘维新说，他很羡慕一些国家的老建筑，这些城市"老人"，受到严格的法律保护。

英国1967年颁发《城市文明法》，其名称直译是"有关市民舒适、愉悦的法律"。即把保护历史街区当成使市民精神愉悦、心情舒适的必要条件。日本从1919年制定《城市规划法》起，陆续制定了许多有关法令，至1979年，已有关于城市规划和建设的法规400多种。日本在上世纪80年代就提出了"百年住宅"的建设构想，建设房屋时使用的都是标号40以上的混凝土。在布达佩斯市，政府明文规定所有门面建筑超过50年的一律不准拆迁；法国政府对有20年历史的或在国内外有过影响的场所，都立了标记予以保护，"每一个老建筑都有一个特殊的身份证"。

颇值一提的是，很多国家把公众如何参与城市规划写进法律里。英国1969年出台了著名的斯凯夫顿报告，它被认为是公众参与城市规划发展的里程碑。美国学者提出"市民参与阶梯"理论。日本规定城市规划方案要先通过"意见听取会""说明会"和公开展览内容等方式征求居民意见，然后经“都市计划中央审议会”或“都市计划地方审议会”审议。

董黎明、范柏乃都很感慨，我们的建筑规划中缺乏透明度，缺乏民意。“拆与不拆，不能光听领导人和开发商的，还得听听老百姓的。”他们相信，“人民的参与是最好的保障！”

足足需要半个月，沈阳科技馆的建筑垃圾才能被清理完。这只是每年4亿吨建筑垃圾这个大分母之上，一个小小的分子。

科技馆不是“猝死”，而是“有步骤有计划的”死亡。不久前，沈阳北方图书城也被拆除。下一步，拆除搬迁的是沈阳市室内环境监测中心，再下一步，是沈阳市住房公积金管理中心。

这些建筑如期“死亡”，换来的将是全国首家体验式文化广场的“新生”。按一个城建局局长的说法，这个广场可不是简单的露天广场，市民在这里可体验到3D电影、多媒体读书平台等，“进入其中，犹如接触到全新动感世界，让虚幻和现实合一，体味更多文化传承”。

也许，不用多久，赵永明老人又会出现在下一个爆破点。他唯一能做的，就是颤巍巍地端起相机，按下快门，听着微弱的“咔嚓”声，淹没在爆破的滔天巨响里。

（来源：《中国青年报》，2011年5月11日）

盗猎组织升级犯罪　贩雕黑网横跨中国

傅剑锋　成　希

金雕等国家保护动物或被大规模毒死，或被捕捉后偷运到华南，其中绝大部分葬身人腹。

屠杀

这个出租房简直是珍稀野生动物的屠场！

诱杀动物的毒药上百斤地存放在编织袋里，鹰的尸体一打打扔在冰柜中，死去的胡兀鹫横七竖八。而失去生命的金雕标本，只剩下凝固的飞翔。这里还有鹿鞭、熊胆，还有猎隼、红腹锦鸡蛋，还有麝香、沙狐皮、藏羚角……西宁市森林警察从黑市大佬张恩科的出租房里，搜出了一百二十余件野生动物制品，一百多件作案工具。

追捕这只“老狐狸”，警察们足足花了两年时间。知情警察称，张恩科虽然是贩卖野生动物的大佬，是制作金雕、胡兀鹫标本的高手，但公安一直没找到他猎杀和贩卖的直接证据，“货”的藏匿地点更是迷局。这个疑犯一次次更换手机，甩掉警方追踪，并神龙见首不见尾地遥控交易。一些不和其直接联系的中间商秘密转运过他的货物，但即使被查获，也无法证明这些动物来自张恩科。

转机出现在2006年11月28日。“那天，森林公安根据线报找到了他的货仓——那间隐秘的出租房。”知情警察回忆。张恩科平日住在西宁市郊的普通小区，那天他罕见地亲自提货。就在他把两只金雕标本装上车时，埋伏许久的警察一拥而上。

2007年5月中旬，张恩科将和数名同案被告在西宁受审。

这个和警方交手多年的黑市大佬，只有不到1.7米的瘦小个子，四十余岁。他说话带着陕西腔——10年前，他只是陕西一个唱秦腔为生的街头艺人。8年前，他进入青海，手伸向了野生动物。

他成为黑市大佬后曾经扬言：“要灭绝和垄断青海的胡兀鹫!”这让黑市上的人都觉得过分。一位警察说：“他要搞乱生物链，天都不容!”

张恩科布置了一张以西宁为中心的野生动物盗卖黑网，从青海的海东铺到玉树、果洛、海西等地。按照各地区野生动物的分布特点，张恩科让刘世辉等人到牧区收购雪鸡、各种珍贵角类，让互助县的马秀英等人收购鹰类——警方直接从马家搜出了胡兀鹫尸体3件。玉树、果洛地区的盗猎者，则供应金雕等珍稀猛禽。

警方发现：这个巨大盗卖团伙的落网，使西宁野生动物黑市出现了缺货，导致黑市购销价格均翻一番。

与张恩科在货物上“互通有无”的胞兄张维科和12名同案犯，以陕西为中心，贩卖了近千只猫头鹰、猎隼等鹰类。其中9人因此被判10年以上重刑。法院认定：他们从青海、宁夏、甘肃等地收购猫头鹰、花鹰等动物，主要运至广东。

这和广东的打击情况相吻合。仅广州市森林公安局统计，2000 年至2005 年，该市查处了 158 宗案件、4550 多只野生动物，其中有 95%以上属于珍贵或濒危类。除金雕、猫头鹰外，还有巨蜥、穿山甲。广东另一动物保护机构称：中国西北地区的猫头鹰，因猎杀成千上万地下降。

青海省森林公安局和野生动物保护机构注意到了问题的严重性。可可西里藏羚羊等毁灭性盗猎行为被他们基本遏制后，打击重点转向对金雕、胡兀鹫等鸟类的杀戮。2007 年 4 月，他们组织了全省森林警力进行专项打击。

收购到销售，近千倍的暴利

“是暴利让他们疯狂犯罪。”不管是青海省森林公安局副局长周佳，还是广州市森林公安局局长苏鉴，都表达了这个看法。

《南方周末》记者也见证了惊人的暴利。通过互联网，出售金雕标本的帖子被找到。记者以广州老板的名义联系了这个中间商，他称有两只金雕标本，大的展翅近两米，小的展翅一米多，售价分别是 38 万元与 17 万元！他还发来了这两只金雕的图片。经数天“砍价”，谈到两只金雕一共 50 万元后，中间商和青海的供货商再也不肯让价了。“金雕马上要成为像中国虎那样的绝品动物了，值得收藏。”他们说。

一位长期调查黑市的警察说，青海金雕尸体收购价一般为五六百元，最高一千多元。比较成本与售价，中间商竟然想赚近千倍的利润！

暴利的诱惑，同样体现在张恩科案中。

青海省森林公安局有关人士介绍：张恩科出售金雕标本的正常利润在几倍到几十倍间，但不是其犯罪的主要部分——金雕数量日渐稀少，他不可能满足于微薄的利润。贩卖食用珍稀动物，是他更重要的获利手段。他以每只一百多元的价格，从牧区收购国家二级保护动物雪鸡，然后再以 220 元的单价出售给商家。张恩科被抓后，警方才发现：一次在西宁机场截获的 26 只雪鸡，就是他卖给广州市花都区一房地产老板的。

把猫头鹰等鹰类活体卖给广州的酒楼，同样利润可观。每只猫头鹰的收购价在一两百元间，但本报记者在一些星级酒楼暗访时发现，一份

"天麻炖猫头鹰"要卖1880元。

但张恩科最主要的利润，是购销藏羚角、麝香等可入药的动物器官。有知情警察称，这块的利润在100%以上，且数量最大。黑市贩子从湖南购得的穿山甲均价为每公斤200~300元，但一进入广州市场就是每公斤700元以上。到了最终的消费市场，平均每公斤超过1000元！一只穿山甲重七八公斤，至少5000元利润。而如果从东南亚收购1只穿山甲，成本价可便宜到每公斤200元，跨国犯罪由此发生。

组织变异：黑社会化愈发明显

暴利，也推动着盗猎组织从低级向高级演化。

在青海警方看来，以张恩科为首的团伙并不成熟。尽管他有一张覆盖全青海、触及中国南北的购销网络，但与数名涉案人员的关系比较松散，主要是熟人、朋友、亲戚，也没有涉枪。上下线之间利润分成，是这个组织最重要的推动力。这与他的兄长张维科的13人团伙情况相似，陕西警方证实了这一点。

广州警方对这类低级犯罪组织有比较精确的总结：以血缘关系为纽带，外来人口占95%以上，有较强的姓氏分布性，具有一定的家族因素。他们成员稳定，但组织松散——没有明确分工，平时各自经营，只是在一定情况下集中犯罪。

另一种是以地缘为纽带。他们大都是同乡，甚至邻居。由于部分人从中获得了暴利，回家盖起了高楼，其他人纷纷效仿。

但在今天，松散的团伙正朝集团化发展。广州市森林公安局在2004年和2005年连续打掉了几个犯罪团伙，他们已经不是以往的杂牌军，其成员固定、分工明确。比如一起涉及365只穿山甲的大案中，有人驻广西，负责与越南的走私团伙联系接货；有人专门将货物从广西运到广州高速路口，然后有人专职接货。接着，还有人按预先接到的"订单"送货。

各地警方还发现：以往涉案人员为1~2人，且涉及的野生动物数量为5只左右。但近年来的案件涉案人员达3人以上的，已占案件总数的一半以上，最多的达7人。并且出现了数起"黑吃黑"案件，犯罪的集团化与黑社会化趋势变得明显。而涉枪、涉黑、涉毒的犯罪组织，也开始进入贩卖链条。

动物保护者？

更令人深感不安的是，有野生动物的保护者借职务之便加入了盗卖组织。这使犯罪组织的形态变得复杂迷离。

本报记者以广东老板的马仔身份在青海西宁花鸟市场暗访，一家藏饰品店的老板向记者提供了两张胡兀鹫标本的照片，以作供货参考。数天交往后，她信任了记者，答应带记者直接面见“幕后老板”，购买金雕标本。

她带记者去的地方竟然是——青海青藏高原野生动物救护中心、西宁市野生动物保护协会！

约见记者的“幕后老板”是一个皮肤黝黑、形似香港明星曾志伟的中年男子，记者后来查清此人叫贾成元，是西宁市野生动物保护协会工作人员。

他带记者参观了珍稀野生动物的标本仓库，内有金雕、胡兀鹫、藏羚羊、棕熊等数十种标本，棕熊标本还无厘头地被安上了一副墨镜。“这些标本平常用于展出，如果客户需要是也能私下卖掉。”他说。金雕标本开价6000元，胡兀鹫标本1.2万元，棕熊标本5万元。他自称还能提供国家保护动物雪鸡、藏羚角等珍稀动物制品，“包括运费，（雪鸡）安全送到广东每只400元”。

记者称“怕路上被公安截掉”，他不屑地大笑：“‘没有金刚钻不揽瓷器活’，这里是野生动物保护协会！”他旁若无人地和记者在救助中心办公楼前讨价还价，其他工作人员进进出出，熟视无睹。

这个“金刚钻”是什么？“只要你们老板发一个函给我，说要用于科研用途，我就可以办好合法手续，包括收藏证。”他解释说，“要把它变成合法的，关键是你得花钱。我的行价是每办1个手续，就要再出一倍买货的钱。”为了让记者相信他的能量，他拿出了刚办成的一份红头文件，上面的字样有“青海省野生动物资源管理局同意向青海湖101景区运送标本”。

对此，广东省野生动物救助中心谢主任没有感到惊奇。他介绍，广东野生动物救护中心是全国条件最好的，资金由财政全额拨款，但还是有些紧张。一些贫困省份的野生救护中心经费则严重紧缺，通常财政只出三成的钱，其他自筹。所以，一些救护中心只能“靠山吃山”解决生存问题，也有少数人会参与贩卖动物。“但很难说是他们丧尽良知，更多的可能是一种无奈”。

捕猎与偷运的完全演变

盗卖组织的发展与变异，则导致盗猎、运输、销售的犯罪手段步步升级。

本报调查发现，过去青海牧民极少猎杀野生动物。捕捉金雕一般用铁夹、渔网等原始工具。但在张恩科的犯罪中，毒药被大量运用——他把上百斤毒药发给各牧区、林区的下线，以此“灭光青海所有胡兀鹫”。

张恩科甚至可以根据各地野生动物的分布与变化，进行遥控猎杀。这让中科院西北高原生物研究所的鸟类学家李来兴哀叹：“盗猎分子很注意我们的专业论文。如果我们在论文中提到某些地方的珍稀物种，这些人就会按图索骥，我特别担心研究成果被他们利用。”

一位广州市的森林警察介绍，随着盗猎组织的集团化倾向，在贩运、销售上还出现了人货分离的趋势。现在的嫌犯一般不再随身存放货物，而是租用两个地方——一是仓库，存放货物；另一个用来居住。两地相离较近。有买主时，他们就带人到仓库提货，整个过程一般只要几分钟甚至几十秒，查处相当困难。青海的黑市大佬张恩科用的就是这一招，长期逍遥法外使警方无可奈何。

犯罪集团化，也增加了他们在货物运输方面的能量。

一位警官对此深表忧虑：“从逻辑上讲，火车和飞机都有安检。而贩卖的野生动物——尤其是金雕——个头比较大，数量也不少。但犯罪分子却通过铁路和航空大量运送动物，这说明了什么？”

记者调查发现：即使排除内部人参与贩卖的可能，森林公安到铁路货运公司查处案件的难度也很大。铁路的不少运输点是承包给个人的，当警方搜检时，他们借口货物交了运费，只能交给付运费的人。

更隐蔽的犯罪方式也在考验警方。随着犯罪组织财力的增加，他们自购汽车进行贩运。“每天公路上有那么多汽车往来，如果没有线人举报，破获的可能性极小。”一位警官说。与此形成对比的是，森林公安警力严重不足，比如某个千万人口的大市，森林公安不到百人。

为了让运送更为隐秘，一些残酷的手段用于动物身上。因为线报在汽车上被截获的6只金雕，送到了广州市野生动物救助中心。中心人士介绍，盗猎分子用透明胶把它们捆成一团，只留鼻孔透气。然后，分两层塞入一个竹筐里——每一层都放着冰块，用来降温，竹筐则装进汽车后备厢。截获时，警方不敢相信：这些“落汤鸡”，就是能展翅超过两米的鸟王金雕！

被解救的金雕羽毛凌乱，目光惊惧，见人过来就把头埋到翅间。2006 年，1 只受到过同样伤害的金雕被送到救助中心，但它再也不接受人类的善意，倔强绝食，哀鸣 3 天后郁郁而终。

人要吃掉它们

犯罪组织所有追求暴利的手段，都源自消费市场的庞大需求。一方面，很多老板，包括官员，迷恋由它们尸体制成的标本；更主要的是：人要吃掉它们。

《南方周末》记者在广州知名的野味黑市——增槎路华南综合楼暗访时，就感受到了这一点。附近装修略为考究的一些酒楼均有珍稀野味出售，其中一家叫唐记野味购销服务公司的售点，自称有可用于煲汤的猫头鹰、穿山甲、巨蜥。有野生动物保护机构称：国内每年填入饕餮者口腹的猫头鹰达数千只。

广州警方介绍，这些珍稀野物以前多在城乡接合部销售，食用者多为市民。在加强宣传和打击后，普通人食用珍稀野生动物的现象大为减少。

但非法消费不断地向市中心的高档酒楼转移，甚至有四星级酒店参与。食客也变成了一些“有身份、有地位”的人。一位森林警察反映：“每次查这种酒楼，老板与食客们就能调动方方面面的资源来求情或施压。应付这种压力，比办案更难。”

正是由于这些食客强大的购买力，那些以前很少出现在广州野味黑市的珍稀和濒危物种开始变得频繁起来：金雕、白鹇、熊掌……

一个关键问题是：为什么会形成这个失范的消费市场？

了解广东餐饮文化的人士称：“食野味”是华南地区的特有传统饮食文化，有“宁吃天上三两，不吃地下一斤”的说法。“药补不如食补”本是科学养生观念，但当它被不加节制的欲望推动后，就走上了一条越来越不符合环境与生态伦理的道路。而当吃珍稀野物可以显示身份与地位后，消费就会变本加厉，“越不容易吃，就越想去吃”。

另一方面，虽然相关法律开始出台，但是，多年来积累与形成的销售网络有着巨大惯性。贩卖野生动物从业人员众多，并在这十多年中获得丰厚利润。一些犯罪分子即使想转行，也因为有大量货款滞留在酒楼或“行家”手上，一旦收手不做，货款都没有了。

恶果：生态失衡

这个失控的市场，最终让包括金雕在内的珍稀野生动物面临灭顶之灾。

目前，对于中国金雕种群的下降，还未见权威统计。但两个例子可以窥斑见豹：长沙林业局局长称，湖南只剩16只金雕，这使得该省将金雕选为“省鸟”的计划大打折扣；在西北野外长年研究鸟类的中科院鸟类学家李来兴说，在近十年的野外工作中，他看到的金雕不足十次。而当地一些老牧民称：十几年前，这种神鸟在蓝天中翱翔的身影，时常可见。

一位不愿透露姓名的动物学家对此发出了严厉谴责：“他们在扰乱自然界的整个生态系统!”

这位动物学家分析，目前中国西北地区的草原鼠害，与对金雕、猫头鹰的滥捕滥杀有关。鹰类是鼠的天敌，可有效抑制过多的老鼠咬断草根。现在鹰少了，老鼠横行，大片大片毁坏草地。这使因气候、过度放牧引起的草原沙化进一步加剧。

为了灭鼠，国家又不得不拨大量资金，甚至成立专门机构。以青海为例，国家每年拨发的灭鼠基金在1亿元以上，西藏、新疆、内蒙古等牧区莫不如此。结果，鹰类又因吃了有鼠药的老鼠而死。还有一些以食鼠为生的鹰、草原哺乳动物，因为无鼠可吃活活饿死。如此往复，恶性循环。

说到这里，这位动物学家扼腕叹息："自然界原本有非常完美与精微的调节系统。例如这草原，人、牛、羊、马、狗、鼠、鹰、狼，各归其类，各取其用，又相互制约。千百年来，草原一直生生不息。但现在，人却向这个系统过度索取，突破了生态伦理的底线。这个系统就乱了——就像灭鼠，鼠没灭光，结果杀死了很多金雕和猫头鹰。"

"我们该清醒了，当这个系统被人为扰乱后，还想不合自然规律去干预和主宰，只会顾此失彼，甚至可能受到大自然更严重的报复。"

（来源：《南方周末》，2007年5月10日）

回到荒原

申赋渔

这是世界上唯一的麋鹿之家，丁玉华执意把39只麋鹿的遗骸集中埋葬在这里。这第一批重回黄海之滨的麋鹿，它们的回归之路与人们对它们的了解之路一样曲折。以后，每当遇到麻烦，大丰麋鹿国家级自然保护区副主任丁玉华总会到这里站一会儿，用过去的曲折为自己打气。眼下，一件迫在眉睫的困难让丁玉华忧心忡忡：冬季，要给保护区里的麋鹿补料，可麋鹿们爱吃的豆秸，却因为收割机的普遍使用，被打成了碎片，成了土地的肥料。

这个困难究竟如何解决呢？类似的问题又如何解决？也许只有到了麋鹿都摆脱了人类的照料，重新回到真正的野外生活环境，它们才能拥有最宜于成长的美丽家园。

然而，这需要多大的努力啊，就像丁玉华亲自喂养并亲手放归野外的这头小麋鹿。

1998年，阳春三月。

小麋鹿新奇地睁开了眼睛，它没有看到自己的母亲，母亲因为难产已经去世。小麋鹿第一个看见的是丁玉华。丁玉华是中国著名的鹿类专家，自从20年前保护区成立，他就在这里工作了。丁玉华把奶瓶递到它的嘴边。刚出生的小麋鹿把它第一眼看到的丁玉华当作了自己的母亲。它跟着他，一步不离。

小麋鹿在人类的身旁，得到了很好的照顾，它甚至想都没想，它竟是不远处那群头上长着枝枝岔岔的鹿的同类。它嬉戏、打闹，无忧无虑。

一晃，5年过去了。5年对于麋鹿而言，它已经从一个孩子长成青年。

小麋鹿渐渐变得烦躁不安，对待招呼它的人们开始不那么亲近了。丁玉华知道，成年的小麋鹿，发情了，隐藏在它身上的野性开始复苏。它必须回到它的群体当中了，它必须找回属于自己的生活。

对待麋鹿，丁玉华和他的同事们就是最细心，也最容易焦虑不安的母亲。1986年的夏天，第一批39只麋鹿从海外来到保护区，丁玉华为它们分别准备了舒适的棚舍。没想到远道而来的麋鹿毫不领情，情绪烦躁，不吃不喝。一番琢磨，才知道麋鹿是群居动物，不能彼此分开。养护麋鹿，没有资料，甚至求教无门。在一点点的探索中，丁玉华们读懂了麋鹿的语言，读懂了它们是怎样的向往着旷野。而这头渐渐长大了的小麋鹿，也该如此啊！

从旷野而被圈养，从圈养而回旷野。在这头过早失去了母亲的小麋鹿身上，浓缩着它祖先们的生命历程。麋鹿种群早在数百年前，就濒临灭绝。北京永定门外的皇家猎苑南海子，是麋鹿在中国最后的生存之地。1900年，八国联军攻陷北京，看守园林的“神机营”士兵一哄而散。联军们嬉笑着将麋鹿一一猎杀。

“鹿死谁手”“秦失其鹿，天下共逐之”，这鹿，说的便是麋鹿。而麋鹿的命运，又像是被这谶语，梦魇般罩住。1900年那个炎热的夏天，正当仓皇出逃的慈禧太后躺在荒郊野外的土坑中，头枕簸箕，夜不能寐之时，中国国土上最后的麋鹿，在太后的鹿苑中灭绝了。国将不国之时，这样一种在中国历史上曾经留下强烈文化符号的生物，也随之灭绝，甚至没能引来哪怕是轻微的叹息。

丁玉华目送着这头陪伴了他5年的小鹿，一步步走近鹿群，麋鹿是应该属于荒野的，他决定把这只小麋鹿放归保护区中的鹿群。可是，与人类有着千丝万缕联系的麋鹿，到底对人类怀着怎样的情愫呢？

放归的小鹿几乎没有走进鹿群，立即遭到沉重的打击。当丁玉华赶到时，小鹿已经躺在地上，全身是血，它的一只角已被折断。不远处，几只雄壮的公鹿愤怒地注视着。鹿群从它的身上嗅到了强烈的人的气息。

人们担心小鹿会再受到致命的攻击，于是锯掉了它的另一只角。伤口处理完毕，小鹿歪歪扭扭地站起来，蹒跚着，默默朝远处警觉的鹿群走去。它终将是它们的一员。

可是，一头没有了角的雄鹿，它将会遭到怎样可怕的欺凌与侮辱啊！在鹿群中，它们从来都是以角的较量来决定自己的等级的。那是个等级森严的社会。在决斗中最终获胜的鹿王，在整个鹿群独享交配权，对食物和栖息地也享有无可争议的优先权。所有不服从者，都会遭到冷酷的打击。没有了角的鹿，在鹿群当中，理所当然一无所有。

然而等级的低下，并不是最为悲惨的。它得默默忍受整个鹿群的排斥与孤立。当雄鹿们游戏奔跑，彼此用头上的角碰触打闹时，失去了角的小麋鹿只能孤独地待在一边，待在没有同类愿意待的地方，吃着没有同类看得上的草料。

冬天很快来临了，这是小麋鹿离开人类，独自面对的第一个冬季。这个冬季，纷飞的大雪早早地带来零下十几度的严寒。

铅色的天空下，整个鹿群围成一圈，挤在一起靠体温相互取暖，只有它，站在离鹿群很远的空旷而萧条的荒原上，孤零零一个。它逆着风雪站立着，一动不动，听任雪花在它的身上越积越多。

人们都在担心，它最终会不会被鹿群接受？它会不会，独自挨过这个漫长的冬季？丁玉华舍不得了，他远远地，用口哨呼唤它，想让它回来。口哨是他们5年里约好的信号，以往，不管它在哪里，听到丁玉华的口哨，就会奔跑而来。可是这一次，它像是被风雪冻僵在荒原上，它理也不理。它，是再不会回到人类这边了。它已经知道，它是麋鹿。

麋鹿一直在逃离着人类，可是它无处可逃。它们和我们一起，起源于黄河和长江流域，在商周时期，它们的数量甚至跟人类一样众多。可是人们把它当作极好的美味，周朝之后，就开始了对它的猎捕滥杀。因为它的美味，也因为人们需要从沼泽湿地中夺回一些田地，麋鹿的活动范围越来越小。当湿地一一成为沃野，终于，最后一头野生麋鹿，在18世纪初叶死在了泰州市桥头镇的荒野之中。而麋鹿的血脉只因为皇家猎园的圈养才得以延续。

1900年，中国的麋鹿终于还是没有逃脱在这广袤大地上灭绝的命运。而麋鹿最终得以在这世上延续，我们还得感谢这位名叫阿芒·大卫的法国神甫。1865那年的秋天，醉心于动物研究的大卫神甫，趴在南海子皇家猎苑的围墙上，第一次看到了在这里已经被关押了数百年的麋鹿。他为自己的发现所震惊。这一“四不像”，是一种西方动物分类学上从无记载的动物。大卫用20两纹银换得一对鹿骨鹿皮，不久，又通过法国驻清代办搞到一只死去的雄鹿。巴黎自然历史博物馆馆长米勒·艾德华对此进行了鉴定，发现这不仅是一个新物种，而且是鹿科动物中独立的一个属。这一发现，立即在西方引起轰动。按照西方惯例，中国的麋鹿被以发现者的名字命名为“大卫神甫鹿”。

小麋鹿的祖先们是从1868年开始，陆续从中国运往国外的。投机的动物商们很快把目光盯上了这一珍稀物种，他们多次高价拍卖转运麋鹿。流落在国外和在国外出生的麋鹿，大多在颠沛流离中死于非命。1900年，麋鹿在中国灭绝。1901年，全世界只剩下18头，它们被英国的贝福特公爵重金购买，收养在他的乌邦寺庄园之中。

最后幸存于世的18头鹿，整天拉长着马脸，很不高兴地生活在伦敦北部45英里处的乌邦寺庄园。幸而它们没有停止繁衍。

乌邦寺的主人一直以保有世界上唯一的一群麋鹿为荣，从不肯出让一头。直到二次世界大战来临，子承父业的小贝福特终于改变了主意。“所有的鸡蛋不能放在一个篮子里。”他开始把麋鹿向欧洲和美洲的动物园分送。

如今，分布于全世界的近3000头麋鹿都是乌邦寺这18头的后裔。

1986年的夏天，世界自然基金会从英国伦敦挑选了39头麋鹿送到了中国黄海之滨的广阔滩涂上。20年过去，39头麋鹿慢慢地衰老、死亡，它们不在了，可是它们留下了重回荒野的希望。此刻，丁玉华有着比任何时候都更强烈的冲动，他要把那只曾经与他朝夕相处了5年的麋鹿放归自然，真正的，没有围栏的自然。为了这一天，他已经付出了太多，而那只备受欺凌的小麋鹿，更是付出了太多。

小麋鹿是秋季放回鹿群的。鹿群一直拒绝着它。整个冬季，它一直在鹿群的周围游荡着，当鹿群挤满了保护区里那个唯一的避风处时，它独自一个对抗着寒冷。春天来了，新生的小鹿们跳跳蹦蹦，它们，也只有它们，没有意识到它是一个异端，它们在它的脚下玩闹戏耍。已经长大了的这只小麋鹿，眼神复杂地看着它们。它的童年与它们是不一样的，它的母亲是人类，它从来没有像它们一样有过这么多的童年的玩伴。它已经长大了，已经不合适去和小鹿们嬉闹，何况，鹿妈妈很快就把它们带离了它的身旁。

当夏天来临的时候，小麋鹿从河水中看到了自己的影子。它几乎不敢认自己了。它的头上重新长出了鹿角，鹿角堪称华美。它用角挑起水草，水草像茂密的树叶长在伸展的树枝上。对于麋鹿而言，角上挂满枝枝蔓蔓，那是极美的。于是，我们在夏天的草丛与芦苇之中，常常会惊奇地看到一棵棵行走的树，那是麋鹿在散步。

5月的下旬，是麋鹿们争王的季节，雄鹿们必须凭它们那锋利的角，一对对，一轮轮地厮杀，来拼抢鹿王的宝座。然而，草原这壮观而热烈的场面却与它无关，即使它同样拥有华美的双角，甚至有着更为壮健的身躯。它依然过着无望的生活，整个夏天，它踽踽独行在鹿群之外的滩涂上。跟随它的，只有那只希望从它身上得到食物的白鹭。

它毫无希望了吗？它会就这样在拒绝之中孤独地死去吗？丁玉华不甘心。他觉得，小麋鹿之所以陷入如此困境，也是他造成的。麋鹿排斥的不是它，而是人类。他必须帮帮它。

麋鹿生活在保护区的大围栏之中，丁玉华一直希望能够把麋鹿放回到大自然之中，让它们真正地恢复到野生状态。

秋天，丁玉华和同事们在麋鹿野放区建起了一座0.6公顷的小围栏，他们从不同的鹿群之中精心地选出了18头麋鹿，把它们关在了一起，让它们在此彼此熟悉，重新合群。丁玉华把那头小麋鹿放入其中。

陌生的环境，陌生的伙伴，让大家惊惶不安，而这，给了小麋鹿不被排斥的绝好机会。

麋鹿野放区水草丰美，池塘密布，远离人类居住区，很是适合麋鹿的野外生活。

2004年10月26日。

围栏门打开了，麋鹿们在围栏中徘徊着。那只已经完全长大了的小麋鹿把头伸到围栏门的外面，察看着，犹豫着，接着，又小心翼翼地迈出前腿，发现没有危险，它冲了出去。鹿群随之跑向旷野。

鹿群很快冲向远处的地平线，就在它们从人们视野中完全消失的那一瞬，曾经的小麋鹿突然回过头来，它看了一眼这站立着的，已经模糊了的人群，扭过头，立刻消失在荒原的尽头。

由于监测器的帮助，人们了解到，鹿群回归荒野的第二天就找到了食物，第三天就找到了淡水源，10天之后，它们已经熟悉了这里的水文地貌。18头麋鹿始终聚集在一起。而那头一直被排斥的麋鹿，终于显示出了它非同寻常的一面，它凭着对人类更多的了解，常常能领着鹿群找到一些特殊的食物。它，慢慢地赢得了信任。

当人们再次发现这群麋鹿时，已经是第二年的夏天。又是争夺鹿王的季节。连续多天跟踪鹿群的丁玉华，终于从高倍望远镜中看到了昔日的小麋鹿。它已经是勇武的斗士了，它正和那头曾经的鹿王激烈地拼斗着，荒原上"咯咯"的鹿角撞击声一声连着一声。两头鹿进进退退，难分难解。激烈的搏斗一直持续到第二天凌晨。

荒原从黑夜中苏醒过来，一群黑嘴鸥在鹿群的上空盘旋着，"嘎嘎"地鸣叫着，像是在为新鹿王发出欢呼。那只差点被鹿群永远抛弃了的麋鹿，双角上挂着飞扬的水草，在鹿群周围快速地奔驰着。太阳高高地跃出地平线，荒原上金光闪耀，所有的雄鹿都退居到远方，把骄傲和尊严给予王者。

角似鹿，面似马，蹄似牛，尾似驴，人们把麋鹿叫作"四不像"，当作吉祥的神兽。而它们在最危险的时刻，全世界只剩下18头。按照现代生物学理论，一个物种在不足100之数时，就应被视为灭绝，因为它们无法保持遗传的多样性。按照这一推测，曾经只剩下18头的麋鹿，早该退化而无法存在了。然而，让动物学家百思不得其解的是，麋鹿现在已经接近3000头了，退化的情况却依然没有发生。谜没有解开，我们就不知道麋鹿本身为了它们种族的延续做出了怎样的努力。当麋鹿绝境逢生之时，我们许多人都在这样感叹：是人拯救了麋鹿。其实，人只是在为前人不光彩的行为进行着微不足道的弥补。而与此同时，人们因为自己的妄自尊大，依然在把另一些生灵一步步逼入绝境。而这一次，我们给后代留下的，可能就是再也无法弥补的痛楚。

（来源：《南京日报》，2007年10月1日，第18届中国新闻奖三等奖）

举重冠军之死

李海鹏

由于睡眠呼吸暂停综合征，多年受困于贫穷、不良生活习惯、超过160公斤体重的才力麻木地呕吐着，毫无尊严地死了。在生前最后四年，他的工作是辽宁省体院的门卫，在他死去的当天，家里只有300元钱。

对于这位心地单纯、开朗乐观的冠军来说，退役后的5年是一生中最郁闷的时期，他不仅受困于运动生涯带来的各种痛苦的顽疾，更受困于家庭琐事、地位落差和生活压力。而更根本性的郁闷，既来自两个地方、两个时代的寂寞与喧哗的对比，也来自于他一生都无法脱离举国体育体制。

母亲感到不祥的早上

这天是5月31日，早上4点，布谷鸟刚叫起来，商玉馥梦见儿子喊她："妈呀，妈呀，你给我蒸俩肉馅包子吧，给那俩人吃。"在梦中，老太太最初以为儿子又像往常一样饿了，可是一阵突如其来的心慌让她猛然害怕起来。果然，儿子马上又重复了那句让人难以理解的话，"给那俩人吃！"商玉馥惊醒了，透过没有窗帘的窗子看了看微明的天色，心里堵得难受，叫起了老伴才福仲。这天清早老两口心情压抑，在租住的郊区房附近的野地里，紧抿着嘴，一言不发地走，一走就是好几个小时。等他们回到家，吃了稀饭，就接到了儿子的电话。

早在头一天夜里，刘成菊就在担心丈夫的忍耐力。他睡眠呼吸暂停综合征的宿疾早已培养了刘成菊的警觉，像往常一样，头一天半夜她突然醒来，及时地看到才力巨大的胸膛艰难地起伏着，由于只呼不吸，憋得面色发青。她赶紧找来那台辽宁省体院付账的价值6800元的小型呼吸机，给他戴上，打开到中档刻度“10”。才力又睡着了，房间里顿时充满了突然顺畅但仍粗重的呼吸声。借助这间朝北房间里的夜色，刘成菊看到丈夫汗水涔涔的皮肤，结婚5年以来已经数不清是第几次，深刻地意识到他活得有多么辛苦。

“我想我儿子了。”在走过苞米田时，商玉馥对老伴倾诉说。才福仲没有吭声，但这个沉默的男人甚至比妻子更觉得难受。当这对夫妇打开锁，回到在长白乡的租赁屋里时，在沈阳市铁西区艳粉新村24楼501号，他们儿子一家起床了。

那是5月最后一天的8点钟，沈阳正是初夏的天气，家里人走来走去，没有谁特别注意到才力瓮声瓮气的抱怨：“上不来气儿，脑袋疼。”由于忙于给全家人做饭，刘成菊也没有意识到，丈夫的烦恼已经预示了可怕的危险。在这套75平方米的按揭房里住着6口人：才力夫妇、女儿、刘成菊的父母和外甥张宝珠。8点半，全家开饭，吃的是辣椒土豆片、炒鸡蛋、黄瓜蘸酱和米饭，刘成菊由于常年消化不良，只好吃1元钱3个的馒头。菜是才力的岳父刘敬玺昨天黄昏在菜市场临下市时买的便宜菜，一共花了4元7角。异常的是，以往食量惊人的才力这天早上什么都没吃。刘成菊觉得家里太乱，又怕才力真有什么病传染给孩子，就撵丈夫说：“你到长白去吧。”长白就是才力父母赁屋居住的长白乡。

刘成菊事后对因自己的口气而与丈夫发生的一点儿口角后悔不迭。才力给商玉馥打电话说，“妈，我上你那儿去。”换上鞋，走了。

“一个小时一年”

“才力要来啦，”早上梦境带来的不安一下子消散了，比儿子更为贫穷的商玉馥对丈夫宣布说，“去买4斤五花肉，咱们给儿子吃红烧肉和粽子。”

因为不能报销，才力打车从来不要发票，所以那天第一个载他的出租车司机已经没法找到。当天早上闲待在院子里的居民们，都看到160公斤的才力摇摇晃晃地上了车，车身因此剧烈地一沉。一种莫名的担忧和惆怅，使得刘成菊站在窗口，目睹了这一幕，但她没有意识到这就是永别。

商玉馥的脸上刻满了黑色的、愁苦的皱纹，但她有着乐观的天性，回忆起快乐的往事时，甚至会像一个娇小的姑娘一样挥舞双手，雀跃一下。在接电话时，她跟儿子开玩笑说，“发啥烧啊，你不是得非典了吧?”

才力到达是在差5分钟9点。他穿着蓝色无袖T恤，白色棉短裤，趿拉着一双37码的廉价白胶鞋，有点儿轻咳，但看上去精神不错，像往常一样非常乐观。

父母租住的是一间非常简陋的屋子，摆了两张大床，地面是水泥的，墙壁看上去至少有10年没有修缮过，除了一台没接有线、没有天线的长虹电视机之外，没有别的家电。才力喝了一口急支糖浆，睡了半个小时，然后就跟父母一起坐在靠窗的那张床上聊天。与消瘦、体弱、外向的妻子相比，才福仲身体很结实，明显地沉默寡言，更多的是在听妻子与儿子谈话。这天他们聊了5个小时，主要是回忆起往日生活中的乐趣，尤其是才力退役5年中的事情，商玉馥后来痛苦地总结说，“一个小时一年”。

时近中午，她让儿子吃饭，但是在生命中的最后一天，这个一向食量惊人的男人几乎什么都没吃，甚至连红烧肉和粽子也不能吊起他的胃口。下午两点半，商玉馥又一次催促儿子去医院，才力磨蹭着不愿意去，留恋地说：“再唠唠嗑，走了就回不来了。”早在1999年，医生就告诉过商玉馥，她儿子随时可能死去，因此这句话让她特别敏感。她气恼地质问说：“这叫啥话?”

才力意识到自己说错了话，大声地争辩说：“住院就隔离了，能回来吗？又不是死！”

他揣着母亲给的20元和父亲给的100元，打车去了中国医科大学附属医院，8个小时后真死了。

为了一笔象征性住院费

按照路程判断，前亚洲冠军应该在下午3点钟之前到达中国医科大学附属医院，但直到一个小时后，在医院门口经营小卖店的刘思齐才看到他，第二天，当才福仲夫妇带亲友到太平间看望儿子时，他还向他们提起了才力走下红色出租车、走进医院的情景。

为了防范SARS，进入呼吸内科的病房需要多项程序，因此才力不得不在挂号处滞留了半个多小时。此时才力面临的最大问题是，自己的钱只够看病，不够住院。由于父母都是这所医院的退休工人，因此从1999年第一次住院以来，院方一直很照顾他，这一次，大夫告诉他，住院费只需要象征性地先交一点儿就行。但是才力裤兜的钱连这“一点儿”也不够。

刘成菊是在下午5点接到丈夫的电话的，她盘算一下了家里的钱，只有300元。

邵永凤今年68岁，住在才力家楼下的二楼，那天晚上6点钟刚过，她听到敲门声，开门一看是五楼的老头儿刘敬玺来借钱，“我女婿才力住院了。”邵永凤本来有550元钱，但儿子下午去买鞋，拿走了200元，只剩350元。刘敬玺想了想，借了300元。

就在岳父借钱的这个当口，像是一栋被侵蚀太久的庞大建筑物，才力的健康状况突然间开始崩塌了。刘敬玺拿着300块钱站在走廊里，正在考虑该再向谁开口的时候，他的女婿进了病房，在住院记录上，他当时的血氧分压值已经只有20，血细胞却高达17000，已经显示出呼吸衰竭的征兆。稍早前拍的X光片被送了过来，呼吸内科专家康健看了看，肺部已经有了明显可见的浸润阴影。

刘敬玺这时发现自己借钱很难。才力贷款购买的房子就在艾敬唱过的艳粉街上，小区由一个滑翔机场改造而成，路面残破，空地上堆积着碎石和砖头，任何人只要一望，就可知道这是个廉价街区，居民们普遍没什么钱。事实也确实如此，对于350块钱一平方米的补差价，回迁户们觉得已经太高。

康健教授事后回忆看到X光片时的感受时说：“当时就知道没救

了，肺部几乎没好地方，什么都晚了。”他觉得如果早一些送到医院，才力本可以避免死亡。才力一直拖延没有就医，事实上正是因为缺少医资。亲人和朋友都猜测，那天他到父母家实际上是希望能借些钱的，但始终没能开口——父母收入微薄，宁可赁屋居住也一再帮衬他，让他早已惭愧不已。

这一切家人还都不知道。刘敬玺已经又借了100元。七点多，天已经擦黑了，马玉芹正在艳粉新村的铺面里卖一天中的最后几个馒头，刘敬玺急匆匆地走过来请她帮忙。马玉芹跟老头儿并不熟，但觉得他很可靠，就从自己的450元钱里拿出400元借给了他，两张百元钞票，其余的是零钱。

这时，最初的药物治疗已经失效了。“上呼吸机。”康健说。护士把管子插到才力的气管里，呼吸机开始工作，暂时代替了他的肺。

七点半，才力的病情平稳下来，抢救告一段落。拿着800块钱的刘成菊和外甥张宝珠赶到了医院，但因严格的SARS预防措施而被阻挡在病房外，院方说只能进一个人。刘成菊到门口买了两瓣西瓜、一瓶纯净水和一瓶鲜橙多，让外甥送进去，嘱咐说，“让他开机。”

这是才力最后的清醒时刻，他打开了手机，跟妻子通了最后一个电话。刘成菊问：“力力，你怎么样啊？”才力回答说：“正呼吸呢。”对于他来说，“呼吸”几乎是个医学名词，专指依靠机械的辅助进行呼吸。夫妻二人聊了会儿体己家常，刘成菊哭了，然后说，没事就好，先挂电话吧。赶在妻子挂机之前，才力说出了最后的遗言：“别哭，别哭。”

第二天早上8点，二楼的邵永凤又听到敲门声，开门一看又是刘敬玺，脸色发黑，手里攥着300块钱。她问他：“你着急还啥呀？”老头儿痛苦的回答把她吓了一跳：“才力死了。”

沉重身心的最终解脱

在退役后的5年中，才力一直被各种各样的烦恼包围着。从1998年起，除了后来致死的呼吸疾病之外，腿伤和腰痛都没有停止过对这个大力士的折磨，少年时代在手掌和颈背做的肉茧手术造成了后遗症，常常疼得他汗流浃背。命中注定地，自打1990年在北京亚运会达到个人事业的顶峰之后，他就不由自主地滑落下来。贫穷曾使他买不起肉，偶尔吃一次，全家都因肠胃不适而呕吐。在与人聊天时，说不到20分钟，他就会突然睡着。他尽量不穿袜子，怕弯腰时猝死。为了省钱也为了锻炼身体，他每天都以160公斤以上的体重骑自行车上下班，结果自行车就压坏了十几辆。因为过胖，他在找工作时受到事实上的歧视。

邻里琐事与家庭纷争也使他烦恼。父母家他难得去一次，而自己家，由于保安工作需要值班，他待的时间也并不长。

最现实又最经常的烦恼是钱，家庭纷争常常与此有关。由于月收入只有1200元，工资卡又由妻子掌握，才力经常囊空如洗，养成了买东西尽量赊账的习惯。在他工作的辽宁省体育运动技术学院附近，有好几个小商店都向他赊销过日常生活用品。在他死去的第7天，父母两人挨店逐铺地还了800多块钱。

这一切烦恼，在外甥张宝珠第二次进病房时，事实上已经解脱了。

那天晚上9点，看到他病情平稳，父亲才福仲和妻子刘成菊就都回了家，张宝珠暂时留下陪护。才福仲刚到家坐下，就接到张宝珠的电话，"快来吧，病重了。"刘成菊刚进家门脱了鞋，手机就响了，"我姨夫不行了，你快回来。"

张宝珠第二次进病房是在夜里10点，医生告诉他才力在睡觉。他推门进去，却看见才力仰躺在床上，嘴巴里满是泡沫，枕头湿了一大片，他使劲拍才力，但是没有任何反应。从这时起，才力就再也没有醒来。由于长期低氧、睡眠呼吸暂停综合征、身体肥胖、血压高、肺高压、心血管系统比较薄弱，可能诱发了心血管系统并发症，才力先是意识丧失，随后心脏停跳。第二天是女儿的节日，一周后是结婚5周年纪念日，但是生命的时间表已经排定。赶在午夜之前，冠军与五月一起离去了。

刘成菊赶回病房是在夜里11点多，看到医生们正在做胸压，心电图显示一条水平线。她愣住了，"觉得还能救回来"。

从被布谷鸟惊醒的梦中脱身出来之后19个小时，商玉馥看到梦境的征兆变成了现实，她走进病房，第一眼就看见才力只穿着一条内裤，姿势僵硬地仰面躺在病床上。一种不祥的预感让她本能地尖叫起来：“哎呀！快给他穿上裤子！”

这时病房里所有的家属都看见，一直俯身做胸压的护士停止了动作，转过身来对他们说：“你们准备后事吧。”他们在最初的一段时间里都没有听懂这句话，就像被截断了一条肢体之后以为它还在那里，很难相信自己已经失去了什么。

（来源：《南方周末》，2003 年 6 月 19 日）

永不抵达的列车

赵涵漠

7 月 23 日 7 时 50 分

在北京这个晴朗的早晨，梳着马尾辫的朱平和成千上万名旅客一样，前往北京南站。如果一切顺利的话，这个中国传媒大学动画学院的大一女生，将在当天晚上 19 时 42 分回到她的故乡温州。

对于在离家将近 2000 公里外上学的朱平来说，“回家”也许就是她 7 月份的关键词。不久前，父亲因骨折住院，所以这次朱平特意买了动车车票，以前她是坐 28 个小时的普快回家的。

12 个小时后，她就该到家了。在新浪微博上，她曾经羡慕过早就放假回家的中学同学，而她自己“还有两周啊”，写到这儿，她干脆一口气用了 5 个感叹号。

“你就在温州好好吃好好睡好好玩吹空调等我吧。”她对同学这样说。

就在出发前一天，这个“超级爱睡觉电话绝对叫不醒”的姑娘生怕自己误了火车。在调好闹钟后，她还特意拜托一个朋友“明早 6 点打电话叫醒我”。

23 日一早，20 岁的朱平穿上浅色的 T 恤，背上红色书包，兴冲冲地踏上了回家的路。临行前，这个在同学看来“风格有点小清新”的女孩更新了自己在人人网上的状态：“近乡情更怯是否只是不知即将所见之景是否还是记忆中的模样。”

就在同一个清晨，中国传媒大学信息工程学院的2009级学生陆海天也向着同样的目的地出发了。在这个大二的暑假里，他并不打算回安徽老家，而是要去温州电视台实习。在他的朋友们看来，这个决定并不奇怪，他喜欢“剪片子”，梦想着成为一名优秀的电视记者，并为此修读了“广播电视编导”双学位，“天天忙得不行”。

据朋友们回忆，实际上陆海天并不知道自己将去温州电视台实习哪些工作，但他还是热切地企盼着这次机会。开始他只是买了一张普快的卧铺票，并且心满意足地表示，“订到票了，社会进步就是好”。可为了更快开始实习，他在出发的前几天又将这张普快票换成了一张动车的二等座票。

23日6时12分，陆海天与同学在北京地铁八通线的传媒大学站挥手告别。

7时50分，由北京南站开往福州、途经温州南站的D301次列车启动。朱平和陆海天开始了他们的旅程。

后来，人们知道陆海天坐在D301次的3号车厢。可有关朱平确切的座位信息，却始终没有人知道。有人说她在5号车厢，有人并不同意，这一点至今也没人能说得清。

几乎就在开车后的1分钟，那个调皮的大男孩拿起手机，在人人网上更新了自己的最新信息：“这二等座还是拿卧铺改的，好玩儿。”朱平也给室友发了条“炫耀”短信：马上就要“飞驰”回家了，在动车上，就连笔记本电脑的速度也变快了，这次开机仅仅用了38秒。

D301上，陆海天和朱平的人生轨迹靠近了。在学校里，尽管他们都曾参加过青年志愿者协会，但彼此并不认识。

朱平真正的人生几乎才刚刚开始。大一上学期，她经历了第一次恋爱，第一次分手，然后“抛开了少女情怀，寄情于工作”，加入了校学生会的技术部。在这个负责转播各个校级晚会、比赛的部门里，剪片是她的主要任务。

室友们还记得，她常常为此熬夜，有时24个小时里也只能睡上两个钟头。一个师兄也回忆起，这个小小的女孩出现在校园里的时候，不是肩上扛着一个大摄像机在工作，就是捧着一台笔记本电脑做视频剪辑。

就像那些刚刚进入大学的新生们一样，这个长着“苹果脸”的女孩子活跃在各种各样的课外活动上，她甚至参加了象棋比赛，并让对手“输得很惨”。

有时，这个90后女孩也会向朋友抱怨，自己怎么就这样“丧失了少女情怀”。随后，她去商场里买了一双楔形跟的彩带凉鞋，又配上了一条素色的褶皱连衣裙。

黄一宁是朱平的同乡，也是大学校友，直到今天，他眼前似乎总蹦出朱平第一次穿上高跟鞋的瞬间。“那就是我觉得她最漂亮的样子。”一边回忆着，这个男孩笑了出来。

可更多时候，朱平穿的总是在街边“淘来的，很便宜的衣服”。当毕业的时节来临，朱平又冲到毕业生经营的二手货摊上买了一堆“好东西”，“那几天，她都开心极了”。

她平日花钱一贯节俭，甚至每个月的饭钱不到200元。这或许与她的家庭有关，邻居们知道，朱平的父亲已经80多岁，母亲60多岁，这个乖巧的女儿总是不希望多花掉家里一元钱。

就连这趟归心似箭的回家旅程，她也没舍得买飞机票，而是登上了D301次列车。

“车上特别无聊，座位也不舒服，也睡不痛快，我都看了3部电影了。”朱平在发给黄一宁的短信里这样抱怨，“我都头晕死了。”

在这个漫长而烦闷的旅途里，陆海天也用手机上网打发着时间。中午时分，朋友在网上给他留言，“一切安好？”

他十分简短地回答了一句，“好，谢。”

在陆海天生活的校园里，能找到很多他的朋友。这个身高1.7米的男孩是个篮球迷，最崇拜的球星是被评为“NBA历史十大控球后卫”之一的贾森·基德，因为基德在38岁的高龄还能帮助球队夺取总冠军。

师兄谢锐想起，去年的工科生篮球赛上，陆海天的任务就是防守自己。那时，谢锐还不认识这个“像基德一样有韧性”的男孩，被他追得满场跑，“我当时心里想，这师弟是傻么，不会打球就知道到处追人。”

其实，在篮球场上，这个身穿 24 号球衣的男孩远不如基德那样重要，甚至“没有过什么固定的位置”。可在赛场内外，他都是不知疲倦的男生。他曾担任过中国网球公开赛的志愿者，“对讲机里总是传出呼叫陆海天的声音”。志愿者们在高近 10 米的报告厅里举办论坛时，也是这个男孩主动架起梯子，爬上顶棚去挂条幅。

学姐吴雪妮翻出了一年前陆海天报考青年志愿者协会时的面试记录。在这个男孩的备注里，吴雪妮写着：“善良，任务一定能够完成。”

甚至就在离开学校的前一个晚上，他还在饭桌上和同学聊了一会儿人生规划。据他的朋友说，“陆海天最讨厌愤青，平时从来不骂政府”。如果不出意外，他可能会成为一个记者，冲到新闻现场的最前线。而第二天到达温州，本应该是这份规划中事业的起点。

在这辆高速行驶的列车上，有关陆海天和朱平的信息并没有留存太多。人们只能依靠想象和猜测，去试图弄清他们究竟如何度过了整个白天。“希望”也许是 7 月 23 日的主题，毕竟，在钢轨的那一端，等待着这两个年轻人的，是事业，是家庭。

7 月 23 日 20 时 01 分

人们平静地坐在时速约为 200 公里的 D301 次列车里。夜晚已经来临，有人买了一份包括油焖大虾和番茄炒蛋的盒饭，有人正在用 iPad 玩“斗地主”，还有人喝下了一罐冰镇的喜力啤酒。

据乘客事后回忆，当时广播已经通知过，这辆列车进入了温州境内。没有人知道陆海天当时的状况，但黄一宁在 20 时 01 分收到了来自朱平的短信：“你在哪，我在车上看到闪电了。”

当时还没有人意识到，朱平看到的闪电，可能预示着一场巨大的灾难。

根据新华社的报道，D301 前方的另一辆动车 D3115，遭雷击后失去动力。一位 D3115 上的乘客还记得，20 时 05 分，动车没有开。20 时 15 分，女列车长通过列车广播发布消息：“各位乘客，由于天气原因，前面雷电很大，动车不能正常运行，我们正在接受上级的调度，希望大家谅解。”

有人抱怨着还要去温州乘飞机，这下恐怕要晚点了。但一分钟后，D3115 再次开动。有乘客纳闷，“狂风暴雨后的动车这是怎么了？爬得比蜗牛还慢”。将要在温州下车的旅客，开始起身收拾行李，毕竟，这里离家只有 20 分钟了。

20 时 24 分，朱平又给黄一宁发来了一条短信，除了发愁自己满脸长痘外，她也责怪自己“今年的成绩，真是无颜见爹娘”。可黄一宁知道，朱平学习很用功，成绩也不错，“但她对自己要求太严了，每门考试都打算冲刺奖学金”。

已经抵达温州境内的朱平同时也给室友发了一条短信：“我终于到家了！好开心！”

这或许是她年轻生命中的最后一条短信。

10 分钟后，就在温州方向双屿路段下岙路的一座高架桥上，随着一声巨响，朱平和陆海天所乘坐的、载有 558 名乘客的 D301，撞向了载有 1072 名乘客的 D3115。

两辆洁白的“和谐号”就像是被发脾气的孩子拧坏的玩具：D301 次列车的第 1 到 4 节车厢脱线，第 1、2 节车厢从高架上坠落后叠在一起，第 4 节车厢直直插入地面，列车表面的铁皮像是被撕烂的纸片。

雷电和大雨仍在继续，黑暗死死地扼住了整个车厢。一个母亲怀里的女儿被甩到了对面座位底下；一个中年人紧紧地抓住了扶手，可是很快就被重物撞击，失去意识……

附近赶来救援的人们用石头砸碎双层玻璃，幸存者从破裂的地方一个接一个地爬出来，人们用广告牌当作担架。救护车还没来，但为了运送伤员，路上所有的汽车都已经自发停下。摩托车不能载人，就打开车灯，帮忙照明。

车厢已经被挤压变形，乘客被座位和行李紧紧压住，只能发出微弱的呼救声。消防员用斧头砸碎了车窗。现场的记者看到，23 时 15 分，救援人员抬出一名短发女子，但看不清生死；23 时 25 分，一名身穿黑白条纹衫的男子被抬出，身上满是血迹；然后，更多伤者被抬出列车。

有关这场灾难的信息在网络上迅速地传播，人们惊恐地发现，“悲剧没有旁观者，在高速飞奔的中国列车上，我们每一位都是乘客”。

同时，这个世界失去了朱平和陆海天的消息。

在中国传媒大学温州籍学生的QQ群里，人们焦急地寻找着可能搭乘这辆列车回家的同学。大二年级的小陈，乘坐当晚的飞机，于凌晨到达温州。在不断更新着最新讯息的电脑前，小陈想起了今早出发的朱平。他反复拨打朱平的手机，可始终无人接听。

黄一宁也再没有收到朱平的短信回复。当他从网上得知D301发生事故后，用毫不客气的口吻给朱平发出了一条短信："看到短信立即回复汇报情况！"

仍旧没有回复。

因为担心朱平的手机会没电，黄一宁只敢每隔5分钟拨打一次。大部分时候无人接听，有时，也会有"正在通话中"的声音传出。"每次听到正在通话，我心就会怦怦跳，心想可能是朱平正在往外打电话呢。"

可事实上，那只是因为还有其他人也在焦急地拨打着这个号码。

同学罗亚则在寻找陆海天。这个学期将近结束，分配专业时，陆海天和罗亚一起，凭着拔尖的成绩进入了整个学院最好的广播电视工程系。这是陆海天最喜欢的专业，可他们只开过一次班会，甚至连专业课也还没开始。

朋友们想起，在学期的最后一天，这个"很文艺的青年"代表小组进行实验答辩，结束时，他冒出了一句："好的，over！"

"本来，他不是应该说'thank you'吗？"

陆海天的电话最终也没能接通，先是"暂时无法接通"，不久后变为"已关机"。也就在那天夜里10时多，朱平的手机也关机了。

在这个雨夜，在温州，黄一宁和小陈像疯了一样寻找着失去消息的朱平。

约200名伤者被送往这座城市的各个医院，安置点则更多，就连小陈曾经就读的高中也成了安置点之一。

寻找陆海天的微博被几千次地转发，照片里，他穿着蓝色球衣，吹着一个金属哨子，冲着镜头微笑。但在那个夜晚，没有人见到这个"1.7米左右，戴眼镜，脸上有一些青春痘"的男孩。

那时，陆海天就在 D301 上的消息已经被传开。朋友们自我安慰：陆海天在 D301，这是追尾车，状况应该稍好于 D3115。另悉，同乘 D301 的王安曼同学已到家。

人们同时也在寻找朱平，“女，1.6 米左右，中等身材，着浅色短袖，长裤，红色书包，乘坐 D301 次车”。

人们还在寻找 30 岁、怀孕 7 个月的陈碧，有点微胖、背黑色包包的周爱芳，短发、大门牙的小姑娘黄雨淳，以及至少 70 名在这场灾难中与亲友失去联系的乘客。

一个被行李砸晕的 8 岁小男孩，醒来后扒开了身上的行李和铁片，在黑暗中爬了十几分钟后，找到了车门。周围没有受伤的乘客都跑来救援，但他只想要找到自己的妈妈。后来在救护车上，他看到了妈妈，“我拼命摇妈妈，可妈妈就是醒不来。”

追尾事故发生后，朱平的高中和大学同学小潘也听说了朱平失踪的消息。她翻出高中的校友录，在信息栏里找到朱家的电话。24 日 0 时 33 分，她告诉 QQ 群里的同学，她已经拨通了这部电话，可是“只有她妈妈在家，朱平没有回去过”。

这位年过六旬的母亲并不知道女儿搭乘的列车刚刚驶入了一场震惊整个国家的灾难。“她妈妈根本不知道这个消息。”小潘回忆通话时的情景。朱妈妈认为，女儿还没到家可能只是由于常见的列车晚点，她已经准备好了一桌饭菜，继续等待女儿的归来。

凌晨 3 时许，黄一宁和小陈分头去医院寻找已经失踪了 7 个小时的朱平。他们先是在急诊部翻名单，接着又去住院部的各个楼层询问值班护士。

广播仍然在继续，夜班主持人告诉焦急的人们，只有极个别重伤者才会被送往温州医学院附属第三医院和附属第一医院。而在那时，黄一宁根本不相信朱平就是这“极个别人中的一个”。在医院里，死亡时刻都在发生。

当黄一宁看到，一位老医师拿着身份证对家属说，这个人已经死了，他的心里紧了一下。有的死者已经无法从容貌上被辨识，一个丈夫最终认出了妻子，是凭借她手指上的一枚卡地亚戒指。

可朱平却像是从这个世界上消失了，谁也不知道她的下落。

当小陈最终找进附一院时，他向护士比画着一个“20 多岁，1.6米高的女孩”时，护士的表情十分震惊，“你是她的家属吗?”

那时，小陈突然意识到，自己之前抱有的一丝希望也已经成为泡沫。他从护士那里看到了一张抢救时的照片，又随管理太平间的师傅去认遗体。女孩的脸上只有一些轻微的剐蹭，头发还是散开的，“表情并不痛苦，就好像睡觉睡到了一半，连嘴也是微微嘟着的”。

他不敢相信这就是自己的“包子妹妹”。但是，没错。他随后打电话给另外几位同学，“找到朱平了，在附一院。”

黄一宁冲进医院大门时看见了小陈，“朱平在哪里?”

小陈没说话，搂着黄一宁的肩膀，过了好一会才说，“朱平去世了。”

两个男孩坐在花坛边上，眼泪不停地往下掉。小陈又说，“可能是我王八蛋看错了，所以让你们来看一下。”

黄一宁终于在冰柜里看到了那个女孩，她的脸上长了几颗青春痘，脖子上的项链坠子是一个黄铜的小相机，那正是他陪着朱平在北京南锣鼓巷的小店里买的，被朱平当成了宝贝。

那一天，他们一起看了这条巷子里的“神兽大白”，“就是一只叫得很难听的鹅”。那一天，朱平炫耀了自己手机里用3元钱下载的“摇签”软件，还为自己摇了一个“上签”。

“你知道吗？我们俩都计划好了回温州要一块玩，一起去吃海鲜。可是看着她就躺在太平间里，我接受不了。”回忆到这里，黄一宁已经不能再说出一句话，大哭起来。

7 月 23 日 22 时

朱平是在 23 日 22 时 44 分被送到医院的，23 时左右经抢救无效后身亡。

21 时 50 分，被从坠落的车厢里挖出的陆海天，被送到了温州市鹿城区人民医院。据主治医生回忆，那时，他已经因受强烈撞击，颅脑损伤，骨盆骨折，腹腔出血，几分钟后，心跳停止，瞳孔放大；在持续了整整一个小时的心肺复苏后，仍然没有恢复生命的迹象，宣告死亡。

在 D301 次列车发生的惨烈碰撞中，两个年轻人的人生轨迹终于相逢，并齐齐折断。这辆列车在将他们带向目的地之前，把一切都撞毁了。

天亮了，新闻里已经确认了陆海天遇难的消息，但没人相信。有人在微博上写道："我不敢相信也不愿相信！希望有更确切的消息！"

陆海天才刚刚离开学校，他的照片还留在这个世界上。这个总是穿着运动装的男孩有时对着镜头耍帅，有时拿起手机对着镜子自拍，也有时被偷拍到拿着麦克风深情款款。

直到 24 日中午，仍有人焦急地发问："你在哪？打你电话打不通。"也有人在网络日志里向他大喊："陆海天你在哪里？你能应一句么!!!"那个曾与他在地铁站挥手道别的朋友，如今只能对他说一句："晚安，兄弟。"

朱平失踪的微博也仍在被转发，寻人时留下的号码收到了"无数的电话和短信"，一些甚至远自云南、贵州而来，他们说，只是"想给朱平加油"。

可那时，朱平的哥哥已经在医院确认了妹妹的身份。他恳求朱平的同学，自己父母年岁已高，为了不让老人受刺激，晚点再发布朱平的死讯。那几个已经知道朱平死讯的年轻人，不得不将真相憋在心里，然后不停地告诉焦急的人们，"还在找，不要听信传言"。

这个圆脸女孩的死讯，直到 24 日中午通知她父母后才被公开。悲伤的母亲再也说不出什么话来，整日只是哭着念叨："我的小朱平会回来的，会回来的。"

黄一宁也总觉得朱平还活着。就在学期结束前，她买了一枚"便宜又好用"的镜头，并且洋洋得意地告诉朋友们，"回家要给爸妈多拍几张好照片"。

黄一宁还记得，朱平说过要回来和他一起吃"泡泡"（温州小吃），说要借给他新买的镜头，答应他来新家画墙壁画。"朱平，我很想你……可是，希望我的思念没有让你停下脚步，请你大步向前。"黄一宁在 26 日凌晨的日志里写道。

他也曾想过，如果这趟列车能够抵达，“会不会哪一天我突然爱上了你”。

阳光下花草、树木的倒影还留在这个姑娘的相机里；草稿本里还满是这个姑娘随手涂画的大眼睛女孩；她最喜欢的日剧《龙樱》仍在上演；这个夏天的重要任务还没完成，她在微博上调侃自己“没减肥徒伤悲”……

但朱平已经走了。

新华社发布的消息称，截至25日23时许，这起动车追尾事故已经造成39人死亡。死者包括D301次列车的司机潘一恒。在事故发生时，这位安全行驶已达18年的司机采取了紧急制动措施，在严重变形的司机室里，他的胸口被闸把穿透。死者还包括，刚刚20岁的朱平和陆海天。

23日晚上，22时左右，朱平家的电话铃声曾经响起。朱妈妈连忙从厨房跑去接电话，来电显示是朱平的手机。“你到了？”母亲兴奋地问。

电话里没有听到女儿的回答，听筒里只传来一点极其轻微的声响。这个以为马上就能见到女儿的母亲以为，那只是手机信号出了问题。

似乎不会再有别的可能了——那是在那辆永不能抵达的列车上，重伤的朱平用尽力气留给等待她的母亲的最后一点讯息。

（来源：《中国青年报》，2011年7月27日）

特　　写

别了，“不列颠尼亚”

周婷　杨兴

在香港飘扬了150多年的英国米字旗最后一次在这里降落后，接载查尔斯王子和离任港督彭定康回国的英国皇家游轮“不列颠尼亚”号驶离维多利亚港湾——这是英国撤离香港的最后时刻。

英国的告别仪式是30日下午在港岛半山上的港督府拉开序幕的。在蒙蒙细雨中，末任港督告别了这个曾居住过25任港督的庭院。

4时30分，面色凝重的彭定康注视着港督旗帜在“日落余音”的号角声中降下旗杆。根据传统，每一位港督离任时，都举行降旗仪式。但这一次不同：永远都不会有另一面港督旗帜从这里升起。4时40分，代表英国女王统治了香港5年的彭定康登上带有皇家标记的黑色“劳斯莱斯”，最后一次离开了港督府。

掩映在绿树丛中的港督府于1885年建成，在以后的一个多世纪中，包括彭定康在内的许多港督曾对其进行过大规模改建、扩建和装修。随着末代港督的离去，这座古典风格的白色建筑成为历史的陈迹。

晚6时15分，象征英国管治结束的告别仪式在距离驻港英军总部不远的添马舰东面举行。停泊在港湾中的皇家游轮“不列颠尼亚”号和邻近大厦上悬挂的巨幅紫荆花图案，恰好构成这个“日落仪式”的背景。

此时，雨越下越大。查尔斯王子在雨中宣读英国女王赠言说，“英国国旗就要降下，中国国旗将飘扬于香港上空。150多年的英国管治即将告终。”

7时45分，广场上灯光渐暗，开始了当天港岛上的第二次降旗仪式。156年前，是一个叫爱德华·贝尔彻的英国舰长带领士兵占领了港岛，在这里升起了英国国旗；今天，另一名英国海军士兵在“威尔士亲王”军营旁的这个地方降下了米字旗。

当然，最为世人瞩目的是子夜时分中英香港交接仪式上的易帜。在1997年6月30日的最后一分钟，米字旗在香港最后一次降下，英国对香港长达一个半世纪的殖民统治宣告终结。

在新的一天来临的第一分钟，五星红旗伴着《义勇军进行曲》冉冉升起，中国从此恢复对香港行使主权。与此同时，五星红旗在英军添马舰营区升起。两分钟前，“威尔士亲王”军营移交给中国人民解放军，解放军开始接管香港防务。

零时40分，刚刚参加了交接仪式的查尔斯王子和第28任港督彭定康登上“不列颠尼亚”号的甲板。在英国军舰“漆咸”号及悬挂中国国旗和香港特别行政区区旗的香港水警汽艇护卫下，将于1997年年底退役的“不列颠尼亚”号很快消失在南海的夜幕中。

从1841年1月26日英国远征军第一次将米字旗插上港岛，至1997年7月1日五星红旗在香港升起，一共过去了156年5个月零4天。大英帝国从海上来，又从海上去。

（来源：新华社，1997年7月1日）

呼伦贝尔草原上的白灾人家

范立新　唐春枫　刘　畅

门都齐齐格居住的毡房像一叶孤舟，孤独地立在暴风雪过后的草原上。1月26日清晨，天空还飘着零星小雪，武警呼伦贝尔盟森林支队的官兵找到了这里。低矮破旧的毡房里，牛粪燃烧正旺，一口大锅里，雪块正融化成温水。脚上的鞋子很破烂，门都齐齐格尽量用长袍遮盖着。

这里是苍茫的呼伦贝尔草原，确切的地名叫巴音乌拉，地处中俄边境附近的内蒙古自治区陈巴尔虎旗。门都齐齐格，一位69岁的蒙古族妇女，住在一个孤零零的蒙古包里，与36岁的儿子呼格吉勒一起，替别人看护着100只母羊和20多头牛。

此刻，面对前来救助的武警森林部队官兵，门都齐齐格担忧地说，羊儿的草料能维持20多天，自己取暖用的牛粪，只够烧半个月了。救援人员将两袋面粉和御寒衣物背进蒙古包时，门都齐齐格眼里闪动着泪花。

10天前，一场暴风雪席卷了呼伦贝尔草原，这是入冬以来的第12场降雪，造成灾难性的影响。对此，团呼伦贝尔盟委、盟红十字会组织了8万元的救灾物资，宝日希勒煤业公司等单位纷纷捐款捐物，但对分散在辽阔雪野上的受灾牧民来说，几乎是"杯水车薪"。

草原上大部分地区交通中断，门都齐齐格家与外界的联系也断绝了。白雪埋住了羊圈，儿子呼格吉勒只好骑着马到10多公里以外的地方求救。后来，清雪车把路开了出来，但再度放牧，除了一眼望不到边的皑皑白雪，羊儿找不到枯草充饥。"100只母羊，要在4月下羊羔，将来3个月怎么过呀?"门都齐齐格替人放养的母羊群，是陈巴尔虎旗民政局的扶贫项目，下了羊羔，才可能有收入。她最担忧的是"羊在一天天瘦下去"。

"看看你的病吧，还是救人要紧。"武警呼伦贝尔盟森林支队政委金德成也是蒙古族，他怜惜地拉过门都齐齐格的手，仔细检查是否有冻伤，随行军医王海科随即进行诊治，并留下治疗胃病、高血压、冻伤的药品。

救援行动是艰难的。天刚放亮，武警呼伦贝尔盟森林支队就派出30多名官兵，带着两大卡车粮食、御寒衣物、燃料等救灾物资，奔波在茫茫雪原上。中午时分，一辆车陷入了深达半米的雪坑里。10多个战士用铁锹挖，用人力推，30分钟后，才将汽车从雪坑里“救”了出来。

布仁赛汗也是一位蒙古族牧民，今年51岁。她家的两只黑色的牧羊犬在蒙古包前的雪地里哀号。251只羊、18头牛、30多匹马，替人放养的这么多牲畜，使她更为沉重：“刨去积雪才能吃到草，我的羊前蹄都磨破了，没法吃草了。”她认为，今天的雪灾是夏天旱灾的延续。

在陈巴尔虎旗，记者见到了旗党委书记杜学军和旗救灾办主任希日英。他们说，像门都齐齐格、布仁赛汗这样的受灾户，全旗共有1736户，被风雪围困的受灾牲畜，已达43万头。在整个呼伦贝尔草原，同样遭受白灾的人家就更多。

（来源：《中国青年报》，2002年1月27日）

神雕之死

傅剑锋

它被秘密运到盗猎者的标本制作中心时，左腿几乎被诱捕它的铁夹夹断了。

但断爪仍像锐利的铁钩，关节有成人的拇指粗细。它因疼痛而展开的翅膀，超过两米。那灰色的喙如同弯刀一角，磨损很少，昭示着它的年轻与力量。最奇特的是脖子上一圈金色的毛，在栗色的羽翅衬托中，尽显王者风范。

它就是日渐罕见的金雕——当阳光照在其羽毛上时，会泛起金色光芒。它能以300公里的时速凌空直击猎物，使鼠、兔、狐瞬间毙命。它还有“杀破狼”的绝招——一爪扭住狼颈，另一爪直插狼眼，曾有金雕让14匹狼毙命。它是藏民眼中的神灵，是国家一级保护动物，是墨西哥国鸟，也曾是古罗马的权力象征。7500万年以来，它就是以这种姿态君临万物，俯瞰一切。由于日渐稀少，它已被列入世界濒危物种红皮书。

但现在，它的双腿被铁丝捆住了，身体被一块大木板挤到墙上。它只能艰难地把头仰起来喘息，惊疑地看着这个人类的世界。它的眼珠很黑很亮，褐红色的瞳仁里没有一点杂质——它是被藏人认为唯一敢直视太阳的神鸟。

它原本会像许多同类一样，悄无声息地死在盗猎者手中。但一个于心不忍的目击者，冒着生命的危险，向《南方周末》记者讲述了青海盗猎者对这只金雕的屠杀过程。记者在调查中发现，暴利诱惑了盗猎者，一只收购价五六百元的金雕，偷运到广州的酒楼，售价上万元；如果做成了标本，卖到青海本地，至少需五六千元，转运到北京、广州等地，甚至达到了25万元！青海省森林公安称：一些非法买家认为，买下这种有着神性和王者之气的大鸟标本，可以给自己带来“好运”。

盗猎者张恩科就是一个制作金雕标本的高手。他因涉嫌贩卖金雕标本等野生动物制品，将于2007年5月中旬被青海省西宁法院审理。他和陕西的亲兄弟张维科等人，组成了一个贯通全国的猎杀、销售野生动物制品的黑网络。

青海省森林公安局介绍：在他们的调查中，不但有像张恩科案这样的松散犯罪团伙，一些涉黑、涉枪、涉毒的犯罪团伙也受暴利的诱惑开始涉足野生动物贩卖。这也正是向本报反映情况的目击者不敢举报、不敢暴露身份的原因。

为了求证目击者所言的可信性，记者通过暗访，使那个屠杀金雕的盗猎者承认了贩卖和制作金雕标本的事实。他自称是青海地区最专业、能提供最好标本的人。本报还发现他有张恩科式的地下网络，已干了10年。

10年了，已有无数神鸟死在他们手里。而现在，屠杀又开始了——

那个盗猎者拿出一枚两寸长的钢针，慢慢向金雕走近。“那时，他的脸上竟然还挂着像平常一样的笑。”目击者回忆说。

这个凶手对金雕下手前，已用一只老胡兀鹫“热了身”。胡兀鹫是藏人在天葬时的神鸟。就在老胡兀鹫张嘴喘息的瞬间，盗猎者把几颗毒药塞进了它嘴里。胡兀鹫扑腾几下就不动了，嘴边淌出鲜血。它的最终命运是一个标本。在青海省森林局，本报记者看到了在其他案件中被查获的胡兀鹫标本，展开的翅膀比金雕还要大，售价数万元。使用毒药也不是这个盗猎者的发明——张恩科案中，森林公安搜出了数百斤被罪犯用来诱杀野生动物的毒药。

但对付这只金雕，盗猎者认为用钢针可让它速死。在目击人的惊愕中，盗猎者抓住了金雕的头，拿起一个榔头，“邦、邦、邦”几下，将钢针从头顶打了进去……

几秒后，他拔出了钢针。针上的血也被擦净了。“不可思议的是，那时他脸上还挂着笑。”目击者回忆。

尽管痛入脑髓，金雕没有一丝悲鸣。盗猎者认为它死了，把它扔到了地上。

但这只神鸟又站了起来，只是全身发抖。“我看到了它瞟过来的目光，那是红宝石一样的光芒。我读懂了它眼睛里的质疑：我怎么了？我为什么站不稳了？你们为什么这样对我!?”目击者回忆。

金雕就这样定定地看了3秒钟，然后扑倒在地。

已有数不清的同类，在经历与它相似的命运。《人民日报》报道：太行山一带的盗猎者，喜欢冬天出手，此时金雕的羽毛最丰满。但由于膘肥，不适合做标本，他们就给金雕断水断食，直到耗尽鸟身体里的养分。为了防止金雕反抗损坏羽毛，他们还用针把它的眼睛扎瞎。

神鸟还牺牲在饕餮之徒的口腹中。2002年11月4日，20只将要被运到广州餐馆的金雕，在该市火车站被警方截获；2003年3月，6只将要运入餐馆的金雕，在广西209国道被警方截获；而在2004年11月，从甘肃运往广州的2只金雕在河南被截获……

天已经黑了，它们的命运也是黑的。这只被钉了钢针的金雕，被盗猎者扔在储藏间。

它毕竟是神鸟，生命仍未消失。偷偷进入储物间的目击者看到：金雕好像被泼过冰水，每根羽毛都在颤抖，它的身体也是凉的。它发出嘶哑又雄浑的哀号。目击者描述着这只雕的最后时光："它的声音能让人心都碎掉，它的生命就要消亡了，我想它在呼唤它的亲人，它在绝望地呼唤它的爱人……"

或许只有永恒的爱情，可以温暖它的最后一刻。在全世界的动物园里，没有人工繁殖过一只金雕，因为这种鸟最向往自由与爱情，它们不屑于人工凑合，甚至在动物园里以撞笼而死相抗。

或许只有不变的亲情，可以温暖它的最后一刻。一位瑞典女动物学家，曾记录过这种猛禽极其温柔的一面——一对金雕把巢筑在山崖绝壁的裂缝里，里面还有对毛茸茸的小雕。只要动物学家略微靠近它们的领地，金雕夫妇就会向她发起凶猛进攻。动物学家在望远镜里发现：大雕每天从外面觅食回来，就会把肉撕成一条一条，异乎温柔地喂给"叽叽"乱叫的小雏。

或许，只有曾经的速度、力量、一击必杀的王者之风，能温暖它的最后一刻；或许只有长空中的无限自由，才能温暖它最后一刻……

但现在，没有人可以探究到它的思想。目击者只能绝望地，抚摸着它渐渐变凉的身体。

黑夜终于消退，阳光射进了储藏室的窗户，金雕的身体却黯淡无光了。酣睡了一夜的盗猎者对目击者说，金雕一定死了。他准备扒下它的皮，做成标本。

盗猎者走近了金雕。这只已经被他认定死亡的神鸟，忽然以不可思议的生命意志站了起来。"我又看到了金雕的眼睛，它的瞳仁反射着像宝石一样的光，眼神纯净得像婴儿。"目击者回忆，"它在流着泪看我，它只企求我能救它，它已经不是草原上的王者，而像一个受伤的少年……"

也在这个瞬间，金雕仰起了头，张开翅膀，准备重新飞回蓝天。窗口射进来的阳光，又把它的双翅染成了金色，就像帝王的袍子罩在了身上……但只有两秒钟，它又倒在了地上。

盗猎者也被震撼了。在他 10 年的杀戮中，可能很少碰到过这样的情况。但很快，他回过神，用铁夹撬开金雕的嘴，像对待那只老胡兀鹫那样塞进了一把毒药。半小时后，金雕的嘴边流出了鲜血。

然后，盗猎者割开了金雕的喉管，把手伸到它的体内掏出了胃。本报记者从森林警察处得知：在黑市，金雕的胃被炒到几千元至上万元1个——买家确信：雕胃是治胃病的奇药。

血一直在往外冒，这年轻的鹰好像有流不完的血和愤怒。盗猎者用了好几块抹布擦血，才剥下它的皮。

血终于尽了，金雕的灵魂也消散了。只有这血糊糊的尸体，像一个无辜的婴儿，被扔在地上。

但在藏民的传说里，神鸟金雕从不会在人间留下尸体。当它知道将死时，会竭力飞向高空，直到被闪电劈碎；或者飞向太阳，直到被热浪融化……

（来源：《南方周末》，2007年5月10日）

绵阳“醒”来

肖春飞　伍　皓　姚润丰

绵阳，一夜“醒”来。

12日早上，小雨，新华社记者走上绵阳街头，看到一座既熟悉又陌生的城市。

街头熙熙攘攘，人们赶着上班、买菜、吃早餐。1/3淹没线的标志犹在，但路上已经车水马龙；防洪的沙袋犹在，但鳞次栉比的商店纷纷拉开卷闸门恢复营业。涪江两岸，市民在悠闲地散步、遛狗；富乐山上，帐篷正被陆续拆除、折叠……

仅仅在一天前，绵阳还是一座空城，静悄悄的楼房，空荡荡的马路，警戒线前站着警察与民兵。一入夜，到处是黑暗与沉默，只有凄冷的灯光照着涪江。

这座西部名城，在不到一个月的时间内，接连经受了八级大地震与2.4亿立方米“悬湖”的双重考验。

绵阳市城区固定人口是80.8万人，加上流动人口，城区共有约130万人，由于余震和堰塞湖的双重威胁，市民或投亲靠友，或撤离到地势高的安置点，城区剩下的人口为30多万，近100万人离开了绵阳城区。

“终于可以回家啦!”在富乐山，王朝福抱着孙子王垣皓说，孩子在11日刚满一周岁，生日是在帐篷里过的。

先是避余震，后来躲洪水，王朝福一家离开游仙区沈家坝富乐小区的家，已有20天。10日唐家山堰塞湖泄洪后，洪水过绵阳，王朝福与众多市民走出帐篷，到涪江桥上看洪水，颇有些震惊：“头一次看见这么大洪水!”

富乐山是绵阳市撤离群众的重要安置点，漫山遍野均是密密麻麻、五颜六色的帐篷。11日起，人们陆续返回家中。

来自游仙区的谢成东正冒着零星小雨收拾帐篷，他说：“绵阳经受了洪水考验，绵阳的新生活已经开始。”

在海棕路，29路公共汽车满载乘客缓缓驶出站台，司机宋思满喜笑颜开，他说：“我们这条线已经停开一段时间了，现在恢复正常了。”

连接涪城区与游仙区的涪江大桥下，绵阳市交警直属一大队的邓洋正在忙碌地指挥交通，他说，这一段此前是1/3溃坝淹没区，几乎没有车辆通行，12日一大早，这里车流量就不断增加。“我们的绵阳终于挺过来了!”

涪江的水势较洪峰来时已经平稳，但依然浑浊，缓缓向下游流去，防洪堤上，市民们在散步、聊天，穿着时尚的年轻姑娘，开始结伴逛这里的精品商店。

距离涪江不远的南河东街，一家名叫“玉竹奶汤面”的饭店顾客盈门，老板周洪自豪地说：这条街是1/2溃坝淹没区，虽然不在撤离范围内，但街上只有他们一直坚持营业，总得给没走的人一个吃饭的地方。

记者在这里吃完早餐，但是周洪执意不让记者付钱：“你们这些天一直守在绵阳这座空城里，很辛苦，我请你们吃面。”

地震发生后，生意清淡，他受到一些损失，但现在一切正在恢复正常。“绵阳的未来会越来越好，我们的生意会越来越好的!”他说。

（来源：《新华每日电讯》，2008年6月13日）

为丰碑奠上一块基石

——访斯英琦

陈 寅

朋友在电话中告诉我："深圳有一位参加了《汉语大词典》主要编纂工作的学者，斯英琦，你知道吗？你应该写写他。"

我当然认识斯英琦。1985 年 2 月，他受深圳大学之邀从上海到该校讲授《红楼梦》，不久，他转教于宝安电大，成了深圳人。以后我就认识了他。他是深圳文坛名声卓著的文艺评论家。他撰写的文艺评论，每每视角独到，视野高远，令同行侧目。

但他作为词典编纂专家，则是我第一回听说。而且，他所曾从事的，是编纂那部煌煌 12 卷的《汉语大词典》。我相信，那将是另一个斯英琦。

在友人的陪同下，我来到了他的寓所。49 岁的斯英琦教授就坐在我的对面，同我谈他的身世和参与编纂的词典。他谦和地对我说："没有什么太多值得一说的，我只是一个读书较多的儒生而已。”

那部12卷、收词37.5万余条的《汉语大词典》终于从他的书柜上取下来。在“主要编纂人员”数十人的名录中，赫然印着斯英琦的名字。

编纂出版《汉语大词典》，是中国语言文字学界、教育界、出版界共襄的盛举。风雨18年，一批知名的专家、前辈参与了全书的总体设计。华东五省一市1000多人先后参加了编纂工作。以吕叔湘为首的学术顾问委员会和由罗竹风任主编的编辑委员会，荟萃了中国语言学界的泰斗和权威学者。阵容之强大，在中国辞书出版史上亘古空前。斯英琦，就是其中一员。

他是在1978年12月被选入《汉语大词典》编写组的。其年他33岁，是编写组中年轻的一位。在他那个年龄段，由于众所周知的原因，贯通古今、学识渊博的青年知识分子已属凤毛麟角。在当时，拨乱反正刚刚开始，中国的知识界、学术界正处于青黄不接的阶段。

斯英琦的学识得益于他所出身的书香门第。他的父亲早年毕业于日本早稻田大学，母亲毕业于东京帝国大学。他从四岁起浸淫着东西方文化。家中那9万册藏书，似乎注定了他一生下来就与著书立说有不解之缘。他无疑是典型的书斋式学者。在那个动乱的年代，他生活在牛棚里，但矢志不渝，埋首于古籍，漫游于现代语言学海洋，为日后的“派上用场”作了大量的知识积累和学养准备。

“个人才能要服从规范，”斯英琦深有感触地说，“编纂如此大型的辞书，规范是第一要素。编纂者无论学识多么深邃博大，学富五车，都要在规范之下从事这项工作。”丰碑将立，必固基石。他说，“丰富的资料是编纂语言大典的基础”。在编纂过程中，他先后收集资料制作卡片数十万张，在这本5000万字的大典中，他独立完成了其中的100多万字。

他讲述了这样的经历：不少词条的资料卡片多达上百张，上千张，桌子上放不下，只能在床上、地下铺开，给自己织上一张铺天盖地的字网。上海的夏天热浪灼人，却不敢使用电风扇，怕吹散卡片，只好赤膊趴在地板上反复揣摩，冥思苦想，像被字网罩住的人一般，欲罢不能。

个中滋味，常人绝难想象。

改定每个词条都如况钟断案难下千斤之笔。如元曲中的一句“义男儿，你上马慢慢走”，其中“义男儿”一词，“义”字作何解？“义”字通常的解释是：①仁义；②恩谊；③不取报酬的。但在这句元代人的话中，上述几种解释显然不确。斯英琦查证了无数本典籍才断定为“假”的意义，则“义男儿”作“情人，情郎”解。

斯英琦指着这摞 12 卷的《汉语大词典》对我说，这项耗时 18 年的浩大文化工程总算竣工了，中国数代前辈学者的梦想终于成了现实，这是可以告慰英灵的。他说：“在这 18 年中，陈翰伯、边春光、吴文祺、叶圣陶等出版家和语言学家先后辞世，14 名学术顾问中有 7 名离开了我们，8 位主编中有 4 位没能看到本书的最后付梓。几乎每一卷出版时，卷首的名录中都会增加几个黑色方框。他们为这部中华文化的盛典，青灯黄卷，焚膏继晷，筚路蓝缕，千粿万合，耗尽了心血。《汉语大词典》作为集古代汉语和现代汉语词汇之大成，它向世界展现了古往今来汉民族语言的历史全貌。在中华民族 5000 年文明史中，这是当代中国学者集体建造的一座文化丰碑。而我，只是为这座丰碑奠上了一块基石而已。”

《汉语人词典》在今年 1 月获得了第一届国家图书奖，这是中国出版界的最高荣誉。而汉语大词典出版社对斯英琦的评语是：“斯英琦业务能力强，为《汉语大词典》的出版作出了很大的贡献。”为此，今年 5 月，国家新闻出版署向斯英琦颁发了荣誉证书。

作为辞书专家的斯英琦当之无愧。鲜为人知的还有，他曾参与编纂迄今为止最为权威、收词条最多的《中国成语大词典》（上海辞书出版社出版），该词典自 1987 年 8 月问世以来，已重印 8 次，发行量达 80 万册。该词典获得第二届全国图书金钥匙奖。此前，斯英琦还参与编纂了《中国科技史探索》一书，该书是为纪念世界著名科技史专家李约瑟八十大寿而出版的。在斯英琦的书柜上，这本封面已略为发黄的典籍不特别起眼，尽管它也获得了 1978—1987 年全国古籍优秀图书二等奖。“正是从编纂这本书开始，治学的谨严态度在我身上确立起来。”

“其实，站讲台和写文章才是乐事。我最主要的兴致是著述。”怪不得深圳人熟悉的是作为教授和文艺评论家的斯英琦，而非辞书编纂专家的斯英琦。

（来源：《深圳特区报》，1994 年 5 月 29 日）

基因专家杨焕明妙趣横生话基因

佚 名

三年前，一场“克隆风暴”震惊全球；三年后，一项意义更为深远的生命科学成果面世：由全世界科学家联手合作的“人类基因组计划”，于5月3日呈上了它最重要的框架图，“人类基因组 DNA 序列图”完成时间也将提前至2001 年 6 月，届时人类生命的天书将被科学家全部解读。

应邀前来南京参加东南大学校董会活动的杨焕明教授，是人类基因组计划国际组织中国协调人，也是中科院遗传所人类基因组中心的主任。25 日，他在百忙中接受了记者的专访，并饶有兴趣地回答了记者提出的若干“简单问题”。

记者（以下简称记）：“人类基因组计划”有多大?

杨焕明（以下简称杨）：由包括中国在内的世界 6 国科学家联手合作的“人类基因组计划”，与“曼哈顿”原子弹计划、“阿波罗”登月计划，并称为自然科学史上的“三计划”，但它对人类自身的影响，将远远超过另两项计划。人类的遗传物质就是 DNA，它的总和就是人类基因组，由大约 30 亿碱基对组成，分布在细胞核的 23 对染色体中。“人类基因组计划”的核心，就是测定人类基因组的全部 DNA 序列。30 亿是个天文数字，这个计划也可以说是解读生命天书的计划。参加这项计划的有美国、英国、日本、中国、德国、法国一流的科学家，中国做了整个计划的1%。虽是1%，但意义重大。

记：人会有自身的说明书吗?

杨：不久的几年内，人们将看到一份描述人类自身的说明书，它是一本完整地讲述人体构造和运转情况的指南，届时危害人类健康的

5000多种遗传病以及与遗传密切相关的癌症、心血管疾病、关节炎、糖尿病、高血压、精神病等，都可以得到早期诊断和治疗。另外，一个新生儿出世时，如果法律允许，他的父母愿意的话，可以拿到孩子的基因组图。这张图，将记录一个生命的全部奥秘和隐私。

它不但能显露出这个孩子成年后，是不是一个色盲，大概长多高，会不会秃顶、发胖，还可准确地告诉父母：是什么病，会在什么时候可能要这孩子的命。

记：这样的说明书能公开吗？

杨：应该不能。不然的话，自己会过多地知道自己的未来，对自己的生活质量没有好处；保险公司会完全了解你的身体状况，比如说知道40岁时会生何病，你的某些保险将会被拒绝；公司会根据你的"说明书"决定是否雇佣你。"说明书"该由谁保管，到时候法律会有说法。

记：生个健康、聪明、漂亮的宝宝难不难？

杨：人类所有的疾病在某种意义上都是基因病，"病不病"的可能性，在孩子出生前就已绘在基因的蓝图上了，因此，父母可以在孩子出生前，要求通过遗传分析进行风险预测，因此生个健康、聪明的宝宝不难。至于生个最漂亮的宝宝，技术上可以做到，但不能这么干。

记：将来，医生怎样看病？

杨：将来，测一个人的全部基因序列不那么昂贵时，看病就方便多了。把人的基因图记录在一个光盘上，诊断时，医生先打开光盘，首先检查几个可能的"候选基因"，并把重要区域、重要基因、重要位点搞清楚；再看看需要注意什么，因为基因组的"情况"不同，某种药物有人用就灵验，有人用就不灵验，甚至会有生命危险，针对个体差异，医生开出"特效药"就行了。

记：不吃药能治病吗？

杨：近几年来，"基因组工业"方兴未艾，可以用鸡来生产人的血清白蛋白，用鸡、牛、羊、猪来生产人的红细胞促生素。这样的鸡、牛、羊、猪被转进去了基因，就叫"转基因动物"，这个技术就叫"转基因技术"。如今，转基因技术已用在植物上，把植物作为"生物反应器"。绿油油的田野里，可以长出含维生素A、C的小麦，含动物蛋白的菜……不用几年，到超市买水果、蔬菜就得留神一点：抗感冒的苹果，防肝炎的梨，不能乱吃。

记：胖子变成瘦子麻烦不麻烦？

杨：作为实验动物，小白鼠贡献颇大。人类的肥胖基因，就是从小白鼠中先被发现的。有一种小白鼠吃得再少也发胖，大胖鼠生小胖鼠，这是遗传的。这就是性状，有性状就有基因，就有位点，有“致胖”的等位基因，就有“不胖”的等位基因。科学家把“不胖”的等位基因注射到“胖”小鼠身上，一月见效，“胖”小鼠怎么吃也没有原先那么胖了。根据小鼠的基因组与人的基因组的对应关系，科学家把人的基因组中“胖”基因也找出来了。“不胖”的等位基因和“致胖”的等位基因还很相似呢，只有那么一点点不一样。用不了10年，让胖子瘦身的药物便会出现，那时，胖子想瘦是很容易的事。

记：器官移植会不会很方便？

杨：把人的有关基因转移到另一种动物身上，让它长出人的器官，这就是“转基因器官”。第一候选的动物就是猪，因为猪与人在进化上是近亲，肾、心脏构造与人的差不多，而且猪长得快，10多个月就长成了。对于需要移植心脏的病人来说，猪真的是既献肉又献“爱心”了。用转基因技术，让猪的心脏长成人的心脏，先要解决异种心脏的排斥问题，必须把猪免疫排斥基因也换成人的，再把猪与心脏的发育、功能有关的基因也换成人的，而且要换成与需要心脏者完全一样的，这样“人面猪心”就成真了。这方面的进展很快，完全可以期望在本世纪，用猪来取代人的各种器官。不过，操作得小心，不然人的基因漏到猪肉里，那猪就要长出“人肉”了。

记：人能活到多大？

杨：要不了多少年，人可以根据“基因图”调整自己的生活方式，使自己处于最佳的生命环境中，这样活150岁不成问题，现在，科学家已经可以拨动人体的生物钟，如果“生物钟”问题攻克了，人可以活到500岁。当然，科学的发展要有利于人类的进步，人类过于追求长寿，对人类本身没有好处。所以，科学家还要负担起人类的整体责任，有的事不可以做。

记：癌症能不能预防？

杨：多基因病，是指大多数的人类疾病，重为癌症，中为糖尿病、骨质疏松、老年痴呆、高血压等。这些病的致病位点不止一个，如同一条长长的有很多链环的链条，任何一个环节出了毛病，都会有问题。这些疾病的相关基因可以称为易感性基因，可以传给后代。基因诊断提示了“易感性”后，可以通过改变饮食、生活方式，在一定程度上调整相关基因的表达。如肺癌，如果基因诊断中有易感性，就有可能对抽烟较为敏感，不抽烟，发生肺癌的可能性就小了。

记：基因治疗怎么治？

杨：实际上，迄今所有的药物，甚至于“精神疗法”，都是通过修饰基因的结构，调节、改变人体的基因表达，改变基因产物的功能而起作用的，这是间接的“基因治疗”。真正的“基因治疗”，是直接把基因送到人体细胞中而发挥治疗功效，如“基因产品”的人胰岛素、人生长激素，已广泛用于临床治疗。“基因治疗”不仅要找到致病的等位基因与正常的等位基因的区别，还要有“治疗基因”。把治疗基因送到人体中去有很多方法。现在有一种“基因枪”，像枪一样，子弹是黄金做的，很细很细，细到能被细胞吸入又吐出，它粘上“治疗基因”进入细胞，被细胞弹出后，“治疗载体”却留在里面。

记：人类基因组，能让人看到“亚当”和“夏娃”吗？

杨：研究人的基因组，可以知道猴子是怎么变成人的。古代的“猴子”（或是古猿），为什么一部分变成今天的猴子，一部分变成了今天的人，只要把人的基因组搞清楚，再把猴子的基因组搞清楚，两者比一比，那些差异就是原因。现在，“人类基因组计划”及其他研究成果，又有了一个令人不敢相信的说法：人类真的有一个“夏娃”！现在地球上所有的人，都是一个非洲妇女的后代。这个妇女大概生存在20万年前。最近，对只是父传子的Y染色体的研究证明，“亚当”居然也是非洲人。真是不可思议，中国人不是已经发掘出猿人化石了吗？还用现代同位素技术鉴定过“年龄”。

记：基因能赚钱吗？

杨：基因就是钱。一个基因的克隆，就能形成那个基因的产业。随着“人类基因组计划”的进展，已兴起并将兴起更多的基因组产业，其前景要比彩电、冰箱、汽车甚至电脑大得多。现在，美国所有的医药公司，都往这上面投资。西夸克治疗公司，一宣布克隆到了哮喘病基因，股票一下涨了好多倍。美国的家长们，为了让自己的矮孩子长高，就给孩子注射一种生长素的基因药，一年要花5万美元，连续5年，就是说，一个孩子要花25万美元。

记：自己的基因图能不能制成小牌牌随身带？

杨：未来会有记录个人基因的身份证，这样的身份证用处很多。警察查验身份时，只需要用随身携带的基因检测仪，像刷卡那样一刷，是不是你本人，需要了解的相关问题便都解决了。

（来源：《扬子晚报》，2000年6月8日）

对死亡说些什么

朱 强

一

“最后一个生日将来了，我要走了，人生总有那么多的节骨眼当然受不了，我实在不敢在这样的时刻稍加逗留，更不敢深入地去想一些事，因为，心，会碎成片片。”

——摘自陆幼青的最后一篇日记（10月23日）

在写下最后一篇日记之前的10月15日，陆幼青在妻子时牧言的陪同下赶到了上海青浦一个叫福寿园的墓园，亲手为自己挑选了一块墓地，而这次出行是在“经历了一次更为严重的缺氧反应和几十个小时的换药反应”之后。在此之前，由于就诊的医院到明年才继续向药厂购买他所需的某种麻醉药，陆幼青不得不重新适应新药，而这使他整日半梦半醒地呆坐，其中一天，竟“在沙发的同一个位置坐了十几个小时”。

11月3日的陆幼青还能够勉强进食，这一天时牧言记下的食谱是这样的：

早餐：半碗栗子白米粥；午餐：葱油拌很细的面条、萝卜汤（只喝了两三口）；下午：喝了一杯哈密瓜汁；晚餐：准备了他喜欢吃的大杂烩暖锅，他也强打精神下了床，但一口也没有吃，只喝了点甜豆浆。

目前，陆幼青已经完全丧失了行动能力，他的脖子、前胸等部位已经布满了大大小小的肿瘤，每时每刻都会溃破，癌细胞在他的体内疯狂地生长着，肆虐着，长达六年的病患早已使他的躯体被侵蚀破坏，让他骨瘦如柴，伴随而来的还有全身大面积的浮肿和难以抑制的饥饿感，但他的喉管和食道已经严重变形，几乎吃不下一点点东西。

他不得不在11月7日重新住医院，麻醉药此时已经部分失效，他只能在这种痛苦的、病态的饥饿中煎熬着。

而两个月前的陆幼青依然能够下床行走，依然神采飞扬、谈笑自如。他原本打算在医生断定的100天的大限期内写完100篇日记，从8月3日他万般疼爱的女儿的生日那天开始写起，可直到10月23日不得不因病情严重而封笔，也只有73篇，共15万字，他的体力已经到了极限。

11月11日，也就是他写日记的第100天，陆幼青终于亲眼看到了出版社从北京专程送来的新书的样本《生命的留言——死亡日记全选本》。

拿着那本由自己亲手设计封面的书，他哭了，这个身体孱弱精神坚强的男人在忍受了六年的病痛折磨和六年的死亡威胁后，在他即将走向生命的最后那一刻，终于第一次在他的家人和许多陌生人的面前流下了悲喜交加的泪水，泪雨滂沱的还有身旁始终相濡以沫的妻子。

就在两个月前，他的家中依然是一片温馨，窗外阳光灿烂，楼前的小花园内，他的妻子亲手种植的向日葵正在茁壮成长，女儿的古筝摆在一个很显眼的位置。

他深爱着自己的女儿，在广受媒体关注的日子里，他一直坚持使这个年仅10岁的小女孩不受打搅。

就在两个月前，陆的手中夹着一支中华烟，讲着第一次进岳父岳母家时出的一个小洋相，妻子脖间挂着他送的项链，手上戴着他送的手镯，会心地也是灿烂地笑着，好像生活没有什么改变，一切都很正常。

除了陆的脖间那间或露出的可恶的正在疯狂生长着的肿瘤以外，你根本不会发现这个家庭与千万个普通市民的家庭有什么不同。

就是在这种氛围中，记者与陆的对话开始了。

二

记：你曾在日记里发出感叹抱怨命运的不公："为什么上帝选择我们，这是一个实验吗？"你是一个宿命的人吗？

陆：我认为人在出生的那一刻，冥冥之中记载了这一特定时刻宇宙中信息在我身上的全部反映，这就是宿命。但我也相信运，命是天生注定的，还有一个运动体系的问题，命与运的相互缠绕，就构成了一个人生活的全部。

记：如果人的生命有轮回，你能够来世重生，你是否会选择另外一种职业，譬如肿瘤医生？

陆：我想投入一个比较富裕的时代，做一名老师。在我做教师的那几年里，教室里始终笑声不断，掌声不断，这使我认识到我是个成功的教师，之所以离开，是我发现作为一个父亲和丈夫，这两者有时无法兼顾，要么就做我的优秀教师，看着女儿成天喝米汤，要么就换个职位，后来我就辞职了。

记：为什么选择日记的形式记录死亡的过程？

陆：我写日记的本意不是让人们关注我自己，而是关注我的日记。想写日记时，我已经开始写着关于生命体验的纯粹性的文字，但写着写着就没有感觉了。

记：你在日记中谈到了法国协和飞机空难事件，并假设了一种情境：如果人们都清楚这架飞机要坠毁，每个人都在时刻准备着把自己手中的机票转让给其他不知情的人，这一假设是否说明你认为人的本性是邪恶的？

陆：人的本性善恶与否这一命题太大又太古老，我做这一假设是说明人世间的一个常理：趋生避死是人之常情，但同时也想从反面证明一个濒临死亡的人的真实体验：世界上确实有一些人，他们不在乎何时生何时死。对我而言，今天死和明天死没有太大的区别，如果我的死能够换来别人的生，我宁愿选择在特定的时间和特定的地点赴死。我的本意在体验一种境界，如果有一颗彗星正急速撞向地球，要招募一名飞行员驾驶一架飞行器与它相撞，我想第一个报名的人可能就是我。那个灰飞烟灭的时刻对我来说很无所谓。

中国人的死向来有鸿毛泰山之分，世人对生无法选择，但对死却可以。在一个重死轻生的国度里，因为疾病的折磨，哪怕能被赋予一点点价值，像我这样的人也会选择死亡，这比躺在病床上，被病菌打倒要好得多。

记：这叫置之死地而后生吗？

陆：不，这叫废物利用。

记：在8月10日的日记里，你记录了你的一个梦，你经常做噩梦吗？

陆：1994年、1998年动手术前，噩梦对我来说不是经常的事。我的梦很有特点，画面是彩色的，有完整的对话和故事情节，在后面的日记里，我做过一个疯狂的梦（目前在网上公布的日记只占陆写的所有日记的一半，怕病情严重时无力再写，接不上），这个梦简直有点邪恶。

记：在长达六年的与疾病抗争的过程中，你有没有寻求过宗教的帮助？

陆：虽然没有宗教情绪，但经常做自我反省。事实上我对世间的几个主要的宗教，都充满了敬畏，即使不信也不敢亵渎。之所以到今天这种地步还没有寻求宗教的帮助，就是因为我还能够把心境控制在一个相对平静的地步。做梦，哪怕是一个邪恶的梦，也是我寻求心理平衡的一种方法，一种宣泄，不把这种情绪释放出来，它会长久地压在我的心头，令我难以平静。

记：有没有因难以控制，突然爆发的时候？

陆：有，但都是在一种非常私人化的状态中，譬如有一天，我去洗脸，一抬头，突然发现镜中被癌细胞折磨的日渐憔悴的变形的面孔时，眼泪会止不住，但绝不会影响到他人，包括我的家人。我想这与我漫长的生病时期有关系，在六年的时间内，我每时每刻都在做心理的自我平衡体操，每天几乎都有那么一刻，爆发的时刻到了某一个临界点，我触摸到了死亡的存在，但很快又使自己平静下来，最终到今天达到一种收放自如的状态。

记：有没有想过自杀？

（这时陆的声音已经非常沙哑和低沉，他的妻子时牧言提醒记者，陆需要休息片刻。）

陆：想过自杀，后来这个主意改变了。自己亲手结束父母给予的生命是不自然的状态，也是一种不可取的人生姿态。我认真考虑过安乐死的问题，其中有一篇日记专门谈这个问题。我认为安乐死反映了一种达观的人生态度，是一种真正的仁慈。当然有很多国家没有通过相关的法律予以支持，这牵涉到安乐死本身实施对象的鉴定问题，但不能因此而否定安乐死所蕴含的精神，这种死亡方式对那种会带来身体强烈痛苦的患者很有意义，我个人反对自杀，但如果条件允许选择安乐死，我乐于接受。

记：为什么决定在互联网上定期公布自己的日记？

陆：从开始写日记到决定网上发布，期间只有一个星期的考虑时间，我的日记首先是留给女儿的，另外我也想通过一个肿瘤病人的日记唤起社会对这一类病人生存状态的关注，而不仅仅是治疗和关心，要有人平衡他（她）的心理，从这一点来说，需要让更多的人来了解，来关注。理由虽然有些冠冕堂皇，但也是出自百分之百的真诚。

记：但在日记里，对你个人病情的真实描述和体验所占的篇幅并不多。

陆：我想能够看到日记的人都应该是“有钱人”，上网、买报，甚至将来买书都要花钱，虽然钱不多，但他们总要花点时间吧，一想到这些我的心里就轻松不起来，这并不是一场游戏。因此没有必要过分渲染个人的痛苦，况且相同的病症，每个患者都有自己不同的体验，过分描述对读者是不公平的，也是不客观的。如果哪个人偶尔在办公室里忙里偷闲看到日记的某一篇文章，又对他（她）重新认识自己的生命价值产生了哪怕一点点作用，我就很心满意足了。

记：你好像很喜欢史铁生的《我与地坛》？

陆：是的，得病后，我的大部分时间是在极度痛苦中度过，而不是直接走向死亡，特别是最近，我感觉到身体内的癌细胞已经到了青春期，它们异常活跃，而我越来越虚弱，因此，我觉得在某些特定的时刻，我与这位我喜爱的作家的心理体验非常相似。

记：女儿了解你病情的真实情况吗？

陆：她大概只知道 80% 的情况，以她的年龄和阅历，能够知道这么多已经很不错了，再多也是徒劳，她从未向我提过任何要求。

记：劝过妻子在你去世后再下嫁他人吗？

陆：这个问题不够残酷。这是一个我们经常讨论的话题。我也给她开玩笑，说过以后她应该找一个什么样的人。目前，我和她，大家对彼此经历，对社会的一些看法已经达成了很多共识，她能够陪我度过人生的这段最后时光，我已经非常满足。至于以后如何，只能顺其自然了，所谓水到渠成罢了。

记：为什么拒绝化疗，是惧怕其带来的痛苦吗？

陆：患病后，我查了很多相关的医学书籍，最后得出了两点事实：一是化疗的有效率只有 10%，其二是几乎每一个死于肿瘤的病人都经过正规的化疗，但复发率在 90% 以上。后来我想，反正都是一个死，为什么不能做个反方向突围：我不化疗，究竟能活多久。国内有没有这种个例，我不清楚，但我能算其中一个。化疗对人体的损害很大，当然这并不能说明用化疗的方式治疗癌症是多余的，但这恰恰与中医主张的身体是人的生命之本的说法相矛盾。

记：BBS 上有大量网友的帖子，有人否认日记的价值，有人则友善地提出了很多据说有效的治疗方法，你对此有没有回应？

陆：当初选择在网络上发表部分日记就已经充分估计到正反两面的反应，网络本身是一个公平自由的平台，任何人都可以发表自己的见解。至于好心的网友们提出的各种治疗方法如气功、民间偏方等，我没有办法也没有时间去实践，对我而言，自己的选择已经不多了。任何人处于我这种境况，只能急于做完手头的事情，然后才顾得上听听别人的劝告，我最着急的就是我的日记。

记：也有人认为你在网上公布你的日记有“作秀”和“炒作”

之嫌。

陆：对一个时刻处于生死边缘的肿瘤病人而言，任何“炒作”都不能给他（她）本人带来任何功利性的好处，因此我主动“炒作”的动机并不存在，从某种意义上说，媒体的工作就是“炒作”，很多人都心知肚明，对此，我不想再多做解释。

三

陆幼青的最大心愿就是能够在生前看到日记得以出版，这个心愿已了。而且封面还用了他和妻子最喜爱的植物向日葵作点缀。

由于陆幼青的病情已十分严重，时牧言已经完全拒绝任何媒体的采访。她的丈夫在送给她的书中扉页上写的话是：“你能给我的已给了，这是我能给你的。”

台湾作家林清玄对陆的评价是：“一个人活着的时候受到很好的尊重，他死的时候就会有尊严。一个人如果活得非常有感情，死的时候就可以没有遗憾。”

（来源：《南方周末》，2000 年 11 月 16 日）

见证者说

——访章含之女士

果永毅　吴迎春

今年 10 月 25 日，是中国恢复在联合国的合法席位 30 周年的日子。30 年前，中国代表团在睽隔 22 年之后，首次出现在联合国大厦，成为世界瞩目的重大事件。当时外交部随团翻译、后曾以中国代表团副代表身份出席联合国大会的章含之女士正是这一事件的见证者。

人心所向：中国恢复在联合国的合法权利

初秋的一天上午，记者如约前往采访章含之女士。穿过北京市中心区一条静谧的胡同，记者来到她的宅邸。这是一座清代风格的四合院，前后两个院落，建筑古朴典雅、错落有致，梨树和海棠树浓阴蔽日、果实累累，在秋阳下显得格外富有生机。身着便装的章含之笑容满面地在客厅门口迎接我们。落座后未及寒暄，话题便径直引入那段令中国人扬眉吐气的历史，她的心情就像室外的天气一样好，声音清晰响亮、充满了自豪感："驱逐台湾当局代表，恢复中国在联合国的合法席位是改变世界格局的事件。"

中国是联合国的创始会员国之一。1949 年，中国人民推翻了蒋介石集团的反动统治，建立了中华人民共和国后，联合国的合法席位理应由中国的唯一合法代表中华人民共和国所有。但是，由于美国等西方势力的阻挠，20 多年来，我国的合法权利一直被无理剥夺。1971 年，形势发生了重大变化，7 月，基辛格秘密访华，他访华之后宣布了美国总统尼克松将访华；10 月，基辛格第二次访华，在这种情况下，联合国内的美国阵营开始分化瓦解。阿尔巴尼亚、阿尔及利亚等 23 国关于恢复中国在联合国中合法权利的提案以压倒多数获得通过。

"当时，美国人没有想到是这个结果，"章含之介绍了当时美国人的尴尬处境，她说，基辛格 1971 年 10 月访华同中方会谈时，谈到中国在联合国的席位问题。当时他向周恩来总理吐露的意思是，尼克松总统 1972 年初春访华后，给中国进入联合国开绿灯，当年秋天，中国可望恢复在联合国的合法席位。具有讽刺意味的是，正是在基辛格访问结束将要离开中国的那一天，联大决议通过了，周总理到钓鱼台送行时告诉了基辛格这件事，当时基辛格非常尴尬。完全出乎美国人的意料，尼克松还没有访华，中国就进入了联合国。这正是"大势所趋，人心所向"。

中国代表团到达纽约后，听到很多趣闻。美国为了阻挠这个提案的通过，其驻联合国大使及美国官员据说同 100 多个国家的代表谈了 200 多次。以许诺提供援助或停止援助的办法进行利诱和威胁。一些国家表示不满，你美国人都同中国往来，却要我们反对中国，这是什么道理？美国人说，如果实在不行，你们投弃权票也不能投赞成票。其实，他们连弃权票都不愿意投，投票的时候一些代表缺席。联合国投票按说没有缺席这一说，要么赞成、要么反对、要么弃权。"缺席"是从中国代表团重返联合国开始。缺席代表到哪儿去了呢？有的跑到洗手间去了，所以，有些代表在洗手间里碰面了，“哈！哈！……”讲到这，章含之不由发出爽朗的笑声，这笑声感染了我们，我们不由得会心笑了。她说，虽然有若干缺席的票，但表决时，提案还是以多数票通过了。当时反应非常热烈，联合国会议大厅里响起长时间的热烈掌声和欢呼声，蒋介石的“外交部长”带着手下一帮人灰溜溜离开会场。

首次亮相：中国组团前往联合国

1971 年10 月 26 日，联合国秘书长吴丹向中国外交部代部长姬鹏飞发来电报，正式通知联大通过恢复中国在联合国的一切权利、立即驱逐台湾当局代表的决议。当时正值“文革”后期，“四人帮”猖獗一时，连该不该派代表团出席联大竟然也属争议之题。最后，毛主席亲自决断，尽快组团出席联大。10 月 29 日，姬鹏飞回电通知吴丹，中国在近期内将派代表团出席本届联大。“代表团的团长也是毛主席亲自决定的，他指定（外交部副部长）乔冠华为团长。”章含之披露了中国代表团组团的经过。

9 月开始的联大会议当时已经进行了近两个月。真正组团的时间只有一个星期，还要起草一个联大报告，因而，准备工作是非常匆忙的。周总理具体领导了组团工作，当时考虑副团长的人选问题，副团长要留在联大当常驻代表，有很多单独活动不能带翻译，当时刚出任我驻加拿大大使半年的黄华被挑选上。章含之说，代表团出发之前，毛主席多次接见并指示。最后一次毛主席接见他们的时候，说了一句很重要的话，“不入虎穴，焉得虎子”。毛主席是说我们要去联合国这个地方，利用这个阵地。后来乔冠华在赴纽约的飞机上依据主席临别赠言怀着激情写了一首打油诗，“一九七一，十一月十一，万里大江横渡，一望长空尽碧。此去欲何为？擒虎子，入虎穴！”

中国代表团于1971 年 11 月 9 日离京前往纽约，周恩来、叶剑英等领导人、首都群众和中国人民解放军指战员 4000 多人以及许多国家的使节到机场欢送。外电评论：欢送礼遇如同欢迎外国元首，表明了中国高层对我代表团首次“亮相”联大的高度重视和期待。

时隔 20 多年后，中国代表团首次来联合国，美国方面也认为是一件大事。各大媒体均派记者前来采访，在中国代表团即将抵达的纽约肯尼迪机场等待。美国哥伦比亚广播公司在这次采访中抢了独家新闻。他们打听到乔冠华一行将从巴黎飞纽约，于是派出以波尼·卡博及大腕记者沃特·克朗凯特及摄影师、录音师一行四人，飞到巴黎，购买了与中国代表团同一个法航航班的头等舱机票。待飞机起飞后，卡博走到第一排乔冠华的座位前请求采访。但他很有礼貌，请乔考虑，半小时后再过来。他们没有料到乔冠华答应了他们的请求。卡博和克朗凯特进行了独家采访。当这次班机抵达纽约，乔冠华被蜂拥而至的各国记者包围时，哥伦比亚广播公司的这两位资深记者匆匆地悄然离去，赶发他们的独家新闻。

激动人心：中国代表团在联合国受到热烈欢迎

出席联合国第二十六届大会的中国代表团于11月11日抵达纽约，此后，代表团团长和成员开始一系列拜会活动：联合国秘书长吴丹、联大第二十六届会议主席马利克以及一些国家驻联合国常任代表等。吴丹因生病住医院，乔冠华团长和黄华副团长11月14日到医院探望并向吴丹秘书长递交了中国代表团的资格证书。次日，中国代表团将首次参加联大会议。谈到首次出席联大的情形，章含之兴奋不已，她说了几个“最激动人心”，“我们到达联合国会议厅时，联合国礼宾司长在门口迎接乔冠华一行，门口的记者更是不得了，都一层层围着，抢拍‘历史性镜头’”。

章含之说着说着，从书房拿出了自己珍藏30年的“历史性镜头”——几十张黑白相片，这些是中国代表团出席联大的真实记录，其中弥足珍贵是乔冠华入席后大笑的照片，章含之讲述了这张照片产生的背景。中国代表团落座之后，一大群西方记者围着拍照采访，一位记者问乔冠华，“乔团长，你能不能讲讲你现在的心情？”乔冠华仰天大笑，记者正不解其意时，乔冠华反问道：“我现在的心情你还看不出来吗？还用回答吗？”他这一笑，笑出了中国人的豪情和自信，敏锐的外国记者及时抢拍下的这张历史性新闻照片，后来在瑞士获得了时事新闻类照片奖。

中国代表团的入席是非常轰动的事情。许多友好国家的代表前来表示祝贺和欢迎，大会主席马利克首先致欢迎词，然后许多国家的代表相继走上讲台发言，欢迎中国代表团，包括美国、苏联的代表。对中国代表团的祝贺欢迎历时六小时。共有57个国家的代表在大会上致欢迎辞。

章含之说，当天晚上，乔冠华发表重要讲话，也是盛况空前，代表们报以长时间的热烈掌声欢迎。乔冠华讲完话回到中国代表团位子上，场面十分感人，许多国家的代表都过来了，排着长长的队伍，要和中国代表团团长握手，祝贺他的讲话，乔冠华的手握红了，"那时，我作为一个中国人感动得直掉泪，中国在国际大家庭中的地位得到确认，受到热烈欢迎，我感到非常自豪"。

中国代表团在联合国受到欢迎的事例不胜枚举。联大会议厅外有个咖啡厅，只要乔冠华一出现在咖啡厅里，他就会被包围，一些国家的代表都想和他交换意见，开始来的人坐在沙发上，后来的人围在四周，老记们也围上来，特别是各国代表都要求和他单独谈。会议厅背后有个地方，摆了几个沙发，是工作人员休息的地方，结果成了中国代表团的会客厅，好多国家代表团团长都和乔冠华单独会见。

中国代表团第一次来到联合国，在联合国工作人员内部引起很大的震动。联合国中文科的工作人员大都是台湾人，有好几百人，其中包括中国近代著名外交家顾维钧的长女顾菊珍。他们作为联合国中文科的雇员，原先总是抱怨"不务正业"，因为台湾当局的"代表"们从不讲中文，中文这一联合国的工作语言成了摆设。中国代表团来联合国后，中文科内一些人辞职了，但绝大多数人都留了下来。这些人开始持观望态度：看中国代表团到底怎么样？他们看到的是中国代表团凡在正式场合发言都使用中文。这些表现他们在联合国从来没有看见过。原来的"台湾团"是永远跟美国人走的，苏联阵营跟苏联人走。看到中国独树一帜，作为中国人，他们觉得扬眉吐气。章含之清楚地记得当时顾菊珍跟她讲的一句话，"你知道我现在是什么感觉吗？我觉得中国像唐朝的鼎盛时期，国威起来了。"顾菊珍的态度很能说明问题，来自台湾的工作人员都渐渐转变了态度，心悦诚服地愿意为祖国代表团服务。

（来源：《人民日报》，2001年10月26日）

参考书目

李卓钧编著．新闻理论纲要．武汉：武汉大学出版社，1995
叶春华，连金禾著．新闻采写编评．上海：复旦大学出版社，1995
沈爱国著．消息写作学．杭州：杭州大学出版社，1996
艾丰著．新闻写作方法论．北京：人民日报出版社，1996
康文久主编．实用新闻写作．北京：新华出版社，1996
王中义著．记者传播模式论．北京：新华出版社，1996
尹德刚，周胜著．当代新闻写作．上海：复旦大学出版社，1997
蒋钦挥著．新闻角度与选择．北京：新华出版社，1998
胡欣著．新闻写作学．武汉：武汉大学出版社，1998
高宁远等著．现代新闻采访写作教程．北京：新华出版社，1998
彭朝丞著．获奖消息赏析．北京：人民日报出版社，2000
陈作平著．新闻报道新思路．北京：中国广播电视出版社，2000
周立方著．金玉良言．北京：新华出版社，2001
张惠仁著．现代新闻写作学．成都：四川人民出版社，2001
刘明华等著．新闻写作教程．北京：中国人民大学出版社，2002
李希光著．新闻学核心．广州：南方日报出版社，2002
黄晓钟编著．新闻写作思考与训练．成都：四川大学出版社，2002
［美］麦尔文·曼切尔著．新闻报道与写作．北京：中国广播电视出版社，1981
［美］密苏里新闻学院写作组．新闻写作教程．北京：新华出版社，1986
［美］沃尔特·福克斯著．新闻写作．北京：新华出版社，1999